개정2판

Real Estate Finance

부동산 금융론

권호근 저

형설출판사
www.hyungseul.co.kr

개정2판 머리말

2025년 들어 국가뿐만 아니라 개인적으로도 큰일이 있었다. 국가적으로는 작년 12월 계엄사태로 취임한 지 3년밖에 되지 않은 윤 대통령이 박 대통령에 이어 탄핵되면서 두 번째로 임기를 마치지 못한 대통령이 되었다. 한국의 대통령은 세계에서 가장 위험이 큰 직업이라는 해외 언론의 논평을 보면서 참으로 착잡한 심정을 금할 수 없다. 앞으로는 우리나라의 정치가 안정되어 이런 불행한 사태가 발생하지 않기를 기원해 본다. 개인적으로는 2월에 딸을 출가시켰다. 딸의 결혼식에서 여러 가지 생각이 교차하였다. 옛날 어른들은 결혼을 해야 진정한 성인이 된다는 말씀을 하셨다. 특히 남자의 경우가 더 그렇지 않을까라는 생각이 든다. 막내로 태어나 부모님의 사랑을 받으며 성장한 나는 결혼 전에 자기 자신밖에 몰랐다. 고향에서 고등학교를 졸업하고 서울에서 대학생활을 하면서 부모님 곁을 떠나 있었으나, 학교 졸업 후 직장생활을 하면서 결혼 전까지 형님 집에서 보냈다. 형님과는 12살, 형수님과는 7살이나 차이가 나는 어린 동생을 돌본 형님 내외분에게 고맙다는 생각을 느낀 것은 결혼 후였다. 철이 들지 않은 시동생을 마치 어머니처럼 보살펴 준 형수님이 참 대단하다고 생각한다. 결혼 후, 자식이 태어나면서 자신보다는 자식이 우선인 생각이 들고 부모님의 은혜에 새삼 감사함을 느끼면서 인간은 진정한 어른이 된다고 생각한다. 이제 딸도 그런 과정을 거칠 것이라고 생각하며, 아버지로서 딸의 행복한 결혼생활을 기원해 본다.

한편 딸의 결혼식을 지켜보면서 이제 나도 인생의 황혼기에 서서히 접어들었음을 느꼈다. 황혼이라는 말이 가을의 낙엽처럼 쓸쓸한 느낌을 주기도 하지만 한편으로는 인생의 무게에서 벗어나 본인이 진정 하고 싶은 일을 할 수 있는 시기라는 긍정적 의미도 있다. 모두 생각하기 나름인 것 같다.

'부동산금융론'은 2012년 '알기 쉬운 부동산금융론'을 토대로 2016년에 초판이 발행되었으니 이 책의 역사도 10년이 다 되어간다. '알기 쉬운 부동산금융론'은 이창석 교수님과 최차순 교수님과의 공동 집필로 출간하였는데,

이제 두 분 모두 현역에서 은퇴하였으니 참으로 세월이 빠른 것 같다. 2016년 발행된 '부동산금융론'은 2022년 한 차례 개정하였다. 개정한 지 3년밖에 되지 않아 처음에는 개정할 생각이 없었다. 그런데 개정판을 가지고 강의를 하다 보니 오탈자가 눈에 많이 들어왔고, '한국주택금융공사'와 '주택도시보증공사' 두 기관의 업무 중복 사항이 많아 이에 대한 문제 의식으로 한 편의 논문을 작성하여 '한국부동산경영학회' 학술발표대회에서 발제를 하게 되었다. 이 논문을 바탕으로 책의 여러 부분을 변경하였다. 우선 제7장 '국민주택기금과 주택도시기금'을 제7장 '주택도시기금'으로 수정하였다. 그 이유는 '국민주택기금'은 이미 '주택도시기금'으로 명칭이 변경된 지 10년의 세월이 흘렀으므로 이를 계속 사용하는 것은 바람직하지 않다고 판단했기 때문이다. 그러나 '국민주택기금'의 의의와 연혁 그리고 내용 등은 학생들에게 전달할 필요가 있어 존속시켰다. 그리고 '주택도시기금'의 역할과 당면 과제 등은 발표한 논문을 감안해 일부 내용을 변경하였다.

'부동산금융론'을 다시 개정하면서 많은 사람들에게 도움을 받았다. 우선 그동안 이 책을 사랑해 주시고 끊임없는 관심을 보여준 독자 여러분들에게 감사의 말씀을 드리고자 한다. 그리고 개정의 계기를 마련해 준 '한국부동산경영학회'의 회장인 서진형 교수에게 감사를 드린다. 마지막으로 어려운 출판업계의 사정에도 불구하고 출간을 허락해 준 형설출판사 경영진과 출판을 위해 노력을 아끼지 않은 심효섭 상무, 최수환 차장을 비롯한 실무진들에게도 감사의 말씀을 전하며 이 글을 마치고자 한다.

2025년 6월

권호근

개정판 머리말

2019년 12월에 발생한 코로나 사태의 여파로 지난 2년간 한국뿐만이 아니라 전 세계가 심각한 영향을 받았다. 일반 대학교들도 대면 수업이 거의 이루어지지 않고 온라인으로 강의가 실시된 관계로 2020년에 입학한 학생들은 선배들과 달리 대학 생활을 온전히 누리지 못하였다. 필자가 재직하고 있는 국제사이버대학교는 원래 온라인으로 수업하는 대학이라 별다른 영향이 없을 것 같지만 실제 상황은 그렇지 않았다. 우리 학교는 어느 정도 연령이 있는 학생들을 대상으로 하는 대학이라 수업을 온라인으로 진행하지만 학기 중간 중간에 M.T나 특강 등을 통해 오프라인 모임을 자주 가져 교수와 학생간의 친목을 다져왔다. 그런데 이런 오프라인 모임이 전면 중단이 되다보니 학생들의 소속감 결여로 학업을 중단하는 숫자가 증가하는 부작용이 나타났다.

2022년 임진년 새해에는 어느 정도 코로나 사태가 진정되고 9월부터 시작되는 2학기부터는 예전 수준의 오프라인 모임도 가능할 것으로 기대된다. 우리나라도 최근 새정부 출범을 계기로 희망찬 미래가 도래하기를 기대해본다.

『부동산 금융론』은 2012년에 발간된 『알기 쉬운 부동산 금융론』을 모태로 2016년 『부동산 금융론』으로 재탄생된 책이다.

2016년 『부동산 금융론』을 저술하게 된 동기는 국민주택기금이 관련 법률의 변경으로 그 명칭이 주택도시기금으로 바뀌고 담당 기관도 주택도시보증공사가 되는 등의 제도적 변화와 부동산을 둘러싼 금융 환경의 변동 때문이었다. 그런데 6년이 경과한 지금 와서 살펴보면 제도적인 변화는 그렇게 크지 않으나 부동산투자회사, 즉 REITs에 대한 일반인의 관심 증대와 부실채권(NPL) 투자도 확대되는 조짐을 보이고 있다. 이런 여러 여건을 감안하여 지난번에는 다루지 않았던 부실채권(NPL) 내용을 새로운 장으로 신설하여 소개하였다. 그리고 한국주택금융공사가 취급하고 있는 주택 관련 상품들의 명칭과 내용의 변경이 있어 이를 반영하였다.

실물자산인 부동산이 이제 금융자산으로 변모되는 시대적 변화는 대세가 되어가는 듯하다. 이런 시대적 상황을 반영하여 본서의 개정 작업도 계속 진행할 예정이므로 독자 여러분들이 계속해서 성원과 지지를 보내주길 기대해 본다.

마지막으로 본서를 출판하기까지 서일대학교 자산법률학과 나길수 교수님을 비롯한 도움을 준 많은 분들에게 감사의 말씀을 드린다. 그리고 어려운 사정에도 불구하고 출판을 허락해 준 형설출판사 관계자들에게 고마움을 전하고자 한다. 그리고 본서를 아껴주는 독자 여러분들의 건강과 행복을 기원한다.

2022년 6월

권호근

머리말

올해 여름은 유난히도 더운 것 같다. 엘니뇨, 라니냐 등 기상이변을 의미하는 말들이 난무하는 것을 보니 그 이유를 알 수 있을 것 같다. 인간은 지구에 도움을 받아 생활하는 미약한 존재에 불과한데 지구의 질서를 교란시키는 온갖 파괴행위를 하고 있으니 그 대가를 받는 것으로 짐작된다. 부동산학은 모든 생명체의 근원인 토지를 대상으로 연구하는 학문이다. 그런데 인간의 토지에 대한 파괴행위로 지구가 병들고 있으니 착잡한 심정을 금할 수 없다. 지금이라도 지구의 생태계를 복원시키는 운동에 부동산학계가 나서야 할 것 같다.

'부동산금융론'은 2012년에 발간된 '알기 쉬운 부동산금융론'의 연장선상에 있는 책이다. 그 당시 필자는 국제사이버대학교 부동산학과 학과장으로 재직 중이었는데 강남대학교에서 근무하고 계신 이창석 교수님의 권유로 집필진에 참여하였다. 이창석 교수님은 필자가 경제학을 전공한 것을 보고 부동산경제학, 부동산금융론, 부동산투자론 등 부동산결정 분야에 관한 이론적 기초를 세워줄 것을 요청하였다. 평소 교수님의 학문적 열정에 존경심을 가지고 있던 차에 이를 흔쾌히 수락하고 책을 저술하게 되었다. 집필과정은 책을 저술해 본 사람들은 누구나가 공감하듯이 피곤하고 힘든 작업이다. 그리고 부동산학과 경제학 이론을 접목시키는 작업은 상당한 창의성을 요구하는 일이었다. 지난한 과정 끝에 2012년 초에 '알기 쉬운 부동산금융론'이 출간되었다. 그 이후 한동안 학교업무와 기타 여러 가지 일로 잊고 있다가 2015년에 형설출판사로부터 책의 개정작업 요청이 왔다.

출판사의 요청으로 교재의 전 부분을 다시 정독할 기회를 가지게 되었다. 그런데 필자의 오만인지는 모르나 필자가 정립한 부동산금융론의 체계는 어느 정도 이론적 기반이 있다고 자부한다. 물론 필자의 의견에 동의하지 않는 부동산금융론을 강의하거나 전공하고 계신 교수님들도 상당히 있을 것이라고 생각된다. 나중에 기회가 되면 이 분들과의 토론을 통해 부동산학이 한 단계 더 발전하기를 소망한다.

부동산금융론은 '알기 쉬운 부동산금융론'의 이론적 구조를 그대로 계승하여 집필하였다. 부동산금융시장과 상품들의 분류를 직접금융시장과 간접금융시장으로 구분된 체계를 유지하였다. 다만 그동안 국민주택기금이 여러 이유로 정부에 의해 관련 법률이 변경되어 그 명칭이 주택도시기금으로 바뀌고 담당 기관도 주택도시보증공사가 되는 등의 변화가 있어 이를 반영하는데 시간이 많이 소요되었다. 그리고 최근에 부동산투자회사나 부동산펀드 등의 활약이 두드러지지는 않고 있으나 점점 확대되는 추세를 보이고 있다. 향후 주식시장과 마찬가지로 부동산투자도 직접투자 대신에 이들 전문가 집단에 의한 간접투자 비중이 점점 커질 것으로 예상된다. 그런 시대가 본격 도래하면 부동산금융론의 연구도 한층 깊어질 것이다. 그렇게 되면 부동산금융도 하나의 학문 분야로 굳건하게 자리를 잡을 것이다.

마지막으로 본서를 출판하기까지 많은 분들의 도움을 받았다. 우선 이창석 교수님에게 감사의 말씀을 드린다. 교수님은 필자가 부동산학에 입문하는데 길잡이 역할을 해주셨다. 고령에도 불구하고 학문의 열정을 불태우고 있는 모습은 후학들에게 항상 귀감이 되고 있다. 교수님의 무병장수를 지면을 빌려 기원하는 바이다. 형설출판사의 황승주 상무와 최수환 과장에게도 감사의 말씀을 드린다. 파주에서 우리 학교가 있는 수원까지 여러 차례 왕복하느라 고생이 참 많았다. 그리고 형설출판사의 경영진에게도 감사의 말씀을 드리고 싶다. 한편 '알기 쉬운 부동산금융론'의 공동 저자인 남서울대학교의 최차순 교수님에게도 고마움을 느끼고 항상 건강하시고 행복하기를 기원한다.

2016년 어느 여름날

권호근

차례

제1편 부동산금융의 기초

제4편 부동산보험과 부동산금융지원 서비스 상품

제 1 편

부동산금융의 기초

제1장

화폐와 금융

제1절 화폐의 기원과 발달 과정

1 화폐의 기원과 물물교환 제도

1) 화폐의 기원

(1) 직접교환과 간접교환

인간은 자기가 소유하고 있는 재화보다 자기에게 사용가치가 높은 재화를 보면 자기 소유의 재화를 포기하고 그 사용가치가 높은 재화를 얻고자 하는 충동을 느낀다. 이러한 충동이 바로 교환의 동기가 된다. 이와 같이 교환 당사자들이 상대방으로부터 자기가 사용하고자 하는 재화를 교환하는 것을 '직접교환'이라고 한다. 그런데 직접교환의 방법으로는 교환이 널리 이루어질 수가 없다. 왜냐하면 교환 당사자들이 상호 간에 의견의 일치가 있어야하기 때문이다. 예를 들어 쌀을 가지고 있는 사람이 옷과 교환하려고 하는 경우, 거래 상대방은 옷과 쌀을 교환하려고 해야 하며, 또한 교환 비율에도 합의가 있어야 한다. 이외에도 두 사람은 서로 만나야 하는데 이것은 매우 어려운 일이다.

직접교환의 방법으로는 교환이 잘 되지 않으므로 사람들은 우선 자기 소유의 재화 A를 그것보다 교환성이 높은 B재와 교환하여 놓고, 그 다음에 B재를 최종적으로 원하는 재화 X와 교환하는 것이 훨씬 능률적이라는 것을 알게 되었다. 이를 '간접교환'이라 한다. 간접교환을 통하여 교환의 당사자들은 직접교환을 할 때보다 훨씬 더 경제적이고 확실하게 교환의 목적을 달성하게 되었다.

(2) 화폐의 기원

간접교환의 방법이 널리 사용되게 됨에 따라, 사람들은 금과 같은 어떤 재화를 갖고 있으면 언제나 본인이 원하는 재화를 입수하는 데 편리하다는 것을 알게 되었다. 다시 말해서 간접교환의 교환 방식이 발달되는 과정에서 모든 사람이 교환의 매개물로 가장 선호하는 재화(B재)가 자연 발생적으로 나타났다.

사람들은 평상시에 자기가 가지고 있는 재화를 간접교환을 하는 데 있어 가장 적합한 금과 같은 재화와 교환해 놓고, 그것을 축적해 두었다가 필요할 때에 그것으로 원하는 최종재와 교환하는 관습이 인간의 생활에 정착하게 되었다. 즉, 간접교환 과정에서 간접교환의 매개물로 가장 보편적으로 사용된 금과 같은 것이 바로 화폐의 기원이다.

2) 물물교환 제도와 상품화폐

물물교환 제도는 앞에서 이야기한 '직접교환'을 의미한다. 물물교환은 교환하고자 하는 당사자들이 교환되는 재화의 양과 질, 교환 방법과 비율 등에 있어 상호 만족하여야 거래가 이루어진다.

물물교환 제도에서는 거래가 이루어지기 위해 상당한 거래 비용과 거래 당사자를 탐색하는 탐색 비용이 막대하여 원활한 거래가 이루어지기 힘들었다. 이런 단점을 해소하기 위해 거래를 희망하는 사람들이 일정한 장소에서 정기적으로 만나 교환을 하는 거래소, 즉 시장이 상설화되기 시작했다. 시장 상설화는 거래 당사자를 탐색하는 비용을 어느 정도 절감시켜 주었으나 기타 거래를 방해하는 여러 요인들, 즉 교환되는 재화들의 정확한 가치 측정과 교환 비율의 결정 등의 문제들을 해결해 주지는 못하였다.

이러한 문제들을 해결하기 위하여 일반적으로 널리 받아들여지는 다수의 재화들이 교환의 중개물로서 이용되기 시작하였다. 예를 들어 곡물, 가축, 조개껍질, 귀금속 등이 교환을 매개하는 중개물이 되었는데, 이를 상품화폐라 한다.

문명이 발달하고 분업이 확대됨에 따라, 상품화폐 중에서도 금과 은 같은 귀금속의 교환성이 증가하게 되었다. 은본위가 채택된 국가도 있고 금본위가 채택된 국가도 있다. 19세기에 접어들어 영국이 금본위를 채택한 이후로 세계의 주요 국가에서 이를 따라하여 1차 세계대전까지 금본위제도가 지속되었다.

2 화폐제도의 발달

1) 금속화폐 제도

상품화폐들은 화폐로서 갖추어야 할 여러 요건 등을 충족하는 데 있어서 차이가 발생한다. 물품이 화폐로 사용되기 위해서는 모든 사람에게 잘 알려져 있어야 하는 주지성, 품질의 동질성, 분할과 운반이 편리한 분할성과 이동성 그리고 일정 기간 이상 저장할 수 있는 내구성 등을 구비해야 한다. 그런데 이들 상품화폐들은 화폐적 요건들을 충족하는 정도가 각각 상이하고 불완전하였다. 그러므로 이들 중 화폐적 요건을 보다 잘 충족시킬 수 있는 금, 은, 동 같은 귀금속이 화폐로 주로 이용되기 시작하였다.

금속화폐는 초기에 교환을 할 때마다 일일이 금속의 무게와 순도를 확인해야 하는 불편을 덜기 위하여 국가가 일정량의 금속에 일정한 화폐 단위를 고시하고 이에 따른 주화를 제조하여 발행하였다.

국가가 주조화폐를 발행하던 초기에는 주화의 액면 가치와 소재 가치가 일치하는 경화(hard money)를 발행하였다. 즉, 주화의 액면 가치가 1달러이고 소재 가치가 금 1g이면 1달러 주화 하나에 금 1g이 반드시 함유되어 있었다. 그런데 이후 국가는 화폐로 사용되는 금속을 절약하기 위해 명목 가치에 못 미치는 소재 가치의 주화인 연화(soft money)를 발행하기 시작하였다. 이 경우 화폐를 주조하는 국가는 명목 가치와 소재 가치 차이만큼의 주조차익을 얻게 되는데, 이를 '세뇨리지 효과(seigniorage effect)'라고 한다.

이와 같이 명목 가치와 소재 가치가 각각 다른 주화들이 동시에 유통되자, 귀금속의 함유량이 많은, 즉 소재 가치가 높은 양화(good money)는 퇴장하고 귀금속의 함유량이 적은 악화(bad money)만이 유통되는 현상이 나타났는데, 이를 '그레셤의 법칙(Gresham's law)'이라 한다. 모든 나라에서 금속화폐는 시간이 경과할수록 악화 발행이 늘어나는 '그레셤의 법칙(Gresham's law)'이 어김없이 나타났다. 이것이 지폐 제도가 등장한 여러 가지 이유 중의 하나가 되었다.

2) 지폐제도

금속화폐 제도를 '금본위제도'라고 하는데, 이 제도의 장점은 화폐의 가치가 안정된다는 점이다. 반면에 화폐 발행의 비용이 크고 보관과 운반하는 데 불편이 많다는 단점이 있다. 금속화폐의 이러한 불편을 해소하기 위해, 사람들은 금속화폐를 은행에 보관하고 은행으로부터 보관증을 받아 사용하기 시작했다. 이 보관증은 그 소지자가 은행에 요구할 때는 언제든지 액면가격에 해당하는 금속화폐와 교환할 수 있었는데, 이것을 '태환지폐'라 한다.

태환지폐 제도 하에서 은행은 보관된 금속화폐의 가치 이상으로 은행권을 발행하여 기업에 대출하는 사례가 나타났다. 사람들이 대부분의 금속화폐를 은행에 보관하고 특수한 경우 이외에는 은행에 태환을 요구하지 않고 은행권을 사용했기 때문이다. 개인은행들이 은행권 남발이 화폐가치의 불안정과 빈번한 금융 파동을 야기시키자, 국가는 개인은행의 은행권 발행을 금지하고 국가기관인 중앙은행에서 발행 독점권을 소유하게 하여 정부지폐가 등장하였다.

경제 규모의 성장과 발달로 생산 규모가 확대되고 거래가 빈번해지면서 거래에 필요한 화폐량의 발행을 위한 귀금속의 조달이 힘들어지자, 다수의 국가들은 귀금속과 정부지폐의 태환을 중단시켰다. 귀금속과 태환이 불가능한 지폐를 불환지폐라고 한다. 현재 국가가 발행하는 정부지폐, 즉 중앙은행권은 대부분 불환지폐이다. 그리고 이 지폐는 법으로 강제통용력을 부여하였다 하여 '법화(legal tender)'라고도 한다.

금본위제도하에서는 금의 보유량이 화폐 발행과 화폐가치의 근거가 되었으나, 현재는 정부가 임의로 발행하여 관리하는 관리통화제도가 되었다. 관리통화제도하에서는 과거와 같이 엄청난 양의 금을 반드시 보유할 필요가 없어 화폐제도 유지를 위한 비용이 대폭 절감되는 장점이 있으나, 화폐 발행이 정부의 인위적인 판단에 의해 결정되므로 화폐 발행이 남발되어 화폐가치가 불안정해지는 단점이 있다. 지폐, 즉 현금 화폐는 그 생산비가 적고 관리가 적절히 이루어질 경우에 효율적이 면이 많다. 하지만 현금 화폐만이 사용되는 제도에는 그 나름대로의 많은 불편이 있어 이를 극복하기 위하여 예금화폐가 나타났다.

3) 예금화폐 제도

예금화폐(deposit money)란 예금은행에 예치된 예금, 특히 요구불예금이 화폐의 기능을 발휘하는 것을 말한다. 은행에 요구불예금을 예치한 고객은 언제든지 예금을 인출하여 지급수단으로 사용할 수 있기 때문에 현금을 보유한 것과 동일한 상황이다. 그러므로 요구불예금을 현금과 동일한 화폐로 간주할 수 있는 것이다.

예금은행들은 예금으로 수취한 현금을 고객에게 대출하는데, 이 경우 예금으로 수취한 현금 전액을 대출하지 않고, 고객의 예금 인출 요구에 대비하여 일정한 비율의 현금을 보관한다. 이렇게 보관된 현금을 지급준비금이라 한다. 지급준비금은 법정 지급준비금과 초과 지급준비금으로 구성된다. 법정 지급준비금은 법으로 강제된 반드시 은행이 지켜야 할 지급준비금을 말하며, 초과 지급준비금은 법정 지급준비금을 초과하여 은행의 자율적 판단에 의해 보유하는 지급준비금을 말한다.

은행이 예금과 대출을 하는 이유는 예금이자와 대출이자의 차이가 있어 이 차액만큼 은행의 수입이 창출되기 때문이다. 예를 들어 예금이자가 연 5%, 대출이자가 연 10%인 경우, 은행이 1억 원을 예금받고 대출하면 1억 원×5%=500만 원의 수입이 발생한다. 이를 '예대 마진'이라 한다. 은행들이 일정 비율의 지급준비금을 남겨놓고 대출하는 과정에서, 본원적 예금을 기초로 하여 몇 배의 예금통화를 창출하게 되는데, 이를 '신용창조'라 한다.

4) 전자화폐 제도

최근 컴퓨터와 통신 기술의 발달로 전자화폐(electronic money) 제도가 탄생되었다. 신용카드(credit card), 직불카드(debit card), 선불카드, 후불카드 등을 통틀어 전자화폐라 부른다. 이러한 전자화폐는 현금과 함께 널리 사용되고 있으며, 현금자동출납기인 ATM(Automated Teller Machine)을 통하여 예금, 인출, 이체 등을 하고 있다.

전자화폐 제도는 이용 시간의 제약이 없고 자금결제 시 수수료가 절약되는 등 예금화폐 제도보다 효율적이다. 그러나 전자거래가 국경을 초월하여 이루어지므로 전자화폐는 탈세, 돈세탁 등에 이용될 수 있고 이러한 대규모 투기성 자금의 이동으로 말미암아 한 국가 또는 여러 국가에서 금융시장의 불안정성이 증대될 수 있다. 이에 대비하여 결제망의 안전장치, 조세 징수 방법, 범죄 방지 등을 규제할 입법의 필요성이 증대되고 있다.

제2절 화폐의 의의와 기능

1 화폐의 의의와 통화지표

1) 화폐의 의의

화폐란 일상적 거래에서 교환의 매개물이 되어 통용되는 수단을 말한다. 화폐가 일상적인 거래에서 거래 비용을 절감시킬 수 있기 때문에 교환의 매개물이 된 것인데, 이는 화폐가 유동성(liquidity)을 가지고 있기 때문이다. 유동성이란 한 형태의 자산이 다른 형태의 자산과 얼마나 신속하고 편리하게 교환될 수 있는가를 판가름하는 기준이다.

화폐는 '회계의 단위' 및 '지불의 수단', '교환의 매개 수단', '가치 저장 수단'으로서의 기능을 가지고 있다. 화폐에 대한 개념은 화폐의 기능 중 어느 기능을 강조하느냐에 따라 달라질 수 있다. 화폐의 가장 본질적인 기능은 교환의 매개 수단 기능이다. 따라서 화폐에는 특정한 형태가 있는 것은 아니며 어떤 것이든 일반적인 지불수단으로 통용되는 것은 곧 화폐라 할 수 있다.

화폐의 기능 중 회계 단위로서의 기능은 어떤 재화나 자산 가치의 크기를 객관적으로 측정하여 표시하는 기능을 말하며, 화폐의 지불수단이란 그것이 지불됨으로써 채권과 채무 관계가 완전히 소멸됨을 말한다. 즉 지불이란 신용 관계에서 최종적인 것을 말한다.

교환의 매개 수단 기능은 화폐가 매개물이 되어 교환이 이루어지는 기능을 말한다. 그리고 가치 저장 수단의 기능은 화폐가 상품 거래의 목적으로 보유되는 것이 아니라 자산 보유의 목적으로 보유되는 기능을 말한다. 화폐의 기능에 대한 상세한 설명은 다음 편에 기술되어 있다.

2) 통화와 통화지표

(1) 통화와 통화량

경제에서 유통되는 화폐를 '통화'라고 하며, 통화에는 현금이나 수표 이외에 금융시장을 통해 거래되는 여러 가지 금융자산이 포함된다. 그런데 여러 금융자산 중에 무엇을 통화에 포함시켜야 화폐경제 부문의 문제점 파악과 그에 대한 정책을 수립하는 데 효과적인가에 대해서는 일치된 견해가 있는 것은 아니다.

통화량은 시중에 통용되고 있는 화폐를 일정 시점에서 측정한 총액을 말하며, 일정 시점에서 측정되므로 저량(stock) 변수이다.[1)]

(2) 통화지표의 개념

통화량의 크기와 변동을 파악할 수 있는 지표를 통화지표(measuring money)라고 하며, 통화지표는 유동성의 크기를 기준으로 구분한다.

모든 자산은 현금화할 수 있으므로 정도의 차이는 있지만 모두 유동성을 가지고 있다. 자산의 종류에 따라 수익성에 차이가 있는 것과 마찬가지로 유동성에도 차이가 있다. 예를 들어 현금은 유동성은 가장 높지만 수익은 전혀 발생하지 않는다. 정기예금은 유동성은 떨어지지만 정기예금 이자와 같은 수익이 발생한다. 각 종류의 자산을 유동성의 크기에 따라 열거하면, 현금과 요구불예금이 유동성이 가장 크고, 다음으로는 저축성 예금, 회사채, 주식, 부동산 등의 순서가 될 것이다. 한국은행은 유동성의 크기에 따라 통화지표를 분류하고, 이를 정기적으로 집계하고 관찰한다.

---

1) 1년 또는 분기별과 같이 일정한 시간을 주고 측정하는 변수를 유량변수라 하고, 1월 1일 현재와 같이 일정시점에서 측정하는 변수를 저량변수라고 한다.

2 통화지표의 분류와 화폐의 기능

1) 통화지표의 분류

(1) 좁은 의미의 통화(M_1)

M_1은 유동성이 현금과 거의 유사한 정도의 자산만을 통화라고 보는 개념이다. 현금통화란 민간의 화폐보유액을 말하고, 요구불예금이란 고객이 언제든지 인출할 수 있는 당좌예금액을 말한다.

$$M_1 = \text{현금통화} + \text{요구불예금}$$

(2) 총통화(M_2)

M_2는 화폐가 교환의 매개 수단 기능 이외에 신용경제의 발달로 가치 저장 수단을 지니게 됨에 따라 통화를 폭넓게 파악하는 개념이다. 준통화(near money 또는 quasi-money)란 통화에 준하는 금융자산을 말하며 저축성 예금과 거주자 외화예금으로 구성된다.

$$M_2 = M_1 + \text{준통화} = M_1 + \text{저축성 예금} + \text{거주자 외화예금}$$

(3) 총유동성(M_3)

M_3는 총통화(M_2)보다 폭넓게 통화를 정의한 개념이다. 비통화 금융기관 예수금이란 비통화 금융기관이 보유하고 있는 어음, 출자금, 기금, 보험료 등을 말한다.

금융채권이란 산업은행, 수출입은행 등이 자금을 조달하기 위해 발행한 채권을 말한다. 그리고 양도성예금증서(CD : negotiable Certificate of Deposit)는 정기예금을 무기명으로 발행하여 다른 사람에게 양도가 가능하게 한 예금증서를 말한다. 환매조건부채권은 금융기관이 보유하고 있는 채권을 고객에게 판매한 후 고객이 원할 때 언제든지 일정한 수익을 가산하여 다시 구입하는 채권을 말한다.

> $M_3 = M_2 +$ 비통화 금융기관 예수금 + 금융채권 + 양도성 예금 증서 + 상업어음 매출 + 환매조건부채권 매도 + 표지어음

2) 중심 통화지표

(1) 개념과 조건

중심 통화지표란 통화정책을 실시할 경우 기준이 되는 통화지표를 말하며, 실물경제를 잘 반영하고 통화 당국에 의해 조정과 통제가 가능하여야 한다.

(2) 우리나라의 중심 통화지표

우리나라 중심 통화지표의 변천은 다음과 같다. 1978년까지 M1을 중심 통화지표로 사용하였고 1979년 이후 M2를 중심 통화지표로 사용하였다. 그리고 1999년 이후 M3를 중심 통화지표로 사용해 오다가 2002년부터 중심 통화지표에 의한 금융정책 대신 이자율로 금융정책의 목표를 수정하였다.

3) 화폐의 기능

(1) 가치척도 및 회계 단위로서의 기능

화폐는 모든 재화나 용역, 자산의 경제적 가치를 객관적으로 표시한다. 이를 위하여 국가마다 고유한 화폐 단위(원, 달러, 엔 등)를 사용하고 있다. 화폐는 이처럼 경제적 가치의 척도가 되므로 수입과 지출, 이익과 손실 등을 계산하는 회계 단위가 된다.

케인스(J. M. Keynes)는 이러한 화폐의 기능을 '계산화폐'의 기능이라고 하였다.

(2) 지불수단의 기능

화폐가 지불수단이 된다는 것은 화폐가 교환의 매개 수단이 된다는 것을 전제로 한다. 화폐의 지불수단이란 그것이 지불됨으로써 채권과 채무 관계가 완전히 소멸됨을 말한다. 즉 지불이란 신용 관계에서 최종적인 것을 말한다.

어음은 교환의 매개 수단은 되어도 지불수단은 될 수 없다. 왜냐하면 어음을 매개로 교환이 이루어졌다 하더라도 어음에서 약정한 금액을 약속한 일자에 지급하기 전까지는 채권과 채무 관계가 완전히 소멸되지 않기 때문이다. 따라서 화폐가 아닌 다른 것으로 지불이 된다면 당사자들 간에 이에 대한 새로운 합의가 이루어져야 한다.

(3) 교환의 매개 수단 기능

화폐가 매개물이 되어 경제적 교환을 이루어지게 하는 기능을 말한다. 경제적 교환에서 화폐가 매개 수단으로 이용되므로 물물교환 경제에서 발행하는 탐색 비용과 거래 비용을 절감시킬 수 있었다. 이러한 화폐의 매개 기능에 의하여 교환이 촉진되고 국민경제의 원활한 순환이 가능하게 되었다.

지불수단의 기능은 화폐만이 수행할 수 있으나, 교환의 매개 수단 기능은 화폐 이외의 다른 것도 수행할 수가 있다. 따라서 교환의 매개 수단 기능은 지불수단의 기능보다 훨씬 더 넓은 개념이다.

(4) 가치의 저장 수단 기능

화폐가 경제적 교환의 목적으로 보유되는 것이 아니라 자산 보유의 목적으로 보유되는 기능을 말한다. 가치의 저장 수단 기능은 원래 명목소득의 수취 시점과 일상생활의 지출 시점이 불일치하기 때문에 명목소득의 일부분은 화폐로, 나머지는 은행에 보관하던 기능을 의미하였다.

은행에 보관하면 예금이자가 발생하여 가치의 증식이 이루어졌고, 20세기에 접어들어 금융 기능이 활성화되면서 화폐를 주식이나 채권 등 금융자산에 투자하여 수익을 획득하기도 했는데, 이런 화폐의 기능을 가치의 저장 수단이라고 한다. 현대적 의미의 가치 저장 수단 기능은 화폐를 주식이나 채권 등 금융자산에 투자하여 수익을 획득하는 것을 의미하며, 요즘의 '재테크'[2]와 관련이 깊은 기능이다.

제3절 금융과 금융기관

1 금융의 의의와 금융시장

1) 금융의 개념

각 경제주체들은 화폐경제 시대에 경제적 거래를 함에 있어 화폐를 필요로 한다. 그런데 경제적 교환 과정에서 어떤 경제주체들은 여유 자금이 발생할 수 있고 다른 경제주체는 자금의 부족이 나타날 수 있다. 그러므로 경제주체 상호 간에 차입과 대여라는 현금 거래가 자연스럽게 발생하는데 이를 금융(finance)이라 한다. 그리고 금융 행위는 실물을 매개로 하지 않고 금융상품이나 금융 증권 등을 수요하거나 공급함으로써 이루어진다.[3)]

화폐 자체가 거래된다는 것은 화폐의 소유권이 이전된다는 의미로 이를 표시하는 증서가 필요하다. 이러한 증서를 금융 상품이나 금융 증권이라 한다. 금융은 거래하는 방식에 따라 '직접금융'과 '간접금융'으로 구분한다.[4)]

2) 직접금융과 간접금융

(1) 직접금융

자금의 최종 수요자가 최종 공급자로부터 은행과 같은 금융기관을 매개로

---

2) 재테크(財-, 영어: financial technology)는 기업 또는 개인이 금융수익을 얻기 위해 벌이는 재무활동이다. 기업 및 개인의 자금 조달 및 운용이 목적이다. 재무 테크놀러지의 준말로서, 잉여자금으로 증권시장·외환시장에 참여하여 이자·배당금·유기증권 매매수익·외환차익 등으로 기업 수익을 올리는 활동이다. 재테크는 세계적으로 유행하고 있는데, 뉴욕·런던·도쿄의 3시장은 거액의 머니 게임의 장(場)으로 유명하다. 최근에는 개인이 재산 증식을 위해 은행이나 주식, 부동산 등에 전문가적 안목을 갖고 투자하는 행위도 재테크로 간주하고 있다.

3) 전용수·이창석, 「부동산자산관리론」(서울 : 형설출판사, 2004), p. 12.

4) 이말남, 「화폐금융론」(서울 : 형설출판사, 2006), p. 73.

하지 않고 자본시장(capital market)[5]에서 직접적으로 자금을 조달하는 금융 방식을 말한다.

자금의 최종 수요자가 발행하는 주식이나 채권과 같은 본원적 증권이 자금의 최종 공급자에게 직접 매각되는 금융 방식을 말한다. 직접금융은 보통 주식이나 채권 등이 매매되는 자본시장에서 이루어진다.

자본시장에서 증권회사나 증권 거래자들은 은행과는 달리 단순히 거래를 위한 장소와 이에 수반되는 서비스만을 제공한다. 따라서 자본시장에 있어서의 거래 당사자는 어디까지나 자금의 최종 수요자와 최종 공급자가 된다. 도표 1-1

도표 1-1 금융의 방식

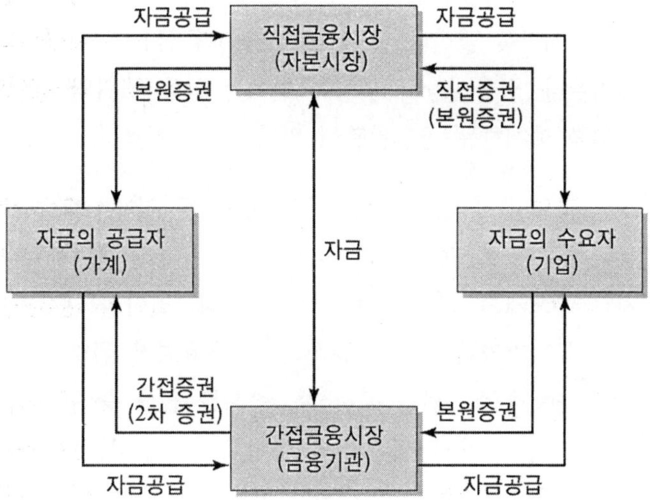

(2) 간접금융

자금의 수요자가 공급자로부터 은행과 같은 금융기관을 매개로 하여 간접적으로 자금을 조달하는 금융 방식을 말한다. 간접금융 방식에서는 자금의 최종 대여자와 금융기관과의 제1차 거래와 금융기관과 자금의 최종 차용자와의 제2차 거래로 구분된다.

제1차 거래에서 자금의 최종 대여자는 은행과 같은 금융기관에 자금을 예

5) 금융시장에서 거래되는 채권과 주식 중 1년 이상의 만기일을 갖는 채권과 주식이 거래되는 시장을 말한다.

탁하고, 금융기관은 자금의 최종 대여자에게 자기의 채무 증권을 교부한다. 금융기관이 발행하는 증권에는 은행예금 증서, 신탁증서 등이 있는데, 이를 제2차 증권이라 부른다. 이는 직접금융에서 자금의 최종 수요자, 즉 최종 차용자가 발행하는 제1차 증권(본원적 증권)과 구별하기 위함이다. 그리고 제2차 거래에서 금융기관이 그 자금을 최종 차용자에게 본원적 증권을 받고 공급한다.

3) 금융시장의 의의와 구분

(1) 금융시장의 의의

금융시장이란 자금의 수요와 공급이 발생하여 자금의 거래가 계속해서 이루어지는 시장을 말한다. 즉, 금융시장이란 금융이 이루어지는 추상적인 장소를 의미한다. 금융시장의 구성 요인에는 금융 행위의 객체인 금융 증권과 금융 행위를 매개하는 금융기관이 있다.

첫째, 금융의 주체는 가계, 기업 등 모든 경제주체로서 상황에 따라 자금을 공급할 수도 있고 수요할 수도 있다. 자금 공급자를 투자 지출 단위라 하고 자금 수요자를 적자 지출 단위라 한다. 일반적으로 가계 부문은 자금 공급자가 되고 기업과 정부 부문은 자금 수요자가 된다.

둘째, 화폐의 소유권을 표시하는 증서를 금융 증권 또는 금융 상품이라 하는데 대표적인 것으로 채권과 주식이 있다. 채권은 미래에 일정한 금액을 인도할 것을 약속한 채무 증서로서 채권자, 채무자, 약정된 이자, 상환금액 및 기간 등이 명시되어 있다. 그리고 채권은 발행 주체에 따라 국공채, 금융채, 회사채 등으로 구분된다. 주식은 회사와 법인의 자산 가치에 대한 소유권을 표시한 증서이다. 주식에는 상환금액, 약정이자 등이 명시되어 있지 않은 대신에 경영에의 참여나 기업의 이윤 등에 대한 청구 등을 포함하는 증서이다.

셋째, 자금의 공급자와 수요자 간에 거래를 중개하는 회사를 금융기관이라 하는데, 금융시장에서 금융기관의 역할은 매우 중요하다. 금융기관은 자금 공급자에게는 수익성, 안정성, 유동성을 보장하는 다양한 금융 상품을 개발, 공급하여 광범위하고 지속적으로 재원을 확보하고, 이를 바탕으로 자금 수요자에게는 안정적이고 저렴한 자금을 공급한다. 이 과정에서 금융기관은 차입자에 대한 신용평가를 통하여 채무불이행의 위험을 감소시키고, 또 여러 종류의 증권에 분산투자함으로써 시장위험을 경감시킬 수 있다.[6]

(2) 자금의 조달 방식에 따른 구분

자금의 조달 방식에 의한 금융시장의 구분에는 직접금융시장과 간접금융시장이 있다. 직접금융시장이란 직접금융 방식으로 자금을 조달하는 시장을 말한다. 직접금융시장에는 주식시장과 채권시장이 있다. 간접금융시장은 간접금융 방식으로 자금의 수요와 공급이 이루어지는 시장을 말한다. 간접금융시장에는 단기대부 시장과 장기대부 시장이 있다.

(3) 기간에 따른 구분

자금의 대여 기간에 의한 금융시장의 구분에는 단기금융시장과 장기금융시장이 있다. 단기금융시장이란 1년 미만의 만기일을 가지고 있는 자금이 거래되는 시장을 말하며, 화폐시장이라고도 한다. 단기금융시장에는 콜시장과 어음할인시장이 있다.

경제적 기능에 있어 단기금융시장은 자본 손실 및 유동성 위험이 작아 경제주체들에게 금융자산의 위험을 관리하는 기회로 활용된다. 그리고 경제주체의 유휴 현금 보유에 따른 기회비용을 최소화하여 자금 조달 및 운용의 효율성을 제고할 수 있는 기회를 제공한다.

장기금융시장이란 기업의 시설 자금과 같은 장기자금과 1년 이상의 만기일을 가지고 있는 채권과 주식이 거래되는 시장을 말하며 자본시장이라고도 한다. 장기금융시장에는 장기대부 시장과 주식시장 등이 있다.

경제적 기능에 있어 장기금융시장은 투자자에게 높은 수익률의 금융자산을 제공함으로써 자산 운용상의 효율성을 높여 준다. 그리고 가계 부문의 여유자금을 투자 수익이 높은 기업 등에 장기 투자 재원으로 공급함으로써 국민경제의 자금 부족 부문과 자금 잉여 부문 간에 자금에 대한 수급 불균형을 조절해 준다.

---

6) 상게서, pp. 73~76.

(4) 기타 금융시장의 구분

그밖에 금융시장은 새로운 금융 상품이 발행되는 발행시장(primary market)과 기존의 금융 상품이 거래되는 유통시장(secondary market)으로 구분할 수 있다.

그리고 국내의 금융 상품이 거래되는 국내금융시장과 해외의 금융 상품이 거래되는 국제금융시장으로 구분할 수 있으며, 제도권 금융시장과 비제도권 금융시장으로 구분할 수 있다.

2 우리나라의 금융기관

1) 서설

금융시장에서 금융 상품의 수요와 공급을 매개하는 회사를 금융기관이라 한다. 금융기관은 취급하는 금융 서비스의 성격에 따라 현금통화를 공급하는 중앙은행과 대출을 통해 예금통화를 창조하는 예금은행, 은행예금과 유사한 금융 상품을 취급하는 비은행 예금 취급 기관, 보험회사, 증권회사 그리고 기타 금융기관으로 분류할 수 있다.

2) 중앙은행

중앙은행이란 어떤 나라의 화폐를 독점적으로 발행하는 발권력을 가진 은행이며, 통화량을 조절함으로써 통화 신용 정책을 수립하고 집행하는 은행을 말한다. 우리나라의 중앙은행은 한국은행이다.

중앙은행은 영국에서 1694년 역사상 가장 먼저 설립되었으며, 이를 영란은행(Bank of England)이라 한다. 당시에는 영란은행 이외에 다른 은행들도 발권력을 가지고 있었으나 1844년에 영국정부가 영란은행만 발권력을 가지게 하였다. 미국은 1913년에 연방준비제도(Federal Reserve System)를 설립하였고, 우리나라는 1950년 한국은행법을 제정하여 한국은행을 설립하였다. 중앙은행의 기능을 살펴보면, 첫째, 화폐를 발행하는 발권력을 독점한다. 예전에는 영국이나 미국에서 일반은행들도 은행권과 같은 화폐를 발행하였으나 현재 대부분의 국가들은 중앙은행만이 화폐를 발행하게 하고 있다. 둘째, 통화량을 조절하여 금융정책을 수립하고 집행한다. 금융정책이란 국민경제의 건전한 성장과 물가 안정을 위해 통화량과 자금의 흐름을 적절하게 조절하는 것을 말한다. 셋째, 중앙은행은 정부의 은행으로서 국고금의 수납, 정부에 대한 여신을 담당하며 정부 재정을 대행한다. 정부는 조세 등 정부자금을 중앙은행에 예금하고, 또 자금이 필요하면 인출한다. 넷째, 중앙은행은 예금은행의 은행으로서의 역할을 수행한다. 예금은행은 중앙은행에 예금의 일부분을 지급준비금으로 한국은행에 예치해야 한다. 한국은행은 예금은행에 대하여 재할인 또는 담보대출의 형태로 자금을 공급하는 역할을 하며, 은행들이 일시적인 자금 부족 사태가 발생하면 긴급 자금을 제공하기도 한다. 이를 최종대부자 기능이라고 한다. 기타 중앙은행은 외화를 관리하고, 외국 금융기관의 예금을 받으며 외국 금융기관에 대출도 하며, 일반은행의 경영 상태도 점검한다. 마지막으로 중앙은행은 경제 조사 연구 및 통계 업무를 수행한다.

3) 은행과 비(非)은행 예금 취급 기관

(1) 일반은행

은행에는 은행법에 의해 설립된 일반은행과 각자의 법률에 의해 설립된 특수은행이 있다. 일반은행은 시중은행과 지방은행 그리고 외국은행 국내 지점으로 구성되어 있다. 일반은행은 주로 요구불예금으로 조달된 자금을 단기대출로 운용하는 상업금융 업무와 함께 장기금융 업무를 취급하고 있다.

(2) 특수은행

특수은행에는 기업에게 장기 시설 자금을 공급하는 한국산업은행이 있다. 한국산업은행은 1954년 '한국산업은행법'에 의해 설립되었다. 초기에 한국산업은행은 전력, 석탄, 조선, 기계 등 국가 기간산업에 주로 대출하였으나 1997년 '한국산업은행법' 개정으로 업종 구분은 폐지되었다.

한국산업은행은 2008년 민영화가 추진되면서 2009년에 산업금융지주회사와 한국정책금융회사로 분할되었고, 지주회사인 산은금융그룹의 자회사로 편입되었다. 민영화 이후 기존의 정책금융 업무는 한국정책금융회사로 이관되었다.

특수은행에는 한국산업은행 이외에도 수출입 금융을 전문적으로 공급하는 한국수출입은행, 중소기업 금융 전문 은행인 중소기업은행이 있다. 그리고 농업협동조합, 수산업협동조합, 축산업협동조합의 신용 사업 부문도 특수은행에 포함된다. 한편, 일반은행과 특수은행은 별도의 인가를 받아 신탁 업무도 취급한다.

도표 1-2 은행과 비은행 예금 취급 기관

은행	일반은행	시중은행 지방은행 외국은행 국내 지점
	특수은행	한국산업은행 한국수출입은행 중소기업은행 농업, 수산업, 축산업협동조합
	은행신탁 계정	
비은행 예금취급기관	종합금융회사	
	투자신탁회사	
	상호저축은행	
	신용협동기구	상호협동조합 새마을금고 상호 금융
	우체국예금	

(3) 비은행 예금 취급 기관

비은행 예금 취급 기관에는 종합금융회사, 투자신탁회사, 상호저축은행, 신용협동기구 및 우체국 예금이 있다. 종합금융회사는 장단기금융, 투자신탁, 시설대여 업무 등 국내 금융기관이 영위하는 거의 모든 금융업을 영위한다.

투자신탁회사는 일반 투자자로부터 자금을 조달하여 일정 기간 각종 자산에 투자하여 발생한 수익을 투자자에게 배당하는 것을 주요 업무로 하고 있다. 상호저축은행은 지역의 시민, 소규모 기업을 대상으로 하는 여수신 업무를 주로 하고 있다. 신용협동기구는 신용협동조합, 새마을금고, 상호 금융으로 구분되는데 조합원 상호 간 상호부조를 목적으로 운영된다. 우체국 예금은 우체국에서 취급하는 공영 금융기관이다.

4) 보험회사와 증권회사 등

(1) 보험회사와 증권회사

보험회사는 다수의 보험계약자를 상대로 보험료를 받아 이를 대출, 유가증권, 부동산에 투자하여 보험계약자에게 보험사고가 발생하면 지급하는 업무를 영위한다. 보험회사에는 생명보험회사와 손해보험회사 및 우체국보험이 있다.

증권회사는 주식, 채권 등 유가증권의 발생을 주선하고 발행된 유가증권의 매매를 중개하는 것을 주요업무로 하고 있다.

보험회사와 증권회사의 종류를 나타내면 다음과 같다. 도표 1-3

도표 1-3 보험회사와 증권회사

<table>
<tr><td rowspan="3">보험회사</td><td>생명보험회사</td><td></td></tr>
<tr><td>손해보험회사</td><td>손해보험회사
재보험회사
보증보험회사</td></tr>
<tr><td>우체국보험</td><td></td></tr>
<tr><td>증권회사</td><td>증권회사</td><td></td></tr>
</table>

(2) 기타 금융기관과 금융 중개 보조기관

기타 금융기관으로는 수신업무 없이 대출을 전문으로 하는 여신 전문 금융회사가 있고 그 밖에 증권금융회사, 증권투자회사, 선물회사, 투자자문회사, 유동화 전문 기관 등이 있다.

금융기관과 금융거래에 관련된 서비스를 제공하는 금융 중개 보조기관으로는 신용보증기관, 신용평가회사, 예금보험공사, 한국자산관리공사, 한국수출보험공사, 금융결제원, 한국증권거래소, 선물거래소가 있다.

제2장

금융시장과 금융 상품

제1절 금융시장과 금융 상품

1 금융시장의 개요

1) 서설

우리는 앞에서 금융시장이란 자금의 수요와 공급이 발생하여 자금의 거래가 계속해서 이루어지는 시장으로 정의하였다. 그리고 금융시장을 자금 조달 방식에 따라 직접금융시장과 간접금융시장, 대여 기간에 따라 단기금융시장과 장기금융시장, 기타 국내금융시장과 국제금융시장으로 구분하였다. 그리고 각 금융시장별로 금융 상품의 예시를 들었다.

다음에서는 금융시장의 구분 방식 중 직접금융시장과 간접금융시장의 분류 방식에 따라 금융 상품을 구분하고자 한다.

직접금융시장에서 거래되는 금융 상품에는 주식과 채권이 대표적이다. 그리고 간접금융시장에서 거래되는 금융 상품에는 은행의 요구불예금, 정기예금 등이 있다. 그런데 대개의 경우 간접금융시장은 단기금융시장과, 직접금융시장은 장기금융시장과 거의 일치하며 장기금융시장을 자본시장이라 하기도 한다.[1)]

2) 금융시장의 기능

(1) 자금의 중개 기능

금융시장은 자금을 필요로 하는 수요자에게 자금 공급자의 여유 자금을 공급하게 하는 자금의 중개 기능을 수행한다. 자금의 중개 기능으로 자금의 공급자와 수요자들 모두 경제적 이득이 발생한다.

---

1) 이말남, 「화폐금융론」(서울 : 형설출판사, 2006), p. 73.

자금의 공급자는 금융기관을 통하거나 아니면 직접 자금의 수요자에게 자금을 빌려줌으로써 이자소득을 획득할 수 있다. 그리고 자금의 수요자가 기업인 경우, 투자 활동을 뒷받침할 자금을 적기에 조달함으로써 투자 기회를 상실하지 않게 될 것이다. 자금의 수요자가 가계 부문인 경우, 필요하기는 하나 자금 부족으로 구입하지 못한 주택이나 고가의 내구 소비재 구입을 가능하게 함으로써 경제적 후생을 증대시킨다.

(2) 거래 비용의 절감

금융시장에서는 다수의 자금 수요자와 자금 공급자 간의 거래가 이루어지기 때문에 금융거래에 수반되는 제반 비용이 절감된다. 이러한 거래 비용의 절감으로 자원이 효율적으로 배분된다.

금융거래에 수반되는 제반 비용에는 거래 상대방을 탐색하는 비용, 거래되는 금융 상품의 가격을 결정하는 데 소요되는 비용 등이 있다. 금융시장에서는 수많은 자금의 수요자와 공급자가 참여하므로 거래 상대방을 탐색하는 비용을 절감시킨다. 그리고 제도권 금융시장에서는 공식적인 균형이자율이 모든 사람에게 알려져 있어 금융 상품의 시장가격을 결정하는 데 소요되는 비용을 대폭 경감시킨다.

(3) 기타

금융시장에서는 다양한 금융 상품이 거래되므로 자금의 공급자에게는 다양한 투자 기회를 제공한다. 자금의 공급자는 위험과 수익이 다양한 금융 상품들을 구입함에 있어 분산투자를 할 수 있고, 분산투자를 통하여 투자에 수반되는 위험을 경감시킬 수 있다. 자금의 수요자는 다양한 금융 상품 중에서 자기에게 가장 적합한 금융 상품을 선택하여 금융거래를 할 수 있다.

금융시장은 실물자산에 투자하는 투자자가 직면하는 유동성 위험을 경감시켜 준다. 예를 들어 부동산과 같은 실물자산에 투자하는 투자자는 일반적으로 이를 현금화시키기가 용이하지 않다. 그런데 최근에 부동산과 같은 실물자산을 유동화시키는 금융 상품이 개발됨으로써 부동산투자에 수반되는 유동성 위험이 많이 제거되었다.

중앙은행은 통화량과 이자율을 조절하여 경제성장과 물가 안정을 도모하는 금융정책을 시행하는데, 금융시장은 중앙은행이 금융정책을 원활하게 집행하는 데 필요한 역할을 수행하기도 한다.

2 간접금융시장과 금융 상품

1) 간접금융시장의 개요

간접금융시장은 자금의 거래가 금융기관의 중개를 통해 이루어지는 시장을 말한다. 대개의 경우 자금의 거래를 중개하는 금융기관은 일반은행이 담당하며, 이러한 은행을 상업은행(commercial bank)이라 한다. 자금의 공급자는 개인이나 기업 등에 자금을 빌려줄 경우 원금과 이자를 확실히 회수하기가 쉽지 않은 신용위험(credit risk)에 직면한다. 이러한 신용위험을 제거시켜 주는 것이 간접금융시장이 먼저 발달된 이유이기도 하다.

간접금융시장에서 은행은 다수의 자금 공급자로부터 예금을 받아 자금이 필요한 수요자에게 대출한다. 자금 공급자는 은행이 대출한 자금 수요자가 원금과 이자를 약속한 기일에 갚지 못하더라도 은행이 대신 원금과 이자를 변제하므로 안심하고 은행에 예금을 하게 된다. 그런데 은행이 대출하는 자금은 은행의 자산이 아니라 예금자의 자산이므로 은행은 장기간 대출하는 것에 부담을 느낀다. 이런 이유로 간접금융시장에서는 대여 기간이 대개 1년 미만인 단기금융 상품이 주로 거래된다. 이러한 단기금융시장을 화폐시장(money market)이라고도 한다.[2)]

2) 간접금융 상품

간접금융 상품은 간접금융을 수행하는 금융기관인 은행과 비(非)은행 예금취급 기관, 즉 종합금융회사, 투자신탁회사, 상호저축은행, 신용협동기구 등이 취급하는 금융 상품을 말한다.

---

2) 상게서, pp. 85~99.

(1) 은행의 금융 상품

은행의 금융 상품은 예금과 기타 금융 상품으로 구분되며, 예금은 요구불 예금과 저축성 예금으로 나누어진다.

① 요구불예금

요구불예금이란 예금과 인출이 자유롭기 때문에 이자가 없거나 아니면 아주 낮은 이자를 받는 예금을 말한다. 요구불예금에는 보통예금, 당좌예금 등이 있다.

보통예금은 가입 대상, 예치 금액, 예치 기간 등에 아무런 제한 없이 자유롭게 거래할 수 있는 예금을 말한다. 당좌예금은 은행과 당좌 거래 계약을 체결한 자가 일반 상거래로 취득한 현금, 수표 등을 은행에 예금하고 그 금액 범위 내 또는 당좌 대출 한도 범위 내에서 현금의 지급 사무를 은행에 위임하고자 개설한 예금을 말한다. 이외에도 요구불예금에는 가계 당좌예금, 별단예금, 공공예금 등이 있다.

② 저축성 예금

저축성 예금이란 일정 기간 동안 예금을 은행에 예치해 둠으로써 보다 높은 이자를 받는 예금을 말한다. 저축성 예금에는 정기예금, 저축예금, 정기적금 등이 있다.

정기예금은 일정한 예치 기간을 미리 정하여 일정 금액을 예치하고 기간 만료 전에는 원칙적으로 자금을 청구할 수 없는 기한부 예금으로 가장 저축성이 강하다. 정기예금은 은행 이외에 농협, 수협, 상호저축은행 그리고 우체국에서도 취급하고 있다.

저축예금은 은행을 이용하는 인구의 저변 확대를 도모하고 가계 예금의 획기적 증대를 하기 위해 도입된 예금 제도의 하나로 입금과 출금이 자유로운 예금이다.

정기적금은 일정한 기간 후에 일정한 금액을 지급할 것을 약정하고 매월 특정일에 일정액을 적립하는 예금 제도를 말한다. 저축성 예금에는 이외에도 부동산금융 상품으로 주택청약부금, 장기주택마련저축, 주택청약저축 등이 있다.

③ 양도성예금증서

양도성예금증서(CD : negotiable Certificate of Deposit)는 정기예금에 양

도성을 부여한 것으로 무기명 할인 방식으로 발행된다. 이자 지급은 할인 방식에 따라 미리 지급되며 만기 시에 액면 금액을 상환한다.

④ 환매조건부채권 등

환매조건부채권(RP : Repurchase Agreement)은 일정 기간이 경과한 후에 일정한 가격으로 동일한 채권을 다시 매수하거나 매도할 것을 조건으로 발행되는 금융 상품이다. 이를 이용할 경우 자금의 수요자는 채권 매각에 따른 자본손실 없이 필요한 자금을 용이하게 조달할 수 있고, 투자자도 원금 손실의 위험 없이 자금을 운용할 수 있다.

기타 표지어음과 금융채 등의 금융 상품이 있다. 금융기관이 기업으로부터 매입해 보유하고 있는 상업어음이나 외상 매출 채권을 다시 여러 장으로 분할하거나 아니면 합하여 액면 금액과 이자율을 새로이 설정해 발행하는 어음을 표지어음이라 한다. 그리고 한국산업은행이나 중소기업은행 등이 장기자금을 조달하기 위하여 발행하는 산업금융채권, 중소기업금융채권 등을 금융채라 한다.

(2) 종합금융회사의 금융 상품

종합금융회사의 금융 상품에는 자체 발행 어음, 어음 관리 계좌, 기업 어음 등이 있다. 이 중에 기업 어음은 직접금융 상품의 성격이 강하므로 이를 제외하고 나머지 상품에 대해 살펴본다.

① 자체 발행 어음

자체 발행 어음은 종합금융회사가 영업 자금 조달을 위하여 자기자본의 일정 비율 내에서 발행하는 융통어음을 고객에게 판매하는 방식의 금융 상품이다.

② 어음관리계좌

어음관리계좌(CMA : Cash Management Account)는 화폐시장에 직접 참여하기가 어려운 일반 투자 고객을 위하여 금융기관이 다수의 고객으로부터 자금을 조달하여 이 자금을 주로 기업 어음이나 통화 조달용 채권 등 단기 금융자산에 운용하고, 그 운용 수익을 예탁 기간에 따라 투자자에게 차등 지급하는 상품으로 현재 종합금융회사에서 취급하고 있다.

우리나라의 어음 관리 계좌의 기본 모형은 미국의 CMA에서 유래된 것이지만 이보다는 오히려 단기형 수익증권 상품을 취급하는 투자신탁의 수익증권이 자산 운용 방법 및 수익률 결정면에서 유사하다. 그러나 운용 대상 자산에서 차이를 보인다. 종합금융회사의 어음 관리 계좌의 경우 각종 어음, 채권, CD 그리고 정기예금, 단기 국·공채 등 지급 준비 자산이 주종을 이루고 있는데 비해 투자신탁회사의 단기 수익증권의 경우 국·공채, 사채, 주식, 콜론(call loan), 금융기관이 발행 보증 또는 매출하는 어음 및 채무 증서가 주종을 이루고 있다.

(3) 투자신탁회사의 금융 상품

증권투자신탁은 투자신탁회사 등 전문적인 투자 기관이 증권투자에 대한 전문적인 지식이 없거나 자금 규모가 영세한 다수의 투자자로부터 자금 운용에 대한 신탁을 받고 이를 유가증권에 투자하여 그 운용 수익을 분배하여 주는 증권투자 대행 제도를 말한다.

일반적으로 증권투자신탁제도는 투자 대행 기관의 법률적 조직 형태에 따라 계약형과 회사형으로, 수익권의 환매 가능 여부에 따라 개방형과 폐쇄형으로, 신탁재산의 운용 관리 권한의 위임 여부에 따라 고정형과 관리형 등으로 구분하고 있다.

계약형(contractual type)은 위탁자, 수탁자 및 수익자 간의 신탁계약에 의거하여 이루어지는 형태로 우리나라와 일본, 독일이 이 형태를 취하고 있으며 최근 영국에서 증가하고 있는 단위형(unit trust)도 이에 속한다.

계약형 투자신탁은 신탁재산을 설정·운용하는 위탁자와 그 재산을 보관·관리하는 수탁자 간에 체결된 계약인 신탁약관에 따라 균등하게 분할된 지분증서인 수익증권을 수익자인 투자자가 취득하는 형태로 이들 3자 간의 법률관계는 모두 신탁약관이 법적 기초가 된다. 즉 위탁자는 투자신탁을 설정하여 수익증권을 발행, 이를 수익자에게 판매하여 자금을 조성하고 이 자금으로 증권에 투자·운용하는 바, 이에 따른 관리 사무인 신탁 재무의 보관 및 출납, 증권의 배당 및 이자 지급에 관련된 업무 등을 수탁자가 대행하게 된다.

계약형 투자신탁은 다시 투자신탁 원금의 추가 설정 여부에 따라 단위형과 기금형 또는 추가형으로 나누어진다. 단위형은 동일한 계약에 의거, 1회의 설정으로 끝나는 형태로 일단 설정된 펀드는 원본의 추가 설정이 불가능하나 해약에 의해 원본의 감소는 가능하며 기금형은 동일한 신탁계약으로 언제든지 수익증권을 추가 발행하거나 환매함으로써 펀드의 추가 설정 및 해약이 가능하다.

회사형은 증권의 대행 투자를 목적으로 설립된 회사(mutual fund)가 일반 대중에게 주식을 발행하고 그 운용 수익을 배당하는 제도로 미국의 경우 대부분 이 형태를 취하고 있으며 영국의 투자신탁도 회사형이다. 또한 설정 초기에 신탁재산에 편입된 유가증권의 종목과 수량을 신탁 기간 종료일까지 변경할 수 없는 것을 고정형 투자신탁이라 하고, 신탁약관에 의해 위탁회사에 재량으로 편입, 유가증권을 자유로이 변경할 수 있는 것을 융통형(관리형) 투자신탁이라고 한다. 우리나라에서는 융통형 투자신탁이 대부분으로 이는 신축성 있는 자산 운용으로 수익의 극대화를 도모하기가 쉽다는 장점이 있다.

한편 환매 허용 여부에 따라 신탁 기간 중 자유로이 환매가 인정되는 것을 개방형 투자신탁, 수익자의 사망이나 천재지변 등 소정의 사유 발생 시에만 환매가 인정되는 것을 폐쇄형 투자신탁이라 분류하며, 투자 대상 유가증권에 따라 공사채형 투자신탁과 주식형 투자신탁으로 구분하기도 한다.

① 공사채형 수익증권

공사채형 수익증권은 신탁재산의 대부분을 이자율이 확정되어 있는 회사채, 국공채 등 안정적인 수익을 얻을 수 있는 채권에 주로 투자하여 운용하는 금융 상품이다. 이익 분배금은 별도의 특약이 없는 한 전액 재투자되어 복리 효과를 얻을 수 있으며 대부분의 투자신탁이 추가형의 형태로 운용되고 있다.

공사채형 투자신탁은 저축 기간, 운용 방법, 가입 조건에 따라 단기형, 장기형으로 나눌 수 있다. 단기 공사채형 수익증권은 고객의 투자 금액을 전문 펀드 매니저가 국공채 및 회사채 등에 투자한 후 그 수익금을 고객에게 돌려주는 단기 실적 배당형 상품이다. 주로 위험도가 낮은 공사채에 투자 운용되므로 6개월 미만의 일시 여유 자금을 안정적으로 운용하는 데 적합한 상품이다. 3개월 이상 예치 시에는 환매수수료 없이 수시 출금이 가능하다.

② 신탁형 증권저축

신탁형 증권저축은 금전을 납입받아 유가증권에 투자 운용하고 약정된 이율을 지급하는 신탁예금의 형식으로 운용되며 투자신탁 상품 중 유일하게 실적 배당이 아닌 확정 금리 상품으로 2주 미만의 단기 저축에 유리하다. 투자신탁 운용 회사는 취급할 수 없다.

③ 신종 MMF(Money Market Fund)

투자신탁회사가 여러 고객이 투자한 자금을 모아 이를 주로 양도성 예금 증서(CD), 기업 어음(CP), 만기 5년 이하의 국채 및 만기 2년 이하의 통화 안정 채권 등 금융자산에 투자하여 얻은 수익을 고객에게 돌려주는 단기 실적 배당 상품이다. 최저 가입 금액의 제한이 없고 환금성이 높은 데다 실세 금리 수준의 수익을 올릴 수 있어 소액 투자는 물론 언제 사용할지 모르는 단기자금을 운용하는 데 유리한 저축 수단이다.

1999년 3월 22일부터 신규 판매된 수익증권의 일종으로 종전의 MMF와 달리 환매수수료가 부과되지 않는다. 은행의 MMDA, 종합금융회사의 CMA 및 단기 공사채형 수익증권과 경쟁 상품이다. 증권 계좌와 연결하여 대기 자금을 예치 시 상대적으로 높은 수익을 얻을 수 있다.

(4) 상호저축은행의 금융 상품

상호저축은행은 서민과 영세 상공인에 대한 금융 편의 제공과 저축의 증대를 통한 재산 형성과 지원을 목적으로 하고 있기 때문에 다른 금융기관보다 비교적 높은 이자를 지급한다.

상호저축은행에서 취급하는 금융 상품으로는 여유 자금 운용 상품으로 정기예금과 표지어음이 있으며, 목돈 마련 상품으로 정기적금, 가계 우대 정기적금, 신용부금, 자유 적립예금, 상호 신용 예금 등이 있다. 근로자를 위한 상품으로는 근로자 우대 저축과 근로자 장기 저축이 있으며, 주택 마련을 위한 상품으로 장기 주택 마련 저축이 있다. 학자금 마련 상품으로 학자금 적금이 있으며, 입출금이 자유로운 상품으로는 보통예금, 저축예금, 기업자 유예금 등이 있다.

① 정기예금

여유 자금을 5년 이내의 일정 기간 동안 확정 금리로 예치하면 높은 수익을 얻을 수 있는 가장 보편적인 장기 저축성 예금으로 매월 이자 지급식과 만기 지급식 중에서 선택할 수 있으며, 세금 우대 종합 저축 한도 내에서 1년 이상 가입 시에는 세금 우대 혜택을 받을 수 있다. 가입 대상에는 제한이 없으며, 가입 기간은 1개월에서 60개월까지 월 단위로 가능하다. 계약 금액은 10만 원 이상이면 된다.

② 정기적금

일정 금액을 정기적으로 납입하여 만기일에 원리금을 지급받는 목돈 마련을 위한 가장 보편적인 장기 저축 상품으로 세금 우대 가입도 가능하다. 예치 기간은 월 적금의 경우 6개월 이상 5년 이내에서 월 단위로 가능하며, 일 적금은 100일 이상 3년 이내에서 10일 단위로 가능하다. 계약 금액은 월 1만 원 이상으로 제한은 없다.

한편 가계 우대 정기적금은 매월 일정 금액을 정기적으로 납입하여 만기일에 원리금을 지급하는 예금인데, 대출 또는 담보로 제공되지 않는 경우에는 만기 시 특별 이자를 지급하여 세금 우대 가입도 가능하다. 가입 대상은 기관별로 1인당 1계좌만 허용되며 예치 기간은 6개월 이상 5년 이내에서 1개월 단위로 예치가 가능하다. 계약 금액은 월 1만 원 이상으로 제한은 없다.

③ 신용부금

신용부금은 가입 즉시 계약 금액 범위 내에서 대출을 받을 수 있는 적금식 상품으로 1개월 이상 선납하였을 경우 선납 이자를 지급하며, 세금 우대 가입이 가능하다. 예치 기간은 월부금식의 경우에는 6개월 이상 5년까지 1개월 단위로 가능하며, 일일부금은 매일 적립하며 3년 이내 가입이 가능하다.

④ 자유적금예금

일정 기간 동안 금액 및 회수가 제한 없이 자유로이 예금을 납입하고 만기일에 원금과 이자를 지급받는 것으로 이자는 월 복리로 계산된다. 가입 대상에는 제한이 없으며, 납입 금액도 1,000원 이상이며 제한이 없다. 계약 기간은 3개월 이상 5년 이내에서 월 단위로 가능하다.

⑤ 보통예금

거래 대상, 예치 한도의 제한 없이 언제든지 입금과 출금이 가능한 예금으로 각종 공과금 등의 자동이체 계좌로 사용하거나 타 금융기관의 송금 계좌로 활용할 수 있다. 이자는 매월 계산되며, 원금에 가산된다.

(5) 신용협동기구의 금융 상품

신용협동기구의 금융 상품은 농협과 수협 단위조합의 상호 금융과 신용협동조합 및 새마을금고 등 신용협동기구가 취급하는 저축을 총칭한다. 신용협동기구는 상호 유대를 가진 영세 소득자들이 푼돈을 저축하여 자금을 필요로 하는 조합원들에게 융통하여 줌으로써 회원들의 자금 과부족을 스스로의 힘으로 해결하려는 금융 조직이기 때문에 금리 및 세제 면에서 은행의 예금과 적금보다 유리한 특징을 가지고 있다.

① 예금 상품

신용협동기구의 예금 상품에는 보통 예탁금, 자유 예탁금 등이 있다.

첫째, 보통 예탁금은 입출금이 자유로운 요구불예금으로 은행에서 취급하는 보통예금과 유사하며 가입 대상 및 예치 한도에 제한이 없다. 금리는 연 1.5% 이내이며 이자는 연 2회 원금에 가산한다. 한편 2,000만 원 이하 예탁금의 이자소득에 대해서는 비과세하며 농특세를 1.5%만 부과하는 혜택을 주고 있다.

둘째, 자유 예탁금은 언제나 입출금이 가능하며 개인의 가계 자금을 우대하기 위한 예탁금으로 예치 일수에 비해 높은 금리를 받을 수 있는 예금이다. 은행에서 취급하는 저축예금과 유사하며 예치 한도에 제한이 없다. 금리는 자유화되어 있으며 이자는 3개월마다 원금에 가산한다. 보통 예탁금과 같이 2,000만 원 이하 예탁금의 이자소득에 대해서 농특세 1.5%만을 부과하고 있다.

셋째, 자유 저축 예탁금은 은행의 자유 저축예금과 상품 내용이 동일하며 2,000만 원 이하 예탁금의 이자소득에 대해서는 비과세한다(농특세 1.5% 부과). 금액의 규모 및 시기에 제한 없이 입출금이 자유로우나 선입선출법에 의거, 예치 기간에 따라 이자가 계산된다.

넷째, 정기 예탁금은 은행에서 취급하는 정기예금과 유사하며 가입 대상 및 예치 한도에 제한이 없다. 예탁 기간은 5년 이내로 월 또는 연 단위로 정하며, 특별한 사정이 있어 고객이 요청하는 경우에는 일 단위로 정할 수도 있다. 정기 예탁금의 이자는 매월 지급 또는 만기 일시 지급하며 금리는 자유화되어 있다. 상호 금융권을 통틀어 1인당 2,000만 원 이하 예탁금의 이자소득에 대하여 비과세(농특세 1.5% 부과)한다. 신용협동조합의 예탁금은 예금자 보호법에 의한 보호 대상 상품인 반면 새마을금고 및 농·수협 단위조합의 경우는 자체적인 안전 기금에 의해 예금자 보호 제도를 운용하고 있다.

다섯째, 정기적금은 은행에서 취급하는 정기적금과 유사하며 가입 대상에 제한이 없고 월부금 및 계약 금액도 자유로이 정할 수 있다. 만기에 이자를 지급하며 이자율은 자유화되어 있다.

여섯째, 자유 적립 적금은 저축 금액과 납일 일자가 자유롭고 고수익이 보장되는 저축 상품으로 특히 소득 시기, 소득 금액이 불규칙한 농민이나 상인에게 적합한 상품이다. 계약기간은 5년 이내에 월 단위로 할 수 있다.

② 신용협동조합 및 새마을금고 출자금

신용협동조합 및 새마을금고에서는 상호 금융의 저축 수단을 동일하게 취급하고 있을 뿐만 아니라 조합의 자본금을 형성하는 출자금도 취급하고 있다.

③ 상호 금융(농·수협 단위조합)의 농어가 목돈 마련 저축

농어민의 생활 안정과 재산 형성을 지원하기 위해 도입된 특별 우대 비과세 저축으로 목돈 마련에 유리한 3년 이상의 장기 저축 상품이다. 가입자에게는 기본 금리 이외에 법정 장려 금리를 가산하여 원리금을 지급한다. 농어촌의 계절적인 자금 사정을 고려하여 분기 또는 반기 납부도 가능하며 납입 한도를 가구 단위로 계산하되 한도 내에서는 여러 구좌로 나누어 가입할 수 있다.

제2절 직접금융시장과 금융 상품

1 직접금융시장의 개요

1) 서설

직접금융시장은 자금의 거래가 금융기관의 중개를 통하지 않고 자금의 공급자와 자금의 수요자 간에 직접 이루어지는 시장을 말한다. 제도권 금융시장으로서 간접금융시장이 먼저 발달된 이유는 앞에서 말한 바와 같이 자금의 공급자가 직면하는 신용 위험 때문이었다. 그런데 20세기에 접어들면서 정부나 대기업 등 자금의 공급자 입장에서 신용 위험을 전혀 걱정할 필요가 없는 자금의 수요자가 출현하면서 직접금융시장이 발달하게 되었다.

직접금융시장에서는 은행과 달리 자금의 공급자가 자기자본을 직접 자금 수요자에게 대출하므로 대출 기간이 장기간이어도 별 상관없다. 이런 이유로 직접금융시장은 대여 기간이 1년 이상인 장기금융 상품이 주로 거래된다. 장기금융시장을 자본시장(capital market)이라고 한다.

오늘날 우리나라에서는 직접금융시장과 자본시장을 거의 동일한 의미로 사용하고 있다. 2007년 제정된 '자본시장과 금융 투자업에 관한 법률(이하에서는 '자본시장통합법'이라 함)'에서는 자본시장을 기업과 같은 자금 수요자들이 주식, 채권, 파생상품, 구조화 상품, 펀드 등의 유가증권을 발행하여 자금 공급자로부터 직접 자금을 조달하는 시장이라고 하고 있다. 이러한 개념적 정의에서 유추하더라도 직접금융시장을 자본시장이라고 보아도 무방할 듯하다.

2) 직접금융 상품

'자본시장통합법'은 2007년 제정되어 2009년부터 시행되었으나, 2008년 미국에서 발행한 금융 위기로 그다지 법이 의도하는 바를 달성하지 못하고 있다.

법의 취지는 우리나라의 자본시장이 선진국에 비해 규모와 발전 정도가 크게 뒤떨어진 실정을 극복하기 위해 자본시장의 역동적 발전과 선진국형 투자은행(investment bank)의 탄생을 목적으로 하고 있다. 정부가 기존의 증권업, 자산 운용업, 선물업, 종금업, 신탁업 등 5개 자본시장 관련 업종의 벽을 허물고 겸영을 허용하여 대형 투자은행을 육성하고자 하였으나, 아직까지 선진국형의 대규모 투자은행이 탄생하지 않고 있다.

직접금융 상품은 직접금융을 수행하는 금융기관이 취급하는 금융 상품을 말한다. 자본시장에서 유가증권의 발행, 중개, 투자 등과 관련된 투자은행의 업무를 수행하는 증권회사가 대표적인 직접금융회사로 볼 수 있으며, '자본시장통합법'에서도 증권회사가 미국의 대형 투자은행과 비슷한 성격을 지닌 금융기관으로 육성되기를 기대하고 있다.

자본시장, 즉 직접금융시장은 기업과 같은 자금 수요자들이 주식, 채권, 파생상품, 구조화 상품, 펀드 등의 유가증권을 발행하여 자금 공급자로부터 직접 자금을 조달하는 시장이라고 정의되는데, 여기서 자금 수요자들이 발행하는 채권, 주식, 파생상품 등이 가장 대표적인 직접금융 상품이 된다.

2 채권

1) 서설

채권은 기업, 금융기관, 국가, 지방자치단체 등이 자금 조달을 목적으로 발행하는 채무 증서로서 발행자 및 투자자 외에 발행 기관이 참여한다. 채권은 발행 주체를 기준으로 국채, 지방채, 특수채, 금융채 및 회사채로 구분된다.

국가가 발행하는 채권을 국채라고 하며, 지방자치단체가 발행하는 채권을 지방채라 한다. 그리고 특별법에 의해 설립된 법인이 발행하는 채권을 특수채라 하며, 금융기관이 발행한 채권을 금융채라 한다. 회사가 자금 조달을 목적으로 발행하는 채권은 회사채이며, 회사채는 보증 및 담보 유무를 기준으로 보증사채, 담보부사채 및 무보증사채로 구분되고, 이자지급 방법에 따라 이표채, 할인채, 복리채로 나누어진다.

2) 채권시장의 구조

채권시장은 발행시장과 유통시장으로 나누어진다. 발행시장은 채권이 신규로 발행되는 시장을 말하며, 유통시장은 이미 발행된 채권이 유통되는 시장을 말한다.

(1) 발행시장

① 국채

국채는 국채법에 따라 주무장관이 발행 계획안을 작성한 후 국회의 동의를 받은 한도 내에서 발행한다. 발행 금리는 일부 채권을 제외하고는 시장금리로 발행한다.

국채의 발행 방식은 은행, 증권회사 등이 인수단을 조직하여 공동으로 인수하는 인수 발행, 정부가 현금 대신 채권자에게 교부하는 교부 발행, 증권회사 등을 통해 일반 투자자에게 판매하는 공모발행 등이 있다. 도표 2-1

도표 2-1 주요 국공채 및 금융채

종류	발행조건		발행방법	발행자
	이율	만기		
국고채권	시장 금리	1~10년	경쟁입찰	국채관리기금
외국환평형 기금채권	시장 금리	10년 이내	경쟁입찰	외국환평형기금
토지개발채권	시장 금리	2년	교부	한국토지주택공사
산업금융채권	시장 금리	1~10년	인수, 매출	한국산업은행
중소기업 금융채권	시장 금리	1~5년	인수, 매출	중소기업은행
예금보험 기금채권	시장 금리	7년 이내	경쟁입찰, 인수	예금보험기금
부실채권 정리기금채권	시장 금리	7년 이내	인수	부실채권정리기금

② 회사채

회사채는 회사채를 발행하는 회사가 주간사회사를 선정하고, 주간사회사는 회사채를 전액 인수한 후 투자자에게 판매하는 형태로 발행된다. 발행 금리는 발행 기업과 인수기관의 협의를 통해 자율적으로 결정된다.

회사채는 고정 금리부, 3년 만기, 보증사채가 많은데, 최근에는 주식과 연계된 전환사채(CB : Convertible Bond)나 신주인수권부사채(BW : Bond with Warrenty) 등의 발행이 증가하고 있다.

회사채는 주로 공모(public offering) 방식에 의해 발행되며, 대부분 총액인수 방식에 의해 발행 회사는 주간사회사와 총액인수 계약을 체결하고 주간사회사는 자기 책임하에 일반투자자에게 판매한다.

(2) 유통시장

이미 발행된 채권이 유통되는 시장은 거래 장소에 따라 증권거래소 내에서 거래되는 장내시장과 증권거래소 외부에서 자유롭게 거래되는 장외시장으로 구분된다.

① 장내시장

장내시장은 증권거래소에 상장된 채권이 증권거래소 내에서 거래되는 시장을 말한다. 채권 거래는 주식거래와 달리 주로 매매계약을 체결한 당일에 결제된다.

채권의 거래 절차는 채권의 매도나 매수 호가가 거래소의 전산 시스템을 통해 전달되고, 전달된 매도·매수 호가를 시간, 가격, 수량 우선을 원칙으로 의해 체결된다. 체결된 결과는 증권회사를 통해 투자자에게 실시간으로 통보된다.

② 장외시장

채권은 발행 종목이 많고 종류가 다양하여 전부 상장시켜 장내거래를 하는 것이 기술적으로 어렵기 때문에, 채권거래는 증권회사를 중개 기관으로 대부분 장외시장에서 이루어진다.

증권회사는 매도 또는 매수 기관의 호가를 받아 적정한 수익률로써 거래를 체결한다. 거래가 체결되면 매수 기관은 거래 은행에게 대금 지급을 지시하고 매도 기관은 증권회사를 통하여 증권 예탁원에 계좌 이체를 요청하는데, 결제는 대부분 당일에 이루어진다.

3 주식

주식이란 미래 이득의 획득 및 그 시기가 약정되지 않는 지분 증권(equity securities)을 말한다. 지분 증권이란, 다른 모든 확정 소득 증권에 지급이 되고 남은 잔여 소득 및 잔여재산에 대하여 청구권을 행사하는 증권을 말한다.

주식은 대개 회사가 주로 실물 투자를 위한 대규모의 자본 조달 수단으로 발행하며, 회사에 자본을 출자한 주주에게 그 증거로 발행하고 교부해 주는 증권이다.

1) 보통주와 우선주

보통주는 주주가 가지는 일반적 권리가 부여되어 있는 주식으로 이익배당이나 경영참가권 등에 있어서 기준이 되는 주식이다.

우선주는 이익배당이나 잔여재산의 분배 등에 있어서 우선적 지위가 인정이 되는 주식이다.

2) 의결권주와 무의결권주

의결권주는 주주총회에 상정되는 의결 사항에 대하여 결정권을 가지는 주식으로서 대개 보통주는 의결권주이다.

무의결권주는 주주총회에 상정되는 의결 사항에 대하여 결정권을 가지지 못하는 주식이다. 배당의 우선권이 있는 우선주는 대개 무의결권주이나 배당의 우선권이 실현되지 않을 경우에는 의결권이 부활된다.

3) 액면주와 무액면주

액면주는 주권에 액면가액이 기재되어 있는 주식이다. 상법에서는 액면주식의 금액은 균일하여야 하며 100원 이상이어야 한다고 규정되어 있다. 무액면주는 주권에 액면가액이 기재되어 있지 않는 주식이다.

4) 기명주와 무기명주

기명주는 주식을 소유하고 있는 사람의 이름이 주식에 명시되어 있는 주식이고, 무기명주는 주식에 주주의 이름이 명시되어 있지 않는 주식이다.

5) 유상주와 무상주

유상주는 주금의 납입에 의해 발행되는 주식이고, 무상주는 주금의 납입

없이 발행 회사가 무상으로 주주에게 할당하는 주식이다.

6) 상환주와 전환주

상환주는 주주권의 존속기간이 한정되어 있는 주식으로 우리나라 상법에서는 우선주에 한하여 상환주를 발행할 수 있도록 하고 있다.

전환주는 일정한 요건하에서 다른 종류의 주식으로 전환할 수 있는 주식을 말한다. 전환주는 우선주에서 보통주로 전환하는 것이 보통이다.

제3절 파생 금융 상품과 파생 금융시장

1 파생 금융 상품

파생 금융 상품(financial derivatives)이란 채권, 주식 등 기초 금융자산의 가치 변동에 의해 그 가치가 결정되는 금융 상품을 말한다. 파생 금융 상품에는 계약 형태별로 선물(futures), 옵션(options), 스왑(swaps) 등이 있다.

선물거래(future tradings)란 향후 가격 변동이 예상될 때, 계약을 현재 체결하고 자산을 미래의 일정 시점에 인도나 인수하는 거래를 말한다. 거래 대상에 따라 상품선물(commodity future)과 금융선물(financial future)로 나누며, 현재 우리나라에서 거래되는 금융선물 상품으로 주가지수 선물거래가 있다. 여기서 사용되는 주가지수는 상장 주식 200 종목으로 구성된 'KOSPI 200'이 있다.

옵션거래(option tradings)는 특정 자산을 미래의 일정 시점에 일정 가격으로 매입하거나 매각할 수 있는 권리이다. 매입할 수 있는 권리를 콜옵션(call option), 매각할 수 있는 권리를 풋옵션(put option)이라 한다. 옵션거래란 이런 권리를 매매하는 것으로 계약 만료일에 옵션의 행사 여부를 자유롭게 선택할 수 있다.

스왑거래(swap tradings)는 거래 당사자들이 보유하고 있는 외화 자산 또는 외화 부채의 원리금을 일정 기간 동안 서로 교환하기로 약정하는 거래로서 금리 스왑(interest rate swap)과 통화 스왑(currency swap)으로 구분할 수 있다.

2 파생 금융시장

파생 금융시장은 거래소 시장과 장외시장으로 구분한다. 거래소 시장은 장내시장으로 가격 이외의 모든 거래 요소가 표준화되어 있는 시장이며, 장외시장은 표준화되어 있지 않은 파생 금융 상품이 거래소를 통하지 않고 시장 참가자 간에 직접 거래되는 시장을 말한다.

파생 금융시장에는 자산 및 부채의 가치 변동에 따른 위험을 회피하고자 하는 위험 회피자(hedger), 자산 및 부채의 가격 변동을 예측함으로써 이익 획득을 목적으로 하는 투기자(speculator) 그리고 기초 자산과 파생상품 간의 가격 차이를 이용하여 차익을 실현하고자 하는 차익거래자(arbitrager) 등이 있다.

제3장

화폐의 수요 및 공급과 이자율결정이론

제1절 화폐의 수요

1 서설

사람들은 화폐가 많으면 많을수록 좋다는 생각을 하고 있으므로 화폐의 수요가 무한하다고 생각한다. 그러나 경제학에서 말하는 화폐의 수요는 선택의 문제로서 접근한다.[1)]

각 경제주체들은 자기의 자산을 화폐와 같이 현금으로 보유할 수도 있고, 화폐 이외의 주식이나 채권과 같은 금융자산 그리고 부동산과 같은 실물자산으로 보유할 수도 있다. 화폐는 가지고 있어도 이자와 같은 수익이 발생하지 않으나, 화폐 이외의 금융자산이나 실물자산은 보유하고 있으면 이자나 임대료와 같은 수익이 발생한다.

화폐수요 이론은 화폐는 가지고 있어도 수익이 발생하지 않고 도난의 위험도 있는데, 왜 사람들은 자기의 자산 중 일부를 화폐로 보유하고자 하는가를 규명하고자 하는 이론이다.

사람들이 자기의 자산을 전부 수익이 발생하는 금융자산이나 실물자산으로 보유하면, 일상생활에서 재화나 용역을 구입하는 데 곤란을 당한다. 왜냐하면 주식이나 채권으로 물건을 구입할 수가 없고 이들을 현금으로 바꾸어야 하기 때문이다.

금융이나 실물자산을 화폐로 바꾸는 데 드는 비용을 거래 비용(transaction cost) 또는 유동화 비용이라 한다. 사람들은 거래 비용이나 유동화 비용을 절감하고 일상생활 지출에 대비하기 위해 화폐를 보유한다.[2)]

---

1) 김영곤·오준석·이창석·정상철 외, 「부동산금융론」(서울 : 형설출판사, 2002), pp. 17～18.

2) 이말남, 「화폐금융론」(서울 : 형설출판사, 2006), p. 450.

2 화폐수요 함수와 화폐수요의 동기

1) 화폐수요 함수

화폐수요 함수는 화폐수요와 화폐수요에 영향을 미치는 변수와의 관계를 나타낸 것이다. 즉 화폐수요를 종속변수, 화폐수요에 영향을 미치는 변수를 독립변수로 하여 함수식으로 나타낸 것이 화폐수요 함수이다. 화폐수요 함수에서 화폐수요에 영향을 미치는 독립변수에는 소득과 이자율이 있다. 화폐수요 함수를 나타내면 다음과 같다.

$$M^d = f(Y,\ r)$$

함수식에서 M^d는 화폐수요, Y는 소득, r은 이자율을 나타낸다. 화폐수요는 소득과 정(+)의 관계에 있고, 이자율과는 부(−)의 관계에 있다. 그 이유를 화폐수요의 동기에서 서술하고자 한다.

2) 화폐수요의 동기

화폐수요의 동기에 대해서 체계적인 분류를 제시한 사람은 케인스(J. M. Keynes)이다. 케인스의 화폐수요 이론을 '유동성 선호이론(liguidity preference theory)'이라 한다.

케인스는 사람들이 일상생활의 지출에서 현금 이외에 유동성이 높은 금융상품도 사용하므로 화폐의 범위를 좀 더 확대시킬 필요가 있다고 보았다. 화폐는 대개 현금을 의미하므로 유동성이 가장 크다. 유동성이란 어떤 금융자산이나 실물자산을 현금화하는 정도를 나타내므로 화폐는 현금의 유동성이 가장 클 수밖에 없다.

요구불예금은 우리가 필요할 경우 언제든지 은행에서 인출하여 현금화할 수 있으므로 화폐는 아니지만 유동성이 화폐와 거의 유사하다. 따라서 요구불예금은 거래 비용이나 유동화 비용이 거의 없으므로 화폐와 같이 일상생활의 지출에 큰 무리 없이 사용할 수 있다.

케인스는 일상생활의 지출에 대부분 화폐가 사용되나 요구불예금과 같은 유동성이 큰 금융자산도 사용되므로 화폐수요의 범주에 이를 포함시켜 화폐수요 이론을 분석하였다. 케인스에 의하면 화폐의 수요, 즉 유동성을 선호하는 사람들의 동기를 3가지로 분류할 수 있다.

첫째는 개인이나 기업이 일상적인 지출의 필요성 때문에 화폐를 보유하는 것으로 이를 거래적 동기(transaction demand)라고 한다.

둘째는 예기치 못한 지출의 필요성 때문에 화폐를 보유하는 것으로 이를 예비적 동기(precautionary demand)라고 한다.

셋째는 채권이나 주식 그리고 부동산과 같은 수익이 발생하는 자산을 구입하기 위해 화폐를 보유하는 것으로 이를 투기적 동기(speculative demand)라고 한다.

케인스는 유동성 선호이론에서 사람들이 부동산과 같은 실물자산보다는 채권과 같은 수익이 발생하는 금융자산을 구입하기 위해 화폐를 보유하는 것으로 생각했다.

거래적, 예비적 동기에 의하면, 소득이 증가하면 할수록 사람들이 화폐수요도 증가시킨다고 본다. 그 이유는 소득이 증가하면 사람들의 재화나 용역 소비도 늘어나게 되고, 이에 따라 재화나 용역을 구입하려면 화폐가 필요하므로 화폐수요가 증대하게 되기 때문이다. 예를 들면 월 소득이 100만 원인 사람의 월 지출액이 80만 원이라면, 월 소득이 1,000만 원인 사람은 월 지출액이 500만 원 정도 되고, 이에 따라 소득이 높을수록 화폐수요가 증대된다.

이와 같은 화폐의 기능을 우리는 '교환의 매개 수단' 기능이라 한다. 그리고 화폐수요 함수에서 화폐수요가 소득과 정(+)의 관계에 있는 이유를 설명할 수 있다.

투기적 동기에 의하면, 이자율이 상승하면 할수록 사람들은 화폐수요를 감소시키고 대신 주식이나 채권과 같은 수익자산 보유를 증가시킨다고 본다. 이자율의 상승은 화폐 보유에 대한 기회비용을 상승시킨다. 예를 들면 이자율이 연 10%일 경우 사람들이 은행에 1억 원을 예금하면 이자가 1,000만 원이지만, 이자율이 연 20%로 상승하면 이자가 2,000만 원이 된다. 우리가 현금 1억 원을 은행에 예금하지 않고 현금 형태로 가지고 있을 경우, 이자율이 연 10%일 경우에는 이자 손실액이 1,000만 원이지만, 연 20%가 되면 이자 손실액이 2,000만 원이 되므로 이자율 상승은 화폐 보유의 기회비용을 증가시키는 것이다.

투기적 동기의 화폐수요는 선택의 문제로서 화폐수요에 접근한다. 이자율의 상승은 화폐 보유의 기회비용을 증가시키므로 사람들은 화폐 대신에 주식이나 채권과 같은 수익자산 보유를 증가시키며, 이자율의 하락은 화폐 보유의 기회비용을 감소시키므로 사람들은 주식이나 채권의 보유를 감소시키고 대신 화폐수요를 증대시킨다.

이와 같은 화폐의 기능을 '가치저장의 수단' 기능이라 한다. 그리고 화폐수요함수에서 화폐수요가 이자율과 부(−)의 관계에 있는 이유를 설명할 수 있다.

제2절 화폐의 공급

1 서설

화폐의 공급량을 통화량이라 하는데, 통화량에는 현금뿐만 아니라 금융기관에서 창조된 예금도 포함된다. 다시 말하면 화폐의 공급량은 현금과 같은 본원통화(base money)와 금융기관에서 창조한 예금통화로 구성되어 있다.[3)]

예금통화는 본원통화와 비례관계에 있으므로 본원통화의 발행으로부터 화폐공급의 흐름을 살펴볼 수 있다.

3) 이창석, 「부동산학개론」(서울 : 형설출판사, 2011), p. 666.

2 화폐의 공급 경로와 본원통화

1) 화폐의 공급 경로

화폐의 공급량은 본원통화와 예금통화로 구성되어 있다. 예금통화는 본원통화와 비례관계에 있으므로 본원통화의 발행으로부터 화폐공급의 흐름을 살펴볼 수 있다. 화폐의 공급 경로를 살펴보면 다음과 같다.

중앙은행이 본원통화를 민간으로 방출하면 민간의 보유 현금이 증가하고, 민간 부문은 그중 일부를 은행에 예금한다. 은행은 민간이 예금한 금액 중 일부를 민간에게 대출하고, 민간은 대출받은 금액 중 일부를 다시 은행으로 예금하는 신용창조 과정을 거친다. 이러한 신용창조 과정으로 경제 전체의 통화량은 중앙은행이 최초에 공급한 본원통화보다 더 큰 폭으로 증가한다.

2) 본원통화

(1) 서설

본원통화란 중앙은행 창구로부터 시중에 흘러나온 현금(기초 통화 : Reserve Base)을 말하며, 본원통화가 공급되면 이 돈은 신용창조의 과정에서 여러 배 증가하기 때문에 고성능 화폐(High-Powered Money)라고 한다. 본원통화는 중앙은행의 통화성 부채이다.

도표 3-1 화폐의 공급 경로

(2) 본원통화의 공급 경로

본원통화의 공급 경로는 중앙은행의 역할과 관련이 깊다. 본원통화는 정부 부문, 은행 부문, 해외 부문 그리고 중앙은행의 순자산 변화를 통해 공급되고 그 크기가 증감된다. 다음은 각 부문별로 본원통화의 공급 경로를 살펴보기로 한다.

① 정부 부문을 통해 공급

중앙은행은 정부의 예금을 보유하고 정부에 대해 정부가 필요로 하는 자금을 대출한다. 정부의 예산, 즉 세입과 세출의 운용을 재정이라 한다. 세입은 정부의 수입을 말하는 것으로 조세수입, 세외수입 등으로 구성된다. 세출은 정부가 수행하는 모든 지출을 말한다.

재정 적자가 발생하면 정부는 중앙은행으로부터 돈을 차입하므로 중앙은행에서 정부로 본원통화가 공급된다.

② 은행 부문을 통해 공급

중앙은행은 일반은행으로부터 예금을 받고, 일반은행이 요청하면 일반은행에게 자금을 대출한다. 일반은행은 영업자금이 필요하면 중앙은행으로부터 자금을 차입하므로 중앙은행에서 일반은행으로 본원통화가 공급된다. 이때 일반은행이 중앙은행에 이자를 지급하게 되는데 이를 재할인율이라고 한다.

재할인율이 상승하면 일반은행이 중앙은행으로부터 자금을 차입하는 것을 감소시키므로 본원통화가 감소하고 반대로 하락하면 본원통화는 증가한다.

③ 해외 부문을 통해 공급

중앙은행은 외화를 관리하고, 외국 금융기관으로부터 예금을 받기도 하고, 자금을 대출하기도 한다. 우리나라 기업이 상품을 수출하면 수출 금액을 달러화와 같은 외화로 받는다. 기업이 외화를 원화로 교환하는 과정에서 본원통화가 공급된다.

국제수지가 흑자가 되면 우리나라로 유입되는 외화가 유출되는 외화보다 많으므로 본원통화가 증가하고, 반대로 국제수지 적자가 발생하면 본원통화가 감소한다.

④ 중앙은행의 순자산 변화를 통해 공급

중앙은행은 통화안정증권을 발행하거나 회수함으로써 통화량을 조절한다.

도표 3-2 본원통화의 공급 경로

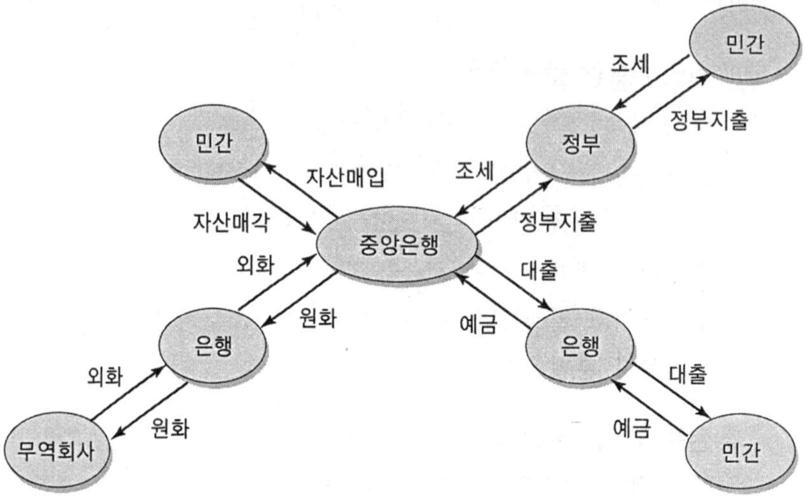

중앙은행이 통화안정증권과 같은 유가증권을 구입하면 본원통화가 증가하고, 반대로 매각하면 본원통화가 감소한다. 그리고 중앙은행이 사무용 건물을 구입하는 경우에도 본원통화가 공급된다.

(3) 본원통화의 증가 요인

정부의 재정 적자가 증가하거나 정부가 중앙은행에 맡겨 놓은 예금을 인출하면 본원통화가 증가한다.

중앙은행이 정부, 예금은행, 기타 금융기관 등에 대한 대출을 증가시키면 본원통화가 증가한다. 그리고 민간이 소유하고 있는 유가증권을 은행을 통해 중앙은행으로 매각하면 중앙은행에서 민간으로 본원통화가 공급되므로 본원통화가 증가한다.

국제수지 흑자가 발생하면 달러(외환)가 외국으로부터 유입된다. 달러를 중앙은행에서 원화로 교환해 주면 중앙은행에서 일반은행을 거쳐 민간으로 본원통화가 공급되므로 본원통화가 증가한다. 그리고 중앙은행이 민간으로부터 건물 등 자산을 구입하는 경우에도 본원통화가 증가한다.

도표 3-3 본원통화의 구성

본원통화		
현금통화	예금은행 지급준비금	
현금통화	초과지급준비금(예금은행시재금)	법정지급준비금(중앙은행지준예치금)
화폐 발행액		법정지급준비금(중앙은행지준예치금)

(4) 본원통화의 구성

중앙은행의 창구로부터 흘러나온 본원통화는 민간 보유 현금과 은행의 지급준비금으로 나누어지고, 은행의 지급준비금은 초과지급준비금과 법정지급준비금으로 구분할 수 있다. 법정지급준비금은 예금은행이 반드시 보유해야 하는 준비금으로 중앙은행에 예치하는 지급준비금이다.

그리고 중앙은행의 창구로부터 흘러나온 본원통화 중 법정지급준비금은 중앙은행으로 다시 환수되었으므로 실제 중앙은행 밖에서 유통되는 것은 현금통화와 초과지급준비금이다. 현금통화와 초과지급준비금을 합하여 화폐 발행액이라 한다.

(5) 중앙은행의 대차대조표

중앙은행의 대차대조표에서 본원통화는 대변의 부채 항목으로 나타난다. 대차대조표는 기업이 일정 시점에서 보유하고 있는 자산, 부채, 자본의 내용을 기록한 것이다. 자금 조달의 원천인 자산과 부채 항목은 대변에, 자금의 운용 상태를 나타내는 자산은 차변에 기록한다. 대차대조표상에서 자산 항목과 부채와 자본금을 합한 총액은 항상 일치하여야 한다.

한국은행은 무자본 특수법인이므로 자본금이 '0'이고, 따라서 한국은행의 자산 합계는 부채 항목과 일치한다. 대개 본원통화는 한국은행의 '통화성 부채'라고 한다.

도표 3-4 중앙은행의 대차대조표

차변(자산)	대변(부채)
• 정부에 대한 여신 • 민간은행에 대한 여신	• 정부의 예금 • 본원통화 ① 민간보유현금 ② 예금은행시재금 ③ 중앙은행지준예치금
• 외환자산 • 기타 자산	• 외환부채 • 기타 부채

3 예금은행의 신용창조

1) 개념과 가정

예금은행이란 상업상의 영리를 목적으로 운영되는 일반은행을 말한다. 예금은행들은 직접 화폐를 발행하는 것은 아니지만 예금 업무를 통해서 신용을 창출하여 통화량을 증가시킨다. 이것을 신용창조(credit creation)라고 한다. 신용창조가 가능한 것은 현금만을 통화라고 보지 않고, 요구불예금이나 저축성 예금도 통화에 포함되기 때문이다. 신용창조의 과정을 설명하기 위한 가정은 다음과 같다.

첫째, 요구불예금만 있고 저축성 예금은 없다.

둘째, 은행 조직 밖으로의 현금 누출은 없다. 즉, 대출받은 사람은 대출받은 금액을 은행으로 모두 재(再)예금한다.

셋째, 초과지급준비금은 없다. 따라서 지급준비율은 법정지급준비율과 일치한다. 예금은행은 대출의 형태로만 자금을 운용한다.

2) 신용창조의 과정과 신용승수

(1) 신용창조의 과정

신용창조의 과정은 다음과 같다. 예금은행은 고객이 예금하면 법정 지급준비금을 제외한 예금을 대출하고, 대출받은 사람은 이 금액을 다른 은행에 예금한다. 대출액이 예금되면 그 은행은 다시 법정 지급준비금을 제외한 예금을 다른 고객에게 대출한다. 이런 과정 즉, 예금 → 대출 → 예금 → 대출의 과정이 계속되면서 통화량이 증가한다.

예를 들어 내가 A은행에 요구불예금(본원적 예금) 100만 원을 예치할 경우 법정 지급준비율이 10%라고 하자. 최초의 은행예금 100만 원 중 90만 원을 A은행이 김씨에게 대출할 경우 김씨가 대출받은 돈 90만 원은 현금통화이다. 그런데 통화량 = 현금통화 + 예금통화 이므로 대출액만큼 통화량이 증가(신용창조)한다. 그리고 이런 과정이 반복되면서 예금은행 조직에 의해 예금통화가 창조된다. 도표 3-5

도표 3-5 예금은행 조직에 의한 예금통화의 창조 (단위 : 원)

구분	요구불예금	대출액	법정지급준비금	대출받은 사람
A은행	100만	90만	10만	김 씨
B은행	90만	81만	9만	이 씨
C은행	81만	72.9만	8.1만	박 씨
⋮	⋮	⋮	⋮	⋮
총계	1,000만 (총예금창조액)	900만 (순예금창조액)	100만 (본원적 예금)	

(2) 신용승수

신용승수란 본원적 예금 1단위를 가지고 예금통화를 몇 배 창출할 수 있는 가를 나타내는 것이다. (본원적)예금을 D, 지급준비율을 r이라 하면 총예금 창조액은 다음과 같이 계산된다. 앞의 사례에서 D가 100만 원, r이 10%라면 총예금 창조액은 1,000만 원이 된다.

$$총예금\ 창조액 = D + (1-r)\cdot D + (1-r)^2 \cdot D + \cdots = \frac{D}{r}$$

$$예)\ 총예금\ 창조액 = \frac{D}{r} = \frac{100만\ 원}{0.1} = 1{,}000만\ 원$$

총예금 창조액은 본원적 예금액의 $\frac{1}{r}$배 증가하므로 신용승수는 $\frac{1}{r}$이다.

순예금 창조액은 은행에 의해 창조되는 총예금 창조액에서 처음의 예금(본원적 예금)을 뺀 금액이며 다음과 같이 계산된다. 앞의 사례에서 순예금 창조액은 총예금 창조액 1,000만 원에서 처음의 본원적 예금 100만 원을 차감하면 900만 원이 된다.

$$순예금\ 창조액 = \frac{1}{r}\cdot D - D = \frac{1-r}{r}\cdot D$$

$$예)\ 순예금\ 창조액 = \frac{1-r}{r}\cdot D = \frac{1-0.1}{0.1} \times 100만\ 원 = 900만\ 원$$

3) 신용창조의 한계와 증가 요인

예금은행의 신용창조는 무한히 계속될 수는 없다. 본원적 예금이 법정 지급준비금과 같아지면 예금은행은 신규로 대출을 할 수가 없으므로 신용창조가 더 이상 이루어지지 않는다.

앞에서 신용창조의 과정을 설명하기 위해 도입한 신용창조의 가정은 현실과 많이 다르다. 현실에서는 예금은행 조직 외부로 현금 유출도 있고 초과 지급준비금이 존재하기 때문에 예금과 대출을 통해 신용승수만큼 총예금 창조액과 순예금 창조액이 창조될 수 없어 신용승수의 크기는 줄어들 것이다. 따라서 상기에서 산출한 신용승수는 이론적으로 가능한 신용창조의 최대한도인 것이다.

총예금 창조액의 크기를 가지고 신용창조 금액이 증가하는 요인을 살펴보자. 민간 부문에서 자신이 보유하는 현금을 현금 상태로 보유하지 않고 은행에 예금을 많이 하면 할수록 신용창조 금액은 증가한다. 왜냐하면 사람들이 예금은행에 예금을 많이 할수록 예금은행의 예금액은 많아지고, 예금은행은 그만큼 다른 사람에게 대출할 수 있는 금액이 커지기 때문이다. 결론적으로 말하면, 민간의 현금 보유 성향이 낮을수록(즉, 은행에 예금하는 정도가 높을수록) 신용창조 금액은 증가한다.

한편 은행의 법정 지급준비율이 하락할수록 신용창조 금액은 증가한다. 법정 지급준비율이 낮아지면 전체 예금액 중에서 예금은행이 보유해야 하는 지급준비금은 감소한다. 그리고 감소하는 지급준비금만큼 예금은행은 사람들에게 신규로 대출을 할 수 있으므로 신용창조 금액은 증가한다, 중앙은행은 예금은행의 법정 지급준비율을 통제한다. 중앙은행이 법정 지급준비율을 하락시키면 통화량이 증가하고, 상승시키면 통화량이 감소한다. 이와 같은 금융정책을 '지급준비율 정책'이라 한다.

$$\text{총예금 창조액} = \frac{1}{\text{법정지급준비율}} \times \text{예금}$$

제3절 이자율 결정 이론

1 이자율의 개념

1) 자본과 이자

자본은 노동과 더불어 재화와 용역을 생산하기 위한 생산요소의 하나이며, 공장, 기계와 같은 실물 자본과 화폐 자본으로 구분된다.4)

이자란 자본재 한 단위 사용에 대한 비용을 말하며, 이자를 자본재 가격으로 나누면 이자율이 계산된다.

4) 이말남, 전게서, p. 180.

$$\text{이자율} = \frac{\text{이자}}{\text{자본재 가격}} \times 100$$

2) 이자율의 종류

빅셀(J. G. Wicksell)은 이자율을 실물 자본의 사용료로 파악한 자연이자율, 화폐 자본의 사용료로 파악한 화폐이자율과 이 둘이 일치하는 상태인 정상이자율로 구분하였다.

현대에는 자연이자율을 실질이자율로, 화폐이자율을 명목이자율의 개념으로 파악한다. 실질이자율은 인플레이션이 발생하지 않을 경우의 이자율로 간주하고 명목이자율은 실질이자율에 예상 인플레이션율을 더한 값으로 계산된다고 피셔(I. Fisher)가 주장하였다.

명목이자율 = 실질이자율 + 예상 인플레이션율 : 피셔방정식

2 기준이자율과 균형이자율의 결정

1) 기준이자율

현대 경제에서 이자율이라는 개념은 실물 자본의 사용료로 파악한 자연이자율, 즉 실물이자율이 아니라 화폐 자본의 사용료로 파악한 화폐이자율, 즉 명목이자율이다.

명목이자율은 화폐시장에서 결정되며, 이자율이란 일반적으로 화폐를 일정 기간 보유하는 가격으로 인식된다. 예를 들면 우리가 은행에 1억 원을 예금할 경우, 연 이자율이 10%이면 연 이자 금액은 1,000만 원이다. 이는 사람들이 현금 1억 원을 사용하지 않고 1년간 보유하면 1,000만 원의 수익이 발생한다는 의미이다.

명목이자율은 채권 등 각종 금융자산의 수익률이 되기도 한다. 어떤 회사가 외부로부터 자금을 조달하기 위해 채권을 발행하는데, 발행조건이 1년 만

기 1억 원이라고 하자. 이 발행조건의 의미는 발행 회사가 발행 일자로부터 1년 후에 이 채권을 소지한 사람에게 현금 1억 원을 주겠다는 것이다. 그런데 1년 후에 채권 소지자, 즉 투자자는 1억 원을 받으므로 현재 1억 원보다는 작은 금액을 주고 채권을 구입하고자 할 것이다. 만일 투자자가 현재 9천만 원을 주고 채권을 구입하면 1년 후에 1억 원을 받으므로 1천만 원의 수익이 발생하고, 수익률은 10%가 된다. 이 수익률은 투자자 입장에서는 수익률이지만 회사 입장에서는 할인율이 되므로 이를 이자율이라고 한다.

현실에서 이자율은 다양하게 존재한다. 은행마다 이자율이 다르고, 같은 은행에서도 예금 상품의 종류에 따라서 이자율이 상이하다. 또 정부가 발행하는 국채나 공채의 수익률 그리고 기업이 발행하는 회사채의 유통 수익률도 각기 다르다. 이런 다양한 이자율 중에서 시장을 대표하는 이자율을 기준이자율이라고 한다.

국제적으로 기준이자율의 하나에 'LIBOR' 금리가 있다. LIBOR는 'London Inter-Bank Offered Rate'의 약자로 '런던은행 간 금리'로 번역된다. 이는 금융시장이 최초로 발달한 영국의 런던에서 은행들 간에 자금을 빌리고, 빌려줄 경우 적용되는 도매 금리를 의미한다. 미국의 경우는 우량 기업이 은행에서 대출받은 경우 적용 받는 금리인 프라임레이트(prime rate)를 기준이자율로 보기도 한다.

우리나라에서는 3년 만기 회사채 유통 수익률을 기준이자율의 지표로 사용한다. 유통시장은 발행된 채권이 거래되는 시장(the secondary market)을 말하는데, 이 시장에서 3년 만기 회사채 수익률이 기준이자율 지표의 하나이다. 그리고 한국은행은 통화량의 수급을 조절하기 위해 통화안정증권을 발행한다. 이 통화안정증권 수익률도 금융시장의 수급 상황을 잘 보여주는 지표 중 하나이다.

2) 균형이자율의 결정

앞에서 우리는 현재 사용하는 이자율이 실물이자율이 아니라 명목이자율, 즉 화폐이자율이라고 하였다. 그리고 명목이자율은 화폐시장에서 결정된다고 하였다.[5)]

화폐시장이 완전경쟁 시장이면 균형이자율은 화폐의 시장 수요곡선과 시장

공급곡선이 만나는 점에서 결정되며, 이를 그림으로 나타내면 다음과 같다. 도표 3-6

도표 3-6 균형이자율의 결정

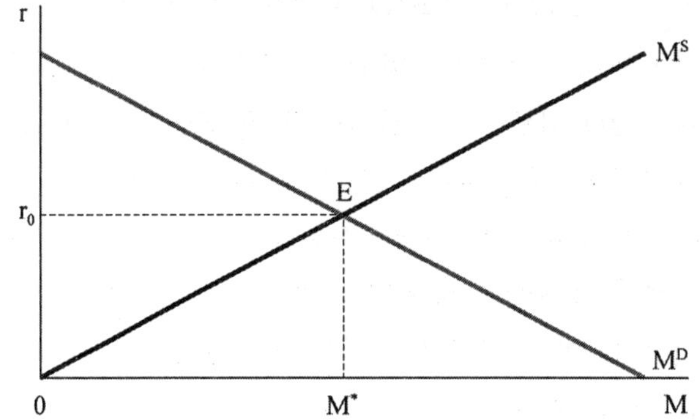

그림에서 r은 이자율, M은 통화량, M^D는 화폐수요곡선, M^S는 화폐공급곡선이다. M^D와 M^S가 만나는 E에서 결정되는 이자율 r_0가 시장의 균형이자율이다.

현재 이자율이 r_0보다 높으면 초과 공급, 낮으면 초과 수요가 발생하여 균형으로 수렴한다.

5) 상게서, pp. 229∼231.

제4장

국제통화제도와 환율의 결정

제1절 환율의 의의와 환율제도

1 외환시장과 환율의 의의

1) 외환시장의 개념

외환시장(foreign exchange market)이란 다수의 외환수요자와 외환공급자들에 의해 외환의 매매 거래가 일어나는 시장을 말한다. 이는 특정 장소에서 외환 거래가 이루어지는 구체적인 시장뿐만 아니라 전화나 컴퓨터 단말기 등을 통해 외환 거래가 이루어지는 추상적인 형태의 시장도 포함하고 있다.[1)]

외환시장은 거래형태에 따라 현물환 거래가 이루어지는 현물환 시장(spot exchange market)과 선물환 거래가 이루어지는 선물환 시장(forward exchange market)으로 구분된다. 현물환 거래는 외환의 매매계약과 동시에 외환의 인도와 대금 결제가 이루어지는 것을 말하며, 선물환 거래는 외환의 매매계약일로부터 일정 기간이 경과한 후 특정일에 계약 시점에서 합의된 환율로 외환의 인도와 대금 결제를 약정하는 거래를 말한다.

2) 환율의 개념과 표시 방법

(1) 개념

환율이란 외화 1단위를 얻기 위하여 지불해야 하는 자국 통화량을 말하고, 한 나라 돈으로 표시한 다른 나라 돈의 가격이다. 그리고 자국 통화와 외국 통화의 교환 비율(한 나라 통화의 대외 가치)로도 정의할 수 있다.[2)]

---

1) 이말남, 「화폐금융론」(서울 : 형설출판사, 2006), pp. 589～591.

2) 상게서, p. 577.

(2) 환율을 나타내는 방법

환율을 나타내는 방법은 지급 환율(자국화 표시 환율) 표시와 수취 환율(외화 표시 환율) 표시가 있다. 지급 환율 표시는 외국 통화 1단위를 얻기 위하여 지불해야 하는 자국 통화의 크기로 표시하며 다음과 같이 나타낸다. 우리나라는 지급 환율로 환율을 표시한다.

1달러 = 1,100원

수취 환율 표시는 자국 통화 1단위로 수취할 수 있는 외국 통화의 크기로 표시하며 다음과 같이 나타낸다.

1원 = 1/1,100달러

3) 환율의 종류

(1) 명목환율과 실질환율

환율의 종류에는 명목환율과 실질환율로 크게 구분된다. 명목환율(nominal exchange rate)이란 자국 통화와 외국 통화의 교환 비율로서 보통 환율이라고 하면 명목환율을 의미한다. 명목환율은 현물환율과 선물환율로 구분되며, 현물환율은 다시 지급 환율과 수취 환율로 구분된다.

실질환율(real exchange rate)이란 두 나라의 물가를 감안하여 조정한 환율로서 한 나라의 상품이 다른 나라의 상품과 교환되는 비율을 말하며, 다음과 같이 계산한다.

$$q = \frac{e \times P_f}{P}$$

q : 실질환율
e : 명목환율
P_f : 외국 물가수준
P : 국내 물가수준

예를 들어 명목환율이 1달러당 1,000원이고 한국산 햄버거는 1개당 1,000원이며 미국산 햄버거는 1개당 2달러라고 하자. 이때 실질환율은 다음과 같이 계산된다.

$$q = \frac{e \times P_f}{P}$$

$$q = \frac{1{,}000 \times 2\text{달러}}{1{,}000\text{원}}$$

$$q = \frac{2{,}000\text{원}}{1{,}000\text{원}}$$

$$= 2$$

이 경우 미국산 햄버거의 원화 가격은 2,000원(=2달러×1,000원)이 되므로 미국산 햄버거가 한국에 비해 2배 비싸다는 의미이다. 미국산 햄버거 1개와 한국산 햄버거 2개가 교환된다는 의미이므로 실질환율은 우리나라 상품의 수량으로 표시한 외국 상품의 가치를 나타내며, 교역 조건의 역수가 된다.

실질환율이 상승하면 우리나라 상품의 가격이 외국 상품에 비해 상대적으로 저렴해진다는 것을 뜻하기 때문에 우리나라 수출은 증가하고 수입은 감소하여 경상수지가 개선된다.

(2) 현물환율과 선물환율

현물환 거래란 외환의 매매계약과 동시에 외환의 인도와 대금 결제가 이루어지는 외환 거래를 말한다. 현물환 거래는 대개 고객과 외국환은행 사이에서 일상적으로 이뤄지며, 현물환 거래에 적용되는 환율을 현물환율이라고 하는데 통상적으로 환율이라고 하면 현물환율을 의미한다.

선물환 거래란 외환의 매매계약일로부터 일정 기간이 경과한 후 정해진 기일에 계약 시점에서 합의된 환율로 외환의 인도와 대금 결제가 이루어지는 외환 거래를 말한다. 선물환 거래에 적용되는 환율을 선물환율이라고 하며, 선물환율은 거래 시점에서 미리 정해진다.

2 환율제도

1) 고정환율제도

(1) 개념

환율제도는 크게 고정환율제도와 변동환율제도로 구분된다. 고정환율제도는 자국 화폐가 특정 외국 화폐 또는 여러 외국 화폐의 집합, 즉 통화 바스켓(currency basket)[3)]에 대하여 환율을 일정 수준으로 고정시키고 이를 유지하기 위해 중앙은행이 외환시장에 개입하는 제도를 말한다.

가장 전통적인 고정환율제도는 19세기 말에서 20세기 초반에 채택된 금본위제도이다. 금본위제도에서는 각 국가들이 자국 통화의 가치를 금에 고정시키고 금의 태환성을 보장하였다. 그리고 고정환율제도에는 금본위제도 이외에 자국통화의 가치를 한 국가의 통화와 연동시키는 단일통화연동제도(single currency pegged system)와 여러 국가 통화의 가치를 하나의 통화군(basket)으로 선정하여 이들의 가치를 가중 평균하여 자국의 통화 가치를 결정하는 복수통화연동제도(basket currency pegged system)가 있다.

도표 4-1 고정환율제도

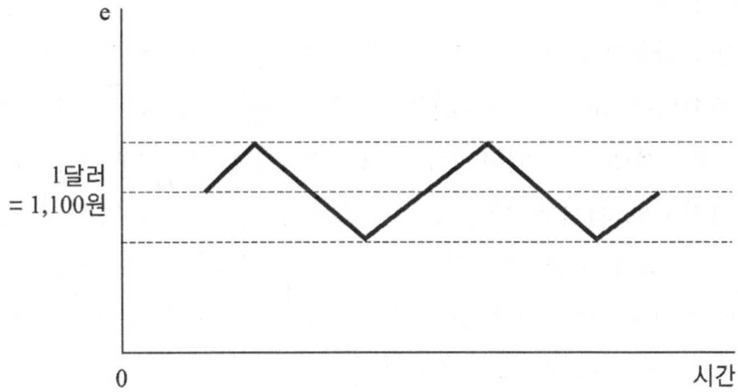

3) 국제통화제도에 있어서 기준환율을 산정할 때, 적정한 가중치에 의해 산정되는 구성통화의 집합을 말한다. 의의 대표적인 형태는 국제통화기금(IMF)의 SDR이 있다.

(2) 장점과 단점

고정환율제도의 장점은 환율이 고정되어 있기 때문에 단기성 투기 자본의 이동이 일어나지 않아 외환 투기의 가능성이 적다. 그리고 환율이 안정적으로 유지됨에 따라 경제활동의 안전성이 보장되어 대외 거래를 촉진시켜 국제무역이 확대된다.

고정환율제도의 단점은 해외 교란 요인이 국내 경제에 파급된다. 국제수지의 흑자나 적자 상태에 따라 국내의 물가 등이 매우 불안정하게 움직인다. 국제수지의 흑자가 발생하면 국내의 물가 상승이, 적자가 나타나면 물가 하락이 발생한다. 그리고 각 국가의 정부와 중앙은행은 환율을 유지하기 위해 불필요한 과다 외환을 보유해야 하고, 국제수지 적자로 인해 실제 가치가 하락한 자국의 통화가치를 유지시키기 위해 외환의 공급을 증가시키는 등의 조치로 외화를 낭비한다.

2) 변동환율제도

(1) 개념

외환시장에서 외환의 수요와 공급에 의해 환율이 결정되는 제도를 말한다. 환율이 수시로 변동되므로 환율 변동에 의해 국제수지 불균형은 자동적으로 해소된다.

변동환율제도에는 관리변동환율제도와 자유변동환율제도가 있다. 관리변동환율제도는 순수한 고정환율제도와 자유변동환율제도의 중간 형태이다. 국가가 장기적으로는 외환시장의 수요와 공급에 의해 환율이 결정되도록 하나, 단기적으로 환율의 변동이 급등하거나 하락할 경우에는 중앙은행이 외환시장에 개입하여 이를 방지하는 제도이다. 자유변동환율제도는 정책 당국이 외환시장에 개입하지 않고 환율이 자유롭게 시장에 의해 결정되도록 하는 제도이다. 그러나 현실에서는 자유변동환율제도를 채택하고 있는 나라들도 상황에 따라 외환시장에 개입하여 환율 관리를 하는 경우가 많다. 우리나라도 1997년 말부터 자유변동환율제도를 채택하고 있다.

도표 4－2 변동환율제도

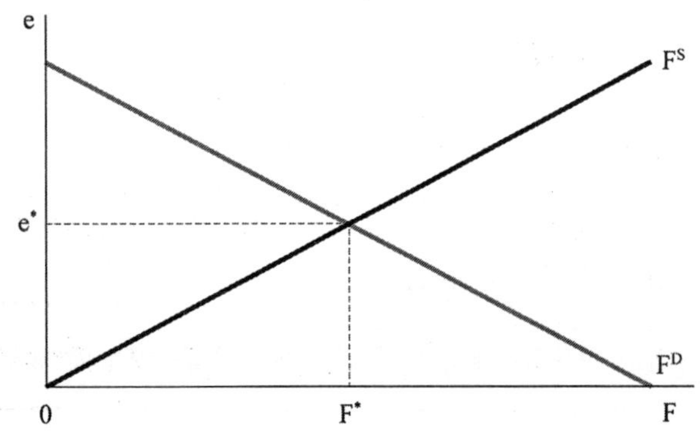

(2) 장점과 단점

변동환율제도의 장점으로는 해외 교란 요인이 환율의 변동에 의해 자동적으로 조정되므로 국내 경제가 급격한 물가 변동을 겪지 않고도 국제수지의 불균형이 자동적으로 조정된다. 각 국가들은 자율적인 금융정책을 시행할 수 있으며, 또한 환율을 유지하기 위해 불필요한 외환을 보유할 필요가 없다.

변동환율제도의 단점으로는 환율의 변동성이 크게 증가하므로 국제무역 거래나 해외투자 등을 위축시킨다. 그리고 외환의 매매를 통해 외환 차익을 노린 투기 자본의 이동이 많아져 각 국자들의 통화 관리를 어렵게 한다.

3) 우리나라 환율제도의 변천 과정

우리나라의 환율제도는 국제통화제도의 변천과 마찬가지로 고정환율제도에서 변동환율제도로 크게 이행되어 왔다. 건국 직후에는 원화의 가치를 미국의 달러화에 고정시키는 고정환율제도를 채택했다. 이후 복수 통화 바스켓 제도, 시장 평균 환율제도로 이행하였고, ‘IMF 외환 위기’ 직후에 IMF의 권고로 자유변동환율제도를 채택하여 지금에 이르고 있다.

다음은 한국 환율제도의 변천 과정을 요약한 내용이다. 도표 4－3

도표 4-3 환율제도의 변천 과정

고정환율제도 (1945~1964)	원화의 가치를 미국 달러화에 고정
단일변동환율제도 (1964~1978)	달러당 255원을 하한으로 하는 변동환율제도
복수통화바스켓제도 (1980~1990)	원화를 교역상대국과의 통화(미국 달러화, 일본 엔화, 영국 파운드화, 프랑스 프랑화)에 연동시키는 환율제도
시장평균환율제도 (1990~1997. 12)	시장의 환율변동에 맡기되 매일 매일의 환율변동에 대해 상한과 하한이 있음
자유변동환율제도 (1997. 12~)	외환의 수요와 공급에 의해 자유롭게 환율이 결정됨

3 국제통화제도

1) 금본위제도

19세기 말에서 20세기 초반 사이에 존재했던 국제통화제도이며, 제1차 세계대전 이전까지 영국이 주도하였다. 금본위제도는 각 국가들의 통화와 금과의 교환 비율을 통해 각국 통화 간의 교환 비율(환율)을 결정하는 제도이다.[4] 금본위제도는 금이 화폐와 어떻게 교환되는가에 따라 몇 가지 종류로 구분된다.

우선 '금화본위제도'는 중앙은행이 화폐를 금화로 발행하여 시장에 실제로 유통시킴으로써 유지된다. 하지만 금화는 운반이 불편하고 도난의 위험이 있어서 시장에 유통시킬 수 없는 경우가 많다. 그래서 나온 방안이 금지금본위제(金地金本位制)이다.

금지금본위제는 중앙은행이 금화 대신 금화와 동일한 가치를 가지는 지폐와 보조화폐를 발행하는 것이다. 이러한 지폐를 금으로 교환하는 것을 금태환이라 하고, 금태환이 보장된 화폐를 태환 화폐라고 한다.

4) 상게서, p. 599.

영국을 중심으로 한 금본위제도는 제1차 세계대전의 종전으로 막을 내리게 된다. 전쟁 중에 각 국가들은 전비 조달을 위해 화폐를 무분별하게 발행했다. 그 여파로 영국은 1914년에 금본위제를 포기하겠다고 선언했고 실제로 1931년에 파운드화와 금과의 태환을 정지하였다.

금본위제도에서 환율 변동을 설명하면 다음과 같다. 현재 환율이 1달러=1,000원이라고 하고 금의 수송비(한국에 있는 1g의 금을 미국에 가져가 미 연방은행에서 1달러와 교환하는 데 드는 비용)가 30원일 경우 수입 증가로 외환수요가 증가하더라도 1,031원 이상으로 환율이 상승하지 않는다. 즉 환율은 금의 수송비 안에서만 변동한다. 환율이 1,031원 이상으로 상승하지 않으므로 금본위제도는 고정환율제도라고 할 수 있다.

2) 브레턴우즈(Bretton Woods) 체제

(1) 성립 배경

1929년 미국에서 발생한 대공황은 유럽으로 확대된다. 대공황의 여파가 유럽에 밀어닥치자 유럽 각 국가들은 금본위제도를 포기하게 되고, 미국도 1933년에 금본위제도를 정지하기에 이른다. 세계경제가 위태로운 상황에서 제2차 세계대전이 발발한다. 이 전쟁으로 직접적 격전지가 아닌 미국을 제외하고 유럽과 아시아 대륙에 있는 대부분의 산업 시설이 파괴되었다. 독일의 패망이 확실시된 1944년 미국은 종전 이후 몰락한 유럽 대륙 및 전 세계를 경제적으로 지원할 필요가 있다는 것을 실감한다. 그 이유는 전쟁 중에 미국은 연합국 대부분의 나라에 차환의 형식으로 전쟁 물자를 공급해 주어, 이 물자의 대금을 환수할 필요가 있었기 때문이다. 그리고 미국은 유럽이 지속적으로 경제적 향상과 발전을 해야만 장기적으로 상품을 판매할 시장 확보가 가능하기 때문에 '마셜 플랜(Marshall Plan)'을 통해 유럽에 대한 경제적 원조를 제공하였다. 이런 여러 이유로 1944년 미국 뉴햄프셔주의 브레튼우즈(Bretton Woods)에서 새로운 국제경제 질서와 국제통화제도를 수립하기 위해 연합국 44개국이 모여 브레턴우즈협정을 체결하였다.

브레턴우즈협정에서 국제무역기구(ITO), 세계은행(IBRD), 국제통화기구(IMF)를 설립하기로 하였는데, 이중에서 국제무역기구(ITO)는 설립이 무산되고, 협정문인 GATT가 채택되었다. 이후 1976년 킹스턴체제가 수립될 때까지 국제통화제도는 브레턴우즈협정을 기본으로 하여 IMF에 의해 운영되었는데 이를 브레턴우즈 체제라고 한다.

(2) 내용

브레턴우즈 체제의 주요 내용은 다음과 같다.

첫째, 미국의 달러화를 국제결제의 기준이 되는 기축통화(vehicle currency)로 한다. 각 국가는 미국의 달러화를 대외 준비자산으로 보유하고, 미국은 타국이 보유한 달러에 대하여 금태환을 보장하는 금환본위제도를 채택하였다.

둘째, 환율의 결정은 자국 통화와 달러의 교환 비율에 의해 결정되며, 각국은 자국 통화의 환율을 1% 범위 내에서만 조정 가능하게 하였다. 그러나 각 국가들은 국제수지 적자가 심화될 경우 IMF 승인을 얻어 10%까지 환율을 조정할 수 있다. 기본적으로 브레턴우즈 체제는 조정 가능 고정환율제도라 할 수 있다.

(3) 브레턴우즈 체제의 쇠퇴

브레턴우즈 체제에서는 기본적으로 국제유동성 부족 문제가 나타난다. 국제유동성은 금의 추가적 공급과 기축통화국인 미국의 국제수지 적자 등에 의해 확대된다. 그런데 금의 추가적 공급은 여러 사정으로 곤란하고, 결국 국제유동성은 미국의 국제수지 악화가 전제되어야 한다. 그런데 미국의 국제수지적자로 인한 달러화의 공급 증대는 미국 달러화와 금과의 태환 가능성에 문제점을 야기시킨다. 미국이 국제수지 적자를 메우기 위해 달러화 발행을 증가시킬 경우 미국의 금 보유량도 확충되어야 하나 국제수지 적자국인 미국이 그렇게 할 경제적 여유는 없을 것이다.

국제유동성 부족 문제를 해결하기 위해 IMF는 1969년 특별인출권(SDR : Special Drawing Rights)을 창출하였다. SDR은 IMF 회원국이 재정이 악화되었을 경우 담보 없이 IMF로부터 자금을 인출할 수 있는 권리를 말한다. 도입 당시 SDR의 가치는 1 SDR = 1 달러 = 금 0.89그램이었으나, 1973년 브레턴우즈 체제가 붕괴하면서 특정 통화 바스켓 대비 가치로 평가되기 시작했다. 현재 SDR 바스켓은 달러, 유로화, 엔화, 위안화 등으로 구성되어 있으며, 1 SDR의 가치는 매일 달러로 환산되어 IMF 홈페이지에 공개된다.

1960년대 들어 미국의 국제수지 적자와 베트남 전쟁에 미국이 참전하면서 전비 조달을 위해 달러화 발행이 증가되자, 달러와 금과의 태환 가능성에 의구심이 증대되었다. 이런 상황은 1970년대에 접어들어서도 개선되지 않고 악화되었으며, 이로 인해 달러의 국제적 신임도가 떨어지게 되었다. 마침내 1971년 미국의 닉슨 대통령이 금 태환 정지 선언을 하게 되었다. 이로 인해 브레턴우즈 체제는 붕괴되고 스미스소니언협정이 체결되었다.

(4) 스미소니언(Smithsonian)협정

1971년 미국이 달러와 금의 교환을 중지시켰는데 이로 인해 미국의 달러화를 국제결제의 기준이 되는 기축통화(vehicle currency)로 하며, 각 국가는 미국의 달러화를 대외 준비자산으로 보유하고, 미국은 타국이 보유한 달러에 대하여 금태환을 보장하는 브레턴우즈 체제를 유지하기가 곤란하여졌다.

이러한 상황을 타개하기 위해 환율의 변동 폭을 1%에서 2.25%로 확대하고, 달러화 이외에 8개국의 통화(엔화, 프랑화 등)를 기축통화로 사용하기로 하였다. 또한 금에 대한 미국 달러화의 가치를 10%만큼 평가절하 하였다.

3) 킹스턴체제

스미소니언협정에도 불구하고 국제유동성 부족 문제가 해결되지 않고 미국 달러가 국제통화로서 위상이 약화됨에 따라 이를 해결하기 위해 킹스턴(Kingston)체제가 출범하였다.

킹스턴체제에서는 회원국이 독자적으로 환율제도를 선택하게 함으로써 고정환율제도는 실질적으로 무너지고 국제통화제도가 변동환율제도로 이행하게 되었다. 그리고 특별인출권(SDR)의 사용 범위를 확대하였으며, 금의 화폐로서의 기능을 정지하였다.

4) 국제통화제도의 변천 과정

금본위제도부터 킹스턴체제에 이르기까지 국제통화제도의 변천 과정을 나타내면 다음과 같다. 도표 4-4

도표 4-4 국제통화제도의 변천 과정

구분	금본위제도	브레턴우즈체제	킹스턴체제
개념	자국통화와 금의 교환비율을 고정시키는 제도	자국통화와 달러의 교환비율을 고정시키는 체제	회원국이 독자적으로 환율제도를 선택할 수 있는 체제
시기	제1차 세계대전 이전	제2차 세계대전 후 새로운 국제통화제도 수립	1976년 이후 국제통화 문제 해결 목적
환율제도	고정환율제도	조정가능 고정환율제도	변동환율제도
문제점	환율이 고정되어 있으므로 국제수지 불균형을 해결하기 곤란	환율조정을 통해 근본적인 국제수지 불균형 문제 해결 불가능	환위험이 존재

제2절 외환의 수요와 공급

1 외환의 수요와 공급

1) 외환의 수요

외국의 상품을 수입하거나 해외에 송금하거나 외국에 자본을 수출하고자 하는 경우 달러화를 비롯한 외환의 수요가 발생한다. 환율과 외환수요에 있어 지급 환율 표시로 환율이 상승하면 외환의 가격도 상승한다. 수요의 법칙에 의해 가격이 상승한 재화의 수요량은 감소하므로 외환의 수요량도 줄어든다. 반대로 환율이 하락하면 외환 가격이 하락한다. 수요의 법칙에 의해 가격이 하락한 재화의 수요량은 증가하므로 외환의 수요량도 증가한다. 따라서 외환의 수요곡선은 우하향한다.

2) 외환의 공급

외국에 상품을 수출하거나 외국으로부터 자금을 도입하게 되면 외환의 공급이 발생한다. 환율과 외환공급에 있어 지급 환율 표시로 환율이 상승하면 외환의 가격도 상승한다. 공급의 법칙에 의해 가격이 상승한 재화의 공급량은 증가하므로 외환의 공급량도 늘어난다. 반대로 환율이 하락하면 외환 가격이 떨어지므로 공급의 법칙에 의해 외환의 공급량이 감소한다. 따라서 외한의 공급곡선은 우상향한다.

2 균형환율의 결정

고정환율제도에서는 환율이 정책적 요인에 의해서 결정되나, 변동환율제도에서는 외환의 수요와 공급에 의해 균형환율이 결정된다.

외환시장이 완전경쟁 시장이라면 외환에 대한 수요곡선과 공급곡선이 만나는 점에서 균형환율이 결정된다.

균형환율의 결정에 있어 균형환율은 외환시장에서 외환의 수요곡선(F^D)과 공급곡선(F^S)이 만나는 점 E에서 결정된다. 도표에서 균형점은 점 E이고, 이때 균형환율은 e_0이며, 외환의 균형거래량은 F_0이다. 도표 4-5

도표 4-5 균형환율의 결정

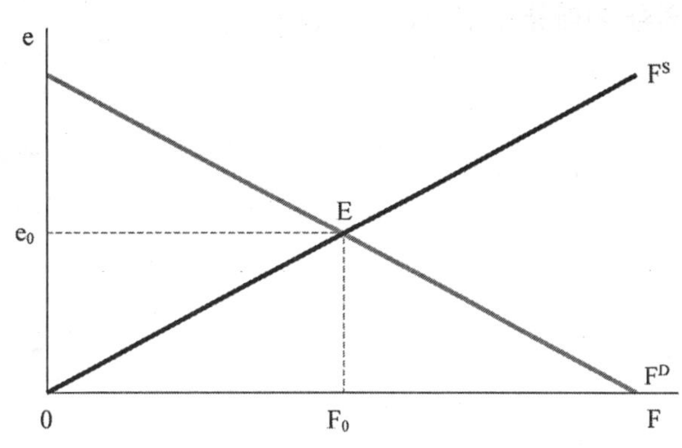

3 균형환율의 변동

1) 외환수요의 변화

(1) 외환수요의 증가

외환의 수요가 증가하면 외환의 수요곡선이 우측으로 이동하고, 이때 균형환율은 상승하며 외환 거래량은 증가한다. 외환의 수요가 증가하는 요인은 다음과 같다.

첫째, 국민소득이 증가하면 외국으로부터 수입이 증가하므로 외환의 수요가 증대된다.

둘째, 국내 물가가 상승하면 수입 상품의 상대가격을 하락시켜 수입이 증가하므로 외환의 수요가 증대된다.

셋째, 외국 물가가 하락하면 앞에서와 마찬가지로 수입 상품의 상대가격을 하락시켜 수입이 증가하므로 외환의 수요가 증대된다.

(2) 외환수요의 감소

외환수요의 증가와 반대로 국민소득의 감소, 국내 물가 하락, 외국 물가 상승이 외환의 수요를 감소시키는 요인이다.

외환수요의 감소는 외환의 수요곡선을 좌측으로 이동시켜 균형환율이 하락하고 외환 거래량은 감소한다. 도표 4-6

도표 4-6 외환수요의 증가와 감소

〈외환수요의 증가〉

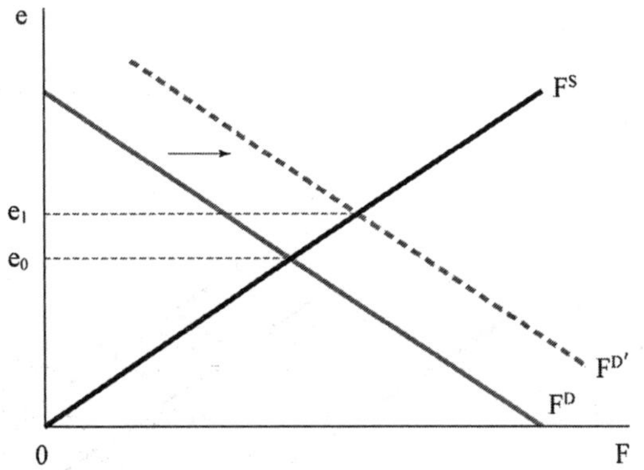

외환수요가 증가하면, 외환의 수요곡선이 F^D에서 $F^{D'}$ 로 우측이동하고 환율이 e_0에서 e_1으로 상승한다.

〈외환수요의 감소〉

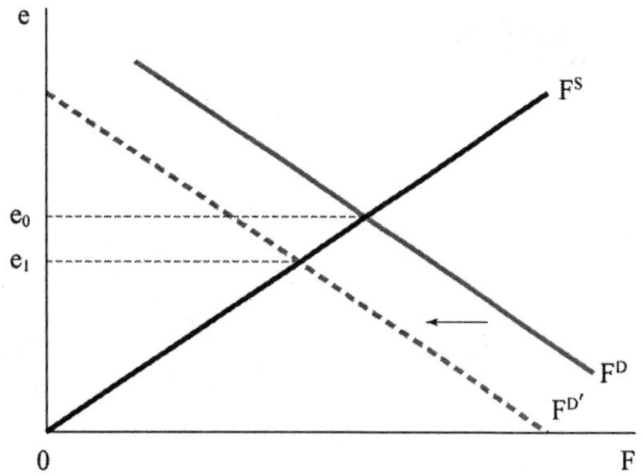

외환수요가 감소하면, 외환의 수요곡선이 F^D에서 $F^{D'}$ 로 좌측이동하고 환율이 e_0에서 e_1으로 하락한다.

2) 외환공급의 변화

(1) 외환공급의 증가

외환의 공급이 증가하면 외환의 공급곡선이 우측으로 이동하여 균형환율은 하락하고 외환 거래량은 증가한다. 외환의 공급이 증가하는 요인은 다음과 같다.

첫째, 국내 이자율이 상승하면 외국으로부터 자본이 유입되므로 외환의 공급이 증대된다.

둘째, 국내 물가 하락은 수출 상품의 가격을 하락시켜 수출이 증가하므로 외환의 공급이 증대된다.

셋째, 해외 경기의 호전은 수출을 증가시키므로 외환의 공급이 증대된다.

(2) 외환공급의 감소

외환공급의 증대와 반대로 국내 이자율의 하락, 국내 물가 상승, 해외 경기의 침체가 외환의 공급을 감소시키는 요인이다.

외환공급의 감소는 외환의 공급곡선을 좌측으로 이동시켜 균형환율이 상승하고 외환 거래량을 감소시킨다. 도표 4-7

도표 4-7 **외환공급의 증가와 감소**

〈외환공급의 증가〉

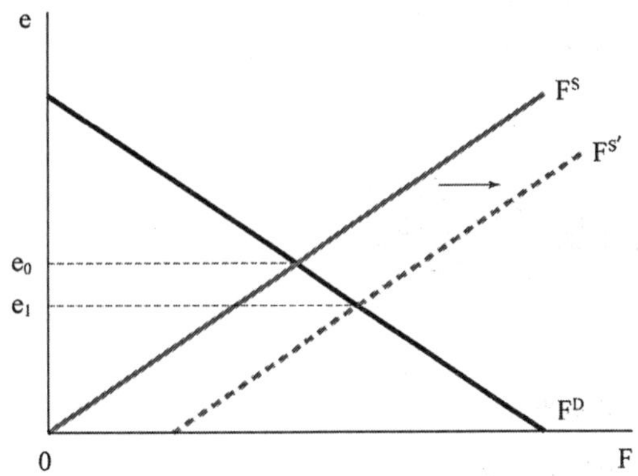

외환공급이 증가하면, 외환의 공급곡선이 F^S에서 $F^{S'}$로 우측이동하고 환율이 e_0에서 e_1으로 하락한다.

〈외환공급의 감소〉

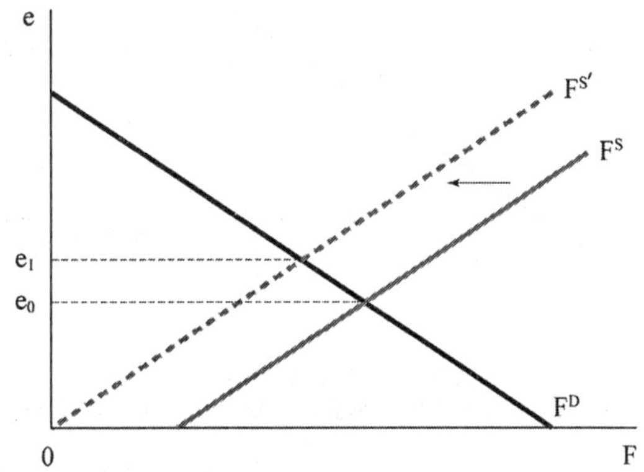

외환공급이 감소하면, 외환의 공급곡선이 F^S에서 $F^{S'}$로 좌측이동하고 환율이 e_0에서 e_1으로 상승한다.

4 환율 변동의 효과

1) 환율의 인상(평가절하)

(1) 원인

외환수요가 증가하여 외환수요곡선이 우측 이동하거나 외환공급이 감소하여 외환공급곡선이 좌측 이동함으로써 발생한다. 수출의 감소, 수입의 증가, 자본도입이 감소하는 경우 외환공급곡선이 좌측 이동하여 환율이 상승한다. 그리고 국내 이자율이 하락하여 국내 자본이 해외로 유출되면 외환공급곡선이 좌측 이동하여 환율이 상승한다.

(2) 효과

환율의 상승, 즉 평가절하가 우리 경제에 미치는 영향은 다음과 같다.

첫째, 수출이 증가하거나 수입이 감소한다. $1=1,000원에서 $1=2,000원으로 환율이 상승하면 달러화 표시 수출 가격이 하락하여 수출이 증가한다.

예를 들어 국내 TV 가격이 100만 원이라면 수출 가격은 $1,000에서 $500로 하락한다. 그리고 환율 상승은 원화 표시 수입 가격을 상승시키므로 수입을 감소시킨다. 예를 들어 석유 가격이 배럴당 $100이면 수입 가격은 100,000원에서 200,000원으로 상승한다.

둘째, 석유와 같은 수입 원자재의 원화 표시 수입 가격을 상승시키므로 국내 물가 상승을 초래하며, 달러화 표시 수출 가격을 하락시켜 교역 조건을 악화시킨다. 그뿐만 아니라 원화로 환산한 외채 부담을 증가시킨다.

마지막으로 수출 물량 증가로 수출액이 증가하므로 국제수지를 개선시킨다. 그러나 이 경우 '마셜－러너조건(Marshall-Lerner condition)'을 만족시켜야 한다. 이 조건은 환율이 상승할 경우 국제수지가 개선되기 위해서는 수출의 가격 탄력도와 수입의 가격 탄력도를 합하여 '1'을 넘어서야 한다는 것이다. 그리고 환율 상승은 수출업자에게 유리하고 수입업자에게 불리하므로 소득의 재분배 효과를 가져 온다.

2) 환율의 인하(평가절상)

(1) 원인

환율 인하가 발생하는 원인은 환율 인상과 정반대이다. 외환수요곡선이 좌측 이동하거나 외환공급이 우측 이동하면 환율이 하락한다. 나머지 내용도 환율 상승과 반대로 생각하면 된다.

(2) 효과

환율 인하가 경제에 미치는 효과도 환율 인상과 정반대이다. 환율 인하는 수출을 감소시키고 수입을 증가시키며, 기타 나머지 내용도 환율 상승과 반대로 생각하면 된다.

이러한 내용을 정리하면 다음과 같다. 도표 4-8

도표 4-8 환율의 인상과 환율의 인하

구분	환율의 인상(평가절하)	환율의 인하(평가절상)
원인	1달러=900원 → 1달러=1,800원 ① 외환수요의 증가, 외환공급의 감소가 일어나는 경우 ② 수출감소, 수입증가, 해외로의 송금증가, 자본도입이 감소하는 경우 ③ 인플레이션, 이자율하락으로 인해 국내자본이 유출되는 경우	1달러=1,800원 → 1달러=900원 ① 외환공급의 증가, 외환수요의 감소가 일어나는 경우 ② 수출증가, 수입감소, 자본도입증가, 해외로부터의 송금이 증가하는 경우 ③ 이자율상승으로 외국자본이 유입되는 경우
효과	① 수출증가, 수입감소 ② 수입상품의 가격이 상승하기 때문에 국내 인플레이션 초래 ③ 교역조건 악화(수출상품의 가격하락) ④ 외채부담 가중 ⑤ 일시적으로 국제수지 개선 ⑥ 소득재분배효과	① 수출감소, 수입증가 ② 1달러짜리 미국상품을 1,800원에서 900원으로 수입할 수 있으므로 수입원자재 가격하락 ③ 교역조건 개선 ④ 외채부담 경감 ⑤ 국제수지 악화 가능성

제5장

부동산금융의 개요와 부동산투자

제1절 부동산금융의 의의와 금융 상품

1 부동산금융의 의의와 체계

1) 서설

금융이란 실물을 매개로 하지 않고 화폐나 금융 상품 등을 수요하거나 공급하는 것을 의미하고, 금융의 형태에는 직접금융과 간접금융이 있다고 앞에서 서술하였다.

직접금융이란 자금의 수요자가 자금의 공급자로부터 직접적으로 자금을 조달하는 것을 말한다. 간접금융이란 자금의 수요자가 자금의 공급자로부터 직접적으로 자금을 조달하는 것이 아니라 은행 등을 통하여 간접적으로 자금을 조달하는 것을 말한다.

금융시장이란 자금의 수요와 공급이 발생하여 자금의 거래가 이루어지는 시장이다. 금융시장은 자금의 조달 방식, 대여 기간 등에 따라 여러 가지로 분류할 수 있으나 여기서는 자금의 조달 방식에 따라 나누어 보기로 한다. 즉, 자금의 조달 방식에 따라 직접금융이 이루어지는 직접금융시장과 간접금융이 이루어지는 간접금융시장으로 금융시장을 나누어 볼 수 있다.

부동산금융은 전체 금융의 일부분으로서 부동산의 취득이나 개발 등 부동산 활동과 관련된 자금의 조달이나 이로 인한 자금의 흐름을 말한다.[1] 예를 들어 홍길동이란 사람이 자신의 자본을 가지고 주택이나 건물을 매입하면 부동산금융 활동이라고 볼 수 없다. 왜냐하면 이는 자금의 수요와 공급이 발생한 것이 아니고 화폐를 가지고 실물자산을 구입한 행위이기 때문이다. 부동산금융시장이 형성되려면 홍길동이 주택이나 건물을 매입하기 위해 은행이나 기타 금융기관에서 자금을 차입해야 한다.[2]

---

1) 이창석, 「부동산학개론」(서울 : 형설출판사, 2011), p. 666.

2) 권호근 · 이창석, "부동산금융의 개념과 이론적 접근", 「부동산학보」 제43호(한국부동산학회, 2010), p. 68.

이와 같이 부동산금융은 부동산개발 또는 부동산 구입을 위해 금융기관으로부터 차용되는 자금의 흐름이며, 부동산금융시장은 이러한 행위가 일어나는 장소라고 할 수 있다.

2) 부동산금융의 체계와 경제주체

(1) 부동산금융의 체계

금융이란 자금의 수요자와 자금의 공급자 간에 발생하는 자금의 융통이나 흐름을 말하는 것으로 여기에서 좀 더 범위를 확장시키면, 자금의 융통이나 흐름과 관련된 절차, 기관, 시장 등을 포함할 수 있다. 확장된 금융의 개념은 금융 시스템(financial system) 또는 금융의 체계라 볼 수 있다.

한국은행의 자료에 의하면 금융 시스템은 금융시장 및 금융기관과 이들을 형성하고 운영하며 이들이 원활하게 기능하도록 하는 법규와 관행, 지급 결제 시스템 등 '금융인프라(financial infrastructure)'를 모두 포괄한다고 하고 있다.

부동산금융에는 포함되는 활동도 많고 참여 주체도 다양하므로 부동산금융의 체계적 이해를 위해서는 시스템적으로 접근할 필요가 있다. 부동산금융에 대한 시스템적 접근 방법은 경제활동 주체들이 어떻게 부동산금융에 관한 의사 결정을 하며, 이러한 의사 결정이 이루어지기까지 어떠한 상호작용과 거래가 있는가에 대해 분석하는 것이다.

금융 시스템을 부동산금융 부문에 적용하여 표현하면 이를 '부동산금융 시스템(Real Estate Finance System)'이라 할 수 있다. 부동산금융 시스템은 자금의 부족 부문, 자금의 잉여 부문, 부동산금융시장, 부동산금융의 중개 기관 그리고 정책을 결정하고 기준 설정 및 감독을 담당하는 정부의 5가지 요소로 구성되어 있으며, 이들 관계를 그림으로 나타내면 다음과 같다. 도표 5-1

도표 5-1 부동산금융 시스템의 구조

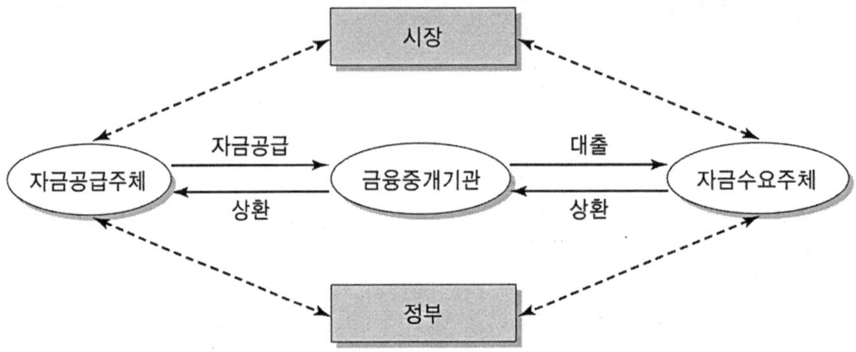

(2) 부동산금융에 참여하는 경제주체

앞에서 제시된 부동산금융의 체계에서 부동산금융시장에 참여하는 경제주체들의 역할은 다음과 같다.

가계, 기업, 정부 등은 부동산금융시장에서 자금의 공급자와 수요자로서의 역할을 수행하는데, 가계 부문은 주로 자금의 공급자로서의 역할을 담당하며 기업은 자금의 수요자로서의 역할을 담당한다. 정부 부문은 시기에 따라서 자금의 수요자나 공급자 둘 중 하나의 역할을 한다. 그리고 때로는 가계 부문도 자금의 공급자뿐만 아니라 수요자로서의 기능을 수행하며, 기업도 자금의 수요자뿐만 아니라 공급자로서의 역할을 수행할 수 있다.

예를 들어 가계 부문이 주택을 구입하기 위하여 은행으로부터 주택 담보 대출을 받는 경우에는 자금의 수요자로서 행동한다. 그러나 부동산펀드와 같은 금융 상품을 구입할 때는 자금의 공급자로서 역할을 수행한다. 이처럼 기업과 정부 부문도 상황에 따라서 담당하는 역할이 바뀐다.

2 부동산금융의 기능과 유형

1) 부동산금융의 기능

부동산금융의 유형은 개발 단계별·부동산 형태별·투자 형태별로 다양하게 구분되나, 우리나라의 경우는 주거용 부동산, 즉 주택 구입이나 주택 건설을 위한 자금 구입이 큰 비중을 차지하여 왔다. 다음에서는 주거용 부동산금융을 중심으로 그 기능을 살펴보기로 한다.3)

(1) 주택 거래의 활성화

부동산금융은 주택 수요자에게 주택을 담보로 주택자금을 융자해 줌으로써 주택을 용이하게 구입 또는 개량할 수 있도록 하여 주택 거래의 활성화를 도모한다.

일반적으로 주택은 고가(高價)의 상품이다. 따라서 자기 자금만을 가지고 주택을 구입하기 위해서는 오랜 기간 동안 자금을 축적하여야 한다. 그런데 자기가 매입하고자 하는 주택을 담보로 은행을 비롯한 금융기관에서 자금을 대출받으면 비교적 소액의 자기 자금으로도 주택을 구입할 수 있어 주택 거래가 활성화될 수 있다.

(2) 주택의 공급 확대

부동산금융은 건설 회사에게 주거용 주택 건설에 필요한 자금을 지원함으로써 주택의 공급을 촉진하게 한다.

건설 회사가 주택 건설을 위한 부지 매입이나 건축비 등을 자기 자금으로만 충당하기가 쉽지 않다. 우리나라에서는 건설 회사가 주택 건설을 위해 필요한 자금을 은행이나 금융기관으로부터 대출받을 수 있는 주택 개발 금융이 발달되어 있다. 그리고 정부에서는 선(先)분양 제도를 통하여 아파트 등 공동주택을 공급하는 건설 회사의 자금 조달을 용이하게 함으로써 주택의 공급

3) 이창석, 전게서, p. 718.

확대를 도모하고 있다.

(3) 저축 유도와 주택자금 조성

주택 구입을 위해 장기 저리로 대부를 한 주택 구입자는 이의 상환을 위해 노력을 할 것이다. 따라서 주택 구입 금융은 국민들의 강제 저축을 유도할 수 있다.

우리나라에서는 신규로 주택을 공급받기 위해서는 청약 통장에 가입해야 한다. 청약 통장에 가입한 사람들이 예금한 자금은 국민주택기금[4]으로 조성된다. 국민주택기금(주택도시기금)은 정부가 국민의 주거 안정과 주거 수준의 향상을 도모하기 위하여 필요한 자금을 확보하고 주택을 원활하게 공급하기 위해 설치된 기금을 말한다.

(4) 경기 조절

부동산금융은 부동산 경기를 조정함으로써 전반적인 경기 조절의 기능을 수행한다. 부동산 경기가 호황일 경우에는 부동산금융을 억제하고, 부동산 경기가 불황일 경우에는 부동산금융을 확대하여 부동산 경기를 조절한다.

정부에서는 부동산 투기를 억제하기 위한 방안의 하나로 부동산금융을 사용하고 있다. 부동산 투기로 인해 주택 가격이 폭등할 경우 정부는 은행 등 금융기관들의 주택 구입 자금 대출을 억제함으로써 주택 구입의 투기적 수요를 감소시켜 주택 가격의 안정화를 도모한다.

(5) 주거의 안정

부동산금융은 부동산 거래를 촉진하고, 주택자금의 융자를 통해 국민의 주거 안정에 기여하는 기능을 지니고 있다.

정부는 국민주택기금(주택도시기금) 등을 통하여 공공 임대주택의 공급을 증가시키거나 임대주택 사업을 하고자 하는 건설 회사 등에 장기 저리의 건설 자금을 지원함으로써 국민의 주거 안정에 기여한다.

---

4) 현재 국민주택기금은 주택도시기금으로 그 명칭이 변경되었다. 변경된 자세한 이유는 뒤에서 설명된다.

도표 5-2 부동산금융의 유형

개발 단계별	부동산 형태별	투자 형태별
① 개발형 ② 건설형 ③ 운용자금형	① 주거용 부동산금융 ② 상업용 부동산금융 ③ 업무용 부동산금융	① 지분투자형 ② 간접투자형 ③ 유가증권형

2) 부동산금융의 유형

부동산금융의 유형은 개발 단계별·부동산 형태별·투자 형태별로 구분된다.

개발 단계에 따른 부동산금융의 종류에는 토지 매입이나 택지 개발 등에 소요되는 자금을 조달하는 개발형, 건축이나 시설 공사 등 건설에 필요한 자금을 조달하는 건설형, 부동산개발 및 건설 기간 동안 소요되는 운영자금을 조달하는 운용 자금형이 있다.

부동산 형태에 따른 부동산금융의 종류에는 단독주택이나 아파트 등 주거용 부동산과 관련된 자금을 조달하는 주거용 부동산금융, 상가나 오피스텔 등 상업용 부동산과 관련된 자금을 조달하는 상업용 부동산금융, 공장이나 생산시설 등 업무용 부동산과 관련된 자금을 조달하는 업무용 부동산금융이 있다.

투자 형태에 따른 부동산금융의 종류에는 프로젝트 파이낸싱(project financing)과 같은 지분 투자형, 부동산투자회사(REITs)나 부동산펀드에 가입하는 간접투자형, 자산유동화증권(ABS)이나 주택저당증권(MBS)에 투자하는 유가증권형이 있다.[5] 이러한 사항을 나타내면 다음과 같다. 도표 5-2

3 부동산금융시장과 금융 상품

금융시장은 자금의 조달 방식, 대여 기간 등에 따라 여러 가지로 분류할 수 있다. 그중에서 자금의 조달 방식에 따라 구분하면 직접금융이 이루어지는

5) 김범석·유한수, 「부동산금융론」(서울 : 청목출판사, 2006), pp. 26~27.

직접금융시장과 간접금융이 이루어지는 간접금융시장으로 나누어진다.

이렇게 나누어진 일반적인 금융시장의 구분을 부동산금융시장에도 그대로 적용하여 볼 수 있다. 그리고 각각의 금융시장별로 금융 상품이 거래된다. 그런데 대개의 경우 간접금융 상품은 단기금융 상품이, 직접금융 상품은 장기금융 상품이 되지만 부동산금융의 경우에는 양자가 일치하지 않고 간접금융 상품도 장기금융 상품 형태로 거래된다.

우리나라에서는 주택 구입을 위하여 주택을 담보로 은행으로부터 자금을 차입하는 주택 담보대출이 간접금융 상품이지만 이의 상환기간은 대개 장기성으로 취급된다. 과거에는 부동산금융 상품이 대개 간접금융 상품으로 이루어졌으나 최근에는 미국을 비롯한 선진국의 영향으로 부동산이라는 실물자산을 증권 형태로 유동화시켜 투자자가 부동산에 직접투자하는 경우보다 간접투자를 하도록 유도하는 직접금융 상품이 다양하게 개발되어 거래되고 있다.[6)]

1) 간접 부동산금융시장과 상품

금융시장이란 자금의 수요와 공급이 발생하여 자금의 거래가 이루어지는 시장을 말하며, 금융시장은 자금의 조달 방식, 대여 기간 등에 따라 여러 가지로 분류한다고 앞에서 이야기하였다. 그리고 금융의 형태, 즉 자금의 조달 방식에 따라 직접금융이 이루어지는 직접금융시장과 간접금융이 이루어지는 간접금융시장으로 크게 나누어진다고 하였다. 여기서는 이러한 분류법에 따라 부동산금융시장을 분류하기로 한다.

부동산금융시장을 간접금융시장과 직접금융시장으로 나누어 보면 부동산금융시장 중에서 전통적으로 가장 큰 비중을 차지하는 주택금융시장이 간접금융시장에 속하고 우리나라의 외환 위기 이후 도입된 부동산금융 제도는 대부분 직접금융시장에 포함된다.

먼저 부동산금융시장 중에서 간접금융시장을 살펴보기로 하자.

첫째, 국민의 주거 생활 안정과 향상을 도모하기 위하여 서민용 임대주택 건설이나 소형 주택을 건설하는 데 필요한 자금을 지원하는 국민주택기금을

6) 권호근·이창석, 전게논문, p. 69.

들 수 있다. 국민주택기금은 설치 당시에는 한국주택은행이 기금을 독점하여 운영하였으나, 이후 한국주택은행이 국민은행과 합병하는 등의 변화와 기금 관리의 효율성을 높이기 위해 취급 기관을 2003년 1월부터는 농협, 우리은행으로 확대하였다. 이후 변화하는 주택시장 환경에 부응하고 국민주택기금의 역할 및 기능을 변경할 필요성이 있어 2014년에 '주택도시기금법'을 제정하였다. 이 법안의 제정으로 국민주택기금은 그 명칭이 주택도시기금으로 변경되었다.

주택도시기금의 재원 조달은 주택복권의 발행, 주택저당증권의 판매, 청약저축 자금 등으로 마련된다. 주택도시기금은 주택 사업자에게 공공 임대주택 자금, 후분양 주택자금 등 공공 분양 주택자금을 대출해 주고, 일반 개인에게는 근로자나 서민의 전세 자금, 주택 구입 자금 등을 대출해 준다. 이들 주택도시기금 대출은 일반 주택 담보대출에 비해 대출이자가 저렴한 편이다.

둘째, 2004년 3월 서민과 중산층의 내집마련을 촉진하고 장기적인 주택금융의 안정적 공급을 위해 한국주택금융공사가 발족되었다. 한국주택금융공사는 모기지론(mortgage loan)이라는 선진형 주택금융 제도를 도입하였다.

모기지론이란 어떤 사람이 주택을 구입할 경우, 집값의 일정 부분만 처음에 지불하고 나머지는 그 주택을 담보로 대출받아 20년 정도 장기간 분할 상환하는 장기 저당 대출을 말한다. 한국주택금융공사는 '한국주택금융공사법'에 의거 기존의 '주택금융신용보증기금'과 '주택저당채권유동화회사(KoMoCo)'를 통합하여 발족되었다.

한국주택금융공사는 주택저당채권의 유동화를 위해 20년 이상의 장기로 고정 금리형 또는 원금 균등이나 원리금 균등 분할 상환 대출용 주택자금을 공급한다. 한국주택금융공사가 공급하는 주택 담보대출 상품에는 '디딤돌 대출', '보금자리론', '적격 대출' 등이 있다.

마지막으로 일반은행, 농협, 수협, 생명보험회사, 상호저축은행이 주택을 담보로 대출해 주는 상품이 있다. 주택 담보대출은 1997년 외환 위기 이후 은행을 비롯한 금융회사들이 기업금융보다는 소매 금융에 치중하는 경영 방침에 따라 그 비중이 급속히 커지고 있다. 그리고 1996년 1월에 도입된 여신 전문 금융회사인 주택할부금융회사가 주택 구입자를 대신하여 건설 회사에 주택 구입 자금을 대납하고 그 대금을 주택 구입자로부터 분할하여 상환받는 금융 상품도 있다.

2) 직접 부동산금융시장과 상품

한국의 부동산금융은 1997년 외환 위기 이전에는 앞에서 논의된 주택금융이 대부분이었다고 해도 과언이 아니다. 그런데 1997년 외환 위기 이후, 정부가 1998년 '자산유동화법', 2001년 '부동산투자회사법', 2004년 '간접투자자산운용법', 2007년 '자본시장통합법' 등을 제정하면서 직접 부동산금융시장이 본격적으로 도래하였다.

직접 부동산금융은 부동산을 하나의 소비재가 아닌 투자재로 일반인들에게 인식시켜 주는 계기가 되었다. 그리고 부동산금융도 단순히 부동산을 구입하기 위한 자금 조달 측면에서가 아니라 부동산을 하나의 투자 수단으로 취급하고 이의 재원 조달과 수익성을 분석하는 방향으로 사람들에게 각인시켜 주고 있다.

직접 부동산금융 상품은 크게 부동산펀드, 부동산투자회사(REITs : Real Estate Investment Trusts), 프로젝트 파이낸싱(PF : Project Financing) 그리고 부실채권(NPL : Non Performing Loan) 등으로 구분된다. 제3편 직접 부동산금융시장과 상품에서는 이들을 중심으로 그 내용을 살펴보고자 한다.[7)]

3) 기타 부동산금융 상품

부동산금융시장을 간접금융시장과 직접금융시장으로 나누어 각 시장에서 관련 상품들에 대해 살펴보았다. 그런데 아직 본격적으로 나타나지 않았지만 향후 부동산금융 상품으로 도래될 것으로 '부동산파생상품'과 '부동산보험'이 있다.

따라서 다음에서는 부동산파생상품과 부동산보험에 대해 서술하기로 한다.

(1) 부동산파생상품

파생상품(derivatives)이란 하나 이상의 기초 변수, 즉 채권수익률, 환율이나 상품 가격 등과 같은 기초 변수에 의해 그 가치가 결정되는 자산 또는 증권을 말한다.[8)] 파생상품은 선도(forward)나 선물(future), 옵션(option) 그리

7) 직접 부동산금융 상품 중 부동산펀드와 부동산투자회사는 권호근·이창석, "부동산투자회사제도의 이론적 접근과 전망", 「부동산학보」 제40집(한국부동산학회, 2010)에서 발췌, 인용하였음.

고 스왑(swap)으로 나누어지고 이들이 결합된 복합 파생상품도 있다.

첫째, 선도계약과 선물계약이 있다. 어떤 상품을 구매하고자 하는 측과 매각하고자 하는 측은 상품의 가격 변동에서 오는 위험에 직면하게 된다. 따라서 거래 상대방 모두는 가격 변동에서 발생하는 위험을 회피하기 위해 적절한 방법을 찾고자 하는 유인이 생긴다.

선도계약(forward contract)은 미리 정해진 가격으로 미래의 일정 시점에서 어떤 상품을 교환하기로 한 약속을 말한다. 예를 들어 김씨라는 농민이 쌀 100가마를 3개월 후, 쌀 1가마당 20만 원에 A라는 회사에 매각하기로 한 약속은 선도계약이 된다. 여기서 선도계약의 대상이 되는 상품, 즉 쌀을 기초 상품이라 한다.

선도계약은 기초 상품의 가격 변동과 관련해 상반된 입장에 서 있는 두 경제주체 간에 체결된다. A회사는 선도계약을 통해 향후 쌀의 가격이 상승하더라도 미리 정해진 가격으로 이를 구입할 수 있는데, 이를 '롱 포지션(long position)'이라 한다. 농민 김씨는 미래 쌀의 가격이 하락하더라도 미리 정해진 가격으로 이를 판매할 수 있는데, 이를 '쇼트 포지션(short position)'이라 한다.

선도계약은 현실에서 시행되기가 매우 어렵다. 조건에 맞는 거래 상대방의 탐색과 계약의 구체적 내용을 결정하기 위해 협상하는 과정에서 상당한 비용이 소요된다. 그리고 계약 당사자 간에 맺은 계약이 원래의 조건대로 이행될지의 여부도 문제될 수 있다.

이와 같은 선도계약의 문제점은 거래 내용과 조건 등에 대한 계약의 형식을 표준화함으로써 해소될 수 있다. 그리고 표준화된 선도계약을 전문적으로 다루는 거래소가 있으면 한층 더 거래가 편리해질 것이다. 이런 목적으로 선물계약(futures contract)이 도입되었다. 선물계약은 조직화된 거래소에서 유통되는 표준화된 선도계약을 말한다.

둘째, 옵션과 스왑이 있다. 옵션(option)이란 미래에 어떤 상품을 사거나 팔 수 있는 권리를 거래의 대상으로 하는 것을 말한다. 옵션 계약은 그 계약의 대상이 되는 상품, 즉 기초 상품을 미래의 일정 시점에서 미리 정해진 가격으로 사거나 팔 수 있는 권리를 부여하는 계약을 말한다. 옵션에는 기초 상품을 살 수 있는 권리를 의미하는 '콜옵션(call option)'과 팔 수 있는 권

8) 손재영 외, 「한국의 부동산금융」(서울 : 건국대학교 출판부, 2008), p. 45.

리를 의미하는 '풋옵션(put option)' 두 가지가 있다. 선물 계약은 약속한 만기일에 이르면 그 계약에서 약속된 거래가 반드시 이루어져야 하나 옵션의 경우에는 상황에 따라 그 권리를 포기할 수 있다는 점에서 차이를 가진다. 옵션거래에서 권리를 포기할 경우에는 그 옵션의 구입을 위해 지출한 비용만큼의 손실을 보게 되는데, 이것이 바로 옵션 투자에서 나올 수 있는 최대한의 손실이다.

스왑(swap)이란 거래의 두 당사자가 주어진 기간 동안 사전에 약속한 현금 흐름을 주기적으로 상호 교환하는 계약을 말한다. 부동산스왑(real estate swap)은 부동산에서 나오는 현금 흐름의 일부나 전부를 다른 현금 흐름과 주기적으로 교환하는 파생상품을 말한다.[9] 부동산스왑 중에서 '부동산 총수익 스왑(property total return swap)'이 있다. 이는 금리와 부동산 수익을 서로 교환하는 거래이다. 스왑 매입자(long side)는 스왑 매도자(short side)에게 정기적으로 부동산에서 발생하는 총수익을 받는 대신, 스왑 매도자에게 일정한 이자를 넘겨주는 계약을 말한다.

마지막으로 다른 나라의 부동산파생상품의 현황을 살펴보면 다음과 같다. 부동산파생상품이 본격적으로 거래되기 시작한 것은 2000년대 중반부터라고 한다.[10] 부동산파생상품 중에서 부동산스왑상품이 먼저 개발되었다. 2005년 NCREIF(National Council of Real Estate Investment Fiduciaries)의 부동산 수익 지수를 기초로 한 총수익 스왑 상품이 개발되었고, 2006년에는 CME(Chicago Mercantile Exchange)에 주택 선물 및 옵션이, 2007년에는 CBOT(Chicago Board Of Trade)에 부동산 지수 선물이 그리고 CME에 상업용 부동산 지수 선물 및 옵션이 상장되었다.

부동산파생상품은 유럽과 미국시장에서 빠르게 팽창하고 있다. 그리고 부동산파생상품의 기초 변수가 되는 부동산 지수들이 많이 개발되면서 부동산파생상품 시장을 선점하고자 하는 기업 간 경쟁이 치열하게 전개되고 있다.

우리나라에서도 부동산파생상품의 도입 필요성은 높은 것으로 판단되나, 이의 도입에 필요한 전제 조건들을 충족하는 데는 미흡하다. 아직까지 부동산파생상품의 기초 변수가 되는 부동산 지수가 충분히 개발되어 있지 않고, 부동산파생상품에 대한 시장 참가자들의 이해가 충분하지 않다. 그러나 향후

9) 상게서, p. 53.

10) 상게서, p. 52.

에는 이의 도입이 불가피하다고 보이며 이를 위해 정부, 학계, 업계가 상호 협력을 하여야 할 것이다.

(2) 부동산보험

부동산보험의 연구는 부동산과 관련된 보험 현상을 연구하는 분야로, 우발적인 사고에 준비하는 방법과 그 관리 기술을 탐구하는 것을 말한다.[11] 그리고 부동산보험은 부동산의 취득, 거래 등 모든 부동산 활동에서 발생하는 위험을 담보하고 그로 인한 손해를 보상해 주는 제도이다.

우리나라에서 부동산보험이 필요한 이유는 다음과 같다. 첫째, 우리나라는 부동산등기 제도가 형식적 심사주의를 취하고 있어 권리관계를 수반하는 부동산 활동에 있어 거래 사고가 발생할 가능성이 많다. 둘째, 부동산 공시 제도가 부동산등기와 지적에 관한 사항이 이원화되어 있어 권리관계의 하자를 유발할 수 있다. 마지막으로 부동산등기를 담당하는 공무원들의 부동산과 관련한 전문 지식의 결여로 공부(公簿)상 부동산 관리의 부실이 초래될 수 있다.

현재 우리나라에 도입된 부동산보험 제도에는 다음과 같은 것들이 있다. 첫째, 건물의 화재나 기타 자연재해로 인한 손실을 보상해 주는 건물보험이 있다. 둘째, 피보험자가 대상 부동산의 소유권상에 알려지지 않은 하자에 의해 손실을 입을 때 보장해 주는 권리 보험과 주거용이나 상업용 부동산 전세 입주자의 전세금 반환을 보장해 주는 전세금 보장 신용보험 등이 있다.

4 부동산금융의 중개 기관과 정부의 역할

1) 부동산금융의 중개 기관

한국의 금융기관은 은행, 비(非)은행 예금취급기관, 보험회사, 증권회사, 기타 금융기관 등으로 크게 구분한다. 그런데 '자본시장통합법' 시행으로 증권회사와 기타 금융기관으로 구분된 투자신탁회사 등은 금융 투자회사로 통폐

11) 권호근·이창석, 전게논문, p. 375.

합될 예정이다.

부동산금융의 중개 기관도 간접 부동산시장의 중개 기관과 직접 부동산시장의 중개 기관으로 나누어 살펴보면 다음과 같다.

(1) 간접 부동산금융 중개 기관

한국의 간접 부동산금융은 대부분 주택금융시장이다. 따라서 주택금융과 관련된 대출 상품을 운영하는 금융기관들이 간접 부동산금융의 중개 기관들이다.

첫째, 주택도시기금과 관련된 금융기관은 과거에 한국주택은행이 독점하였으나 여러 가지 사정으로 국민은행, 우리은행, 농협에서 수탁하여 관리하였고, 최근에는 이를 주택도시보증공사에서 전담하여 운용 중이다.

둘째, 한국주택금융공사는 앞에서 이야기한 바와 같이 저당 대출 채권의 유동화를 통해 조성된 자금을 금융기관을 통해 모기지론으로 대출하고 있다. 그리고 주택 구입자나 주택 사업자들이 주택 구입이나 주택 관련 사업을 할 경우 외부에서 자금을 차입할 경우가 있다. 이때 필요한 자금을 금융기관에서 차입을 하려면 담보가 필요한데, 이들을 대신하여 원리금 상환의 보증을 과거 주택신용보증기금이 하였다. 그런데 2004년 한국주택금융공사가 설립되면서 한국주택금융공사가 이러한 기능도 담당하게 되었다.

마지막으로 일반은행, 새마을금고, 상호저축은행, 신용협동조합 등은 일반적인 주택 담보대출 상품 등을 취급하는 금융기관이다. 그리고 보험회사는 최근 금융의 겸업화로 인해 과거에는 취급하지 못한 주택 담보대출을 현재 취급하고 있으므로 보험회사도 간접 부동산금융의 중개 기관에 포함된다고 보아야 한다.

(2) 직접 부동산금융 중개 기관

직접 부동산금융의 중개 기관으로서의 업무는 은행의 신탁 업무, 자산 운용회사, 투자신탁회사 등에서 수행하고 있다. 이들 중개 기관은 다수의 투자자로부터 자금을 조성하여 부동산뿐 아니라 주식이나 채권 등 금융 상품 등에도 투자하므로 부동산금융 중개 기관으로만 한정되지는 않는다. 그러나 '자본시장통합법' 시행에 따라 앞으로는 그 양상이 많이 변화될 것으로 보인다.

첫째, 앞으로 부동산 간접투자는 부동산투자회사, 즉 REITs가 주도할 것으로 전망된다. REITs를 중심으로 부동산펀드 등 간접 부동산금융 상품에 대한 투자가 이루어질 것이고 프로젝트 파이낸싱도 이들 회사가 주도할 것으로 보인다.

둘째, '자본시장통합법' 시행으로 부동산 이외의 펀드 상품은 금융 투자회사가 주도할 것으로 보이나 이들 회사 내 부동산을 전문적으로 담당하는 부서에서 부동산 간접금융 상품 등에 투자할 수도 있다.

마지막으로 일반은행 등도 기존의 예금과 대출에 의한 영업이 한계에 부딪히고 있으므로 프로젝트 파이낸싱 등에 자금을 투자하여 변화하는 금융 환경에 대처할 것으로 보인다.

2) 부동산금융시장에서의 정부의 역할

한국의 부동산금융시장에서 정부의 역할은 매우 중요하였다. 1960년대 이후 정부는 신속한 경제 발전을 위하여 부족한 국가 재원을 중화학공업 등 국가의 기간산업에 집중적으로 분배하기 위하여 금융 산업에 깊이 관여하여 왔다. 그리고 부동산 관련 금융 상품이나 제도 등에도 마찬가지로 깊숙이 관여하여 왔다.

그러나 1997년 외환 위기 이후에 정부가 민간의 경제활동을 보장하고 제고시키는 방향으로 경제정책의 방향을 전환하면서 앞에서 말한 현상이 크게 변화되고 있다. 정부는 금융도 하나의 산업으로 인식하고 금융 분야에 대한 정부의 간섭을 배제하면서 민간의 참여를 유도하는 방향으로 정책을 추진하고 있다.

그런데 부동산금융 부문에 대한 사항은 아직까지 정부의 역할 비중이 상당히 크다. 그 이유로는 부동산금융이 부동산 정책의 수립과 운용에 중요하며, 협소한 국토 면적 등의 제약 때문에 다른 나라에 비해 부동산 부문에 대한 정책적인 관리가 중요하다는 점 등이 있다.

이러한 모든 사항들을 감안하여 향후 부동산금융에 대한 정부의 정책 방향을 간략하게 제시하면 다음과 같다.

첫째, 주택금융 제도의 선진화가 요구된다. 한국의 부동산금융은 주택금융에 치중되어 왔다. 그리고 이런 주택금융도 국민의 주거 안정이나 주거 환경의 개선보다는 주택 가격의 지나친 급등을 억제하는 방향으로 정책이 집행되어 왔다. 최근 '담보인정비율'(LTV : Loan To Value)이나 '총부채상환비율'(DTI : Debt To Income), '총부채원리금상환비율'(DSR : Debt Service Ratio) 등을 정부가 금융기관에 강제하는 정책도 이러한 사례에 속한다. 그러나 향후에는 여러 가지 경제 여건의 변화로 주택 가격이 과거와 같은 가격의 급등 현상, 부동산 투기로 인한 부작용 등이 완화될 것으로 보이므로 정부는 주택금융에 대한 직접적 간섭을 줄여야 할 것이다. 정부는 무주택자나 서민의 주거 안정을 확보하는 방향으로 주택금융에 관여하고 나머지 부분은 민간의 자율에 맡기는 것이 바람직할 것으로 보인다.

둘째, 부동산 간접투자 상품의 다양화와 지속적 개발이 필요하다. 한국에서는 지금까지 국민들의 자산 증식 수단이 증권이나 금융자산보다는 부동산에 치중되어 왔다. 그런데 부동산투자에는 거액의 자금이 소요되고 유동성이 떨어지는 단점이 있어 일반 서민이나 중산층은 사실상 부동산투자에서 소외되어 왔다. 이러한 점을 개선하기 위해 2000년 이후 정부는 지속적으로 부동산투자의 증권화와 유동화를 위한 관련 법률의 제정 및 제도적 기반을 확충하여 왔다. 이제는 어느 정도 제도적 기반이 마련되었으므로 이런 제도들이 성공적으로 정착하도록 정부가 노력하여야 할 것이다.

셋째, 부동산금융에 대한 국민들의 인식 변화를 위한 정부의 노력이 필요하다. 정부는 부동산시장에서 사람들이 비정상적인 이익을 얻지 못하도록 적정한 환수 장치를 마련하고 투기 방지를 위한 장치를 강화하여야 할 것이다. 그리고 지하경제 수단인 부동 자금을 제도권 금융으로 흡수하여 서민층 및 저소득층의 주거 안정을 확보하는 자금으로 활용하려는 노력이 필요하다.

마지막으로 국제적인 금융과 투자 환경에 부합하는 방향으로 부동산금융과 관련된 제도를 정비하여야 하며, 부동산투자회사(REITs), 주택저당증권(MBS), 역모기지(reverse mortgage) 제도 등 기존에 도입된 제도들이 지속적인 발전을 할 수 있도록 부동산금융의 기반을 조성해야 할 것이다.

제2절 부동산금융과 부동산투자

1 부동산투자의 의의와 위험

1) 서설

투자란 생산 활동을 통하여 장래의 수익을 획득할 것을 목적으로 합리적인 안정성과 원금의 궁극적인 회수를 전제로 하여 일정기간 동안 특정 자산에 자본을 투입하는 것이다.

장래의 수익은 항상 위험을 내포하고 있어 불확실하다. 따라서 투자란 장래의 불확실한 수익을 위해서 현재의 확실한 소비를 희생하는 행위라고 정의되기도 하고 미래의 위험을 감수하는 것에 대한 보상이라고 할 수도 있다.

이와 같이 정의되는 투자를 부동산을 대상으로 하는 것이 부동산투자이다. 즉, 부동산투자란 부동산을 대상으로 장래의 수익을 획득하기 위하여 현재의 소비를 희생한 대가로 미래의 경제적 보상을 받으려고 하는 투자 행위를 말한다.[12)]

2) 특징

부동산투자는 부동산 고유의 특성으로 인하여 다른 재화에 대한 투자와는 달리 여러 가지 특징을 가지고 있다. 토지는 영속성을 가지고 있고, 건물도 다른 재화에 비해 그 수명이 장기간이므로 부동산투자는 다른 투자에 비해 투자 기간이 길다. 그리고 부동산은 대체로 고가(高價)의 상품이므로 부동산투자를 하기 위해서는 투자 금액이 많이 필요하다.

부동산은 위치의 고정성으로 인해 부동산의 입지가 부동산 가격에 영향을 주

12) 권호근·이창석·정상철, 「부동산투자론」(서울 : 형설출판사, 2010), p. 60.

고, 이로 인해 부동산투자의 수익에 큰 영향을 준다. 한편 부동산투자는 주식 투자에 비해 안정성이 크다고 알려져 있으며, 다른 재화에 비해 수요와 공급 조절이 원활하지 않고 내구성을 가진 재화이므로 부동산투자에 앞서 해당 부동산에 대한 법적 권리 사항의 확인 및 물적 관리에 대한 대책이 있어야 한다.[13)]

3) 부동산투자의 위험

부동산투자는 부동산 고유의 특성으로 인하여 다른 재화에 대한 투자와는 달리 여러 가지 특징들과 위험성이 있다. 다음에서는 부동산투자에 수반되는 위험의 개념과 유형들에 대해 살펴본다.

(1) 부동산투자 위험의 개념

우리가 부동산투자를 할 경우, 이러한 투자로부터 미래에 얼마나 수익을 창출할 수 있는지를 추정하게 된다. 이를 투자에 따르는 기대 소득 또는 예상 소득이라 한다.

미래의 환경이 어떻게 급변하는지에 대한 정보가 불확실하기 때문에 투자자가 추정하는 기대 소득은 투자자가 투자로부터 실제로 획득하는 소득과는 차이가 발생한다. 기대 소득과 실제 소득의 차이를 위험(risk)이라 하며, 기대 소득과 실제 소득의 차이가 크면 클수록 투자에 따르는 위험성이 크다고 할 수 있다.

(2) 부동산투자 위험의 유형

부동산투자로부터 발생하는 위험의 유형은 사업상의 위험, 금융적 위험, 법적 위험, 인플레이션 위험 등으로 구분된다. 그리고 사업상의 위험은 시장위험, 운영위험, 위치적 위험으로 세분된다. 다음에서는 각 위험들의 개념에 대해 살펴본다.

---

13) 상게서, p. 60～62.

① 사업상의 위험

사업상의 위험이란 투자된 부동산의 산업 자체로부터 발생하는 위험을 말한다. 이는 수익성에 관한 위험으로서 시장위험과 운영 위험 및 위치적 위험 등이 있다.

첫째, 시장위험은 부동산시장에서 부동산투자자가 수요와 공급을 잘못 예측하여 발생하는 위험을 말하며, 부동산투자의 수익성에 근본적인 영향을 미친다. 예를 들어 건설 회사가 서울의 어느 지역에 아파트를 신축하여 분양하는 사업을 기획한다고 하자. 향후 서울의 아파트 공급은 수요에 비해 과다하여 아파트 분양 시장 상황이 좋지 않음에도 불구하고 이런 사업을 기획한 건설 회사는 미분양으로 인해 회사의 경영이 극도로 어려워질 것이다.

둘째, 운영위험은 투자된 부동산의 운영을 잘못하여 운영 수익이 예상에 미달하는 경우에 발생하며 그 원인에는 근로자의 파업, 관리의 미숙 등이 있다. 어떤 부동산투자자가 빌딩을 매입하여 부동산 임대 사업을 한다고 하자. 임대 시장의 상황도 좋고 해당 빌딩이 위치하고 있는 지역도 임대 수요가 많아 공실률이 거의 없는데도 불구하고, 관리의 미숙으로 주변 비슷한 규모의 빌딩에 비해 임대 수익이 저조한 경우가 이에 해당한다.

셋째, 위치적 위험은 불리한 지리적 위치에 있는 부동산에 투자함으로써 발생하며 부동산의 속성 중 부동성 때문에 나타나는 위험이다. 부동산투자의 기대 수익이나 향후 가치 상승은 투자 대상 부동산이 위치하고 있는 지역 환경에 크게 좌우된다. 그런데 투자 대상 부동산이 위치하고 있는 지역 환경은 현재보다는 미래가 더 중요하다.

서울의 명동이나 강남역 부근은 현재 상권이 발달되어 있고 임대 상황도 상당히 좋으나 그만큼 건물 매입 등에 투입되는 금액도 크기 때문에 부동산 임대 사업의 기대 수익률이 높을 수가 없다. 반면 서울 강남구에 소재하는 '가로수 길'의 경우 몇 년 전에는 상권도 미약하고 부동산 임대 사업의 환경이 좋지 않았으나 최근에 상권이 활성화되면서 임대료도 상승하고 건물의 가격도 크게 상승하였다. 몇 년 전 이 지역에 건물을 매입하였으면 상당한 투자 수익을 획득하였을 것이다. 따라서 부동산투자자는 투자 대상 부동산의 현재 지역 환경보다는 미래 지역 환경이 어떻게 변할지 잘 예측하여야 한다.

② 금융적 위험

부동산투자자는 부동산투자 시 투자 재원의 일부를 부채로 사용할 수 있다. 투자 재원의 일부를 부채로 사용했을 경우, 투자자는 투자 자금을 차입한 금융기관 등에 원금과 이자를 매기마다 지불해야 하나, 여러 사정으로 원금과 이자를 약정 기한 내에 지불하지 못할 경우 발생하는 위험을 금융적 위험이라 한다. 부채가 많으면 원금과 이자에 대한 채무불이행의 가능성이 높아지며 파산할 위험도 그만큼 커지게 된다.

부동산에 투자할 때 자기자본 이외에 부채를 사용하여 투자하게 되면 자기자본만 가지고 투자할 때보다 자기자본에 대한 지분 수익률이 증가할 수 있다. 즉 지렛대 효과(leverage effect)를 볼 수 있다.

다음 사례와 같이 지분 수익률이 총 투자수익률을 상회하게 되면, 정(正)의 지렛대 효과가 발생했다고 한다. 지렛대 효과에 의하면 부채가 많으면 많을수록 자기 투자 자본에 대한 지분 수익률이 커질 수 있다.

하지만 반대로 부담하여야 할 금융적 위험도 그만큼 커지므로 부채 규모가 적절해야 한다. 그리고 총 투자수익률이 지분 수익률을 상회하면 부(負)의 지렛대 효과가 나타나 저당 대출자에게만 이익을 줄 수 있다.

예

총 투자액 10억 원 중 자기자본(지분)이 4억 원이고, 부채가 6억 원으로 구성되어 있다. 10억 원 투자 시 2억 원의 수익이 발생된다고 하면 지분 수익률과 총 투자에 대한 수익률은? (단, 이자율 10%, 투자 기간은 1년이다.)

- 순수익=2억 원−6천만 원=1억 4천만 원
- 지분 수익률= $\frac{\text{1억 4천만 원}}{\text{4억 원}}$ =35%
- 총 투자수익률= $\frac{\text{2억 원}}{\text{10억 원}}$ =20%

③ 법적 위험

부동산은 위치의 고정성, 공급의 부증성이라는 물리적 특성 때문에 부동산을 둘러싸고 있는 소유권·정부 정책·지역지구제 등의 법적인 환경에 지대한 영향을 받는다. 이러한 영향으로부터 부동산투자에 따르는 수익률이 변동하게 되는 위험이 발생하는데, 이를 부동산투자에 대한 법적 위험이라 한다.

법적 환경의 변화는 부동산투자에 관한 의사 결정에 큰 영향을 준다. 예를 들면 부동산세제, 감가상각법 변경, 부동산 임대료에 관한 법령의 규정 강화와 완화에 따라 부동산투자 규모가 증가하기도 하고 감소하기도 한다. 노태우 정부의 토지공개념 도입, 기업의 비업무용 부동산의 처분 조치, 김영삼 정부의 부동산 실명제 실시, 노무현 정부의 분양권 전매 금지, 재건축 요건의 강화 등은 부동산투자 활동을 위축시켰다. 반면 김대중 정부의 그린벨트(green belt)의 재조정, 아파트 분양 가격의 전면 자율화, 이명박 정부의 종합부동산세 과세 기준의 상향 조정, 양도소득세 개정을 통한 세금 부담의 감면 등은 부동산투자 활동을 증가시켰다.

④ 인플레이션 위험

일반 물가 상승에 미치지 못하는 부동산 가격 상승은 상대적으로 부동산에 대한 구매력이 낮아져 위험이 된다. 화폐가치가 떨어지고 물가가 상승하는 것을 인플레이션이라 한다. 다른 조건이 일정하다면 부동산 가격은 이자율의 변동에 대하여 역으로 움직인다. 따라서 인플레이션이 심하면 그에 따른 이자부담이 커지게 된다. 이것을 이자율에 대한 인플레이션 위험이라 한다.

부동산투자에 자금을 대출해 준 대출자는 원금의 실질적인 가치가 하락하는 위험을 피하기 위해 일반적으로 고정 이자율이 아닌 변동 이자율로 대출하기를 선호하게 된다. 이러한 요인으로 채무자는 이자율 변동에 따르는 위험이 증가한다.

⑤ 유동성 위험

유동성 위험은 매수자와 매도자 간에 계속해서 빈번한 거래가 존재하지 않을 때 발생한다. 부동산투자자가 투자한 자금을 회수하기 위해서는 투자한 부동산을 처분해야 한다. 그런데 투자한 부동산 처분이 어려울 수 있고, 또한 조기에 처분할 여러 사정이 있으면 매각 가격을 할인해야만 하는 부담이 커진다.

부동산은 비교적 유동성 위험이 크며, 매각하는 데 6개월에서 1년까지 소요될 수 있다. 특별한 목적의 부동산은 용도가 쉽게 전용될 수 있는 부동산보다 유동성 위험도가 훨씬 높다.

2 부동산투자의 위험과 부동산금융

1) 부동산투자 활동의 유형

부동산투자 활동은 대개 부동산의 매입, 부동산의 개발, 부동산의 임대 관리와 재개발 및 리모델링(remodeling)[14] 등으로 나누어 볼 수 있다.

첫째, 부동산의 매입은 나대지 등을 매입하여 일정 기간 관리한 후 매각하여 시세 차익을 꾀하는 활동이다.

둘째, 부동산의 개발은 나대지 등을 구입하여 부동산개발을 통해 해당 부동산의 부가가치를 높여 매각함으로써 양도 차익(매각 가액−(매입 비용+개발 비용+기타 비용 등))을 극대화하고자 하는 활동이다.

셋째, 부동산의 임대 관리는 이미 개발이 완료된 부동산을 매입하여 일정 기간 임대 사업을 운영한 후 매각하는 활동이다.

넷째, 부동산의 재개발 및 리모델링은 신규 개발을 할 수 있는 가능 지역이 거의 소멸된 도시지역을 중심으로 오래된 건물들을 철거하여 신규로 건축하거나, 아니면 재생하여 사용하도록 하는 활동을 말한다.

2) 부동산투자 활동별 위험과 부동산금융과의 관계

(1) 금융적 위험

부동산투자의 유형에 관계없이 일정 규모 이상의 부동산을 매입할 경우 부동산투자자가 대출 자금 없이 순수하게 자기자본만으로 부동산을 매입하는 경우는 거의 없다.

부동산투자의 금융적 위험이란 부동산투자자가 투자 재원의 일부로 부채를 사용할 경우 부채에 대한 원금과 이자를 약정 기한 내에 지불하지 못하는 것을 말한다. 따라서 부동산투자자는 부동산금융 상품들에 대한 내용을 숙지

14) 리모델링(Remodeling)은 주거용 건물이나 상업용 건물 등에서 내용연수가 오래된 건축물들을 철거하지 않고 재생하여 사용하는 것을 말한다.

하고 각 상품별로 원리금 상환 방식 등의 대출 조건을 검토한 후, 가장 유리한 상품을 선택하도록 하여야 한다.

가장 유리한 상품을 선택하였더라도 최악의 상황이 도래할 것을 가정하고 이에 대한 대비책을 수립하여야 하며, 만일 이런 경우 본인이 감당할 수 있는 범위를 넘어서면 부동산투자 여부를 재검토하여야 할 것이다.

(2) 부동산개발과 부동산의 임대 관리

부동산개발의 경우 금융적 위험 이외에도 개발 과정이나 개발 후, 임차인들의 임차 수요가 부동산투자를 결정하는 중요한 변수 중의 하나이다. 해당 부동산에 대한 임차 수요는 부동산의 가치를 결정하는 변수로서 이를 '시장 위험'이라 한다.

부동산개발 사업의 위험은 임차 수요의 예측 이외에도 입지의 선정과 같은 '위치적 위험'이 있다. 주변 환경과 임차 수요가 순조로우면 분양과 임대가 원활히 진행되어 자금 조달이 용이해지므로 부동산개발 사업에 수반되는 사업상의 위험이 크게 감소한다.

분양과 임대가 이루어지고 나면 관리 단계에서 발생하는 '운영 위험'이 있는데, 이는 운영 수익이 예상에 미달하여 운영 비용을 감당하지 못함으로써 나타난다. 부동산개발업자에게도 개발 기간 동안 운영 위험이 여러 형태로 존재하나 이 위험은 개발업자보다는 임대인에게 더 많이 나타난다.

일반적으로 임대료 수입은 1년 혹은 그 이상의 계약 기간 동안 고정적으로 발생하는데, 임대인이 금융기관과 대출 계약을 변동 금리 계약으로 하였다면 임대인은 금융적 위험에 노출되는 것이다. 만일 임대인이 이러한 위험을 회피하고자 임대료를 변동 금리에 연동시키면 금융적 위험은 임차인에게 전가된다.

(3) 부동산의 재개발 및 리모델링

부동산을 소유하고 있는 소유주는 일정 시점에서 해당 부동산을 계속 임대할 것인지 혹은 매각할 것인지, 또는 적극적으로 재개발이나 리모델링을 통해 수익성을 제고할 것인지를 결정하여야 한다.

현재 수준에서 이러한 의사 결정을 하는데 필요한 정보는 확실한 현재의 수익과 불확실한 미래 수익과의 비교이다. 해당 부동산을 계속 임대한다면 미래의 임대 수익(A)이, 매각한다면 매각 수익(B) 그리고 재개발이나 리모델링을 한다면 이에 소요되는 비용을 차감한 순 현금 흐름(C)이 나타난다. 각각을 추정하여 A가 가장 크면 계속 임대, B가 가장 크면 매각 그리고 C가 가장 크면 재개발이나 리모델링을 해야 할 것이다.

상기의 의사 결정에서 임대 수익이나 매각 수익 그리고 순 현금 흐름을 부동산투자자가 추정할 경우 가장 요구되는 것은 해당 사업에 대한 미래의 전망이다. 그리고 사업 전반에 소요되는 자금을 원활하게 집행하기 위해서는 부동산금융이나 금융 상품에 대한 이해가 요구된다고 하겠다.

(4) 기타

부동산투자에 있어 수반되는 여러 위험을 최소화하기 위해서는 경제 전반에 대한 이해 및 예측을 바탕으로 부동산시장과 금융시장의 변화에 대한 동향 파악이 중요하다. 그리고 이를 바탕으로 임대차 등의 사업 계약이나 금융기관과의 금융 조건에 반영하는 노력이 요구된다.

부동산투자자가 대출 등 금융 조건에 관해 금융기관과 협의를 할 경우, 투자자는 부동산금융과 금융 상품에 대한 사전 지식이 있어야 한다. 그리고 부동산투자와 관련된 계약은 계약 당사자 간의 위험 배분에 관한 사항이 대부분을 차지한다. 이때 현실화된 위험의 정도가 어느 한도를 넘어서서 투자자가 감당할 수 없거나 사업 자체 수행에 심각한 타격을 준다면 부동산보험을 통하여 해결할 수도 있다.

3 부동산 간접투자와 부동산금융

1) 부동산 간접투자의 개념

부동산에 대한 투자 행위는 단일한 방식으로 진행되는 것이 아니라 부동산투자자의 재산 정도나 취향에 따라 다양한 방식을 선택할 수 있다.

부동산투자의 방식은 다양한 형태가 존재하나 대개의 경우 직접투자와 간접투자로 구분한다. 부동산 직접투자는 투자자가 부동산의 소유권이나 지분을 본인의 명의로 확보하는 것을 말한다.[15] 그런데 부동산 직접투자는 투자자 본인이 모든 책임을 지고 수행하는 관계로 투자에 따른 수익이 막대할 경우 투자자에게 상당한 재산상의 증식을 가져다주는 이점이 있으나 여러 가지 단점들도 있다. 이러한 단점들을 열거하면 다음과 같다.

첫째, 개인이나 회사가 단독으로 거액의 부동산투자에 수반되는 투자자금을 확보하기가 쉽지 않다.

둘째, 최근에 부동산 상품이 갈수록 다양화되고 투자 대상 선정도 복잡화되어 개인이 단독으로 부동산투자에 나서기가 쉽지 않다.

셋째, 과거에 비해 부동산투자 행위 전반에 요구되는 지식이 점점 많아지고 부동산 가격 전망에 대한 전문적 지식의 필요성이 높아져 부동산 직접투자에 장애 요인이 되고 있다.

이러한 부동산 직접투자의 문제점 때문에, 이를 대신하여 부동산 간접투자의 시대가 본격적으로 나타나고 있다. 부동산 간접투자란 부동산투자자들이 본인의 명의로 부동산의 소유권이나 지분을 확보하는 것이 아니라, 일반 투자자를 대신하여 부동산에 전문적으로 투자하는 회사의 주식이나 부동산펀드 상품에 가입하여 투자 수익을 획득하는 방식을 말한다.[16]

2) 부동산 간접투자의 시행 배경과 효과

부동산 간접투자는 실물자산인 부동산을 하나의 금융 상품으로 변모시키는 과정에서 등장하게 되었다. 1960년 미국에서 '부동산투자신탁법'을 제정하면서 부동산의 증권화가 시작되었고, 1970년에 미국의 연방주택저당공사(Ginnie Mae)가 MBS(Mortgage Backed Securities)제도를 도입함으로써 활성화되었다.

우리나라에서는 1997년 외환의 유동성 위기에서 비롯된 'IMF 사태'가 부동산 증권화의 직접적 배경이 되고 있다. IMF 사태로 인한 극심한 경기 침

15) 이창석, 「부동산학개론」(서울 : 형설출판사, 2011), p. 693.

16) 권호근·이창석·정상철, 전게서, p. 73.

체는 부동산을 비롯한 실물자산의 명목 가격을 하락시키는 '자산 디플레이션' 현상을 초래하였다. 이러한 상황에서 정부는 기업의 구조조정을 원활히 하고 IMF 사태를 조기에 극복하기 위해 부동산 거래를 촉진시키는 방향으로 정책 기조를 설정하게 되었다. 정부는 부동산 거래를 촉진시키기 위해 그동안 추진해 온 부동산 투기의 억제 수단을 해제함과 아울러 새로운 부동산금융 제도를 도입하기로 하였다.

1998년 '자산유동화에 관한 법률' 제정으로 자산담보부증권(ABS)이, 1999년 '주택저당채권 유동화 회사법' 제정으로 주택저당증권(MBS)이 각각 발행되었고, 이후 2001년에 부동산투자회사(REITs) 제도가 도입되었다.[17)]

부동산 상품과 금융 상품은 여러 가지 면에서 상이하다. 부동산 상품은 실물자산의 대표적 상품이고 이와 반대적인 면에서 금융자산으로 대변되는 금융 상품이 있다. 과거에는 부동산 상품과 금융 상품은 전혀 별개의 상품으로 각각의 시장을 형성하고 있었다.

부동산 간접투자 시대의 도래는 부동산과 금융이라는 이질적인 요소들을 결합시키고 있다. 부동산 간접투자는 직접투자와는 달리 부동산의 증권화를 전제로 하므로 부동산투자의 단점인 비유동성을 개선시켜 부동산투자자의 자금 흐름을 원활하게 하고 있다.

부동산 직접투자는 거액의 자금을 필요로 하나 간접투자는 소액의 자금으로도 부동산투자가 가능하게 만들었다. 그리고 부동산 간접투자 제도가 활성화되면 신(新)금융 상품의 개발로 금융시장의 규모가 커지고 첨단 금융 기법의 활용으로 금융 산업이 선진화되는 계기가 될 것이다.

부동산 간접투자 제도는 부동산과 금융이라는 전혀 상반된 상품들을 결합시켜 상호 간에 발전적 도약을 가져다주었으며, 향후 이런 경향은 더욱 심화될 것으로 보인다. 실물자산의 증권화, 또는 금융자산화는 전 세계적인 추세이며 이제 개인과 국가에 있어 부(富)와 권력은 그들이 보유하는 토지와 같은 부동산이 아니라 주식이나 채권과 같은 금융 상품의 크기에 의해 좌우될 것이다.

---

17) 상게서, p. 75.

4 부동산시장과 부동산금융

한국은 1990년대 초반까지만 해도 부동산가격이 높은 상승세를 지속하였다. 1960년대 이후의 고도성장은 부동산에 대한 수요를 급증시켰고, 특히 도시지역에 대한 수요가 막대하여 이들 지역에 있어 부동산가격은 지속적으로 상승하였다. 그러나 1997년 외환의 유동성 위기로 시작된 'IMF 사태'는 한국 경제의 고도 경제성장 시대를 마감하게 하고, 한국 경제를 선진국형인 성숙형 경제로 전환시켰다.[18)]

성숙형 경제 시대에는 더 이상 부동산가격이 폭등하기는 어려울 것이고 상승 여력도 계속 낮아질 것이다. 성숙형 경제 시대에 접어든 한국의 경제 상황에서 부동산시장을 전망하고 이에 따른 부동산금융의 역할을 조망해 보고자 한다.

1) 부동산가격의 안정화

성숙형 경제 시대로의 진입과 철강, 자동차 등 중화학공업을 중심으로 한 한국의 경제성장이 둔화되면서 생산요소로서 토지의 투입이 감소되고 이에 따라 토지 수요의 신규 창출도 어려워 토지가격의 상승 폭은 둔화되거나 오히려 하락할 수도 있다.

2000년대 이후 한국의 주택보급률은 100%를 넘어 110%에 달하고 있다. 아직까지 서울을 비롯한 수도권 지역에서 주택보급률이 110%에 미달하고 있으나 경북이나 전남 등지에서는 130%를 넘어서고 있다.

주택보급률이 110%를 넘어서면 경험적으로 주택가격이 안정화된다. 즉 이 시기에는 주택시장에 항상 존재하던 초과 수요가 소멸되고, 주택의 기본 수요가 충족되면서 투기적 수요에 의한 주택 가격 상승에 제동이 걸리는 것이다.

이러한 변화는 기존 우리나라의 부동산금융이 주택금융에 치중되어 있는 상황을 상당히 변화시킬 것이다. 주택가격의 안정으로 주택 담보대출에 대한 수요가 감소할 것이며 부동산금융 부분에서 주택금융이 차지하는 비중을 감

18) 이창석, 전게서, pp. 702~703.

소시킬 것이고, 대신에 부동산 간접투자에 필요한 부동산금융 상품 비중이 증대될 것이다.

2) 전세 제도의 소멸

전세 제도는 주택의 임대차를 매개로 주택 소유자가 주택 임차인으로부터 자금을 차입하는 일종의 사금융 제도이다. 전세 제도는 주택가격이 과거와 같이 폭등하면 존재하지만 안정이 되면 존립 근거를 상실하게 된다.

임대인은 주택가격의 약 60%를 전세 자금으로 충당하고 40%를 본인이 부담하며, 실제 거주는 임차인이 한다고 하자. 임차인은 주택가격의 약 60%만 지불하면서 주택이 제공하는 서비스를 누리고, 임대인은 임차인이 이런 서비스를 받는데 본인이 무(無)이자로 40%의 자금을 제공하는 것과 다름이 없다.

임대인이 이렇게 하는 이유는 본인 소유의 주택가격이 향후 대폭 상승하면 매각에 따른 자본이득이 막대하기 때문이다. 그런데 주택가격이 상승하지 않고 안정이 되거나 오히려 하락하면 임대인은 매각에 따른 자본이득을 기대할 수 없으므로 전세 제도 대신 월세 제도로 전환하려 할 것이다.

전세 제도는 과거 우리나라에서 장기 저리의 주택금융이 원활하지 못해 발생했다고 볼 수 있다. 그런데 주택저당증권(MBS) 상품의 도입 등 장기 저리의 주택금융이 활성화되면 주택 소유자는 금융기관으로부터 저리의 자금을 차입할 수 있으므로 굳이 전세 제도를 이용할 필요성이 감소하고, 임차인 역시 주택금융을 이용하여 전세보다는 자가(自家)를 마련하고자 할 것이다.

한편 20~30대의 젊은 세대들은 주택 소유에 대한 의식이 기성세대에 비해 미약하므로 자가 보유 대신에 월세를 선호하게 될 것이다. 이러한 여러 가지 이유로 전세는 월세로 전환되거나 그 비중이 축소될 것으로 전망된다.

3) 선(先)분양제도에서 후(後)분양제도로의 점진적 변화

한국에서는 지금까지 만성적인 주택의 초과 수요가 있어왔고 이를 해소하기 위해 주택 건설을 촉진할 필요성이 있었다. 그런데 건설 회사가 주택 건설을 하려면 주택 건설의 착공에서부터 완공까지 토지 구입비 등 막대한 자금이 필요한데, 이를 충족시켜 줄 수 있는 금융 수단이 부족하였다. 정부는 주택 건설에 사용되는 자금 조달을 지원하는 하나의 금융 수단으로 선분양제를 허용하여 왔다. 선분양제는 주택을 분양받은 사람이 건설 자금을 제공하고 건설 회사는 이 자금을 이용하여 주택을 건설하는 방식이다. 선분양제는 주택의 공급자인 건설 회사에는 유리한 제도이나 주택 수요자에게는 불리한 제도이다. 주택 수요자는 주택이 완공되기도 전에 대금을 미리 지불하고 주택을 구입하기 때문에, 건설 회사가 건설 기간 중 파산이라도 하게 되면 주택 수요자는 이미 지불한 계약금 등을 되돌려받을 수 없다. 우리가 주택 이외의 물건, 즉 냉장고나 자동차 등을 구입할 경우 구매 자금을 미리 제조 회사에 지불하고 이들 상품을 구입한 적이 있는지를 생각해 보면 이해가 갈 것이다.

최근 주택에 대한 초과 수요가 소멸하면서 선분양제의 존립 기반은 사라지고 있다. 그리고 프로젝트 파이낸싱(Project Financing) 등 개발 금융이 활성화되면서 건설 회사도 주택 건설에 필요한 자금 조달을 용이하게 할 수 있어 선분양제에 대한 필요성이 감소하고 있다.

후분양제가 일반화되면 아파트 분양 시 아파트의 동이나 층별로 가격 차별화가 본격화될 것이다. 아파트의 동이나 층별로 분양 가격의 차별화가 이루어지게 되면 건설 회사의 이익은 점차 증대되고 주택 구입자는 추가적 이익을 얻기 어렵게 될 것이다.

4) 부동산 간접투자의 활성화

부동산은 투자 금액이 크고, 거래할 때마다 각종 세금과 중개 수수료 등 투자 비용이 추가적으로 발생하므로 소액의 투자로 접근하기에는 적합하지 않은 투자 대상이었다. 그리고 부동산투자의 가장 큰 단점은 주식이나 채권과 같은 금융자산에 투자하는 것에 비해 현금화하기가 쉽지 않아 유동성이 떨어진다는 것이다.

향후 부동산투자회사(REITs) 등의 제도가 활성화되면 부동산 직접투자가 어려웠던 소액 투자자들도 부동산투자회사의 주식을 구입하는 방법으로 간접적으로 부동산에 투자할 수 있게 될 것이다.

부동산 간접투자가 활성화되면 부동산 가격이 합리적으로 결정되는 계기를 마련해 줄 것으로 기대된다. 과거 우리나라의 부동산시장은 소수의 거대 자본가들이 부동산시장에 개입하여 부동산투기 등으로 부동산가격을 왜곡시켜 왔다. 그러나 부동산 간접투자수단의 도입으로 다수의 소액 투자자들도 부동산시장에 간접적으로 참여할 수 있고, REITs들은 선진화된 기법으로 부동산 투자를 할 것이므로 과거 우리나라에 나타난 부동산가격의 왜곡 현상을 감소시킬 것이다.

5) 부동산 관련 산업의 활성화

지금까지 일반 사람들이 부동산 중개업이나 부동산 컨설팅업 종사자들에 대해 가지고 있는 이미지는 부동산시장에 대한 정확한 이해보다는 불확실한 정보를 이용하여 투기를 유발한다는 부정적 측면이 많았다. 그러나 부동산투자회사(REITs)나 주택저당증권(MBS), 프로젝트 파이낸싱(Project Financing) 등의 제도 도입으로 부동산과 금융의 결합 현상이 가속화되면 이런 부정적 이미지는 많이 희석될 것이다. 왜냐하면 부동산 중개, 부동산 컨설팅 등 부동산 관련 서비스산업에 종사하는 사람들이 금융시장과 경제 전반에 걸쳐 깊이 이해를 하지 못하고 과거와 같이 주먹구구식 투자를 권유하게 되면 고객들로부터 외면당하게 될 것이기 때문이다.

부동산시장이 공급자 중심에서 수요자 중심으로 변하고 부동산 구입이나 투자를 위한 자금의 조달 방법이 다양해지면서 부동산 관련 서비스산업에 종사하는 사람들은 각 부동산 수요자들에게 적합한 자금의 조달 방법을 제시해 줄 수 있어야 한다. 그리고 건물이 대형화되고 복잡해지면서 건물에 대한 임대 관리, 설비 관리 등 종합적인 관리를 대행해 주는 부동산 관리업에 대한 수요도 증대하고 향후에는 부동산개발과 금융, 전반적 사항에 대해 조언을 하거나 도와주는 부동산 컨설팅 산업도 빠르게 성장할 것이다.

Memo

제2편

간접 부동산금융시장과 상품

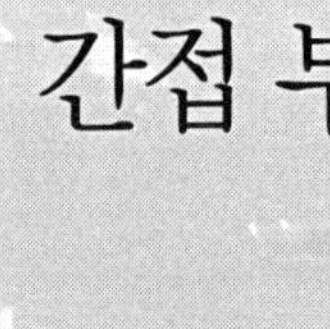
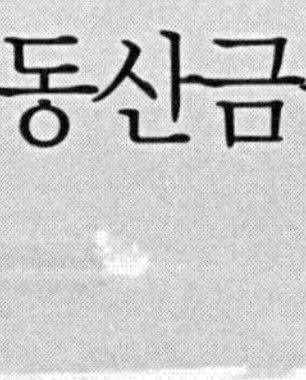
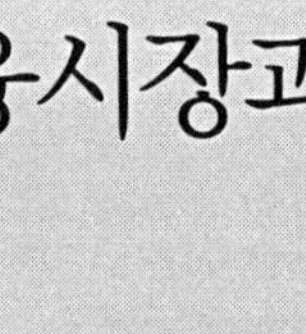
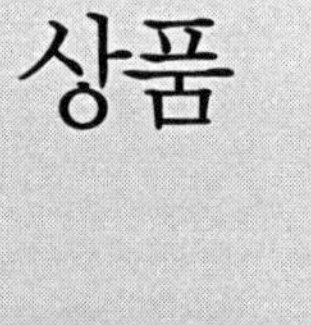

제6장

간접 부동산금융시장과 주택금융시장

제1절 간접 부동산금융시장

1 서설

금융의 형태 중 간접금융이란 자금의 수요자가 자금의 공급자에게 직접적으로 자금을 조달하는 것이 아니라 은행 등을 통하여 간접적으로 자금을 조달하는 형태를 말한다. 간접 부동산금융시장은 부동산의 취득이나 개발 등 부동산 활동과 관련된 자금 조달이 간접금융의 방식으로 이루어지는 금융시장을 말한다.

부동산금융시장을 간접금융시장과 직접금융시장으로 나누어 보면 부동산금융시장 중에서 전통적으로 가장 큰 비중을 차지하는 주택금융시장이 간접금융시장에 포함된다.

2 간접 부동산금융 상품

1) 주택금융

(1) 의의

한국의 주택금융 제도는 주택금융시장과 주택저당채권 유동화 시장으로 구분된다. 주택저당채권 유동화 시장은 제2차 시장(secondary market)이라고 하는데, 주택 담보대출을 근거로 증권화된 상품을 만드는 시장이다. 주택금융시장이 제1차 시장(primary market)이고, 이를 근거로 증권화된 상품을 만들기 때문에 주택저당채권 유동화 시장을 제2차 시장이라 한다. 주택저당채권 유동화 시장은 그 성격상 직접금융 상품에 포함되므로 직접 부동산금융 상품에서 논의하기로 한다.

주택금융시장은 주택 수요자들에게 주택 구입이나 전세 자금을 공급해 주는 주택 소비금융(housing consumption financing)과 건설회사에 주택 건설 자금을 공급해 주는 주택 개발금융(housing development financing)으로 나눌 수 있다. 그리고 주택금융시장은 공공 주택금융과 민간 주택금융으로도 구분할 수 있다.

공공 주택금융은 공공 기관에서 주택을 구입하고자 하는 사람에게 주택 구입 자금을 대출하는 것을 말하며, 정부 관리 기금인 주택도시기금과 한국주택금융공사가 제공하는 모기지론(mortgage loan) 등이 있다. 민간 주택금융은 민간의 금융기관에서 주택을 구입하고자 하는 사람에게 주택 구입 자금을 대출하는 것을 말하며, 시중은행을 비롯하여 상호저축은행, 생명보험회사 등을 통해 제공되고 있다.

(2) 주택 소비금융(소비자금융)

주택 소비금융은 주택 구입자가 주택을 담보로 제공하고 신용을 제공받는 형태의 금융 상품으로 대표적인 간접 부동산금융 상품이다. 주택 소비금융을 취급하는 금융기관에는 일반은행, 상호저축은행, 생명보험회사 등 민간 금융기관과 한국주택금융공사 등 공공 금융기관이 있다. 공공 금융기관에서 취급하는 주택 소비금융은 일반적으로 중산층 이하의 가구가 매입하는 소형 주택에 대해 자금을 대출하며, 민간 금융기관이 취급하는 주택 소비금융에 비하여 대출금리가 낮고 대출기간도 장기인 것이 특징이다.

주택 소비금융은 1997년 외환 위기 이전에는 민간보다는 공공 부문의 비중이 매우 컸다. 그 이유는 소형 주택의 경우 주택도시기금이 장기저리(長期低利)의 정책 자금을 운용하여 민간 금융기관은 이와 경쟁하기가 어려웠고, 중대형 주택은 정부가 부동산 투기를 억제하기 위해 민간 금융기관에게 대출억제를 하도록 권고하였기 때문이다. 그리고 1997년 외환 위기 이전에 기업들의 자금에 대한 대출 수요가 큰 관계로 민간 금융기관들이 기업금융에 치중한 것도 하나의 원인이 될 수 있다. 그러나 외환 위기 이후에는 기업들의 자금 수요가 대폭 감소하는 등의 이유로 민간 금융기관들은 기업금융보다는 소매 금융에 치중하고 있으며, 그중에서도 주택 소비금융 규모를 확대시키고 있어 점차 민간 부문의 비중이 커지고 있다.

(3) 주택 개발금융(공급자금융)

주택 개발금융은 주택 건설을 촉진하려는 목적에서 건설업자들의 주택 건설 활동에 수반되는 사업 자금을 지원해 주는 금융이다.

주택 소비자금융과 공급자금융은 개념적으로 분리시켜 사용하고 있으나 많은 국가에서 신규 주택 건설의 경우에는 이 두 가지 금융을 연계하여 사용하고 있다. 즉 금융기관은 주택 건설을 위한 자금을 건설업자들에게 우선 대출하여 준다. 그리고 이들 주택을 구입한 주택 구입자는 건설업자가 대출받은 자금이 포함된 가격으로 주택을 구입하고, 건설업자 대신 대출금을 상환하는 방식이 사용된다. 비슷한 방식으로 1996년에 도입된 여신 전문 금융회사인 주택할부금융회사가 주택 구입자를 대신하여 건설회사에 주택 구입 자금을 대납하고 그 대금을 주택 구입자로부터 분할하여 상환받는 금융 상품도 있다.

2) 공공 주택금융

공공 주택금융이란 정부가 직접 또는 간접으로 개입하여 자금을 조성하고 관리하며, 조성된 자금을 공적인 목적으로 주택 부문에 사용하는 금융을 말한다. 공공 주택금융이 주택 구입자에게 자금을 대출하는 것은 민간 주택금융과 큰 차이가 없다.

다만 민간 주택금융이 담당하기 어려운 서민용 임대주택 건설이나 소형 주택을 건설하는 데에 주로 자금을 지원하는 것이 특징이다. 그리고 민간 주택금융은 장기 저리로 주택자금을 대출하는 데에 어느 정도 제약이 있기 때문에 이런 부분에도 공공 주택금융의 역할이 필요하다.

우리나라 공공 주택금융 상품에는 주택도시기금과 한국주택금융공사가 제공하는 모기지론(mortgage loan) 그리고 농협이 제공하는 농촌 주택자금 대출 등이 있다.

(1) 주택도시기금

주택도시기금은 기존에 존재하였던 국민주택기금의 기능을 개편하고 재정립하면서 출발하였다. 먼저 국민주택기금에 대해 살펴보면 다음과 같다. 국민주택기금은 국민의 주거 생활 안정과 향상을 도모하고 소형 주택 공급의 확대와 이에 대한 원활한 자금 지원을 위하여 도입되었다.

국민주택기금은 1972년 '주택 건설촉진법'1)이 제정되어 한국주택은행에 국민주택자금 계정을 설치하면서 시작되었다. 이후 1981년에 국민주택자금 계정을 국민주택기금으로 변경하고 한국주택은행에 업무를 위탁하였다. 1981년 이후 한국주택은행이 기금을 독립하여 운영하였으나 한국주택은행이 국민은행과 합병하는 등의 변화와 경쟁 체제 도입으로 취급 기관이 농협, 우리은행 등으로 확대되었다.

국민주택기금의 주요 사업은 주택 건설 사업 지원, 주택 구입 및 전세 수요자 자금 지원, 주거환경개선 사업 지원 등이 있다.

첫째, 주택 건설 사업 지원은 무주택 세대주나 무주택 근로자를 위한 분양 및 임대주택 건설, 도시 저소득층을 위한 국민 임대주택 건설 사업에 자금을 지원하는 것을 말한다.

둘째, 저소득층 무주택 근로자의 주택 구입이나 전세 자금을 지원하거나 전세 가격 안정과 미분양주택 해소를 위한 매입 임대주택 자금 지원을 한다.

셋째, 저소득층 밀집 지역의 노후 불량 주택 개량 사업을 지원하거나 농어촌 주택 개량 사업에 소요되는 자금을 지원한다. 기타 국민주택 건설 촉진을 위하여 법령에서 정하는 사항에 대한 지원을 한다.

국민주택기금은 설치 이후 국민주택 건설을 촉진하고, 무주택 서민층의 내 집마련 지원 및 주거비 완화에 기여해 왔으나 변화하는 주택 시장 환경에 제대로 부응하지 못하였다. 이에 국민주택기금의 역할 및 기능을 개편하고자 '주택도시기금법'이 2014년 4월 30일에 발의되었고, 2014년 12월 9일 해당 법안이 국회 본회의를 통과하였다. 법안의 통과로 국민주택기금은 그 명칭이 주택도시기금으로 변경되었으며, 그 역할도 상당한 변화가 이루어지고 있다.

(2) 모기지론과 역모기지론

2004년 3월 서민과 중산층의 내집마련을 도와주고 장기적인 주택금융의 안정적 공급을 위해 한국주택금융공사가 발족하였다.

한국주택금융공사는 모기지론(mortgage loan)이라는 선진형 주택금융 제도를 도입하였다. 이 제도는 주택을 구입할 때 집값의 일정 부분만 처음에 지

---

1) '주택 건설촉진법'은 2003년에 '주택법'으로 개정되었다.

불하고 나머지는 그 주택을 담보로 대출받아 20년 정도 장기간 분할 상환하는 장기 저당 대출을 말한다.

역모기지론(reverse mortgage loan)이란 주택연금 제도라고도 하는데, 주택을 소유하고 있으나 생활 자금이 부족한 노령자가 금융기관에 주택을 담보로 대출 계약을 체결한 후 노후 생활 자금을 연금 방식으로 대출받는 제도이다.

국내에서는 1995년 국민은행 등 민간 금융기관에서 처음으로 주택연금 제도를 도입하였다. 도입 이후 수요 부진으로 인하여 2002년부터 판매가 중단되었으나 2007년 7월 한국주택금융공사에 의해 새로이 도입되었다. 정부는 주택연금 제도를 더욱 확대시키기 위해 2016년에 '내집연금 3종 세트'란 상품을 개발하여 판매에 나서고 있다. 이 제도는 기존 주택연금 상품 이외에 주택 담보대출 상환용 주택연금, 주택연금 사전 예약 보금자리론, 우대형 주택연금 등 3종류의 상품이 추가된 것이 특징이다.

주택연금 제도의 도입 목적은 급속히 진행되는 고령화사회를 대비하여 정부 복지 재정의 효율성 제고와 사회 안전망 기능을 강화하기 위함이며 역모기지 가입 건수는 도입 첫 해 이후 꾸준한 판매량을 보이고 있다. 역모기지론은 거주 보장, 상환 유예 보장, 상환 청구권 제한이 보장되므로 노후 보장 수단에 활용성이 높아 이용자가 계속 증가할 것으로 예측된다.

제2절 주택금융시장

1 주택금융의 서설

1) 주택금융의 의의와 기능

(1) 주택금융의 의의

주택금융이란 주택 구입자에게 주택 구입 자금이나 전세 자금을 대출하거나 주택 건설업자에게 주택 건설에 소요되는 사업 자금을 제공하는 금융 상품을 말한다. 그리고 주택금융시장이란 이러한 주택금융에 수반되는 자금이 거래되는 추상적인 장소이다.

주택금융은 주거용 부동산금융으로서 개인의 기본적인 주거 생활과 관련이 있으므로 모든 국민들과 직접, 간접으로 연결되어 있다. 따라서 국가가 주택 정책을 수립하는 데 있어서 주택금융은 주요한 정책 수단이다.[2)]

(2) 주택금융의 기능

주택 문제의 해결은 주택금융시장을 개선함으로써 실마리를 찾아야 한다는 주장을 흔히 접하게 된다. 이러한 주장의 근거는 주택 구입을 위해서는 일시에 많은 액수의 자금이 필요하나 주택 구입자의 소득은 그러한 구입 자금을 한 번에 충당하기에는 곤란하다는 데 있다.

주택금융은 주택 시장에서 주택 구입자의 소득과 주택 구입 자금 사이의 간격을 조절하여 국민의 주거 불안정을 해소하는 것이 중요한 역할이다.[3)]

주택금융의 중요한 기능은 다음과 같다.

첫째, 주택 거래의 활성화를 통해 주택산업을 육성시키고 발전시키며, 또한 주택산업의 활성화가 다른 산업 부문의 생산과 고용을 유발하게 하는 경기 조절 기능도 수행한다.

둘째, 주택 구입자에게 구입 자금을 대출함으로써 주택의 자가 소유를 촉진하고, 자금을 대출받은 주택 구입자는 이를 상환하기 위해 저축을 하게 되므로 저축을 유도하는 기능이 있다.

셋째, 주택 담보대출은 자금이 부족한 주택 구입자에게 자금을 공급함으로써 국민의 주거 안정을 도모하기도 한다.

2) 주택금융의 원칙

주택금융에 있어 문제가 되는 것은 자금의 확보, 대출금리의 확정, 대출

---

2) 김영곤·오준석·이창석·정상철 외, 「부동산금융론」(서울 : 형설출판사, 2002), p. 3.

3) 상게서, p. 5.

채권의 유동화, 채권의 보전 등을 들 수 있다. 이러한 문제점을 해결하기 위한 주택금융의 원칙은 다음과 같다.[4)]

(1) 재원 확보

부동산에 소요되는 자금은 거액이기 때문에 주택금융의 재원을 정부 재정에만 의존하는 것은 어려움이 있으므로 민간자금을 유치하는 등의 방법으로 충분한 재원을 확보하여야 한다.

(2) 적정한 대출금리의 책정

주택금융은 주로 주택을 구입하고자 하는 개인에게 대출되므로 국민들의 주거 안정을 위해 대출금리는 장기 저리로 책정되는 것이 바람직하다. 그러나 대출금리가 일반 시장 금리에 비해 낮게 책정되면 적정한 수익성을 보장하는 것이 곤란해져 충분한 자금 확보가 어렵다. 따라서 이러한 상반되는 점을 고려하여 적정한 대출금리의 책정이 요구된다. 다만 저소득층이나 국가의 공공복리 등의 필요성이 요구되는 부문은 공공 주택금융을 활용할 필요가 있다.

(3) 대출 채권의 유동화

주택금융은 그 특성상 대출 기간이 장기간이다. 따라서 대출 자금이 장기간 고정화될 수 있으므로 대출 채권을 유동화 하여 자금순환을 원활하게 할 필요가 있다.

이러한 대출 채권 유동화의 필요성으로 인해 우리나라도 1998년 '자산유동화에 관한 법률'을 제정하여 자산담보부증권(ABS)과 주택저당증권(MBS)을 발행하게 되었다.

(4) 채권의 보전

주택금융은 거액의 자금을 장기 저리로 대출하므로 채무자의 채무불이행 등 신용 위험의 노출 정도가 크다. 그러므로 금융기관은 대출금에 대한 위험

---

4) 상게서, p. 9.

관리와 적절한 관리 시스템을 마련해야 한다.

2 주택금융시장의 분류

주택금융이란 단독 주택이나 아파트 등을 대상으로 하는 주거용 금융이며, 건설회사들에게 주택 건설 자금을 공급해 주는 공급자금융이고 또한 주택 수요자들에게 주택 구입이나 전세 자금을 제공하는 소비자금융이기도 하다. 그리고 주택금융시장이란 주택금융에 수반되는 자금이 거래되는 추상적인 장소로 정의할 수 있다.

주택금융시장을 유형별로 분류하면 제도권 시장과 비(非)제도권 시장, 그리고 제1차 저당 대출 시장과 제2차 저당 대출 시장으로 크게 구분한다.

1) 제도권 시장과 비(非)제도권 시장

(1) 제도권 시장

제도권 시장이란 주택자금의 거래가 일반은행, 보험회사 등 제도권 금융기관들이 자금의 중개 기능을 수행하는 시장을 말한다. 제도권 금융시장은 정부의 개입 여부에 따라 민간 주택금융시장과 공공 주택금융시장으로 구분한다.

(2) 비제도권 시장

비제도권 시장이란 금융기관의 자금 중개 과정을 거치지 않고 자금의 수요자와 자금의 공급자 간에 직접적으로 주택자금의 거래가 이루어지는 시장이다. 비제도권 시장은 금융의 형태가 직접금융의 형태로 이루어지는 직접 부동산금융시장이며, 제도권 금융기관이 필요한 주택자금을 충분하고 효율적으로 공급하지 못하는 경우에 발생하게 된다. 금융 산업이 낙후되어 있는 개발도상국이나 후진국에서는 큰 비중을 차지하고 있다.

주택 임대차 방식인 전세 제도에 의해 임차인이 임대인에게 주거비를 선납하거나 주택 선분양 제도에 의해 주택 구입자가 건설회사에게 계약금이나 중도금을 주택 완공 이전에 납부하여 주택 건설에 활용하는 것 등이 여기에 해당한다.

2) 제1차 저당 대출 시장과 제2차 저당 대출 시장

제1차 저당 대출 시장(primary mortgage market)이란 저당대부를 원하는 수요자와 저당대부를 제공하는 금융기관으로 형성되는 시장을 말하며, 주택담보대출 시장이 여기에 해당한다. 저당대부를 제공하는 금융기관들은 자금을 대출해 가는 사람들에게 저당권을 설정하고 자금을 대출해 준다.

제2차 저당 대출 시장(secondary mortgage market)이란 저당 대출자와 다른 투자자들 사이에서 기존의 저당을 사고파는 시장이다. 저당 대출 채권의 유동화는 대출자와 투자자 사이에서 직접 이루어질 수도 있으나, 우리나라에서는 한국주택금융공사에서 유동화 업무와 저당에 대한 채무불이행 보증을 담당함으로써 유동성을 높이고 있다.

제2차 저당 대출 시장은 저당 대출을 받은 원래의 저당 차입자와는 직접적인 관계가 없다. 이는 주식이나 채권이 발행자와는 관계없이 공개시장에서 자유롭게 교환되는 것과 마찬가지이다. 따라서 이 시장은 주식이나 채권시장과 같이 직접금융시장에 속하므로 직접 부동산금융시장에서 후술하기로 한다.

민간 주택금융시장은 시장원리에 의한 주택자금의 수요와 공급이 이루어지며 대출금리가 결정되는 시장이다. 여기서는 금융기관의 이윤 추구가 목적이며, 저소득층이나 서민층보다는 어느 정도 대출 자금의 지불 능력이 있는 중산층 이상을 대상으로 하고 있다.

공공 주택금융시장은 저소득층이나 서민층의 주거 안정을 위해 정부가 개입하여 장기 저리로 주택 구입 자금을 제공하는 시장이다. 국민주택기금과 농협의 농촌 주택자금 대출 등이 대표적인 공공 주택금융 상품이다. 그리고 한국주택금융공사가 제공하는 보금자리론도 공공 주택금융 상품에 포함된다.

3 주택 소비금융

1) 서설

주택 소비금융은 주택을 구입하려는 사람이 주택을 담보로 제공하고 신용을 제공받는 형태의 대표적인 간접 부동산금융 상품이다.

주택 소비금융은 가계소득에 비해 주택 구입 자금의 규모가 크기 때문에 대출 규모도 크고, 대출금에 대한 원금 및 이자에 대한 상환 능력이 부족한 경우가 많기 때문에 자금의 차입자가 채무를 불이행할 가능성이 크다.

주택 소비금융은 이러한 대출 채권 보전에 대한 보장책으로 금융기관이 주택 구입자가 보유하는 주택에 저당권을 설정하고 자금을 대출해 주는 저당대출의 형태로 대부분 운영된다. 자금을 대출해 주는 금융기관을 저당권자라 하고, 자금을 차입하는 주택 구입자를 피저당권자 또는 저당권 설정자라 한다.

2) 주택 소비금융의 유형

주택 소비금융 상품들은 적용 금리의 형태와 원리금 상환 방식에 따라 유형별로 분류한다. 적용 금리의 형태로는 고정 금리 상품과 변동 금리 상품으로 나눌 수 있다. 그리고 원리금 상환 방식으로는 분할상환형과 만기 일시상환형으로 구분할 수 있다. 분할상환형은 원리금 균등 분할상환형과 원금 균등 분할상환형이 있다.5)

(1) 적용 금리 형태에 따른 분류

① 고정금리형 주택 담보대출

고정금리형 주택 담보대출(FRM : Fixed-Rate Mortgage)은 대출 기간 동안 지불해야 하는 이자율이 고정되어 있는 금융 상품이다. 금융기관의 입장에서는 대출 기간 동안 금리가 변하지 않기 때문에 금리 조정에 따른 업무의 번

5) 이창석, 「부동산학개론」(서울 : 형설출판사, 2011), pp. 682～685.

잡을 피할 수 있고, 향후 금리가 하락하면 더 높은 예대 마진을 얻을 수 있다. 그러나 금리가 상승하면 이로 인해 손실을 부담해야 하는 단점도 있다.

차입자 입장에서는 금리가 고정되어 있으므로 이해하기 쉽고 향후 현금흐름 계획을 수립하는 데 유리하다. 향후 금리가 상승하더라도 추가로 이자를 부담하지 않아도 되기 때문에 유리하나 금리가 하락하면 변동금리형보다 더 높은 이자를 부담해야 한다.

② 변동금리형 주택 담보대출

변동금리형 주택 담보대출(ARM : Adjustable-Rate Mortgage)은 대출 기간 동안 지급 이자율을 특정 금리에 연동시켜 이자 금액을 결정하는 방법이며, 금융기관은 이자율 상승으로 인한 위험을 차입자에게 전가하여 이자율 변동으로 인한 위험을 제거하는 장점이 있다.

금융기관의 입장에서 이자율이 하락하는 경우 예금 금리가 그대로 유지되면 예대 마진이 감소하여 수익성이 악화되나 이자율이 상승하면 금융기관의 수익성이 향상될 수 있다. 그러나 이자율의 상승으로 차입자의 이자 지불 부담이 가중되면 채무불이행이 증가될 수도 있어 오히려 수익성이 악화될 우려도 있다.

변동금리형 주택 담보대출에서 금리 변동에 따른 위험을 금융기관이 모두 차입자에게 전가하는 것은 아니며 상황에 따라 분담하기도 한다. 예를 들면 이자율 변화에 따른 차입자의 상환액 변동액에 대한 상한 설정이나 변동 폭을 한정하는 방식 등으로 차입자 보호를 하기도 한다.

변동금리형 주택 담보대출의 유형에는 여러 가지가 있다. 예를 들면 차입자와 금융기관 간에 사전에 합의된 내용대로 이자율을 변동하는 방법, 이자율을 일정 지수에 따라 변동되도록 하는 방법, 미리 정해진 기간마다 차입자와 대출 기관 간의 협상을 통해 이자율을 변동하는 방법 등이 있다.

(2) 원리금 상환 방법에 따른 분류

① 만기 일시상환형 주택 담보대출

만기일까지는 이자만 지불하다가 만기일이 되면 원금을 일시에 상환하는 방법을 말한다. 이 방식은 대출 기간 중에 이자만 납부하기 때문에 자금력이 부족한 젊은 세대들이나 주택을 구입한 후 단기에 매각하여 자본이득을 획득하고자 하는 사람들에게 적합하다.

만기 일시상환형은 만기일에 원금을 일시에 상환해야 하는데, 그렇지 못할 경우 신규 대출을 받아 기존 대출을 상환하는 재(再)금융 방식으로 원금을 상환하기도 한다.

② 원리금 균등 분할상환형 주택 담보대출

매 기간 동일한 금액을 만기일까지 상환하는 방법으로 고정금리형에 주로 이용된다. 원리금은 원금 부분과 이자로 구성되며, 초기에는 원리금 중 이자 부분이 많으나 기간이 경과할수록 원금 부분의 비중이 많아진다.

이 방식은 매기의 상환액이 확정되어 차입자가 이해하기 쉽고, 대출금의 상환 계획과 장기적인 생활 계획을 수립하는 데 유리하다. 그러나 자금력이 부족한 젊은 세대에게는 대출 초기의 원리금 상환 부담이 큰 편이다.

③ 원금 균등 분할상환형 주택 담보대출

일정 기간 동안 매번 원금만 일정하게 상환하고 이자는 만기에 일시에 지불하는 방식이다. 이는 다른 상환 방법에 비해 총 납부액은 작지만 상환 초기에는 대출금 상환 부담이 크다.

대출 금액과 대출금리가 동일한 경우 총 납부액을 비교하면 만기 일시상환형이 가장 크고, 원리금 균등 분할상환형, 원금 균등 분할상환형 순으로 된다. 이 방식은 장래의 수입 감소가 예상되는 중장년층 봉급자에게 유리하며, 금융기관 입장에서는 원금 회수에 따르는 위험이 비교적 작은 방식이다.

3) 주택 소비금융의 대출금리 결정

(1) 주택 담보대출금리의 구성

은행 등 금융회사가 차입자에게 대출을 하는 경우 적용하는 대출금리는 기준금리·가산금리·우대금리로 구성되어 있다.[6] 그리고 실제 고객에게 적용되는 고객 적용 금리는 다음과 같이 계산된다.

고객 적용 금리 = 기준금리 + 가산금리 − 우대금리

6) 김범석·유한석, 「부동산금융론」(서울 : 청목출판사, 2006), p. 89.

(2) 기준금리

기준금리는 자금 조달 원가, 자금 조달과 운용에서 발생하는 업무 원가 그리고 적정 마진으로 구성되며, 은행의 경우 CD 유통 수익률을 기준으로 조달 비용에 업무 원가와 적정 마진을 합한 금리이다. 금융회사마다 차이가 있을 수 있으나 해당 금융회사의 고객에게는 공통적으로 적용된다.

(3) 가산금리

가산금리는 차입자의 신용 상태, 차입규모, 차입자의 자산 규모 대비 차입금액 비율, 원리금 상환 능력 등을 고려하여 차입자마다 차별적으로 적용되는 금리이다.

가산금리의 결정 요인으로 담보인정비율(LTV : Loan To Value)과 총부채상환비율(DTI : Debt To Income) 그리고 총부채원리금상환비율(DSR : Debt Service Ratio)이 있다. LTV는 주택의 담보가치에서 대출금액 등이 차지하는 비율을 말하며 금융회사의 여신 정책, 담보 물건의 종류, 정부의 정책 등에 따라 달라진다. 이 비율이 높을수록 차입자는 금융회사로부터 대출받기가 용이해진다.

LTV = (대출 금액 + 선순위 채권 + 임차 보증금) / 주택의 담보 가치

DTI는 대출자의 연간 소득에서 대출자가 매년 변제해야 할 주택담보대출 원리금과 다른 대출의 이자를 더한 금액이 차지하는 비율을 말하며, 다음과 같이 계산된다. 그리고 이 비율이 높다는 것은 차입자의 원리금 상환 부담이 높다는 것을 의미한다. 금융회사는 LTV와 DTI를 기준으로 가산금리와 대출 한도를 결정한다.

DTI = (주택담보대출 원리금 상환액 + 기타 대출 이자 상환액) / 연간 소득

최근에 LTV와 DTI 이외에 총부채원리금상환비율(DSR : Debt Service Ratio)라는 개념이 도입되었다. DSR은 대출을 받으려는 사람의 소득 대비 전체 금융부채의 원리금 상환액 비율을 말하는 것으로, 연간 총부채 원리금

상환액을 연간 소득으로 나누어 산출한다.

DSR은 모든 신용대출 원리금을 포함한 총 대출 상환액이 연간 소득에서 차지하는 비중으로, 대출자의 상환능력을 심사하기 위해 '금융위원회'가 2016년에 도입한 지표이다.

DTI는 소득 대비 주택담보대출 원리금에 신용대출 등 다른 대출의 이자를 더한 금융부채로 대출 한도를 계산하지만, DSR은 주택담보대출의 원리금 이외에 다른 대출의 원리금을 모두 더한 원리금 상환액으로 대출한도를 심사하기 때문에 더 엄격하다.

DSR=(주택담보대출 원리금 상환액+기타 대출 원리금 상환액) / 연간 소득

(4) 우대금리

우대금리는 금융회사가 신용이 우량한 고객을 유치하기 위해 대출이자를 할인하여 주는 것을 말한다. 이는 우량 고객들에게 저당 설정비 면제 등 각종 비용 할인으로 나타나고 있으며, 특히 IMF 외환 위기 이후 은행들이 소매 금융에 치중하면서 두드러지고 있다. 주요 고객 우대금리, 타 금융회사 우대금리, 기타 우대금리 등이 있다.

2002년 10월부터 은행이 주택 담보대출을 할 경우 개인의 신용 평가를 의무적으로 실시하며, 차입자의 연간 소득, 신용카드 등 연체 기록, 거래 정보 등을 이용하여 각 금융기관마다 실시하고 있다.

4 공공 주택금융

1) 개요

공공 주택금융이란 정부가 직접 또는 간접으로 개입하여 자금을 조성하고 관리하며, 조성된 자금을 공적인 목적으로 주택부문에 사용하는 금융이라고 앞에서 서술한 바 있다. 공공 주택금융도 주택 소비금융과 주택 개발금융으로 나누어 살펴볼 수 있다.

주택 소비금융에는 한국주택금융공사가 취급하는 '디딤돌 대출', '보금자리론' 그리고 '적격대출'과 같은 상품이 있다. 그리고 주택도시보증공사가 관리하는 주택도시기금의 '공유형 모기지' 상품이 있다. '공유형 모기지'란 주택도시기금과 주택의 수요자가 주택구입에 수반되는 수익과 위험을 공유하는 상품을 말한다.

주택 개발금융은 민간 주택금융이 담당하기 어려운 서민용 임대주택 건설이나 소형 주택을 건설하는 용도로 주로 자금을 지원하고 있으며 주택도시기금에서 대부분 취급한다.

아래에서는 한국주택금융공사의 설립배경과 주택금융 상품, 주택도시기금의 주택금융 상품 등에 대해 살펴보고자 한다. 그리고 주택도시기금의 도입배경과 내용 그리고 역할 등은 제7장에서 상세히 서술하였으므로 여기에서는 주택금융과 관련한 내용을 중심으로 알아보기로 한다.

2) 한국주택금융공사의 설립배경

한국주택금융공사는 '한국주택금융공사법'에 의거 'KoMoCo(Korea Mortgage Corporation)'와 '주택금융신용보증기금'을 통합하여 2004년 설립되었다. KoMoCo는 '주택저당채권 유동화 회사'라고 하는데 '주택저당채권 유동화 회사법'에 의거 1999년 설립되어 각 금융기관으로부터 주택저당채권을 양도받아 이를 기초로 주택저당증권(MBS) 등을 발행하여 투자자들에게 매각하는 역할을 수행하였다.

주택금융신용보증기금은 '근로자의 주거 안정과 목돈 마련 지원에 관한 법률'의 제정으로 1987년 설립되어 그 당시 국책은행이던 한국주택은행이 관리하다가, 한국주택은행의 민영화 및 국민은행과의 합병으로 1999년부터 '신용보증기금'이 관리하였다. 이후 한국주택금융공사가 2004년 설립되면서 관리기관이 신용보증기금에서 한국주택금융공사로 변경되었다.

한국주택금융공사는 주택금융신용보증기금의 기본재산을 승계하여 관리와 운영을 하되 기금의 손실이 공사의 재무 상태에 영향을 미치지 않도록 회계를 분리하여 이원화하고 있다.

한국주택금융공사는 1997년 발생한 'IMF 외환 위기' 이후 급증한 주택 담보대출이 단기 변동 금리부 원금 일시상환형이 대부분이어서 이를 장기 고정

금리부 모기지 상품으로 전환시키려는 목적에서 설립되었다.

한국주택금융공사는 MBS 발행 등을 통해 조성된 저렴한 자금을 이용하여 주택금융 수요자들에게 장기 저리로 주택 담보대출을 제공하였다. 그리고 주택자금을 공급하는 금융기관에게는 장기 대출에서 발생하는 자금 운용의 어려움을 해소하여 주었으며, MBS에 투자하는 투자자들에게는 기존의 금융 상품과는 다른 새로운 금융 상품을 추가적으로 제공하여 투자의 기회를 확대시켜 주었다.[7]

3) 한국주택금융공사의 주택금융 상품

(1) 개요

한국주택금융공사가 취급하는 주택금융 상품에는 크게 '디딤돌 대출', '보금자리론', '적격대출'과 '주택연금' 등이 있다.[8] 이들은 한국주택금융공사가 서민들에게 장기 저리의 주택담보대출을 하기 위하여 설계한 금융 상품이다. 한국주택금융공사는 이러한 주택금융 상품들을 공사와 협약을 체결한 금융기관을 통해 판매하고 있다. 여기에서는 '주택연금'을 제외한 금융 상품들을 소개하고 '주택연금'은 제8장에서 다루기로 한다.

(2) 디딤돌 대출

디딤돌 대출 상품의 신청대상, 대출기간, 대출금리 등에 관한 사항은 다음과 같다.

첫째, 신청대상은 대한민국 국민으로 대출신청인과 배우자의 합산 총소득이 연간 6천만 원 이하여야 한다. 단 생애 최초 주택 구입자는 연간 총소득이 7천만 원 이하여야 한다. 그리고 대출 신청인은 민법상 성년인 세대주로서 세대주를 포함한 세대원 전원이 무주택자로 단독 세대주를 포함하되 만 30세 미만 단독 세대주는 제외한다.

둘째, 대출기간은 10년, 15년, 20년, 30년 중에서 선택할 수 있고, 대출금

7) 이창석, 전게서, p. 673.

8) 한국주택금융공사 인터넷 홈페이지(www.hf.go.kr)

리는 대출만기까지 고정금리나 또는 5년 단위로 금리를 변동시킬 수 있다. 그리고 대출금리는 대출만기별이나 대출 신청인의 소득수준별로 차등 적용한다.

셋째, 대출한도는 주택담보가치의 최대 70%이고, 최대 대출금액은 2억 원까지이다. 그리고 대출의 대상이 되는 주택은 부동산등기부등본 상 주택으로 주택가격이 5억 원 이하이며, 주거전용면적이 85m^2 이하여야 한다.

(3) 보금자리론

보금자리론의 신청대상, 대출기간, 대출금리 등에 관한 사항은 다음과 같다.

첫째, 신청대상은 민법상 성년인 대한민국 국민으로 재외국민과 외국 국적 동포들도 포함된다.

둘째, 대출기간은 10년, 15년, 20년, 30년 중에서 선택할 수 있고, 대출금리는 대출만기까지 고정금리이다.

셋째, 대출한도는 최대 3억 원이며, 미성년 자녀가 3명인 가구는 4억 원이다. 그리고 대출의 대상이 되는 주택은 부동산등기부등본 상 주택으로 주택가격이 6억 원 이하여야 한다.

(4) 적격대출

적격대출은 가계부채의 구조개선을 위해 도입된 상품으로 신청대상은 민법상 성년이며, 대출금리는 취급 은행마다 상이하다. 대출의 대상이 되는 주택은 주택가격이 9억 원 이하이고, 대출한도는 최대 5억 원 이하이다. 대출기간은 10년 이상 40년 이하의 범위에서 선택할 수 있다.

4) 주택도시보증공사(주택도시기금)의 주택금융 상품

주택도시기금의 전신(前身)인 국민주택기금은 1981년 설치 이후 국민주택건설에 대한 자금지원, 무주택 서민층의 주택구입을 위한 자금 대출 등에 기여해 왔으나 주택시장의 환경변화에 제대로 부응하지 못하였다. 국민주택기금의 역할 및 기능을 개편하기 위해 2014년 '주택도시기금법'이 국회에서 통과되어 그 명칭이 주택도시기금으로 변경되고 관리기관도 주택도시보증공사로 되었다.

주택도시기금에서 취급하고 있는 주택금융 상품은 주택 개발금융(공급자금융)과 주택 소비금융(수요자금융)으로 구분되며, 그 내용은 다음과 같다.

(1) 주택 공급자금융

① 국민 임대주택 자금 대출

국민 임대주택이란 영세민 및 저소득층의 주거 안정을 위해 국가, 지방자치단체의 재정 및 국민주택기금의 지원을 받아 지방자치단체 등이 건설 또는 매입하여 30년 이상 임대하는 주택이다.

국민 임대주택은 1997년 외환 위기로 인해 저소득층의 주거 환경이 불안정해지자 이를 해소하기 위해 1998년에 처음 도입되었다.

국민 임대주택 건설을 위한 자금은 장기 임대주택 건설 사업 계획을 승인받은 지방자치단체, 한국토지주택공사 등에게 대출되며, 대출 이자율은 연 3.0%이고, 상환 기간은 10년 거치 후 20년 원리금 균등 분할상환이다. 그리고 국민 임대주택의 규모는 전용면적 기준으로 세대당 60㎡ 이하여야 한다.

② 공공 임대주택 자금 대출

공공 임대주택 자금 대출은 공공 임대주택 사업을 하고자 하는 주택 건설 사업자나 지방자치단체 등에게 건설 자금을 융자하는 제도이며, 그 대상자는 다음과 같다.

첫째, 사업 수행 능력을 구비하고 5년 이상 임대를 목적으로 주택 건설 사업 계획 승인을 받아 국민주택을 건설하고자 하는 주택 건설 사업 등록업자나 건설 중인 미분양 주택을 5년 이상의 임대주택으로 전환하고자 하는 건설업체, 둘째, 부도난 임대 아파트를 공공 임대 아파트로 활용하고자 하거나 보금자리 주택에서 공공 임대주택을 공급하고자 하는 지방자치단체나 지방공사이다.

③ 공공 분양주택 자금 대출

공공 분양주택 자금 대출은 무주택 서민에게 분양을 목적으로 국민주택을 집단으로 건설하는 사업 주체에게 자금을 지원하여 무주택 서민의 주거 안정을 도모하기 위한 제도를 말한다. 공공 분양주택 자금 대출의 융자 대상자는 다음과 같다.

첫째, 사업의 수행 능력을 구비하고 분양을 목적으로 주택 건설 사업 계획의 승인 또는 허가를 받아 국민주택을 집단으로 건설하는 주택 건설 사업 등록업자, 둘째, 주택 건설 사업 등록업자와 공동 사업을 수행하는 토지의 소유자 및 등록업자를 시공사로 하여 건설하는 고용자 등이다.

④ 후(後)분양주택 자금 대출

후(後)분양주택 자금 대출은 현재 일반화되어 있는 선(先)분양주택 공급 방식을 후분양 방식으로 전환하도록 하여 후분양 제도의 조기 정착을 유도하고자 주택 건설업체에게 자금을 지원하는 제도를 말하며, 2004년 5월에 시작되었다.

후분양 제도의 실시 목적은 선분양 제도에서 비롯된 여러 문제점을 개선하고, 주택의 품질 제고 및 주택 가격의 안정을 달성하자는 데 있다.

융자 대상자는 분양을 목적으로 주택 건설 사업 계획의 승인 또는 건축 허가를 받아 최소 80% 이상 건축 공정을 달성한 이후 입주자를 모집하는 후분양 국민주택을 건설하거나 공급하는 주택 건설 사업 등록업자이다.

(2) 주택 수요자금융

① 근로자나 서민의 주택 구입 자금 대출

근로자나 서민의 주택 구입 자금 대출은 무주택 근로자의 주거 안정을 위해 실시된 제도이다.

근로자나 서민의 주택 구입 자금 대출의 융자 대상자는 부부 합산 연간 소득이 2천만 원 이하이고, 대출 신청일 현재 세대주를 포함한 세대원 전원이 6개월 이상 무주택자인 세대주이다. 다만 만 35세 미만인 단독 세대주는 융자 대상에서 제외한다.

신청 시기는 매매계약 체결일로부터 소유권 이전등기를 하기 전까지이다. 다만, 소유권 이전등기를 한 경우에는 이전등기 접수일로부터 3개월 이내까지 신청하여야 한다.

② 근로자나 서민의 주택 전세 자금 대출

근로자나 서민의 주택 전세 자금 대출은 무주택 근로자의 주거 안정을 위해 전세 자금을 지원해 주는 제도이다.

융자 대상은 연간 소득이 3천만 원 이하이고, 대출 신청일 현재 세대주를 포함한 세대원 전원이 6개월 이상 무주택인 세대주이다. 다만, 만 35세 미만인 단독 세대주는 융자 대상에서 제외한다.

대출금의 신청은 임대차계약서상 입주일과 주민등록등본상 전입일 중 빠른 날짜로부터 3개월 이내까지 하여야 한다.

③ 저소득 가구의 전세 자금 대출

저소득 가구의 전세 자금대출은 저소득 가구의 주거 안정을 위하여 전세 자금을 지원해 주는 제도이다.

융자 대상자는 해당 지방자치단체의 추천을 받은 자로서 대출 신청일 현재 세대주를 포함한 세대원 전원이 6개월 이상 무주택인 세대주이다. 다만, 만 35세 미만인 단독 세대주는 융자 대상에서 제외한다.

(3) 주거환경개선 자금 대출

주거환경개선 자금의 대출은 도시의 영세민 밀집 지역의 노후되거나 불량 주택의 개량 및 공동주택 신축 등을 위해 소요되는 자금을 지원하는 제도이다. 주거환경개선 자금을 지원받을 수 있는 대상자는 다음과 같다.

첫째, 주거환경개선 사업지구 내 토지 및 주거용 건축물의 소유자 또는 그들이 구성한 조합으로 지방자치단체장으로부터 융자 대상자 결정 통지를 받은 자, 둘째, 주거환경개선 사업지구 바깥에서 노후하거나 불량 주택을 소유한 사람 중 지방자치단체장으로부터 융자 대상자 결정 통지를 받아 주택을 개축, 증축, 대수선하고자 하는 자이다.

제7장

주택도시기금

제1절 국민주택기금의 개요

1 국민주택기금의 의의와 연혁

주택도시기금은 한국경제와 한국 부동산시장의 환경변화 등을 감안하여 기존 국민주택기금의 기능을 개편하고 재정립하면서 출발하였다. 그러므로 주택도시기금의 전신(前身)인 국민주택기금의 개요를 설명하면 다음과 같다.

국민주택기금은 1972년 '주택 건설촉진법'이 제정되어 한국주택은행에 국민주택자금 계정을 설치하면서 시작되었다. 이후 1981년 주택 건설촉진법이 개정되면서 동법 제10조 제1항에 의해 국민주택기금의 설치 근거를 마련하고 국민주택자금 계정을 승계하여 국민주택기금이 설치되었다.

국민주택기금은 설치된 이후부터 한국주택은행이 기금을 독점으로 관리하여 왔으나 1997년 한국주택은행이 민영화되고 2001년 국민은행과 합병하는 등의 변화로 2003년부터 농협과 우리은행이 재(再)위탁 기관으로서 기금의 관리에 참여하게 되었다.

2003년 '주택 건설촉진법'이 '주택법'으로 개정되면서 기금의 근거법이 주택법으로 변경되었다. 과거 주택 건설촉진법이 주택 보급률을 높이고 무주택 서민의 주거 생활 안정 확보가 주된 목적이었다면, 현재는 어느 정도의 주택 공급이 이루어졌으므로 이제는 주거 생활의 질적인 측면을 중요시하게 되었기 때문에 법이 개정된 것이다.

2008년에는 국민주택기금의 관리 체계에 큰 변화가 생겼다. 국민주택기금 설치 이후 계속해서 기금을 위탁 관리해 온 국민은행이 관리 주체에서 제외되고 우리은행이 총괄 수탁 기관으로 농협, 신한은행, 하나은행, 기업은행이 일반 수탁 기관으로 선정되었다. 2013년에는 일반 수탁 기관에 다시 국민은행을 포함시켜, 수탁 기관을 확대하였다.

국민주택기금은 설치 이후 국민주택 건설을 촉진하고, 무주택 서민층의 내 집마련 지원 및 주거비 완화에 기여해 왔으나 변화하는 주택 시장 환경에 제대로 부응하지 못하였다. 이에 국민주택기금의 역할 및 기능을 개편하고자 '주택도시기금법'이 2014년 4월 30일에 발의되었고, 2014년 12월 9일 해당 법안이 국회 본회의를 통과하였다. 법안의 통과로 국민주택기금은 그 명칭이 주택도시기금으로 변경되었다.

도표 7-1 국민주택기금 관리체계의 변화

일자	내용
1972년	주택 건설촉진법 제정
1973년	한국주택은행에 국민주택자금계정 설치
1981년	주택 건설촉진법 개정 및 국민주택기금 설치 국민주택기금에 대해 한국주택은행이 업무위탁
1997년	한국주택은행의 민영화
2001년	한국주택은행과 국민은행의 합병
2003년 2월	농협, 우리은행이 재위탁기관으로 기금관리 참가
2003년 5월	주택 건설촉진법이 주택법으로 개정
2008년	국민주택기금의 수탁기관 변경
2013년	국민주택기금의 수탁기관 확대(국민은행 추가)
2014년	주택도시기금법의 제정

2 국민주택기금의 내용

1) 국민주택기금의 설치 목적

국민주택기금은 정부가 주택종합계획을 효율적으로 실시하기 위하여 필요한 자금을 확보하고, 이를 원활히 공급하기 위하여 설치되었다.

주택종합계획은 국민의 주거 안정과 주거 수준의 향상을 도모하기 위하여 국토교통부 장관이 수립하여 실행하도록 하고 있다. 이 계획은 연도별 계획과 10년 단위의 계획으로 구분된다.

2) 국민주택기금의 자금 조성

국민주택기금의 조성 재원은 국민주택 채권, 입주자 저축, 복권 기금 전입금, 일반 회계 전입금, 예수금 등이 있다.

국민주택기금은 1981년 2천5백억 원 정도가 조성된 것을 시작으로 그 규모는 주택 경기에 따라 다소 부침을 거듭하다가 1988년 이후 지속적인 고도 경제성장과 전반적인 경기 호황, 주택 경기의 활성화에 힘입어 그 규모가 크게 확대되었다. 1987년 약 6천억 원, 1994년 약 4조 원, 1999년 약 8조 원, 2000년 11조 8천억 원 정도로 규모가 증대하였다. 21세기에 접어들어서도 기금 조성 실적은 계속 증가하여 2003년 처음으로 20조 원을 넘어섰고 이후에는 약 22조 원에서 25조 원대로 큰 변동 없이 유지되었다.[1)]

3) 국민주택기금의 자금 운용

국민주택기금은 크게 3가지 종류로 나누어 자금을 운용하하였다.

첫째, 주택 공급자금용으로 임대주택 건설과 분양주택 건설에 자금을 지원하고 있다. 임대주택 건설은 저소득층을 위한 임대주택 건설 지원, 무주택자를 위한 공공 임대주택 건설 지원 등이 있다. 분양주택 건설은 무주택자를 위한 공공 분양주택 건설 지원, 후(後)분양제도 정착을 위한 후(後)분양주택 지원, 다세대 및 다가구 건설 자금 지원 등이 있다.[2)]

주택 공급자금용은 1997년 이전까지만 해도 국민주택기금의 자금 운용에서 그 비중이 80% 정도로 거의 대부분을 차지하였으나, 1997년 외환 위기 이후 그 비중이 50~60% 정도로 점차 감소하고 있다. 그 이유는 21세기에 접어들면서 주택 보급률이 100%를 넘어서, 주택 공급의 확대 정책에 대한 자금 지원이라는 기금의 목적을 어느 정도 달성하였기 때문이다. 그리고 상대적으로

1) 이창석, 전게서, pp. 674~675.
2) 이창석, 전게서, pp. 675~677.

기금의 운용이 주택 건설에 대한 자금 지원보다는 서민의 주거 안정을 위한 주택 전세 자금 지원 등으로 그 성격이 변모하는 등 시대적 상황도 반영하고 있기 때문이다.

둘째, 주택 수요자금융으로 영세민이나 저소득층의 주택 구입이나 전세 자금을 지원하는 데 자금이 운용되고 있다. 이 부문의 비중은 1997년 이전까지 약 4～5% 정도밖에 되지 않았으나 1998년 외환 위기 이후부터 그 비중이 40～50% 정도로 급격하게 증대되고 있다. 그 이유는 앞에서 지적한 바와 같다.

셋째, 기타 자금 운용 부문으로 주택 개량 자금을 지원하는 항목이 있다. 노후 불량 주택 개량을 위한 주거환경개선 자금 등에 대한 지원에 자금을 대출해 주고 있다. 이 부문의 비중은 과거 전체 국민주택기금 자금 운용 비중에서 10% 정도 되기도 하였으나 최근에는 1～2% 내외로 미미한 실정이다.

제2절 주택도시기금의 도입 배경과 내용

1 도입 배경

1) 한국경제의 환경 변화

한국은 1990년대 초반까지만 해도 경제성장률이 높은 상승세를 지속하였다. 1962년 '제1차 경제개발 5개년계획'이 수립되고, 이후 약 10% 내외의 경제성장률이 지속되는 고도 경제성장 시대가 본격 도래하였다. 1960년대 이후의 고도 경제성장은 부동산에 대한 수요를 급증시켰고, 특히 도시지역에 대한 부동산수요가 막대하여 이들 지역의 부동산가격은 지속적으로 상승하였다. 그러나 1997년 외환의 유동성 위기로 시작된 'IMF 사태'는 한국경제의 고도 경제성장 시대를 마감하게 하고, 한국경제를 선진국형인 성숙형 경제로 전환시켰다.

성숙형 경제시대에는 더 이상 부동산가격이 폭등하기는 어려울 것이고 상승여력도 계속 낮아질 것이다. 그리고 금융환경도 이에 맞추어 변하고 있다. 고도 경제성장 시대에는 이자율이 상당히 높은 수준에 있는 것이 보통이다. 미국의 경제학자 피셔(I. Fisher)에 의하면 이자율은 '명목 이자율 = 실질 이자율 + 인플레이션율'[3] 에 의해 계산된다. 인플레이션율은 보통 경제성장률과 동일한 방향으로 움직이므로 경제성장률이 높을수록 이자율은 높은 수준에 있게 된다. 성숙형 경제시대에는 경제성장률이 낮아지므로 이자율도 낮은 수준에서 형성된다. 한국의 이자율도 고도 경제성장 시대에는 은행의 대출금리가 연 15% 내외에서 형성되었으나 2010년 이후에는 약 2-3% 내외로 형성되고 있다.

기업들의 자금수요도 경제성장률이 둔화되면서 감소하고 있다. 1997년 외환 위기 이전에 기업들은 사업 영역을 대폭 확대하면서 자금에 대한 대출 수요가 큰 관계로 민간 금융기관들은 기업금융에 치중하였고, 주택금융에는 소극적이었다. 그러나 외환 위기 이후에는 기업들의 자금수요가 대폭 감소하는 등의 이유로 민간 금융기관들은 기업금융보다는 소매금융에 치중하고 있으며, 그중에서도 주택 소비금융 규모를 확대시키고 있어 과거에 비해 주택을 구입하고자 하는 사람들은 은행들로부터 자금을 대출받기가 용이해졌다. 이런 이유로 과거 무주택 서민들에게 장기 저리로 주택의 구입 자금을 대출해 주는 국민주택기금과 같은 공공금융의 역할이 계속해서 축소되는 상황이다.

2) 한국 부동산시장의 환경 변화

한국경제는 고도 경제성장 시대에서 성숙형 경제시대로 진입하고 있으며, 금융환경도 이자율이 높은 수준에서 낮은 수준으로 변하고 있다. 그리고 외환위기 이후에 민간 금융기관들은 주택 소비금융 규모를 확대시키고 있어 과거에 비해 주택을 구입하고자 하는 사람들은 은행들로부터 자금을 대출받기가 용이해졌다고 앞에서 설명하였다. 이런 변화되는 한국경제의 상황이 부동산시장에 미치는 영향을 서술하면 다음과 같다.

첫째, 주택을 비롯한 전반적인 부동산가격이 안정화될 것이다. 철강, 자동

---

3) 이를 보통 '피셔방정식'이라고 한다.

차 등 중화학공업을 중심으로 한 한국의 경제성장이 둔화되면서 생산요소로서 토지의 투입이 감소되고 이에 따라 토지 수요의 신규 창출도 어려워 토지 가격의 상승 폭은 둔화되거나 오히려 하락할 수도 있다.

2000년대 이후 한국의 주택보급률은 100%를 넘어 110%에 달하고 있다. 아직까지 서울을 비롯한 수도권 지역에서 주택보급률이 110%에 미달하고 있으나 경북이나 전남 등지에서는 130%를 넘어서고 있다.

주택보급률이 110%를 넘어서면 경험적으로 주택가격이 안정화된다. 즉 이 시기에는 주택시장에 항상 존재하던 초과수요가 소멸되고, 주택의 기본수요가 충족되면서 투기적 수요에 의한 주택가격 상승에 제동이 걸리는 것이다.

둘째, 전세제도가 점차 소멸될 것이다. 전세제도는 주택의 임대차를 매개로 주택 소유자가 주택 임차인으로부터 자금을 차입하는 일종의 사금융 제도이다. 전세제도는 주택 가격이 과거와 같이 폭등하면 존재하지만 안정이 되면 존립 근거를 상실하게 된다.

임대인은 주택가격의 약 60%를 전세 자금으로 충당하고 40%를 본인이 부담하며, 실제 거주는 임차인이 한다고 하자. 임차인은 주택가격의 약 60%만 지불하면서 주택이 제공하는 서비스를 누리고, 임대인은 임차인이 이런 서비스를 받는데 본인이 무이자로 40%의 자금을 제공하는 것과 다름이 없다.

임대인이 이렇게 하는 이유는 본인 소유의 주택가격이 향후 대폭 상승하면 매각에 따른 자본이득이 막대하기 때문이다. 그런데 주택가격이 상승하지 않고 안정이 되거나 오히려 하락하면 임대인은 매각에 따른 자본이득을 기대할 수 없으므로 전세제도 대신 월세제도로 전환하려 할 것이다.

셋째, 아파트를 비롯한 주택의 선(先)분양 제도가 후(後)분양 제도로 점진적인 변화를 할 것이다. 한국에서는 지금까지 만성적인 주택의 초과수요가 있어 왔고 이를 해소하기 위해 주택 건설을 촉진할 필요성이 있었다. 그런데 건설회사가 주택건설을 하려면 주택건설의 착공에서부터 완공까지 토지 구입비 등 막대한 자금이 필요한데, 이를 충족시켜 줄 수 있는 금융 수단이 부족하였다. 정부는 주택 건설에 사용되는 자금조달을 지원하는 하나의 금융 수단으로 선분양제를 허용하여 왔다.

최근 주택에 대한 초과수요가 소멸하면서 선분양제의 존립 기반은 사라지고 있다. 그리고 프로젝트 파이낸싱(Project Financing) 등 개발금융이 활성화되면서 건설회사도 주택건설에 필요한 자금조달을 용이하게 할 수 있어 선분양제에 대한 필요성이 감소할 것이다.

3) 주거복지의 필요성

2000년대 이후 한국의 주택보급률은 100%를 넘어 110%에 달하고 있고, 이로 인해 주택시장에 항상 존재하던 초과수요가 소멸되고, 주택가격이 안정화되고 있으나 여전히 무주택 서민들의 주거불안 문제는 해결되지 않고 있다. 무주택 서민들은 주택가격이 낮은 수준에 있더라도 본인들의 소득수준으로는 주택을 구입하기가 곤란한 실정이다. 따라서 이 부분에 대한 정부의 개입이 필요하며 이는 주거복지와 연관되어 있다.

주거복지의 개념은 협의적 개념과 광의적 개념으로 나누어 고찰할 수 있다. 주거복지의 협의적 개념은 정부의 적극적인 개입으로 사회적 취약 계층의 주거 불안전 요소를 제거하여 최소한의 안정적인 주거 공간을 마련해 주는 것을 말한다. 주거복지의 광의적 개념은 저소득층 등 취약 계층뿐만 아니라 중산층 이상을 포함한 국민 전체의 주거수준 향상으로 사회적 안정을 도모하고 복지를 증진하고자 하는 제반 정책과 노력을 의미한다.

최근 한국의 주거복지 문제는 '하우스 푸어'(house poor)와 '렌트 푸어'(rent poor)라는 신조어와 관련이 깊다. 노무현 정부 기간 서울을 비롯한 수도권의 주택가격이 상승하자 일부 사람들은 무리하게 은행에서 주택자금을 차입하여 주택을 구입하였다. 그런데 2008년 미국에서 발생한 금융 위기의 영향으로 한국의 부동산경기가 침체하자, 그 영향으로 주택가격이 하락하기 시작하였다. 주택가격의 하락으로 무리하게 자금을 차입하여 주택을 구입한 사람들은 원금 손실은 물론이고 이자 납입도 힘들게 되었는데 이런 사람들을 '하우스 푸어'라 한다. 그리고 전반적인 주택가격의 안정으로 전세제도가 급속하게 월세제도로 전환되는 과정에서 전세가격이 폭등하는 현상이 발생하였다. 기존 전세 세입자들은 폭등하는 전세가격을 본인의 자금으로 감당하지 못하고 은행에서 부족한 전세자금을 차입하게 되었으며, 차입한 전세 자금의 원리금을 상환해야 하는 부담으로 종전 보다 생활수준이 악화되었는데, 이런 사람들을 '렌트 푸어'라 한다.

'하우스 푸어'와 '렌트 푸어'를 해결하는 방안은 주거비 부담을 대폭 경감시킬 수 있는 장기 임대주택을 정부에서 공급하는 것이다. 한국의 공공 임대

주택은 전체 임대주택 시장에서 차지하는 비중이 5%에도 미달할 정도로 낮은 수준이다. 정부나 공공 기관에서 공급하는 장기 임대주택 건설에 필요한 재원 조달 방안의 하나로 주택도시기금의 역할이 중요하다. 그리고 공공 임대주택 이외에 민간 건설회사들이 임대주택 사업에 참여하게 하는 유인책이 필요하다. 민간 건설회사들의 장기 임대주택 참여를 촉진하기 위한 방안의 하나로 정부는 '뉴 스테이'(new stay)사업을 추진하고 있다. 이 사업에도 주택도시기금의 역할이 필요할 것이다.

4) 구(舊)도심의 쇠퇴와 도시재생 사업의 필요성

우리나라는 지난 50년간 급속한 경제성장과 더불어 도시화가 진행되었다. 급속한 도시화는 주로 신도시를 건설하거나 대규모 택지 개발을 통하여 이루어졌다. 도시가 외연적으로 확대되면서 시간이 경과할수록 기존 시가지 내의 건축물이나 기반 시설은 노후화되고 있다. 이를 해결하기 위해 도시 재정비 사업이나 주택재개발 사업을 시행하게 되었는데, 이 과정에서 기존 세입자들의 권리가 부당하게 침해되고 원래 거주민들이 사업시행 후 주택가격 상승 등의 이유로 정착하지 못하고 다른 지역으로 이주하는 등의 문제가 발생하였다. 그러자 정부는 단순하게 구(舊) 도심의 물리적 환경을 개선하는 도시 재정비나 주택재개발 사업 대신에 공동체의 가치를 중시하면서 아울러 도시 및 주거환경을 개선하는 '도시재생'을 추진하게 되었다. '도시재생'은 기존 도시가 가지고 있는 물리적, 사회적, 경제적 문제를 해결하기 위한 제반의 행위를 의미하며 도시의 재개발 등을 포괄하는 폭 넓은 개념[4]으로 정의된다.

우리나라는 도시재생의 활성화를 위해 2013년 6월에 '도시재생 활성화 및 지원에 관한 특별법'을 제정하였다. 이 법은 개별적으로 추진되던 쇠퇴 지역의 지원 사업을 종합적으로 연계하여 추진하는 것을 목적으로 하며, 중앙 및 지방정부의 역할 분담과 지원 체계를 규정하고 있다.[5]

이와 같은 현실을 반영하여 주택도시기금에서는 기존 주택계정 이외에 도시계정을 신설하여 도시재생 사업에 대한 투자를 뒷받침할 계획이다.

---

4) 김경천 외, "도시재생 지역선정을 위한 평가지표 연구", 부동산학보, 한국부동산학회, 2015. 제61집. p.34.

5) 상게서, p.34.

2 내용

1) 기본 방향

주택도시기금의 개편 방향은 기존의 국민주택기금의 기능을 확대하고 재정립하는 데 있다. 주택도시기금은 주택 구입 자금을 단순 지원하는 것에서 도시재생 사업으로 지원 대상을 확장하였다. 지원 방식도 주택 구입 자금을 단순하게 지원하는 융자 방식에서 벗어나 출자나 투융자, 보증 등으로 다각화하였다. 그리고 재원 조달도 기존의 정부 재정에만 의존하던 것을 탈피해 시중의 민간자금도 유치하는 방향으로 전환하고, 금융기관 중심의 상품 체계에서 금융 소비자 위주의 신개념 금융 지원 제도를 마련할 계획이다. 기금 관리의 운용 체계도 민간은행에 위탁하는 방식에서 전담 운용 기관에 의한 운용 체계로 변경할 예정이다.

국민주택기금을 개편한 주택도시기금의 기본 방향을 그림으로 나타내면 다음과 같다.

도표 7-2 주택도시기금의 기본 방향

환경변화			
거시경제	고도성장	➡	성장둔화
주택시장	공급부족	➡	수요부족
금융환경	고금리	➡	저금리, 풍부한 유동성

환경변화에 맞게 패러다임 전환

기능재정립	1세대 국민주택기금		2세대 주택도시기금
지원대상	주택	➡	주택 + 도시
지원방식	융자	➡	융자+출자, 투융자, 보증 등 다각화
정책지원	정부 재정(기금 포함)	➡	시중 민간자금 유치
제도 · 상품	금융기관 관점	➡	금융소비자 관점
운영체계	시중은행 위탁	➡	전담 운용기관

자료 : 국토교통부(2014)

2) 주택도시기금의 주요 내용

(1) 지원 대상의 확대 및 지원 방식의 다각화

우리나라는 지난 50년간 급속한 경제성장과 더불어 도시화가 진행되었다. 급속한 도시화는 주로 신도시를 건설하거나 대규모 택지 개발을 통하여 이루어졌다. 도시가 외연적으로 확대되면서 시간이 경과할수록 기존 시가지 내의 건축물이나 기반 시설은 노후화되고 있다. 이를 해결하기 위해 도시 재정비 사업이나 주택 재개발 사업을 시행하게 되었는데, 이 과정에서 여러 가지 문제가 발생하자 정부는 단순하게 구(舊) 도심의 물리적 환경을 개선하는 도시 재정비나 주택 재개발 사업 대신에 공동체의 가치를 중시하면서 아울러 도시 및 주거 환경을 개선하는 '도시재생'을 추진하게 되었다.

정부는 도시재생의 활성화를 위해 2013년 6월에 '도시재생 활성화 및 지원에 관한 특별법'을 제정하였으나, 재원 및 지원 방식의 한계로 가시적인 효과를 기대하기 곤란한 상황이다. 그 이유는 지방정부의 열악한 재정 여건으로 신규 재원의 확보가 쉽지 않고, 도시재생의 사업 성격에 따라서는 단순한 재정의 보조 이외에도 금융 지원까지도 수반될 필요성이 있기 때문이다.

이런 상황을 감안하여 주택도시기금에서는 기존에 있는 국민주택기금에 도시계정을 신설하여 주택계정과 도시계정으로 자금 지원 체계를 이원화하였고, 주택도시기금의 도시계정을 통해 도심 내 민관 협력 복합 개발 등 도시재생 사업에 대한 투자를 촉진시킬 계획을 가지고 있다. 이는 최근 부동산 경기의 침체로 개발이익이 감소하자 민간의 주도에 의한 도심 내 재개발이나 재건축 사업이 위축되고 있으나, 오히려 구(舊) 도심 내 주거환경이 악화되어 도시재생에 대한 수요가 증가하여 이에 대한 재정 지원의 필요성을 감안한 조치라고 할 수 있다.

주택도시기금은 단순한 융자 위주의 재정 지원보다는 공공성이 높고 지역의 재생 효과가 높다고 인정되는 도시재생 사업에 대해 출자, 투융자, 채무보증 등의 역할을 수행할 것으로 보인다. 일본의 경우 도시재생 지원 체계를 살펴보면 사업 유형을 수익성 사업과 비수익성 사업으로 나누어 지원을 달리하고 있다. 수익성 사업의 경우 안정적인 사업에는 출자 등 직접 지원을, 손실 위험이 있는 사업에는 채무보증과 메자닌(mezzanine) 투자[6] 등을 통해 민간자금 활용을 지원하고 있다.

6) 메자닌은 건물 1층과 2층 사이에 있는 라운지 공간을 의미하는 이탈리아어로 채권과 주식의 중간 위험 단계에

비수익성 사업의 경우 상환 가능 사업은 장기 저리로 융자를 해 주고, 상환이 불가능한 사업은 교부금 등을 통해 재정 보조를 해 주고 있다. 이를 그림으로 나타내면 다음과 같다.

도표 7-3 일본의 도시재생 지원 체계

사업유형		재원지원 방법		사업예시
수익성 사업	저(低)리스크 사업	투자	출자/직접투자	• 온천마을 조성, 암치료센터 등
			메자닌	
	고(高)리스크 사업	채무보증		• 대형복합시설 정비사업 등
비(저) 수익성	상환가능 사업	융자(저리, 무이자)		• 도로, 공원, 하수도 등
	상환불가 사업	보조(교부금)		• 마을 방범시설 확충 등

자료 : 국토교통부(2014)

(2) 금융 소비자 중심의 제도나 상품의 도입

2000년대 이후 한국의 주택 보급률은 100%를 넘어 110%에 달하고 있고, 이로 인해 주택 시장에 항상 존재하던 초과수요가 소멸되고, 주택 가격이 안정화되고 있으나 여전히 무주택 서민들의 주거 불안 문제는 해결되지 않고 있다. 무주택 서민들은 주택 가격이 낮은 수준에 있더라도 본인들의 소득수준으로는 주택을 구입하기가 곤란한 실정이다. 따라서 이 부분에 대한 정부의 개입이 필요하며 국가적 차원에서 각종 지원이 요구되고 있다. 그런데 아직까지도 부동산금융시장은 저당권 설정을 통한 주택 담보대출, 단기 이익 위주의 경영 등 금융기관 중심의 대출 관행이 지속되고 있어 금융 소비자 중심의 제도나 상품 도입의 필요성이 제기되고 있다.

이러한 추세에 부응하기 위해 주택도시기금에서는 중장기적으로 보증과 연계한 금융 소비자 중심의 금융 지원 제도를 마련할 계획이다. 신용 등급이 낮아 은행을 이용하지 못하고 제2금융권에서 높은 금리로 주택 구입 자금이나 전세금을 대출받은 서민들에게도 주택도시기금의 대출을 이용할 수 있게

있는 전환사채(CB)와 신주인수권부사채(BW)에 투자하는 것을 말한다.

하거나 유한책임(비소구) 대출 도입 등 제도 전반을 금융 소비자 입장에서 재검토 할 예정이다.

(3) 기금 운용 체계의 변화

국민주택기금이 주택도시기금으로 개편되면서 기금의 운용 방식이 변경되었다. 국민주택기금은 일반 금융기관에 기금을 위탁하여 운용하여 왔다. 우리은행이 총괄 수탁 기관으로 신한은행, 하나은행, 기업은행, 국민은행 등이 일반 수탁 기관으로 선정되어 국민주택기금을 운용하여 왔다. 그런데 이런 방식으로는 출자나 투융자 등 새로운 기능 수행이 곤란하고, 수탁은행이 5년마다 교체됨에 따랄 기금 운용의 전문성과 안전성이 저해되었다. 이런 문제점을 개선하기 위해 주택도시보증공사가 자금을 총괄하여 운용하고, 주택도시보증공사는 이를 은행에 재(再)위탁하는 방식으로 기금의 운용 체계를 변경하였다.[7)]

주택도시보증공사는 기존의 공기업인 대한주택보증의 명칭을 변경하여 설립되었다. 금융 환경이 변화되면서 단순 대출이 아닌 보증과 결합된 다양한 방식의 금융 방식이 중요해지고 있는 상황에서 주택도시보증공사는 보증과 연계된 상품 개발, 사업성 분석, 리스크(risk) 관리 등의 역할을 하게 될 예정이다. 국민주택기금과 새롭게 개편된 주택도시기금의 운용 체계를 비교하면 다음과 같다.

도표 7-3 국민주택기금과 주택도시기금의 운용 체계 비교

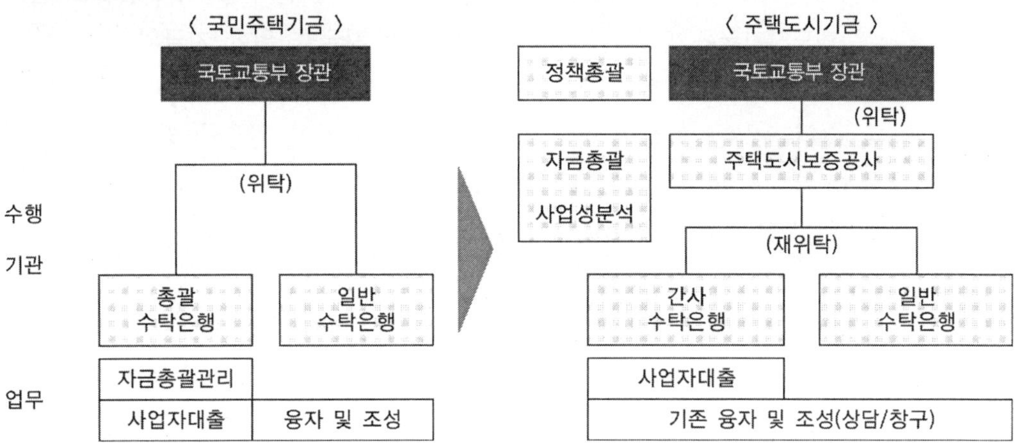

자료 : 국토교통부(2014)

---

7) 이호철 외, "주택도시기금의 역할과 운용방안", 도시정보, 대한국토.도시계획학회, 2016년 1월호. p.7.

제3절 주택도시기금의 역할과 과제

1 역할

1) 임대주택 공급의 활성화

최근 한국의 주거복지 문제는 '하우스 푸어'(house poor)와 '렌트 푸어'(rent poor)라는 신조어와 관련이 깊다. '하우스 푸어'와 '렌트 푸어'를 해결하는 방안은 주거비 부담을 대폭 경감시킬 수 있는 장기 임대주택을 정부에서 공급하는 것이다. 한국의 공공 임대주택은 전체 임대 주택 시장에서 차지하는 비중이 5%에도 미달할 정도로 낮은 수준이다. 정부나 공공 기관에서 공급하는 장기 임대주택 건설에 필요한 재원 조달 방안의 하나로 주택도시기금의 역할이 중요하다. 그리고 공공 임대주택 이외에 민간 건설회사들이 임대주택사업에 참여하게 하는 유인책이 필요하다. 민간 건설회사들의 장기 임대주택 참여를 촉진하기 위한 방안의 하나로 정부는 '뉴 스테이'(new stay) 사업을 추진하고 있다. 이 사업에도 주택도시기금의 역할이 필요할 것이다.

주택도시기금은 임대주택의 매입 및 건설 자금을 위한 기금의 융자 한도를 상향하는 한편, 지원 대상도 소형에서 중형 아파트까지로 확장할 예정이다. 그리고 상환 조건도 임대 기간이 종료될 때까지 원금의 상환 의무를 면제하도록 완화시키는 방안을 검토 중이며, 융자 금리는 8년 장기 임대에 대해서는 조달 금리 수준으로 지원하고 실제 임대하는 기간이 길어질수록 금리가 인하되도록 조정할 예정이다.

이와 같이 임대 사업에 대한 기금의 지원을 확대함으로써 주택기금과 민간의 기관투자자 등이 참여하는 리츠(REITs)의 활성화 등을 통해 임대주택의 공급이 보다 활발해질 것으로 기대된다. 그리고 리츠(REITs)를 통해 공급되는 임대주택은 입주 대상을 중산층까지 확대함으로써 임대주택에 대한 인식의 개선과 임대차 시장의 안정화에도 기여할 것으로 보인다.[8)]

2) 도시재생 사업에의 투자

정부는 도시재생의 활성화를 위해 2013년 6월에 '도시재생 활성화 및 지원에 관한 특별법'을 제정하였으나, 재원 및 지원 방식의 한계로 가시적인 효과를 기대하기 곤란한 상황이다. 그 이유는 지방정부의 열악한 재정 여건으로 신규 재원의 확보가 쉽지 않고, 도시재생의 사업성격에 따라서는 단순한 재정의 보조 이외에도 금융지원까지도 수반될 필요성이 있기 때문이다.

이런 상황을 감안하여 주택도시기금에서는 기존에 있는 국민주택기금에 도시 계정을 신설하여 주택계정과 도시계정으로 자금 지원 체계를 이원화 하였고, 주택도시기금의 도시계정을 통해 도심 내 민관 협력 복합 개발 등 도시재생 사업에 대한 투자를 촉진시킬 계획을 가지고 있다. 이는 최근 부동산 경기의 침체로 개발이익이 감소하자 민간의 주도에 의한 도심 내 재개발이나 재건축 사업이 위축되고 있으나, 오히려 구(舊) 도심 내 주거 환경이 악화되어 도시재생에 대한 수요가 증가하여 이에 대한 재정 지원의 필요성을 감안한 조치라고 할 수 있다.

주택도시기금은 단순한 융자 위주의 재정 지원보다는 공공성이 높고 지역의 재생 효과가 높다고 인정되는 도시재생 사업에 대해 출자, 투융자, 채무보증 등의 역할을 수행할 것으로 보인다. 지원 방식은 도시재생 사업의 형태에 따라 달리 적용될 예정이다. 소규모 근린 재생 사업의 경우 일반 융자와 같은 지원 방식이, 대규모 복합 개발사업은 민간의 자금 유치를 위한 유인책으로 채무보증과 메자닌(mezzanine) 투자 등을 주택도시기금이 수행해야 할 것으로 생각된다.

주택도시기금은 도시재생 사업에 이와 같은 다양한 방식을 통해 자금 지원과 공적 보증을 함으로써 국내 도시재생 사업의 활성화를 도모하고 있다. 현재 부진한 도심의 재개발이나 재건축 사업에 대한 초기 사업비 지원 등을 통해 쇠퇴하고 있는 도심을 재정비하고, 노후 항만이나 산업단지 등 경제 기반형 도시재생 사업에 대한 지원으로 침체된 도심 내 개발사업의 활성화를 유도할 수 있을 것으로 기대된다.

---

8) 상게서, p.8.

3) 소비자 위주의 금융상품 개발과 제도의 정착

우리나라는 급속한 경제성장 과정에서 만성적인 자금의 초과수요로 금융시장의 관행이 수요자보다는 공급자, 즉 은행 등 금융기관 위주로 되어 있다. 수요자보다는 채권의 안정적 확보, 단기 이익 등을 중시하는 금융기관의 대출 관행이 비판받고 있으며, 이제는 성숙형 경제로 한국경제의 상황이 변함에 따라 금융의 수요자 관점에서 금융상품이 개발되고 제도가 혁신되어야 한다는 요구가 증가하고 있다.

국민주택기금과 한국주택금융공사로 이원화되어 있던 모기지론(mortgage loan)을 통합한 '디딤돌 대출'이나 국민주택기금과 수요자가 주택구입에 수반되는 수익과 위험을 공유하는 '공유형 모기지' 등이 금융시장의 여건 변화에 따른 소비자 위주의 금융지원 사례라고 볼 수 있다.

금융소비자 위주의 금융상품 개발이라는 관점에서 주택도시기금은 유한책임(비소구) 대출 시범 도입을 추진하고 있다. 유한책임 대출이란 저당권이 설정된 채권 담보물 이외에는 추가적인 상환 요구가 불가능한 방식을 말한다. 현행 주택 담보대출은 채무자의 모든 자산과 소득이 채무 변제에 대한 담보가 되어 대출 상환에 수반되는 위험이 채무자에게 집중되어 있다. 이런 관행으로 금융기관은 대출 심사나 리스크(risk) 관리에 소홀하게 된다. 유한책임 대출 제도가 도입되면 이러한 대출 관행이 억제되고, 금융기관은 책임 있고 신중한 대출 심사나 위험(risk) 관리를 하게 될 것이다.[9]

2 과제

주택도시기금은 전신(前身)인 국민주택기금의 기능과 역할을 개편하기 위해 2014년 설치된 후, 10여 년의 시간이 경과했다. 그동안 지원 대상 사업에 대한 구체적인 선정 기준의 마련, 안정적인 기금의 운용 기반 구축, 운용 성과에 대한 평가 체제의 수립 등 많은 노력이 있어왔으며 계속 추진해야 할 과제는 다음과 같다.

9) 상게서, p.10.

첫째, 안정적인 기금 운용을 위해서는 위험관리 체계의 마련이 요구된다. 기금의 조성과 운용상의 특성을 반영한 위험관리 지침의 제정, 위험의 인식. 측정. 통제를 위한 규정 체계가 정비되어야 하고 이후에는 정교한 위험의 측정 모형을 개발하여 운용해 나가야 할 것이다.

둘째, 향후 주택도시기금의 운용 성과를 객관적이고 체계적으로 관리하기 위한 성과 지표를 개발할 필요성이 있다. 이러한 성과 지표를 개발할 때에는 기금의 조성과 운용, 성과 단계에서 각각 안정성과 효율성, 실효성 측면이 객관적으로 반영되도록 검증 작업이 이루어져야 한다.

셋째, 지난 10년간 도시재생 사업을 추진하면서 다음과 같은 문제점이 나타났다. 2013년 서울시는 소규모 봉제공장이 밀집한 창신동과 숭인동 일대를 '서울 제1호 도시재생 선도구역'으로 지정해 800억 원이 넘는 예산을 투입해 골목에 벽화를 그리고 전망대를 만드는 등 도시재생 사업을 추진했다. 그런데 당초 의도와는 다르게 주거환경 개선이 이루어지지 않자, 서울시는 2024년 이 지역을 '신속통합기획'을 적용해 재개발사업을 재추진하고 있다. 이외에 서울시 종로구 일대의 '세운상가' 등도 도시재생 사업을 추진했으나 그 효과가 나타나지 않자 재개발사업으로 선회하고 있다. 결론적으로 구도심 쇠퇴를 방지하기 위해서는 도시재생 사업보다는 재개발사업이 효과적이라는 것이 입증된 것이다. 따라서 주택도시기금도 도시계정을 기존 주택계정에 편입해 주택공급자 금융 위주로 운영하는 방안을 검토할 필요가 있다.

제8장

주택연금 제도

제1절 제도 도입의 배경과 기대 효과

1 제도 도입의 배경

최근 들어 출산율이 감소하고 평균수명이 늘어나면서 인구의 고령화 문제가 대두되고 있다. 만 65세 이상의 인구를 노인이라고 규정할 때, 전체 인구 중에서 노인 인구가 차지하는 비율이 7% 이상이 되면 고령화사회(aging society), 14% 이상은 고령사회(aged society) 그리고 20% 이상은 초고령사회(super-aged society)라고 한다.[1]

우리나라의 경우 2000년도에 노인 인구의 비중이 7.2%를 차지하여 고령화사회에 접어들었으며, 통계청이 발표한 장래 인구 전망에 의하면 2018년에는 노인 인구의 비중이 14.3%를 점유하면서 고령사회로 진입할 것으로 예상되고, 2026년에는 20.8%로 초고령사회가 될 것으로 예측되고 있다. 문제는 이러한 고령화의 진행 속도가 우리나라의 경우 다른 나라에 비해 매우 급속도로 진행되고 있다는 점이며 또한 고령화에 대한 준비가 사회 전반이나 개인적으로 충분하지 않다는 점이다.

도표 8-1 국가별 고령화의 진행 속도

구분	고령화사회	고령사회	초고령사회	소요연수	
				고령화 → 고령	고령 → 초고령
한국	2000년	2018년	2026년	18년	8년
일본	1970년	1994년	2006년	24년	12년
영국	1929년	1976년	2020년	47년	44년
프랑스	1864년	1979년	2019년	115년	40년

자료 : 보건복지부, 2011.

1) 김근홍·이창석, 「부동산 실버산업」(서울 : 형설출판사, 2005), p. 97.

고령화의 급속한 진전은 사회 전반적 차원에서 복잡한 문제를 야기시킨다.2)

첫째, 인구의 고령화는 국민연금 등 노인 인구에 대한 복지 관련 재정 지출의 급속한 증가를 가져올 것이다. 1988년에 실시된 국민연금은 현재 수혜 대상자가 많지 않아 적자가 발생하지 않고 있으나 고령화의 진전속도로 볼 때 국민연금의 적자는 멀지 않은 장래에 가시화될 것이다. 그리고 국민연금 이전에 실시된 공무원연금, 군인연금 등은 이미 적자가 상당 폭 발생하고 있으며 그 부족분은 정부의 재정 지원으로 충당하고 있다. 공적 연금의 적자에 대한 정부의 재원 지원은 정부 재정의 건전성을 약화시키고 나아가 젊은 세대의 부담 증가를 수반하면서 세대 간 갈등이 나타날 우려가 있다.

둘째, 노인 인구의 비중 증가와 출산율 저하는 국가의 경제성장을 위한 잠재적인 기반을 잠식시킬 것이다. 출산율 저하로 인한 노동 가능 인구의 비중 감소는 경제성장률의 둔화와 노동력 부족의 문제를 발생시킬 것이다. 그러므로 고령인구의 노동력을 활용하여 노동력 부족 문제를 해결하는 방안을 강구하여야 할 것이다. 정년의 연장 등 은퇴 시기를 미루게 되면 급속한 고령화로 인한 국민연금 등 공적 연금의 재정 적자를 완화시킬 수 있을 것이다.

한편 인구의 급속한 고령화는 사회 전반적인 문제 외에도 개인적인 차원에서 문제가 되고 있다.

첫째, 현재 노인들이 안정적인 노후 생활을 할 수 있는 개인적인 노후 생활 자금 준비가 미흡하다는 것이다. 과거 우리나라는 평균수명이 그렇게 길지 않았고 노인의 부양 문제는 자식들이 부모님을 모시는 것으로 해결이 되었다. 우리나라는 1960년대 이후 급속한 경제성장을 하였는데, 이러한 경제성장의 과정에서 급속한 도시화와 핵가족화가 진행되었고 도시화와 핵가족화는 대가족제도와 농촌 경제로 대변되는 전통적인 노인의 부양 방식을 파괴시키고 있다. 이제 노인들은 자식들로부터 본인의 노후를 보장받기가 점점 힘들어지고 있다.

자식들에게 노후의 생활 보장을 기대할 수 없는 노인들은 본인이 스스로 노후 대비를 하거나 아니면 국가에서 보조를 해 주어야 한다. 우리나라의 경우 국민연금이 1988년 처음 실시되었고 실시 초기에 연금에 대한 인식이 희

2) 상게서, pp. 106~108.

박하였으며 다수의 자영업자들은 여기에서 제외되었다. 이러한 결과 2007년도를 기준으로 65세 이상 노인 인구 중에서 국민연금 등 공적 연금의 수혜를 받는 노인의 비중이 약 22%에 불과한 실정이다.

둘째, 현재 노인 인구의 노후 준비가 미흡할 뿐만 아니라 향후 10년이나 20년 후 노인 인구에 편입될 연령층의 노후 자금 확보도 열악한 상황이다. 우리나라는 전통적으로 자식들에 대한 교육열이 강한 나라이다. 명문 대학에 진학시키기 위한 사교육비의 부담 가중과 과다한 대학 등록금 등 자식들의 뒷바라지에 본인 소득의 대부분을 지출하고 있는 40~50대 중장년층들은 노후에 대비한 준비가 미흡할 수밖에 없다.

이렇듯 충분하지 못한 정부의 공적 연금과 현재와 같은 개인 차원에서의 미흡한 노후 준비는 추후 개인뿐만 아니라 국가 전체적으로도 상당한 부담이 될 것으로 보인다.

주택연금 제도는 이러한 배경 하에서 노인들의 주거 안정과 생활 안정을 위해 도입되었다. 주택연금 제도는 역모기지(Reverse mortgage)라고 하는데, 이는 고령자가 주택을 담보로 금융기관으로부터 노후 생활비를 연금 형식으로 수령하는 대출 상품을 의미한다. 특히 우리나라는 개인의 자산 구성 비율이 금융 상품보다는 주택과 같은 실물 자산 비율이 월등하게 높으므로, 이 제도의 도입은 주택을 보유하고 있으나 일정한 현금의 유입이 없는 고령층에 부합되는 제도라 하겠다.

2 제도 도입의 연혁 및 기대 효과

1) 제도 도입의 연혁

우리나라에서는 1995년 국민은행이 역모기지 상품 판매를 처음으로 시작하였고, 이후 신한은행 및 농협 등에서도 취급하였으나 판매 부진으로 중단되거나 아니면 실적이 극히 미미하였다.

민간 금융기관들의 역모기지 상품 판매가 중단되거나 실적이 미미한 이유는 다음과 같다.

첫째, 집값 대비 월지급금이 작아 노후 생활 자금을 충당하는 데 미흡하였다.

둘째, 금융기관들은 이 제도를 이용하는 고령자들에게 종신 지급 및 종신 거주를 보장하지 않아 대출 기간이 만료되면 노인들의 주거가 불안정해지게 되었다.

셋째, 금융기관들은 이러한 제도에 수반되는 위험을 일방적으로 차입자에게 전가시키는 구조로 상품을 설계하였다.

넷째, 이 제도에 대한 홍보가 부족하였고 고령자들에게 역모기지 상품에 대한 내용을 이해시키는 데 현실적인 어려움이 있었다.

민간에서 시도한 역모기지 상품이 제대로 역할을 하지 못하자 2005년 정부에서는 고령화사회를 대비하기 위한 국정 과제의 하나로 역모기지 활성화 방안을 선정하여 2년간의 연구와 상품 설계를 하였다.

2007년 7월에 정부는 한국주택금융공사를 공적 보증 기관으로 선정하고 역모기지 상품인 주택연금을 판매하기 시작하였다.

민간에서 시작한 역모기지 상품과 한국주택금융공사의 주택연금 상품을 비교하면 다음과 같다. 도표 8-2

도표 8-2 주택연금 및 일반 역모기지 상품 비교

구분	시중은행	공사
신청자격	만 40세 이상 주택소유자	주택소유자 또는 배우자가 만 60세 이상
대출 기간	확정(5～15년)	종신
거주권 보장여부	대출만기 후 상환하지 못하면 주택처분(퇴거불안)	이용자가 사망할 때까지 평생 동안 거주 가능(주거보장)
상환방법	만기 일시상환	사망 후 주택처분금액으로 상환
보증여부	없음	공적보증

자료 : 전자신문(2007. 7. 11.)

한국주택금융공사의 주택연금 제도는 가입 대상자의 연령이 65세에서 계속 하향 조정되다가 현재는 55세부터 가입이 가능하다. 가입대상이 되는 주택가격은 시가 6억 원에서 9억 원 이하로 변경되었다. 2016년에는 일반형 주택연금 이외에 연령별, 자산 수준별 맞춤형 주택연금인 '내집연금 3종 세트' 상품을 추가로 도입하였다. 여기에는 주택 담보대출 상환용 주택연금, 주택연금 사전 예약 보금자리론, 우대형 주택연금 등 3종류의 상품이 있다.

주택 담보대출 상환용 주택연금은 기존에 주택 담보대출이 과다하여 주택연금 가입이 곤란한 사람에게 혜택을 주기 위한 상품이다. 이 상품은 주택담보대출 상환을 위하여 연금 지급 한도의 70%까지 일시 인출이 가능하도록 하였으며, 인출 한도 전액 사용 시에도 주택 담보대출을 전부 상환하기 어려운 경우 일정 금액 내에서 서울보증보험의 '내집연금 연계 신용 대출'이용이 가능하도록 하였다. 주택연금 사전 예약 보금자리론은 만 40세 이상을 대상으로 보금자리론과 연계하여 내 집 마련과 노후 생활비 걱정을 동시에 해결하는 상품을 말한다. 우대형 주택연금은 1억 5천만 원 이하 주택을 보유하는 사람이 가입하는 상품으로 일반 주택연금보다 최대 15% 수준의 높은 월지급금을 지급하는 상품이다.

2) 기대 효과

주택연금 제도의 실시로 기대되는 효과는 다음과 같다.

첫째, 최소한의 국가재정으로 고령자에 대한 주거 안정과 생활 안정을 동시에 달성하게 함으로써 사회 안전망 기능을 강화하는 데 크게 기여할 수 있게 되었다.

둘째, 고령자들이 본인이 거주하고 있는 주택을 매각하지 않고 스스로 노후 생활에 소요되는 자금을 마련할 수 있게 되어 경제적인 독립을 할 수 있게 되었다.

셋째, 복지와 금융이 결합되는 선진 금융 제도가 정착하게 되었다.

넷째, 주택을 활용한 금융 기법의 발전을 가져왔으며, 고령자에게 안정적인 노후 생활 자금을 제공하게 됨으로써 민간 소비의 증대에 기여하게 되었다.

제2절 주택연금 제도의 개념과 내용

1 주택연금 제도의 개념과 기능

1) 주택연금 제도의 개념

주택연금 또는 역모기지는 고령자가 그들의 주택에 계속하여 거주하면서 그들의 주택 자산을 전환하여 노후 생활에 필요한 자금을 연금 형태로 지급받아 안정된 주거 생활을 확보하는 제도이다.[3] 즉, 주택연금은 현재의 주택에 살고 있는 한, 차입한 자금을 상환하지 않아도 되는 주택자산을 담보로 한 금융 상품을 말한다.

주택연금(역모기지)과 모기지(mortgage)와의 차이점을 살펴보면 다음과 같다.

첫째, 모기지는 주택구입 자금이 목적이라면 역모기지는 노후 생활의 확보가 대출 목적이다. 즉 모기지는 주택을 구입하고 부족한 부분에 대해서 구입한 주택을 담보로 금융기관으로부터 대출을 받고, 이후 빌린 자금을 매월 일정하게 상환하는 제도이다. 역모기지는 고령자들이 생계비 충당의 목적으로 자신들이 살고 있는 주택을 담보로 대출을 받아 노후 생활 자금으로 활용하며 자신의 주택에 거주하는 제도로 모기지와 차이가 있다.

둘째, 모기지는 원리금 분할상환 방식이 대부분인데 비해 역모기지는 대출기간이 종료한 시점에서 일시 상환하는 것으로, 상환 방식이 상이하다.

셋째, 모기지는 대출 기간이 경과하면서 주택 자산은 증가하고 부채는 감소하게 되나 역모기지는 대출 기간이 경과하면서 이용자는 매달 약정 금액을 금융기관으로부터 지급받으므로 부채는 증가하고 주택의 순자산 가치는 감소하게 된다. 이를 그림으로 나타내면 다음과 같다. 도표 8-3

---

3) 이창석, 「부동산학개론」(서울 : 형설출판사, 2011), p. 677.

도표 8-3 모기지와 역모기지의 자산과 채무

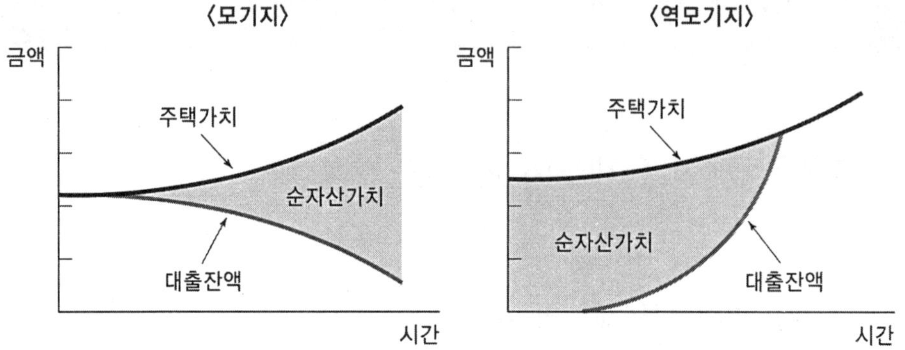

자료 : 강종만, "역모기지론 활성화를 위한 과제", 「금융포커스」(한국금융연구원).

이렇게 볼 때 역모기지 제도도 일종의 주택 자산의 유동화 제도 중 하나라고 할 수 있다. 과거 우리나라에서 부동산을 현금화하는 방법에는 부동산을 매각하거나 부동산을 담보로 대출을 받는 방법밖에는 없었다. 이 중 부동산을 매각하는 방법의 경우 양도소득세 등의 여러 가지 비용이 소요되며, 담보대출을 받는 경우에는 매달 또는 일시금으로 원금과 이자를 상환해야 하는 부담이 발생하게 된다. 그러나 역모기지 제도를 이용하는 경우 부동산을 매각할 필요가 없으며, 대출자는 자신이 살고 있는 주택에 계속하여 거주하면서 그 주택을 담보로 매월 일정액의 생활비를 연금 방식으로 지급받기만 하면 된다. 결국 거주 보장과 생활비 보장이라는 두 가지 기능을 동시에 수행할 수 있다는 점이 바로 역모기지 제도의 장점이라 할 수 있다.

모기지와 역모기지를 비교하여 나타내면 다음과 같다. 도표 8-4

도표 8-4 일반 모기지와 역모기지의 비교

구분	일반 모기지(Forward Mortgage)	역모기지(Reverse Mortgage)
목적	주택 구입 자금 마련	노후 소득 확보
대출시점	계약 시 일시금 발생	매월 분할 발생 원칙
대출 기간	확정	종신 원칙
상환방식	원리금 분할상환	사망 시 일시상환
계약 종료 후	주택 소유(부채 잔액=0)	주택 처분(소유지분=0)
대출금 증감	기간 경과에 따라 감소	증가

자료 : 한국주택금융공사, "역모기지 도입방안 설명회자료"(2006), p. 4.

2) 주택연금 제도의 기능

주택연금 제도는 공급자나 수요자 측면에서 여러 가지 기능을 담당하고 있는데, 이를 살펴보면 다음과 같다.4)

첫째, 노후 복지 수요 해결의 대안이 된다. 주택연금 제도는 주택을 소유하고 있지만 생활비가 부족한 계층에 대해 부족한 자금을 지원할 수 있으며 수술이나 간병을 위해 일시에 많은 자금이 필요한 경우에 해결할 수 있는 대안이 된다. 따라서 정부나 공공 기관은 일정한 주택 자산을 가지고 있는 계층에 대해서는 역모기지를 이용하여 점차 늘어나는 노인복지 수요를 상당 부분 해결할 수 있으며 이를 통해 노인복지 수요에 대한 재정 압박을 상당 부분 완화할 수 있을 것이다.

둘째, 역모기지 제도는 기존의 사회 안전망에서 제외된 소외 계층을 지원하고 부족한 공공 지원 서비스를 보완할 수 있는 대안을 제시한다. 특히 자식이나 친척 등으로부터 지원을 받기 어렵거나 공공 지원 서비스에서 소외된 계층에게는 역모기지 제도를 통하여 안정적인 노후 생활을 보장받을 수 있도록 한다.

셋째, 역모기지 제도의 활성화는 노후 보장에 대한 새로운 안전장치를 제공함으로써 노인들의 자산 관리에 기여할 뿐만 아니라, 건강이나 기타의 사유로 일시에 많은 자금이 필요한 경우 해결할 수 있는 방안을 제시함으로써 사회, 경제적인 안정에 기여할 수 있을 것이다. 또한 역모기지 제도는 은퇴하기 전 소득이 있을 경우 효과적으로 노후 대책을 마련할 수 있는 중요한 제도적인 장치가 될 수 있을 것이므로 은퇴자 프로그램과의 연계가 매우 중요한 과제임을 제시하고 있다.

넷째, 고령자들이 거주하고 있는 주택 자산을 유동화하여 노후 자산으로 활용할 수 있는 역할을 한다. 역모기지를 이용하여 주거의 기능과 생계비를 마련할 수 있고 더 나아가 미래에 닥칠 수 있는 경제적인 위험까지도 해결할 수 있으므로 노후 자산으로의 활용 가치가 높다 할 것이다.

다섯째, 고령자들의 경제적 독립에 기여할 수 있다. 고령자들의 노후에 대한 인식은 변하고 있다. 각종 설문조사와 정부 통계에 나타나는 고령자들의 노후에 대한 인식은 고령자 스스로 경제적인 자립을 원하고 자녀들에게 노후를 맡기지 않겠다는 의지가 담겨 있다. 고령자들이 젊었을 때 이루어 놓은

4) 한국주택금융공사 인터넷 홈페이지(www.hf.go.kr)

자산을 가지고 노후 생활 자금 등으로 활용하는 역모기지 제도는 고령자들에게 경제적인 독립과 자신감을 주기 때문에 고령자들의 삶의 질을 향상시키는 효과도 가져올 것이다.

2 주택연금 제도의 내용과 구조

1) 주택연금 제도의 내용

우리나라는 주택연금 상품을 민간 금융기관들이 처음 시도하였으나 여러 가지 문제점으로 중단되었고, 한국주택금융공사에 의해 2007년부터 실시되고 있다.

다음에서는 한국주택금융공사에서 취급하고 있는 주택연금 상품의 세부 내용을 살펴보기로 한다.

(1) 이용 대상자

과거 민간 금융기관이 실시한 역모기지 상품은 이용 대상의 연령이 구체적이지 못하여 제도의 도입 취지를 살리지 못한 측면이 있었다.

정부의 공적 보증 역모기지 제도가 시행됨에 따라 제도 도입의 초기에는 이 제도를 이용할 수 있는 대상자는 만 60세 이상인 1세대 1주택 소유자로 한정되며, 배우자가 있는 경우에는 부부 모두가 60세 이상인 경우로 하였다. 그리고 1세대 1주택의 기준은 보증 신청일 현재 보증 신청인과 그 배우자가 주택을 1채만 소유한 경우를 의미하였다. 그런데 주택연금에 대한 사람들의 관심이 높아지고 주택연금의 사회복지 기능을 강화할 필요성이 제기되면서 이용 대상자의 범위를 점차 확대하고 있다. 현재는 주택 소유자 또는 배우자가 근저당권 설정일 기준으로 만 55세 이상이면 가입이 가능하다. 주택 보유 수도 보유 주택 합산 가격이 9억 원 이하이면 다주택자도 가입이 가능하고 9억 원을 초과하더라도 3년 이내 1주택 처분 조건으로 가입이 가능하다. 다만 우대 방식 주택연금은 부부 기준 1주택 보유자만 가입이 가능하다.

(2) 대상 주택

대상 주택도 제도 도입의 초기에는 상당한 제한이 있었다. 초기에는 주택법에 의해 주택으로 분류되는 단독, 다세대, 연립주택 및 아파트 등은 대상 주택에 해당하나, 오피스텔, 상가 주택(상가와 주택이 같이 있는 복합 용도의 주택), 실버 주택, 상가, 판매 및 영업 시설, 전·답 등은 제외되었다. 대상 주택의 가격도 한국감정원, 국민은행에서 제공하는 인터넷 시세 또는 감정평가액을 기준으로 6억 원 이하의 주택을 대상으로 하였고, 대상 주택에 권리침해[5], 제한물권[6] 및 보증금 있는 임대차 계약이 없어야 이용이 가능하였다.

현재는 시가 9억 원 이하의 주택으로 대상이 확대되었고, 지방자치단체에 신고 된 실버 주택, 상가와 주택이 같이 있는 복합 용도의 주택인 상가 주택도 가입이 가능하다. 다만 상가 주택은 전체 면적 중 주택이 차지하는 면적이 1/2이 넘어야 한다.

(3) 보증기간

역모기지 제도의 보증기간, 즉 가입 기간은 원칙적으로 종신일(소유자 및 배우자 사망일)까지다. 그러나 다음의 사유가 발생하였을 경우 역모기지의 보증기간이 종료되며, 그 내용은 다음과 같다.

첫째, 주택 소유자 및 그 배우자 모두 사망한 경우, 둘째, 주택에 대한 소유권 상실(화재로 인한 주택 소실, 재건축·재개발 등으로 인한 주택 소유권 상실 등 포함)이 있는 경우, 셋째, 주택 소유자가 사망 후 배우자가 6개월 이내에 소유권 이전등기 및 채무인수를 하지 않는 경우, 넷째, 주택연금 이용자와 배우자가 담보 주택에서 다른 장소로 이전한 경우(담보 주택을 변경한 경우 제외), 다섯째, 주택연금 이용자와 배우자가 1년 이상 계속하여 담보 주택에서 거주하지 않는 경우(단, 입원 등 공사에서 인정하는 사유로 거주하지 않는 경우는 제외), 여섯째, 저당권 확보를 위한 공사나 금융기관의 채권 최고액 변경 요구에 응하지 않는 경우, 상기 사유 이외에 주택금융 위원회가 정하는 일정한 사유가 발생한 경우에 보증기간이 종료된다.

---

5) 경매신청, 압류, 가압류, 가처분, 가등기 등을 말한다.

6) 전세권, 저당권, 임차권등기 등을 말한다.

(4) 연금 지급 방식

역모기지 제도는 연금의 지급 방식에 따라 크게 종신지급방식과 확정기간방식으로 나누어진다. 전자는 수시 인출 한도 설정 없이 매달 똑같은 금액을 평생 동안 지급받는 종신지급방식과 일정 한도 내에서 수시 인출[7]을 허용하고 나머지는 매달 똑같은 금액을 종신토록 지급받는 종신혼합방식으로 구분된다. 개별 인출 용도는 주택 구입이나 임차 자금, 사행성이나 사치 오락성이 아닌 용도는 모두 허용된다. 단, 인출 한도 설정이 50%까지 가능한 경우는 주택 담보대출 상환 및 임대차 보증금 상환 용도를 포함할 경우에 한한다.

후자는 새롭게 도입된 방식으로 고객이 선택한 일정 기간 동안만 연금을 지급받는 방식이다. 이는 수시 인출 한도 설정 없이 매달 똑같은 금액을 고객이 선택한 기간 동안 지급받는 확정기간방식과 일정 한도 내에서 수시 인출을 허용하고 나머지는 매달 똑같은 금액을 고객이 선택한 기간 동안 지급받는 확정기간혼합방식으로 구분된다. 개별 인출 용도는 종신지급방식과 동일하다. 그리고 우대형 주택연금의 경우에 적용되는 우대 방식은 우대지급방식과 우대혼합방식으로 나누어지고 월지급금을 종신지급방식에 비해 최대 15% 우대하여 지급받으며, 우대혼합방식의 경우 수시 인출은 대출 한도의 45% 이내에서만 가능하다.

(5) 대출금리와 보증료

대출금리는 매월 연금 지급 총액(대출 잔액)에 가산되고 있어 가입자가 직접 현금으로 납부할 필요가 없으며, 3개월 만기 CD 금리에 일정 수준의 금리가 가산된 수준이다.

주택연금 가입자는 주택연금 가입 시 초기 보증료 및 연 보증료를 대출 실행 전 납부해야 하며 초기 보증료는 주택 가격의 일정 비율을 최초 연금 지급일에 납부하고, 연 보증료는 연금 지급 총액의 일정 비율을 매월 납부하여야 한다. 보증료는 취급 금융기관이 가입자 부담으로 공사에 납부하고 연

7) 여기서 수시 인출을 허용하는 경우는 주택소유자가 한국주택금융공사법 제9조 제4항 제2호에 따른 주택담보노후연금 대출 한도 100분의 50을 초과하지 아니하는 범위 안에서 의료비, 교육비, 주택유지수선비 등 사장이 정하는 공사의 인터넷 홈페이지에 공고하는 용도로 사용하기 위하여 수시로 일정한 금액을 지급받는 방식을 말한다.

금 지급 총액(대출 잔액)에 가산된다.

(6) 담보의 제공과 대출금 상환

제3자(자녀, 형제 등) 소유 주택을 담보로 하는 주택연금은 이용 불가하며, 이용자가 현재 주택 가격과 보증 금액의 일정 범위 내에서 저당권설정 금액을 결정한다.

대출금 상환은 주택연금 계약 종료 시 담보 주택 처분 가격 범위 내로 한정하며, 공사 또는 금융기관은 이용자 사망 등 계약 해지 사유 발생 시 주택 처분(경매)으로 대출금 회수 후 부족분이 발생하여도 다른 재산 및 상속인 등에게 청구권을 행사하지 않고, 다만 주택 처분(경매) 금액으로 대출금을 회수하고 잉여금이 발생할 경우에는 법정상속인 등에게 배당·교부한다.

(7) 세제 혜택

주택연금 이용자에게 돌아가는 세제 혜택은 주택연금 가입 대상 주택 전체에 대하여 저당권설정 시 농어촌 특별세 면제, 등록세 면제, 교육세 면제, 국민주택 채권 매입 의무 면제 등이 있고, 역모기지 대출이자 비용 소득공제를 해 주고 있다. 또한 국민주택 규모(85㎡) 이하 등 일정 기준에 해당하는 주택에 대하여 재산세 감면 혜택을 부여한다.

2) 주택연금 제도의 구조

민간에서 시도한 주택연금 상품이 여러 가지 이유로 역할을 제대로 하지 못하자 정부에서는 이를 보완하여 공적인 주택연금 제도를 2007년부터 시행하고 있다. 공적 주택연금 제도의 구조를 나타내면 다음과 같다. 도표 8-5

공적보증 주택연금 제도의 가장 큰 특징은 이 제도를 실시함에 있어 발생할 수 있는 위험들 중 그 위험성이 가장 높은 평균수명의 연장 위험을 한국주택공사가 책임지는 것이다. 그동안 민간 금융기관들이 주택연금 상품의 취급을 기피한 이유가 가입자의 종신 보장에 대한 부담 때문이었는데 이를 한국주택금융공사가 보증하여 해결해 주겠다는 것이다.

공적보증 주택연금 제도의 구조를 대략적으로 설명하면 다음과 같다.

도표 8-5 주택연금 제도의 구조

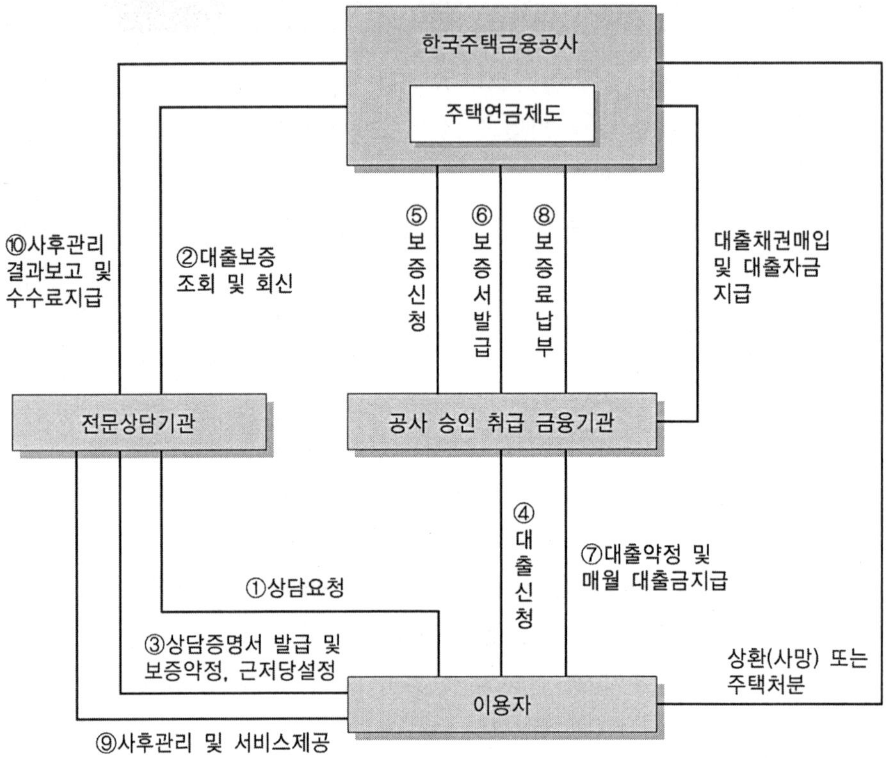

자료 : 김갑태, "공적보증 역모기지 정착을 위한 상품개발 방향", 「한국주택금융월보」(2006. 5.)

첫째, 이 제도를 이용하고자 하는 이용자는 전문 상담 기관과의 상담을 거쳐 한국주택금융공사가 취급을 승인한 금융기관에 대출 신청을 한다. 한국주택금융공사가 취급을 승인한 금융기관은 국민은행, 신한은행, 기업은행 등이 있다.

둘째, 취급 금융기관들은 한국주택금융공사에 보증을 신청하고 공사는 대출보증 조회 및 회신을 통해 금융기관들에 보증서를 발급한다.

셋째, 취급 금융기관들은 공사가 발행한 보증서를 바탕으로 이용자와 대출약정을 하고 매월 대출금을 지급한다.

넷째, 이용자가 사망하게 되면 이용자의 주택을 처분하여 대출금을 상환받게 된다.

제3절 주택연금 제도의 해외 운영 사례

1 미국

미국은 1961년부터 주택연금 제도(역모기지 제도)를 시행하였으나, 초기에는 시장 활성화에 어려움이 많았다. 미국의 주택연금 제도를 시대별로 분류하면 1960년대를 제1기, 1980년대를 발전기인 제2기, 1990년대 이후를 성숙기인 제3기로 구분할 수 있다.

초기인 1960년대에 개발된 역모기지 상품들은 대출 기간을 정해 놓고 이후에 융자금을 변제하도록 하는 것 때문에 널리 보급되지 못하였다. 이들 상품들은 우리나라 민간 금융기관들이 1990년대에 처음 시판한 것과 비슷한 성격을 지니고 있었다.

우리나라에서 역모기지 상품이 초기에 활성화되지 못한 이유로 집값 대비 월지급금이 적고, 이 제도를 이용하는 고령자들에게 종신 거주 및 종신 지급을 보장하지 않아 대출 기간이 만료되면 노인들의 주거가 불안정해지는 점 등이 있었다.

미국의 역모기지 상품들이 1960년대에 시장에 정착하지 못한 이유가 30년 후 한국에서도 비슷하게 되풀이되는 현상이 나타난 것이다. 이러한 역모기지 제도의 문제점을 인식한 미국 정부는 제2기인 1980년대에 새로운 상품을 개발하였다.

1980년대 후반 미국의 주택개발부(HUD : Department of Housing and Urban Development)가 산하기관인 연방주택청(FHA : Federal Housing Administration)에서 보증하는 공적 역모기지 상품(HECM : Home Equity Conversion Mortgage)을 개발하였는데, 'HECM'은 판매가 처음으로 시작된 1989년 이후부터 2006년까지 총 23만 건이 판매되었고, 2002년 이후 판매 실적이 급증하고 있다.

HECM은 고소득 고령자를 대상으로 하는 것이 아니라 일반 고령자를 대상으로 주거의 안정성과 경제적 욕구를 충족시키는 데 주안점을 둔 역모기지 상품이라는 측면에서 의미가 크다고 할 수 있다. 실제로 HECM은 미국 역모기지 시장의 약 90% 이상을 점하고 있어, 대다수 일반 고령자의 노후 생활을 위한 정책 자금의 성격을 가지고 있다.

미국에서는 HECM 이외에 1995년 연방저당협회(FNMA, Fannie Mae)가 개발한 'Home Keeper' 그리고 고소득 고령자를 대상으로 'Financial Freedom'이 개발한 'Jumbo' 등이 있다.

이들 상품들을 비교하여 나타내면 다음과 같다. 도표 8-6

도표 8-6 미국의 역모기지 상품 비교

구분	HECM	Home Keeper	Jumbo Cash Account
개발주체	HUD	Fannie Mae	Financial Freedom
도입연도	1989년	1996년	2001년
이용연령	62세 이상		
주택 가격 제한	\$200,160~\$362,790	\$417,000	제한 없음
대출기관	민간 금융기관 (HUD 승인)	민간 금융기관 (Fannie Mae 승인)	민간 금융기관
보증기관	FHA(정부보증)	Fannie Mae	없음
자산한도	주로 저소득층에 해당	저소득층이나 중소득층에 해당	주로 고소득층에 해당

2 일본

일본의 역모기지 제도는 거주자가 자신이 거주하고 있는 부동산을 담보로 노후의 간호 비용과 생활비 등의 자금을 얻기 위한 대출 제도이다. 일본에서는 이 제도가 각 개별 지방자치단체별로 시행하는 '무사시노 방식'과 '세타카야 방식'이 있다. 그리고 정부가 지원하는 '장기생활지원자금제도'가 있다.

무사시노 방식은 1981년에 무사시노 시에서 직접 대출 방식으로 처음 시행하였으나 예산 제약 등의 이유로 널리 보급되지 못하고 무사시노 시와 도쿄 나가노 구에서만 시행되었다. 이외의 대다수 지방자치단체에서는 간접 대출하는 방식인 세타카야 방식으로 시행되고 있다. 이 방식은 지방자치단체가 민간의 금융기관과 제휴하여 이자를 지방자치단체가 부담하는 방법으로 운용하고 있다.

일본에서도 초기에 도입된 역모기지 제도들의 운영 실적이 미흡하고 여러 문제점 등으로 제도의 활성화가 되지 못하였다. 이를 개선하기 위해 2003년에 미국의 HECM과 유사한 상품을 개발하였는데, 중앙정부가 2/3, 지방자치단체가 1/3씩 부담하여 대출하는 '장기생활지원자금제도'가 그것이다. 이 제도는 연대보증인을 선임하도록 하는 것이 제도의 활성화에 문제점이 되고 있고, 또한 담보의 재평가 실시가 3년마다 이루어지며, 지방자치단체의 부담이 1/3이 되어 자금력이 취약한 지방자치단체에 부담이 되고 있는 실정이다.

일본에서도 이 제도를 활성화시키기 위해서는 다각적인 노력을 하여야 할 것이다. 예를 들면 계약을 체결할 당시에 부동산 감정료나 등기 비용 등에 대한 고령자의 부담을 경감시킨다거나 단독주택으로만 되어 있는 대상 주택도 그 범위를 확대시켜 아파트와 같은 공동주택도 이 제도를 이용할 수 있는 범위에 포함시킬 필요가 있다. 그리고 연대보증인을 요구하는 것도 개선되어야 할 필요성이 있다. 역모기지 제도는 본래 대출자가 소유하는 주택 그 자체를 상환 재원으로 하는 것이므로 추가로 연대보증을 요구하는 것은 제도의 취지에 부합하지 않는다.

일본에서 시행되고 있는 역모기지 상품들을 비교하여 나타내면 다음과 같다. 도표 8-7

도표 8-7 **주요 역모기지방식 비교**

구분	무사시노방식 (직접대출)	세타카야방식 (간접대출)	정부보전방식 (장기생활지원)
시작연도	1981년	1990년	2003년
이용대상	65세 이상	65～70세 이상	65세 이상
담보비율	70% 이내	80% 이내	70% 이내
대출재원	시(市) 예산	민간 금융기관이 대출, 시는 이자를 무이자대출	정부, 지방자치단체
보증인	유		

Memo

제3편

직접 부동산금융시장과 상품

- 제9장 직접 부동산금융시장과 주택저당증권시장
- 제10장 부동산투자회사와 부동산펀드
- 제11장 프로젝트 파이낸싱
- 제12장 부실채권(NPL)

제9장

직접 부동산금융시장과 주택저당증권시장

제1절 직접 부동산금융시장

1 서설

금융의 형태 중 직접금융이란 자금의 수요자가 자금의 공급자에게 직접적으로 자금을 조달하는 형태를 말한다. 최초의 직접금융은 여러 가지 이유로 활발하게 나타날 수 없었다. 자금의 공급자는 자금을 대여하는 대가로 이자를 받게 되나 원금의 회수 여부가 불확실한 관계로 자금의 수요자에게 직접 자금을 대여하기를 꺼려하였다. 따라서 이러한 위험을 회피하고 거래를 활성화시키기 위해 자금의 중개 기관인 은행을 매개로 한 간접금융시장이 먼저 활성화되었다.

20세기에 접어들면서 자금의 수요자 중에서 국가나 대기업 등 자금 회수에 수반되는 위험을 어느 정도 경감시켜 주는 기관들이 나타났다. 이들 기관들은 은행을 통하지 않고 본인의 신용으로 불특정 다수에게 자금을 조달하기 시작했다. 국가는 국채 발행을 통해, 대기업은 주식 발행이나 회사채를 발행하여 자금을 조달하면서 직접금융시장이 활성화되었다.

직접 부동산금융시장은 부동산의 취득이나 개발 등 부동산 활동과 관련된 자금 조달이 직접금융의 방식으로 이루어지는 금융시장을 말한다. 과거에는 부동산금융 상품이 대개 간접금융 상품으로 이루어졌으나 최근에는 미국을 비롯한 선진국의 영향으로 부동산이라는 실물 자산을 증권 형태로 유동화시켜 투자자가 직접투자하는 경우보다 간접투자를 하도록 유도하는 직접금융 상품이 다양하게 개발되어 거래되고 있다.

2 직접 부동산금융 상품

1) 개요

한국의 부동산금융은 1997년 외환 위기 이전에는 간접 부동산금융 상품인 주택금융이 대부분이었다. 그런데 1997년 외환 위기 이후, 정부는 1998년 '자산유동화법', 2001년 '부동산투자회사법', 2004년 '간접투자 자산 운용법', 2007년 '자본시장과 금융 투자업에 관한 법(자본시장 통합법)' 등을 제정하면서 직접 부동산금융시장이 본격적으로 도래하였다.[1)]

직접 부동산금융은 부동산도 하나의 소비재가 아닌 투자재임을 일반인들에게 인식시켜 주는 계기가 되었다. 그리고 부동산금융도 단순히 부동산을 구입하기 위한 자금 조달 측면에서가 아니라 부동산을 하나의 투자 수단으로 취급하고 이의 재원 조달과 수익성을 분석하는 방향으로 사람들에게 각인시켜 주고 있다.

직접 부동산금융 상품에는 부동산펀드, 부동산투자회사(REITs), 프로젝트 파이낸싱(Project Financing) 그리고 주택 담보대출을 근거로 증권화된 상품을 만드는 주택저당채권 유동화 시장 등이 있다. 이들 상품들을 간략하게 설명하면 다음과 같다.

2) 주택저당증권

한국의 주택금융 제도는 주택금융시장과 주택저당채권 유동화 시장으로 구분된다. 주택저당채권 유동화 시장은 제2차 시장(secondary market)이라고 하는데, 주택 담보대출을 근거로 증권화된 상품을 만드는 시장이다. 주택금융시장이 제1차 시장(primary market)이고, 이를 근거로 증권화된 상품을 만들기 때문에 주택저당채권 유동화 시장을 제2차 시장이라 한다. 주택금융은 그 성격상 간접금융 상품에 포함되나 주택저당채권 유동화 시장은 증권화된 부

1) 이창석, 「부동산학개론」(서울 : 형설출판사, 2011), pp. 679～680.

동산 대출을 불특정 다수에게 판매하여 재원 조달을 하므로 직접금융 상품에 속한다고 볼 수 있다.

주택저당채권, 즉 모기지(mortgage)란 주택의 구입 또는 건축에 소요되는 대출 자금과 이자금의 상환을 위한 대출 자금에 대한 채권으로서 당해 주택에 설정된 저당권에 의하여 담보된 대출채권을 말한다.

주택저당증권, 즉 MBS(Mortgage-backed Securities)는 이러한 주택저당채권을 기초자산으로 발행되는 유동화 증권을 말한다.

자산담보부증권, 즉 ABS(Asset-backed Securities)는 대출채권, 매출채권, 부동산 등 모든 채권을 기초로 하는 반면에 MBS는 주택저당채권을 기초로 발행하는 점에서 차이가 있다.

ABS와 MBS는 정부가 1998년 '자산유동화에 관한 법률'과 1999년 '주택저당채권 유동화 회사법'을 제정함으로써 우리나라에 도입되기 시작하였다.

3) 부동산투자회사

부동산투자회사(REITs : Real Estate Investment Trusts)란 불특정 다수의 투자자로부터 자금을 모집한 후, 실물 부동산이나 부동산 관련 유가증권 등에 투자하거나 운용하여 발생한 수익을 투자자들에게 나눠주는 회사 또는 투자신탁으로 정의된다.[2)]

부동산투자회사, 즉 리츠(REITs)는 원래 의미로는 '부동산 투자신탁'으로 해석이 되나 우리나라의 경우 법 규정에 의해 회사형으로만 설립하기 때문에 이를 '부동산투자회사'로 번역하고 있다. 리츠는 투자 수단으로 금전을 출자한다는 점에서 부동산을 위탁하는 부동산신탁과 구별되며, 투자자가 부동산투자회사 주식에 투자한다는 점에서 수익증권을 구입하는 은행의 부동산 투자신탁과도 구별된다.

리츠(REITs)는 2001년 제정된 '부동산투자회사법'에 의해 우리나라에 처음 도입되었으며, 부동산 간접투자 시대 구축을 위한 제도적 기반 마련과 1997년 발생한 외환 위기의 극복을 목적으로 도입되었다. 1997년 발생한 외환 위기를 슬기롭게 극복하기 위해서는 부실화된 기업들의 재무구조를 개선할 필요

2) 상게서, p. 701.

성이 있었고, 따라서 이들이 보유하고 있는 부동산 등 자산 매각이 원활하게 진행이 되어야 했다. 그런데 당시 상황을 살펴보면 이들 기업이 가지고 있는 대형 부동산을 구입해 줄 수 있는 단체나 개인이 거의 존재하지 않았다고 보아야 할 것이다.

이런 상황에서 정부는 기업들의 자산 매각을 통한 구조조정을 돕기 위해 리츠(REITs) 제도를 도입하였다. 리츠(REITs) 제도가 도입된 2001년 이후 2004년까지 설립된 대부분의 리츠(REITs)는 '기업 구조조정 리츠'의 성격을 가지고 있었고, 이들 리츠들을 활용하여 투자 기관들은 기업들이 구조조정을 위해 팔고자 하는 대형 부동산을 매입하여 외환 위기 이후 기업의 구조조정에 큰 도움을 주었다.

한편 리츠(REITs)는 부동산 간접투자 상품의 일종이다. 부동산 간접투자는 부동산 직접투자의 단점으로 지적되는 환금성 부족, 소액 투자자들이 부동산 투자시장에 참여하는 것이 곤란한 점 등을 보완하고 있다. 따라서 리츠(REITs) 제도의 도입으로 부동산 직접투자의 단점들을 보완하면서, 그동안 투기적 성향이 강했던 우리나라의 부동산시장을 보다 선진화되고 건전한 투자시장으로 변모시킬 수 있을 것이다.

4) 부동산펀드

부동산펀드란 다수의 투자자들로부터 자금을 모아 부동산 등에 투자하거나 대출하여 모은 수익을 투자자에게 나눠 주는 부동산 집합 투자 기구를 말한다.

한국에서 부동산펀드는 2004년 제정된 '간접투자 자산 운용법'에 의해 규율되고 있다. 이 법에서는 펀드의 종류를 증권펀드, 파생상품펀드, 부동산펀드, 실물펀드 등 7가지로 분류하였다. 그런데 2007년 제정된 '자본시장 통합법'이 2009년 시행되면서 '간접투자 자산 운용법'이 폐지되고 펀드의 종류도 증권펀드, 부동산펀드, 특별자산펀드, 단기금융펀드 등 4종류로 재분류하였다.

현재 부동산펀드는 신탁형과 회사형으로 구분되며 주로 신탁형으로 운용되고 있다. 그 이유는 신탁형이 회사형에 비해 최저 자본금에 대한 제한이 없는 등 설립이 비교적 용이하기 때문이다.

부동산펀드는 그 성격상 부동산투자회사(REITs)와 비슷한 점이 많다. 불특정 다수의 투자자들로부터 자금을 모집하여 부동산개발사업이나 부동산 취득에 대출하거나 투자하여 자금을 운용한 후 이로부터 발생한 수익을 투자자들에게 되돌려주는 등 여러 측면에서 두 가지 제도는 유사하다. 그러나 두 제도는 제도의 도입 취지와 투자유형 면에서 차이점을 보이고 있고 규율하는 법령도 틀리다.

제도의 도입 초기에는 부동산펀드가 부동산투자회사에 비해 규제가 대폭 완화되어 시장에서 투자자 모집이나 자금 유치면에서 유리하였다. 그런데 최근 지속적인 제도 개선과 규제 완화로 부동산투자회사의 경쟁력이 강화되고 있는 추세이다. 두 제도는 서로 경쟁하면서 때로는 협력하면서 초기 단계인 부동산 간접투자시장을 이끌어 왔다. 그러나 향후에는 부동산펀드와 부동산투자회사 간의 업무영역 및 역할분담에 대한 논의가 필요할 것으로 판단된다.

5) 프로젝트 파이낸싱

프로젝트 파이낸싱(PF : Project Financing)이란 장기간 대규모로 투자 자금이 소요되는 부동산개발사업에 대해 사업 주체의 신용도나 물적 담보가 아니라 사업으로부터 미래에 발생할 현금흐름과 사업의 수익성을 근거로 필요한 자금을 조달하는 금융기법을 말한다.

프로젝트 파이낸싱의 경우 채권자는 해당 사업 자체의 현금흐름 및 자산의 범위 내에서 채권 청구가 가능하고, 본질적으로 사업주에게 보증이나 담보 제공을 요구할 수 없다. 이러한 프로젝트 파이낸싱의 성질을 비소구 금융(non-resource financing)이라 한다. 그리고 프로젝트 파이낸싱은 장기간에 걸친 대출과 원금 회수의 위험성이 크므로 일반적인 기업금융에 비해 채권자들도 상대적으로 높은 금리와 수수료를 요구하며 또한 자금 조달이 이루어지는 과정과 절차도 복잡하다.

프로젝트 파이낸싱에서 자금 조달 방식은 직접금융 방식과 간접금융 방식 모두 다 사용될 수 있다. 직접금융 방식은 사업 주체가 금융기관의 중개 없이 금융시장에서 직접 소요 자금을 조달하는 방식이다. 즉 사업 주체가 기업자체의 신용도에 근거하여 자본시장에서 직접 채권이나 외화증권을 발행하여 소요 자금을 조달한다. 이는 간접금융에 비해 장기적, 안정적으로 자금을 사용할 수 있는 장점이 있다. 간접금융 방식은 금융기관의 중개를 통해 대출의 형식으로 자금을 조달하는 방식이다. 간접금융의 대출 기관으로는 일반 시중 은행, 수출입은행 등이 있다. 대규모 사업 자금이 소요되는 사업에 대해서는 주간사 은행을 통하여 금융기관들이 대주단(syndication)을 구성하여 신디케이트 론(syndicate loan)을 공여한다.

이상에서 살펴본 바와 같이 프로젝트 파이낸싱은 간접금융 방식과 직접금융 방식 모두 다 사용되나 현재 한국에서는 주로 간접금융 방식으로 자금 조달이 이루어지고 있다.

한국의 현실상 프로젝트 파이낸싱은 간접금융 상품에 포함되나, 대출 기간의 장기성이나 원금 상환에 따른 위험성이 높은 점 등으로 인하여 직접금융 상품의 속성을 더 많이 가지고 있다고 생각된다. 그리고 향후에는 그 속성상 직접금융 상품의 특성이 뚜렷하게 나타날 것이 예측되므로 본 책에서는 프로젝트 파이낸싱을 직접금융 상품에 포함시키기로 한다.

6) 부실채권

부실채권 또는 NPL(Non Performing Loan)이란 무수익여신이나 미회수채권 등을 말한다. 은행이 부동산담보대출을 하였으나 채무자가 자금사정이 여의치 않아 대출금 이자를 계속 연체하는 경우 은행 입장에서는 대출채권에서 이자수입이 발생하지 않게 되므로 이러한 대출채권을 부실채권으로 분류한다.

부실채권을 부동산금융 관련 상품으로 편입시켜 설명해야 되는지에 대해서는 논란이 있을 수 있다. 그런데 최근 부실채권에 대한 일반 투자자들의 관심이 커지고 있고, 우리나라의 경우 은행 등 금융기관이 신용대출이 아닌 담보대출을 실행할 때 담보로 잡는 물건 대부분이 부동산이다. 부동산을 담보로 은행이 대출을 하였으나 채무자가 원금과 이자를 약정한 일자에 변제하지 못해 부실채권이 발생한다. 그러므로 부실채권도 광의의 부동산금융 상품으로 분류해도 큰 무리는 없을 것으로 판단된다,

부실채권을 직접 부동산금융 상품으로 포함한 이유는 다음과 같다. 우선 부실채권에 대한 관심이 커진 시기가 'IMF 외환위기' 이후로 ABS나 MBS가 도입된 시기와 일치하고, 관련 법률도 '자산유동화에 관한 법률'로 동일하다. 그리고 채권이라는 점에서 ABS나 MBS와 같은 종류의 금융 상품이다.

금융기관에서 발생한 부실채권을 매입함으로써 발생하는 경제적 효과는 금융기관의 자산 건전성을 제고시키고 금융 상품의 체질을 개선시켜 실물경제를 회복시키는 데 긍정적인 영향을 줄 것이다. 부실채권을 매각함으로써 발생하는 경제적 효과는 낙후된 한국의 금융 및 자본시장을 선진화시키며 부실화된 기업들의 구조조정을 촉진시켜 국민부담을 경감시키는 데 기여할 것이다.

부실채권시장의 발전을 위해서 개선해야 될 점도 있다. 개인투자자들은 부실채권 매매방법이 일반화되지 못해 정보수집이 힘들고 정확한 분석이 곤란한 실정이다. 그리고 부실채권의 정리가 금융기관의 신속한 채권회수와 건전성 회복이 주된 목적이므로 일반 투자자들과 채무자 보호를 위한 제도적, 법적 장치 등이 미흡하다. 향후 부실채권시장의 발전을 위해서 합리적이고 보편타당한 매입기준을 제시해야 할 것이며, 매매방법이나 매입처 등에 대해 일반 투자자들을 대상으로 널리 알리는 노력이 필요하다고 본다.

제2절 자산유동화 증권시장

1 자산유동화 증권의 개요

1) 자산유동화 증권의 개념

자산의 유동화란 관련 법률에 의거하여 유동화 전문회사(SPC : Special Purpose Company)가 자산 보유자로부터 유동화 대상이 되는 자산을 양도받아 이를 기초로 유동화 증권(ABS : Assets Backed Security)을 발행하고 당해 유동화 자산의 관리 및 운용처분에 의한 수익으로 유동화 증권의 원리금 또는 배당금을 지급하는 일련의 행위를 말한다. 그리고 자산유동화 증권이란 카드 매출채권, 임대료 수입, 주택 매출채권 등 유동화 대상이 되는 자산을 기초로 자산의 유동화 계획에 따라 발행되는 출자증권 또는 수익증권을 의미한다.[3] 자산유동화 증권, 즉 ABS는 유동화되는 자산의 종류에 따라 다양하게 존재한다.

첫째, CARD(Certificates of Amortizing Revolving Debts)는 신용카드의 매출채권을 대상으로 한 ABS를 말한다.

둘째, CLO(Collateralized Loan Obligation)는 대출채권을 대상으로 한 ABS를 말한다.

셋째, CBO(Collateralized Bond Obligation)는 채권을 기초자산으로 하여 발행되는 ABS를 말한다.

넷째, MBS(Mortgage-backed Securities)는 주택대출채권을 기초자산으로 하여 발행되는 ABS를 말한다.

마지막으로 CP(Commercial Paper)를 대상으로 하는 ABCP, 부동산개발업체의 개발사업에서 발생하는 수익 등을 기초자산으로 하여 발행되는 PF ABS 등이 있다.

MBS는 주택저당증권이라고 하는데, 위에서 살펴본 바와 같이 ABS 중에서 MBS가 가장 중요하며 MBS가 거래되는 시장을 주택저당증권시장이라 한다. 주택저당증권시장을 우리가 잘 이해하기 위해서는 먼저 ABS의 개념과 ABS가 거래되는 자산유동화 증권시장을 알아볼 필요가 있다.

2) 자산유동화 연혁

(1) 미국

최초의 자산유동화 증권은 1970년 미국의 정부 모기지공사(GNMA : Government National Mortgage Association)가 주택대출채권을 기초로 발행한 MBS이다. GNMA는 약칭으로 '지니매'라고 하는데 1968년 미국 주택도시개발부(HUD)산하의 정부 기관으로 설립되었다. 지니매는 공적 모기지론을 기초로 발행된 MBS에 한해 지급보증을 제공한다.

지니매의 보증을 바탕으로 1970년에 처음으로 MBS가 발행된 이후, 민간 금융기관들이 이 시장에 참여하면서 자산유동화 증권시장은 급속히 성장하였다. 민간 금융기관들은 주택을 담보로 하는 MBS 외에도 신용카드의 매출채권, 금융기관의 대출채권 등 각종 채권과 일반 자산을 기초자산으로 한 자산

3) 김영곤·오준석·이창석·정상철 외, 상게서, p. 275.

유동화 증권들을 도입하였다.

자산유동화 증권은 신용보강 등의 절차를 걸쳐 일반적으로 신용등급이 높으나, 수익률은 일반 회사채와 비교해 큰 차이가 나지 않는다. 즉 위험은 낮은데 비해서 수익률이 높아 자산유동화 증권시장은 급속히 팽창하고 있다.[4] 미국에서 ABS의 발행 실적은 2000년 1조 718억 달러에서 2007년에는 2조 4,724억 달러까지 증가하였으나 2008년 금융 위기 이후 그 실적이 감소하고 있다.

(2) 한국

우리나라에서 자산의 유동화가 본격적으로 도입된 시기는 1997년 발생한 'IMF 외환 위기' 이후부터이다. 이전에도 ABS와 유사한 종류의 담보부 사채시장이 있었으나, 1997년 발생한 'IMF 외환 위기'로 인해 기업과 금융기관의 재무 상태가 악화되고 금융시장이 극도로 위축되자 이를 해결하기 위해 자산의 유동화 제도를 도입하였다. 우리나라 자산유동화 제도의 연혁을 살펴보면 다음과 같다.

첫째, 1998년에 정부가 '자산유동화에 관한 법률'을 제정함으로써 ABS 제도가 도입되었다.

둘째, 1999년 정부는 장기적인 자산 관리 업무가 요구되는 MBS 상품의 안정적인 발행을 위해 '주택저당채권 유동화 회사법'을 제정하였다. 이 법에 따라 최초로 설립된 실체형 유동화 회사인 KoMoCo는 2004년 한국주택금융공사에 합병되기까지 국내 MBS 시장을 선도하였다. 이 기간 중 KoMoCo가 유동화하였던 자산은 국민주택기금 채권이었다.

셋째, 1999년 벤처기업들에 대한 자금 공급을 위해 기업들의 회사채를 대상으로 하는 CBO(Collateral Bond Obligation) 발행이 크게 증가하였다.

넷째, 2000년 이후에는 신용카드 대출채권, 자동차 할부 채권 등 유동화 대상이 되는 자산의 범위도 크게 확대되고 있다.

---

4) 상게서, p. 305.

3) 자산유동화의 특징

자산의 유동화와 관련된 주요 특징들을 살펴보면 다음과 같다.

첫째, 유동화의 대상이 되는 자산은 양도가 가능하고 향후 현금흐름에 기초한 자산의 가치를 산출할 수 있어야 한다. 이러한 자산으로서는 주택저당채권, 자동차 할부 금융, 대출채권, 카드 계정 등이 있다.

둘째, 자산유동화 증권의 원리금 상환은 자산 보유자의 신용 위험에 영향을 받지 않는다. 따라서 자산유동화 증권은 자산의 보유자와는 별개의 독립적인 증권이다.

셋째, 자산유동화 증권 발행 시 신용평가회사로부터 높은 신용등급을 받기 위해서는 신용보강(credit enhancement) 조치를 취하기 때문에 자산유동화 증권은 자산 보유자의 신용등급보다 높은 신용등급을 받을 수 있다.

신용보강이란 자산유동화 증권의 상환에 차질이 발생하는 경우, 채무불이행 사태를 최소화하여 원리금 상환이 원활하게 이루어지도록 발행 구조를 조정하거나 외부로부터 보증을 받는 것을 말한다. 신용보강 방법에는 선순위채와 후순위채의 분리, 초과 수익 조정, 초과 담보 설정 등 내부 보강 방법과 은행이나 보험회사로부터 지급보증을 받는 외부 보강 방법이 있다.

넷째, 자산유동화 증권은 유동화 전문회사라는 서류상의 회사를 매개체로 하여 발행되며, 이의 발행을 위해서는 유동화 전문회사, 자산관리회사, 신용보강기관 등과 같은 회사들이 개입되기 때문에 일반 사채보다 발행 절차가 복잡하다.[5)]

5) 김범석·유한수, 「부동산금융론」(서울 : 청목출판사, 2006), p. 240.

2 발행 절차와 관련 회사

1) 발행 절차

자산유동화 증권을 발행하려면 자산 보유자가 본인의 보유 자산을 유동화 전문회사, 즉 SPC에 이를 양도한다. SPC는 양도받은 자산을 기초로 하여 발행한 ABS를 일반 투자자들에게 매각하고 매각 대금을 자산 보유자에게 지급한다. 이러한 절차를 나타내면 다음과 같다. 도표 9-1

도표 9-1 **ABS의 발행 절차**

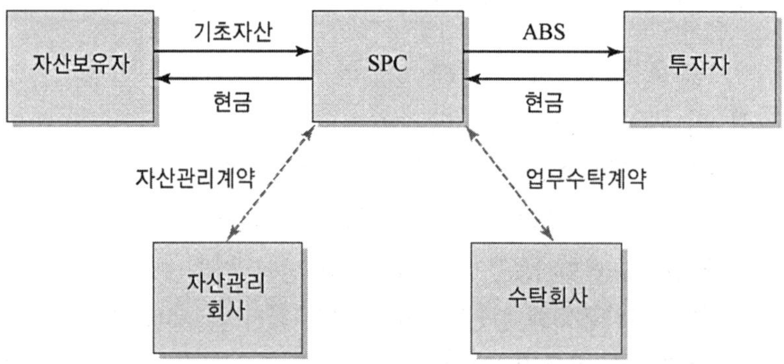

자산유동화 증권의 발행 절차를 순서대로 나열하면 다음과 같다.

첫째, 유동화 대상이 되는 자산을 가지고 있는 자산 보유자가 이들 자산을 SPC에 매각한다. SPC는 이를 바탕으로 일정한 현금흐름을 가지는 자산 풀(pooling)을 구성한다.

둘째, SPC는 증권의 발행 과정에서 신용평가회사로부터 신용등급을 받으며 필요한 경우 '신용보강'을 한다.

셋째, SPC는 증권의 발행을 주선할 주관 회사를 선정하고 유동화 증권을 투자자에게 매각한다.

넷째, 투자자는 증권의 매입 대금을 SPC에 납입하며, SPC는 납입 대금을 자산 보유자에게 지급한다.

다섯째, SPC는 자산유동화에 필요한 자산 양도 등록 신청서와 유가증권신고서를 '금융감독위원회'에 제출해야 한다.

2) 관련 기관

(1) 자산 보유자

자산 보유자는 보유 중인 자산을 유동화하고자 하는 자이다. 즉, 보유 중인 자산을 SPC에 매각함으로써 자금을 조달하고자 하는 자를 말한다. 관련 법률에서는 금융기관, 공기업 등 신임도가 높은 법인 등으로 자산 보유자를 제한하고 있다.

(2) 유동화 전문회사(SPC)

SPC는 유동화 대상이 되는 자산을 자산 보유자로부터 양수하고 이를 기초로 ABS를 발행하는 업무를 한다. 그리고 SPC는 ABS 등을 일반 투자자들에게 매각하고, 매각한 대금을 자산 보유자들에게 지급하다. SPC는 이런 일련의 업무들을 수행하기 위해 필요한 계약들을 체결하고 필요하면 ABS 상환에 소요되는 자금의 일시적인 차입도 한다.

SPC는 자산 보유자와 기초자산의 법률적 관계를 분리하기 위하여 설립되는 서류상의 회사(paper company)이다. 우리나라에서는 주식회사보다 설립이 간편한 유한회사의 형태로 설립된다.

(3) 자산관리회사

SPC는 서류상의 회사이므로 유동화 자산의 관리 업무는 자산관리회사에 위탁하여야 한다. 자산관리회사는 SPC를 대신하여 유동화 대상이 되는 자산을 실질적으로 관리한다.

관련 법률에서는 자산관리회사의 범위를 자산 보유자나 종합신용정보업자 등으로 제한하고 있다.

(4) 수탁회사

수탁회사는 SPC의 업무 중 유동화 대상이 되는 자산의 관리 업무를 제외한 일체의 업무를 수행한다. SPC를 대신하여 ABS를 발행하고 원리금의 상환 등 실질적인 업무를 수행한다.

수탁회사는 ABS와 관련된 실질적인 업무를 수행하고 투자자의 이익을 최종적으로 보호해 주는 역할을 담당하기 때문에 신인도가 높은 은행이 주로 이를 맡고 있다.

(5) 신용평가회사

신용평가회사는 ABS의 신용을 평가하여 신용등급을 부여하는 회사를 말한다.

ABS는 다양한 기초자산을 대상으로 하여 발행되므로 일반 투자자가 ABS의 신용 위험을 정확하게 알기는 어렵다. 따라서 ABS 발행에 있어서 신용평가회사의 역할은 투자자를 보호하고 아울러 ABS의 신용등급을 정확하게 평가함으로써 ABS 거래를 활성화시키는 데 있다.

(6) 신용보강기관

신용보강기관은 ABS의 신용등급을 높이기 위해 일정 한도 내에서 ABS에 대해 지급보증을 하거나 신용을 보강한다. ABS의 원리금은 일차적으로 기초자산에서 발생하는 현금흐름으로 상환되나 이 현금흐름이 ABS의 원리금을 상환하기에 불충분할 경우에 대비하여 ABS 원리금의 전부 또는 일부를 보증한다.

3 자산유동화 증권의 종류

자산유동화 증권의 종류는 앞에서도 살펴본 바와 같이 유동화되는 자산에 따라 다양하게 존재한다. 이를 살펴보면 다음과 같다.

1) CARD

CARD(Certificates of Amortizing Revolving Debts)는 신용카드의 매출채권을 기초자산(Underlying asset)으로 하여 발행되는 ABS를 말한다.

신용카드의 매출채권은 대부분 단기간에 회수되고 이를 기초로 하여 발행되는 ABS는 장기간을 요구하므로 이러한 시간의 간격을 메꾸기 위해서는 재투자 구조가 이루어져야 한다. 즉 ABS를 발행할 때 기초자산으로 사용된 신용카드의 매출채권이 회수되면 회수된 자금의 일부로 그동안 발행된 ABS에 대한 이자를 지급하고 나머지 자금으로 새로운 신용카드의 매출채권을 매입하는 것이다.

2) CLO

CLO(Collateralized Loan Obligation)는 금융기관의 대출채권을 기초자산으로 하여 발행하는 ABS를 말하며 대출채권담보부 증권이라 한다. 기존의 대출채권을 유동화하는 CLO와 신규 대출채권을 기초자산으로 하여 발행하는 CLO로 나누어진다.

은행이 CLO 발행을 통해 대출채권을 유동화시키면 은행의 재무제표에서 대출채권이 삭제된다. 은행의 대출채권 중 자금 회수를 하는 데 있어 위험 가능성이 있는 대출채권이 재무제표에서 삭제되면 은행은 CLO 발행으로 자본의 건전성이 높아진다.

3) CBO

CBO(Collateralized Bond Obligation)는 채권을 기초자산으로 하여 발행되는 ABS를 말하며 채권담보부 증권이라 한다. 이미 발행된 채권을 기초자산으로 하는 유통시장 CBO와 신규 발행 채권을 기초자산으로 하는 발행시장 CBO로 구분된다.

발행시장 CBO는 신용도가 낮아 회사채를 직접발행하기 어려운 기업의 신규 발행이나 차환 발행을 지원하기 위해 도입되었다. 그리고 유통시장 CBO는 금융기관이 보유하고 있는 기(旣)발행 채권을 기초자산으로 하여 발행되는 ABS인데, 이는 금융기관의 유동성 제고와 자본의 건전성을 높일 수 있게 하고 있다.

4) MBS

MBS(Mortgage-backed Securities)는 주택저당채권을 기초자산으로 하여 발행되는 ABS로 주택저당증권이라고 한다. 금융기관들은 보유 중인 주택저당채권을 SPC에 매각하고 SPC는 이것을 기초로 MBS를 발행한다.

'주택저당채권 유동화 회사법'에서는 주택의 구입 또는 건축에 소요되는 대출 자금과 동 자금의 상환을 위한 대출 자금에 대한 채권으로서 당해 주택에 설정된 저당권에 의하여 담보된 채권으로 정의한다. MBS에 대해서는 추후 자세히 살펴보기로 한다.

5) PF ABS(부동산개발사업 자산유동화 증권)

(1) 서설

부동산개발 업체의 개발사업부지나 개발사업에서 발생하는 수익, 즉 분양 대금 등을 기초자산으로 하여 발행하는 증권을 말하며, 금융기관이 부동산개발 업체에게 대출을 실행하고 이 대출채권을 SPC에게 매각하여 자산유동화 증권을 발행한다.

신용도가 낮은 업체도 여기에서 자금 조달이 가능하며, 투자자 입장에서도 상대적으로 고금리 상품이기 때문에 선호한다. PF ABS 발행의 증가 원인은 'IMF 외환 위기' 이후 달라진 기업 환경, 부동산개발사업에서의 업무 분화 등이 있다.

(2) PF ABS의 발행 절차

PF ABS의 발행 절차는 다음과 같다.

첫째, 부동산개발을 시행하는 부동산개발 업체는 사업부지에 필요한 토지의 소유자와 토지 매매계약을 체결한다.

둘째, 부동산개발 업체는 사업부지 매입에 필요한 자금을 금융기관으로부터 대출을 받는다. 일반적으로 사업부지 매입에 필요한 자금은 제2 금융기관으로부터 대출을 받은 후 사업부지를 매입하고 이를 담보로 은행으로부터 대출을 받아 제2 금융기관에게 받은 대출금을 상환하는 방법이 사용된다.

셋째, 금융기관은 대출채권을 SPC에 매각한다.

넷째, SPC는 대출채권을 기초자산으로 하여 ABS를 발행하여 투자자에게 판매한다. SPC는 부동산개발사업으로부터 발생하는 수익을 투자자에게 되돌려주는 도관(conduit)[6]의 역할을 수행한다.

제3절 주택저당증권시장

1 주택저당증권의 개요

1) 주택저당증권의 개념

주택저당증권(MBS : Mortgage Backed Securities)은 자산 보유자인 금융기관, 즉 1차 대출자가 주택저당채권을 2차 대출 기관인 유동화 전문회사에 매각하고 유동화 전문회사가 이것을 기초로 발행하는 증권을 말한다. '주택저당채권 유동화 회사법'에서는 주택의 구입 또는 건축에 소요되는 대출 자금과 동 자금의 상환을 위한 대출 자금에 대한 채권으로서 당해 주택에 설정된 저당권에 의하여 담보된 채권으로 정의한다.

주택저당 시장은 금융기관이 주택 구입자에게 주택의 대출을 제공하는 제1차 저당 시장과 주택 대출을 기초자산으로 증권이 발행되는 제2차 저당 시장으로 구분된다. 제1차 저당 시장은 저당채권이 형성되는 시장이며, 제1차 대출 기관은 자금이 부족할 경우에는 저당채권을 제2차 저당 시장에 매각해

6) 사업도관체란 프로젝트로부터 발생하는 수익을 대출자나 투자자에게 환원시켜주는 역할을 하는 기구를 말한다. 도관체라고 표현하는 이유는 다음과 같다. 이 기구는 실질회사가 아니고 명목회사(paper company) 형태로 설립되며, 이 기구에는 법인세를 부과하지 않고 프로젝트로부터 발생하는 수익을 대출자나 투자자에게 단순히 전달하는 역할만 하기 때문에 도관체라는 명칭이 부여되었다.

서 유동성을 확보한다. 제2차 저당 시장의 존재로 저당채권이 유동화됨으로써 금융기관이 주택 구입자에게 구입 자금으로 대출해 줄 수 있는 자금이 충분히 확보될 수 있다.7)

2) 주택저당증권의 경제적 효과

MBS 발행에 따른 경제적 효과는 대출 금융기관, MBS 투자자, 주택 구입자 그리고 금융시장에 미치는 순으로 살펴볼 수 있다.

(1) 대출 금융기관

대출 금융기관은 제1차 저당 시장에서의 금융기관을 의미하며, 대출 금융기관에 미치는 경제적 효과는 다음과 같다.

우선 대출 금융기관은 주택 담보의 대출채권을 MBS 투자자에게 이전함으로써 주택 담보대출로 인한 대출 위험을 경감할 수 있어 재무의 건전성을 제고시킬 수 있다.

둘째, 주택 대출 금융기관은 주택 담보대출채권의 유동화를 통해 장기 대출에 따른 자금의 고정화 위험을 줄이고 자금 조달과 운용 간에 발생하는 만기 불일치에 따른 운용 위험을 경감할 수 있다.

셋째, 주택 대출 금융기관은 제2차 저당 시장에 주택 담보대출채권을 매각함으로써 자금을 조기에 회수할 수 있다. 그리고 조기에 회수된 자금을 다시 주택금융 자금으로 제공할 수 있어 자금의 회전율을 높일 수 있다.

(2) 투자자

투자자는 제2차 저당 시장에서 MBS를 구입하는 사람을 말하며, MBS 발행이 투자자에게 미치는 경제적 효과는 다음과 같다.

첫째, MBS가 투자 기관과 조건에 따라 다양하게 발행되므로 투자자들에게 투자에 따른 선택의 폭을 확대시켜 준다. 둘째, MBS는 급격하게 주택 가격이 하락하지 않는 한 투자에 따른 안정성이 높고 동일한 신용등급의 회사

---

7) 이창석, 「부동산학개론」(서울 : 형설출판사, 2011), p. 679.

채보다 수익률이 높아 투자자들에게 매력적인 투자 기회를 제공해 준다.

(3) 주택 구입자

주택 구입자는 제1차 저당 시장에서 주택을 담보로 금융기관으로부터 자금을 대출받아 주택을 구입하는 사람을 말하며, MBS 발행이 주택 구입자에게 미치는 경제적 효과는 다음과 같다.

첫째, 주택저당증권시장의 활성화로 주택자금 공급의 확대, 대출금리의 하락, 대출 기간의 장기화 등 대출 조건이 주택 구입자에게 유리하게 작용한다. 둘째, 주택 구입자는 주택 구입 시 소규모의 자기자본으로 주택 구입을 할 수 있다. 셋째, 주택 구입자는 금융기관들의 주택 대출 여력의 확대로 장기 저리로 주택자금을 차입할 수 있다.

(4) 정부와 금융 시장

마지막으로 MBS 발행이 정부와 금융 시장에 미치는 경제적 효과는 다음과 같다.

첫째, MBS 발행의 활성화는 국내 장기 채권에 대한 투자를 활성화시켜 우리나라의 채권시장을 발달시킬 수 있다. 둘째, MBS 발행은 서민들의 내집 마련에 대한 금융 지원을 원활하게 하고, 주택 담보대출 기간을 장기화하면서 이 기간 동안 고정금리를 유도할 수 있어 서민들의 주거 안정에 도움을 줄 수 있다. 마지막으로 국민들의 주택에 대한 사고 의식을 소유 개념에서 투자나 이용 개념으로 변환시킬 수 있다.

2 주택저당증권의 발행 절차

1) 저당 시장

주택저당증권, 즉 MBS는 자산 보유자인 금융기관인 1차 대출자가 주택저당채권을 2차 대출 기관인 SPC에 매각하고 SPC가 이것을 기초로 발행하는 증권이다. 따라서 주택저당 시장은 금융기관이 주택구입자에게 주택의 대출을 제공하는 제1차 저당 시장(primary mortgage market)과 주택대출을 기초자산으로 증권이 발행되는 제2차 저당 시장(secondary mortgage market)으로 구분된다.[8)]

(1) 제1차 저당 시장

제1차 저당 시장이란 저당대부를 원하는 수요자와 저당대부를 제공하는 금융기관(대출자)으로 형성되는 시장을 말한다.

제1차 저당 시장의 대출자는 주택을 구입하고자 하는 주택 수요자와 새로이 주택을 공급하고자 하는 주택 건설업자에게 저당권을 설정하고 자금을 대출해 주며, 이로 인해 대출자는 저당을 보유하게 된다. 제1차 저당 시장의 대출자들은 설정된 저당을 자신들의 대출채권으로 보유하기도 하고, 자금의 여유가 없을 때에는 이를 제2차 저당 시장에 매각하기도 한다.

(2) 제2차 저당 시장

제2차 저당 시장은 저당 대출자와 다른 투자자들 사이에서 기존의 저당을 사고파는 시장을 말한다. 제1차 저당 시장의 대출자들은 제2차 저당 시장에서 그들이 보유한 저당을 매각하고 필요한 자금을 조달한다.

제2차 저당 시장에서 주택 저당을 유동화시키는 과정은 저당 대출자와 투자자들 사이에서 직접 이루어질 수도 있으나, 우리나라에서는 한국주택금융에서 자산의 유동화 업무를 담당하고 또한 저당에 대한 채무의 불이행에 대한 보증을 함으로써 시장의 신뢰도를 높이고 있다.

2) 주택저당증권의 발행 절차

(1) 일반적인 발행 절차

주택저당증권, 즉 MBS의 발행 절차는 앞에서 이야기한 ABS의 발행 절차와 유사하다.

MBS의 발행 절차를 순서대로 나열하면 다음과 같다. 도표 9-2

8) 상게서, p. 687.

도표 9-2 MBS의 발행 과정

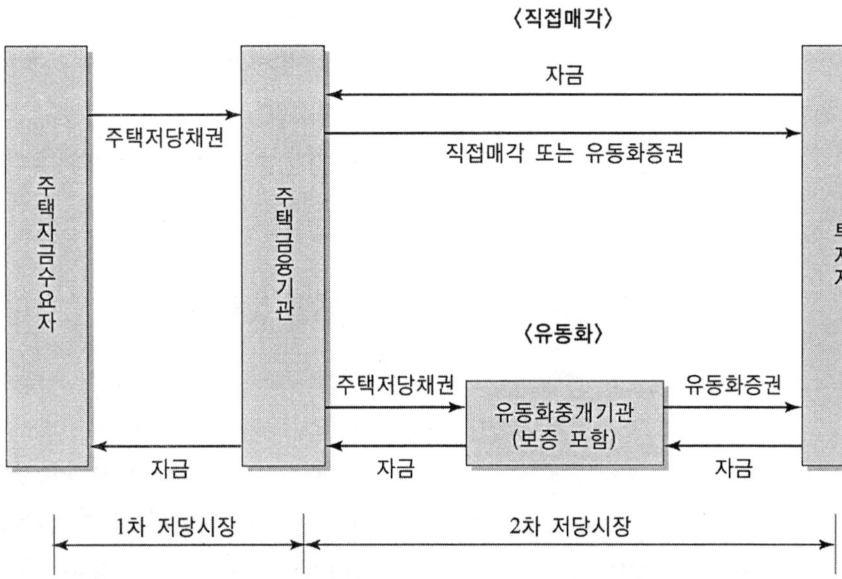

첫째, 유동화 대상이 되는 자산인 주택저당의 대출채권을 보유한 금융기관들은 이를 SPC에 양도한다. 주택저당의 대출채권을 보유한 금융기관들을 자산보유자라고 하며, 자산보유자들은 대개 일반은행들이 된다. 일반은행들은 주택을 구입하고자 하는 구입자들에게 주택을 담보로 주택 구입자금을 대출하며, 이러한 주택구입 대출 중 주로 MBS 발행의 대상이 되는 것은 장기 주택저당의 대출채권인 모기지(mortgage)이다.

둘째, SPC는 금융기관(자산보유자)으로부터 양도받은 주택저당의 대출채권들을 모아 자산구성(pooling)을 한다. SPC는 자산구성을 하고 난 후, 이로부터 발생하는 원금과 이자 등 현금흐름을 재조정하여 유동화 증권인 MBS를 만들어 낸다. SPC는 증권의 발행 과정에서 신용평가회사로부터 신용등급을 받으며 필요한 경우 '신용보강'을 한다. 신용보강으로 인해 MBS의 신용등급이 자산보유자의 신용등급보다 높게 책정되는 경우도 발생한다.

우리나라에서는 MBS 시장의 활성화를 위해 SPC의 역할을 한국주택금융공사가 담당하고 있다. MBS 시장에서 SPC의 역할을 한국주택금융공사가 담당함으로써 다른 자산유동화 증권시장에 비해 MBS 시장의 공신력은 제고되었다고 볼 수 있다. 이에 관한 MBS의 발행 절차는 별도로 살펴보기로 한다.

셋째, SPC는 증권의 발행을 주선할 주관회사를 선정하고 MBS를 일반 투자자들에게 매각한다. 일반 투자자들은 MBS의 발행 단위 금액이 크기 때문에 주로 대규모 자금을 운영하는 기관투자가들이다.

넷째, 일반 투자자들은 MBS의 매입 대금을 SPC에 납입하며, SPC는 납입 대금을 자산보유자인 금융기관들에게 지급한다.

다섯째, SPC는 자산유동화에 필요한 자산양도 등록신청서와 유가증권 신청서를 '금융감독위원회'에 제출해야 한다.

(2) 한국주택금융공사에 의한 MBS의 발행 절차

한국주택금융공사에 의한 MBS의 발행 구조는 공사가 민간의 금융기관으로부터 공사의 주택저당대출 상품인 보금자리론을 양도받아 신탁하고, 이를 기초자산으로 하여 MBS를 발행한다. 공사가 발행한 MBS의 원리금 지급은 한국주택금융공사가 보증하며 궁극적으로 정부가 책임을 진다. 한국주택금융공사에 의한 MBS의 발행 절차를 나타내면 다음과 같다. 도표 9-3

도표 9-3 한국주택금융공사의 MBS 발행 절차

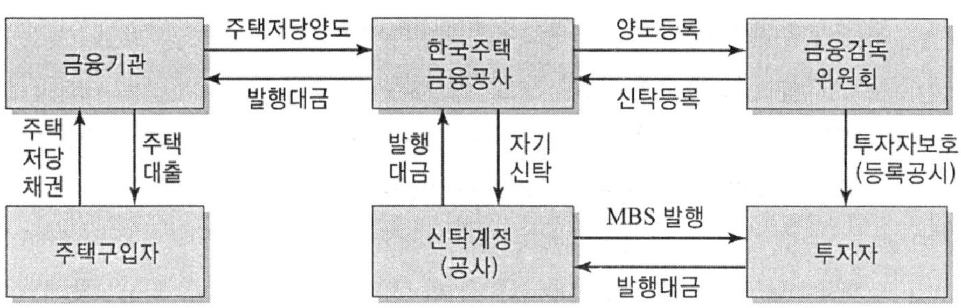

자료 : 한국주택금융공사

한국주택금융공사의 발행 절차를 순서대로 나열하면 다음과 같다.

첫째, 금융기관들은 공사와의 업무 제휴를 통해 공사의 주택대출 상품인 보금자리론을 주택 구입자들에게 판매한다.

둘째, 공사는 금융기관들이 판매한 보금자리론을 양도받아 이를 신탁한다. 공사는 금융감독위원회에 신탁 등록을 하고 별도의 신탁계정을 설치한다.

셋째, 공사는 금융기관들이 판매한 보금자리론을 기초자산으로 하여 MBS를 발행하며, 이를 일반 투자자들에게 판매한다.

넷째, 일반 투자자들에게 MBS를 판매한 대금을 공사는 금융기관들에게 지급한다.

3 주택저당증권의 종류

1) MBB

MBB(Mortgage Backed Bond)는 자산 보유자가 저당 대출채권의 소유권을 보유하며, 이로부터 발생하는 현금흐름을 재조정하여 투자자에게 채권 형태로 매각하는 형태의 MBS이다. MBB는 채권형 MBS라 하며 '주택저당대출 담보부 채권'이라고도 한다.

MBB는 일반 회사채와 같이 보유 기간 동안 정기적으로 이자를 지급하고 특정된 만기 시에 원금을 지급하고 있다. 그런데 MBB는 기초자산인 주택저당채권의 현금흐름과 상이하게 증권을 발행하므로 자산 관리자의 업무가 쉽지 않고 자산 관리 비용이 상승하는 문제점이 나타난다.

만약 주택자금의 차입자들이 대출 기간의 만기가 도래하기 전에 대출금을 조기 상환하는 경우 대출자 입장에서는 이자 수익의 감소와 자산 관리상의 문제가 발생하게 된다. 따라서 대출자는 차입자가 대출금을 조기 상환할 경우 벌금을 부과하기도 한다.

MBB는 조기 상환 위험을 발행 기관이 부담하며 투자자들은 이러한 위험부담에서 해방된다. 또한 투자자들은 '콜 방어'(call protection)를 할 수 있는 장치가 마련되어 있다.

'콜 방어'란 MBS 발행 기관들이 MBS 원금을 조기 상환하는 것에 대해 투자자들이 거부하는 권리를 말한다. 발행 기관들이 MBS의 원금에 대해 투자자에게 조기 상환하면 투자자들의 입장에서는 안정적인 자금 운용이 방해받을 수 있다. 따라서 발행 기관들이 조기 상환할 경우 발행 기관들은 위약금을 투자자에게 지불하게 된다. '콜 방어'는 주택저당채권의 전체 기간에 걸쳐 허용하는 것과 일정기간만 허용하는 부분적 '콜 방어'가 있다.

결론적으로 MBB는 발행 기관에게는 불리하나 투자자에게는 유리한 구조를 가지고 있다. 따라서 MBB가 크게 활성화되지 못한 이유도 MBB의 발행이 발행 기관에게 불리하게 구성되어 있기 때문이다.

2) MPTS

MPTS(Mortgage Pass-Through Securities)는 저당 대출채권의 소유권이 자산 보유자에게서 투자자에게로 이전되고 현금흐름도 차입자가 지불하는 대로 투자자에게 그대로 이전되는 형태의 MBS이다. MPTS는 지분형 MBS라 하며 '주택저당대출 지분 이전 증권'이라 한다.

MPTS는 MBB의 문제점을 보완하고자 개발된 새로운 형태의 MBS이다. MPTS는 기초자산인 주택 저당 대출채권, 즉 모기지(mortgage)로부터 발생되는 원리금의 상환을 정기적으로 투자자에게 지급하는 형식으로 원리금의 지급이 이미 확정된 MBB와는 다른 형태를 취하고 있다.

MPTS는 조기 상환 위험, 이자율 변동 위험, 채무불이행 위험 등 MBS와 관련된 모든 위험을 투자자에게 이전시킨다. 조기 상환 위험은 앞에서 설명한 바와 같이 예정보다 조기에 원금이 상환됨으로써 발생하는 위험이다. MBB는 조기 상환 위험을 발행 기관이 부담하며, 또한 투자자들은 '콜 방어'(call protection)를 할 수 있는 장치가 마련되어 있었다. 그러나 MPTS는 MBS 발행과 관련된 모든 위험을 투자자가 감수하게 되므로 콜 방어가 불가능하다. 이자율 위험은 시장이자율의 상승으로 채권 가격이 하락하는 위험을 말한다. 채무불이행 위험은 주택 구입자, 즉 채무자가 모기지 원리금의 상환을 일정기간 이상 이행하지 않는 것을 말한다. MPTS의 투자자는 이러한 모든 위험을 감수해야 하므로 모기지를 발행한 금융기관의 지분 투자자와 마찬가지인 위치가 된다.

MPTS는 모기지의 자산 집합(pool) 내로 유입되는 모든 현금을 투자자에게 그대로 이전함으로써 금융기관들의 자산 관리에 대한 부담을 경감시켰다. 그러나 관련 위험을 투자자에게 전가함으로써 투자자의 입장에서는 불리한 구조이다.

3) MPTB

MPTB(Mortgage Pay-Through Bond)는 자산 보유자가 저당 대출채권의 소유권을 보유하나 이로부터 발생하는 현금흐름은 재조정 없이 투자자들에게 그대로 이전되는 형태의 MBS이다. MPTB는 지분형과 채권형이 혼합된 혼합형 MBS이며, '주택저당대출 지불 이전 채권'이라 한다. MPTS는 조기 상환 위험 등 모든 위험을 투자자에게 전가하고 있으며, MBB와는 달리 만기도 확정되지 않고 수익률도 확정되지 않기 때문에 투자자들은 MPTS 투자를 주저하게 되었다. 이러한 MPTS의 단점을 보완하기 위해 MPTB가 개발되었다.

MPTB는 MPTS와 마찬가지로 원금의 상환을 투자자에게 그대로 이전시키나, 남은 원금에 대한 이자는 다양한 신용보강을 통하여 확정된 금액으로 투자자에게 지불한다. MPTB는 MPTS와 MBB의 중간적 형태를 취하고 있어 MPTS에 비해 투자자의 폭이 확대될 수 있다.

4) CMO

(1) 서설

MPTB의 경우 확정된 이자를 투자자에게 지불하므로 수익률과 관련된 불확실성은 어느 정도 개선하고 있으나 원금의 상환은 그대로 투자자에게 지불하므로 조기 상환의 위험 등과 관련한 만기의 불확실성은 그대로 남아 있다.

이러한 불확실성을 개선하기 위해 개발한 것이 CMO(Collateralized Mortgage Obligation)이다. CMO는 '다계층 주택저당채권'이라고 하며 MBB와 MPTS를 결합한 형태의 혼합형 MBS이다.

CMO는 자산 보유자가 저당 대출채권의 소유권을 보유하나 이로부터 발생되는 현금흐름은 재조정 없이 투자자들에게 그대로 이전된다는 점에서 MPTB와 동일하다. 그러나 단일화되어 있는 상환 기간과 수익률이 아니라 다양한 상환 기간과 수익률을 가진다는 점에서 MPTB와 다르다.

CMO는 다양한 종류의 주택 저당 대출채권을 기초자산으로 하여 이로부터 발생되는 현금흐름을 투자자의 요구에 알맞게 세분화하여 다양한 현금흐름이 발생하도록 한 것이 특징이고, MPTB와는 달리 복수의 트랜치(tranches)[9]를 가진다. 그러므로 투자자는 자신의 선호도 및 자산 운용 계획에 의거하여 다양한 트랜치를 선택하여 투자할 수 있다.

(2) CMO의 종류

CMO의 종류에는 회수되는 원금만 조정하는 것과 원금 외에 이자까지도 조정하는 것으로 나눌 수 있다. 회수되는 원금만 조정하는 방법을 통해 발행되는 CMO에는 '순차상환구조'(Sequential Pay Class, Plain Vanilla)와 '계획상환구조'가 있다. 순차상환구조는 원금은 순차적으로 상환하되 이자는 모든 종목에 대해 매월 지급하는 것과 순위가 앞선 종목들의 원금 상환이 만료될 때까지 이자를 지급하지 않는 Z-bonds가 있는 구조로 나누어진다.

계획상환구조는 기초자산의 조기 상환으로 인한 증권 만기의 변동성 위험을 회피할 수 있도록 설계된 것을 말한다. 영어로는 '계획상환구조'를 PACs(PAC : Planned Amortization Classes)라고 한다. PACs의 특수한 형태로는 TACs(Targeted Amortization Classes), Z-class 등이 있다.

원금에 이자까지도 재조정하는 방법을 통해 발행되는 CMO에는 이자만 지급하는 IO(Interest Only)와 원금만 지급하는 PO(Principal Only) 등이 있다. 다음에서는 이러한 CMO의 종류에 대해 부가 설명을 하고자 한다.

(3) 순차 상환형 CMO

순차 상환형 CMO는 주택저당채권의 집합(pool)을 가지고 다양한 만기와 듀레이션(duration : 채권에서 발생하는 원리금을 현재가치로 산출하여 평가한 채권 상환의 가중평균 기간)을 가진 여러 트랜치로 구성된 주택저당증권이다. 순차 상환형 CMO는 이자의 지급방식에 따라 두 가지로 구분된다.[10)]

첫째는 원금은 순차적으로 상환하되 이자는 모든 종목에 대해 매월 지급하는 것이고, 둘째는 순위가 앞선 종목들의 원금 상환이 만료될 때까지 이자를 지급하지 않는 Z-bonds가 있는 구조이다.

---

9) 트랜치란 CMO가 단일화 되어있는 상환기관과 수익률이 아니라, 다양한 상환기관과 수익률이 존재된 채권이므로 CMO에서 각 상환 기간별 또는 수익률로 나누어진 세부종목을 의미한다.

10) 이중희, 「부동산 구조화 금융의 이해 제2판」(서울 : 부연사, 2015), p. 230.

모든 종목에 이자가 지급되는 순차 상환형 CMO에서 원리금 상환은 주택저당채권으로부터 회수되는 상환금액과 예상보다 조기에 상환되는 조기 상환액을 우선 만기가 가장 짧은 트랜치의 원리금 상환에 사용되고 다른 트랜치에 대해서는 이자만 지급하고 원금은 상환하지 않는다. 만기가 가장 짧은 트랜치의 원리금 상환이 모두 이루어지면 다음으로 만기가 짧은 트랜치에 대해 원리금 상환이 되고 다른 트랜치에 대해서는 이자만 지급하고 원금은 상환하지 않는다. 모든 종목에 이자가 지급되는 순차 상환형 CMO는 이러한 방식에 의해 순차적으로 원리금이 상환된다.

원금이 상환되는 트랜치를 '액티브 트랜치'(active tranche)라 하고, 이자만 지급되고 원금이 지급되지 않은 기간을 '원금지급정지기간'(principal lock-out period), 원금이 지급되는 기간을 '원금지급기간'(payment window)이라 한다.

다음으로 Z-bonds가 있는 경우이다. Z-bonds란 CMO의 여러 트랜치 중 만기가 더 짧은 채권의 원리금이 지급되는 동안에는 원리금이 지급되지 않고, 이들 채권의 원리금이 지급된 후에 원리금이 지급되는 형태의 CMO를 말한다. Z-bonds도 다른 트랜치처럼 주어진 금액과 이자율에 따라 매월 이자가 발생한다. 그러나 Z-bonds에서 발생하는 이자는 Z-bonds 투자자에게 지급하지 않고 다른 트랜치의 상환에 사용하며, 대신 Z-bonds의 원금에 가산해 놓는다. Z-bonds의 잔액은 다른 트랜치가 전부 상환될 때가지는 발생 이자가 더해지기 때문에 줄어들지 않고 오히려 늘어난다. Z-bonds는 다른 트랜치가 전부 상환될 때가지 원리금이 누적되며, 다른 트랜치가 전부 상환되고 나면 원리금이 지급된다.

(4) PACs(계획상환구조) CMO

PACs(planned amortization class : PACs, 계획상환구조)는 기초자산의 조기 상환으로 인한 가중평균 만기(WAL : Weighted Average Life) 변동성 위험을 회피할 수 있도록 설계된 CMO를 말한다. 투자자는 기초자산의 조기 상환 속도가 당초 예상보다 느려지면 증권의 만기가 생각보다 늘어나는 위험이 있고, 반대로 조기 상환 속도가 예상보다 빨라지면 증권의 만기가 생각보다 단축되는 위험에 직면한다. 이러한 위험을 일정한 범위 내에서 통제하기 위해 고안된 구조가 PACs이다.

조기 상환 속도가 일정한 범위를 벗어날 경우에 발생하는 위험을 방어하고 계획적으로 상환되도록 돕는 종목을 '컴패니언'(companions)이라 한다. 컴패니언(companions)이란 원래 PACs의 원금 상환 일정에 벗어난 현금흐름이 발생할 것에 대비하여 이러한 현금흐름을 별도로 적립하여 두는 것을 말한다. 컴패니언은 PACs와 짝을 이루어 발행되며, 조기 상환이 예상보다 많아질 때는 현금흐름을 더 많이 수취하고, 조기 상환이 예상보다 적어질 때는 현금흐름을 더 적게 수취하여 PACs의 만기 연장 위험을 방어한다.

컴패니언에 적립된 금액도 상환 일정에 따라 원금 상환 일정과 동시에 컴패니언에 투자한 투자자에게 분할상환(amortization)된다. PACs는 원금 상환 금액을 일정 수준으로 상환하는 부분과 예상보다 더 많이 또는 더 적게 상환되는 부분으로 구분한다. 안정적인 투자를 원하는 투자자에게는 전자를, 높은 수익을 원하는 투자자에게는 후자를 판매한다.

PACs의 특수 형태에는 TACs가 있다. TACs는 조기 상환금액이 예상보다 많은 경우에 초과되는 원금 상환액을 컴패니언에 할당하여 투자자를 보호하지만 조기 상환금액이 예상보다 적어져 가중평균 만기가 연장되는 위험에 대해서는 투자자를 보호하지 않는 CMO이다.

(5) 변동금리형 CMO

지금까지 살펴본 CMO 구조는 고정금리 대출을 기초자산으로 하여 고정금리 증권을 발행한다는 공통점이 있다. 그러나 금융시장에는 변동금리 증권을 선호하는 발행자와 투자자가 있다. 이들을 만족시키기 위해 변동금리형 CMO가 필요하다. 그리고 변동금리 부채로 자금을 조달하여 고정금리 자산으로 자금을 운용하는 금융기관들이 현실적으로 많이 있다. 그런데 이들은 자산과 부채의 금리가 일치하지 않는 위험에 직면하고 있다. 예를 들어 모기지론의 금리는 고정되었는데 조달 자금의 금리가 상승하면 금융기관은 손실을 입는다. 변동금리 부채로 자금을 조달하는 금융기관은 이러한 위험을 피하기 위해 자산의 일정 부분을 변동금리 자산으로 운용할 필요가 있다. 이와 같이 금융기관들이 자산과 부채의 금리가 일치하지 않는 위험을 회피하기 위한 CMO도 필요하다.

상기와 같은 필요성에 의해 고안된 CMO가 변동금리채(floater, 플로어터스)와 역변동금리채(inverse floater, 역플로어터스)이다. 이것은 기초자산의 고정금리 현금흐름을 가지고 변동금리 채권과 역변동금리 채권을 함께 발행하는 구조로 구성된다.

플로어터스와 역플로어터스는 변동금리형 CMO이다. 플로어터스는 CMO를 구성하고 있는 각 트랜치의 이자율을 특정 이자율 지표(기준 금리)에 가산 금리를 더한 이자율과 연동시켜 일정기간마다 조정하도록 설계되었다. 플로어터스는 시장이자율이 급격히 상승할 경우 주택저당증권의 대출자가 이자 금액을 조기에 상환하면 투자자가 손실을 입게 되고 반대의 경우도 가능하다. 시장이자율의 변동으로 발생하는 위험을 해결하기 위해 동일한 트랜치에 역플로어터스를 같이 설계한다. 역플로어터스는 특정 이자율 지표(기준 금리)에 가산 금리를 차감한 이자율과 연동시켜 이자율과 역으로 움직이도록 설계되었다.

(6) IO(Interest Only)와 PO(Principal Only)

원금에 이자까지도 재조정하는 방법을 통해 발행되는 CMO에는 이자만 지급하는 IO(Interest Only)와 원금만 지급하는 PO(Principal Only) 등이 있다.

PO는 모든 원금을 수령하므로 처음부터 투자자들은 총 현금흐름을 알 수 있으나 원금의 수취 시기만 불확실하다. 시장 금리가 하락하면 할인율이 낮아지고 조기 상환 속도가 빨라지므로 PO의 가치는 증대된다. 따라서 PO는 금리가 하락하는 시기에 유리하고 상승기에는 불리하다.

IO는 이자 수입이 채권의 잔액에 따라 결정되기 때문에 현금흐름이 불확실하다. 금리가 하락하면 조기 상환이 증가하여 채권 잔액이 빠르게 감소하므로 이자 수입이 감소한다. 반대로 금리가 상승하면 이자 수입이 증가한다. 따라서 IO는 PO와 반대로 금리가 상승할 경우에는 유리하고, 금리가 하락하면 불리하다.

제10장

부동산투자회사와 부동산펀드

제1절 부동산투자회사(REITs)

1 서설

1) 신탁의 역사적 배경과 부동산투자회사

(1) 신탁의 역사적 배경

투자신탁은 산업혁명 이후 성장한 영국의 중산층이 효과적인 재산 증식 수단을 필요로 하는 과정에서 발생한 금융 제도로 19세기 후반에 영국에서 시작되었다.[1]

한국의 경우는 1961년 '신탁업법'의 제정으로 은행에서 신탁 업무를 시작하였고 1969년 '증권투자신탁업법'이 제정되어 1970년 '한국투자공사'에서 처음으로 증권투자신탁 업무를 시작하였다. 초기에는 신탁 자산의 운용으로 부동산이 포함되지 않았으나 1998년 '신탁업법'의 개정으로 신탁 자산의 부동산 투자가 허용되면서 부동산 투자신탁이 생겨나게 되었다.

상기에서 살펴보면 우리나라의 경우 '신탁'과 '투자신탁'을 구분하고 있으나 외국의 경우는 이를 뚜렷하게 구분하고 있지 않다. 한국의 경우를 살펴보면 신탁은 은행에서 취급하는 것으로 금전신탁과 재산신탁으로 나눈다. 그리고 투자신탁은 펀드 상품이라고 불리는 것으로 투자신탁 운용 회사에서 운용을 전담하며 그 판매는 증권회사나 은행 등으로 다수 지정할 수 있다.

은행에서 취급하는 신탁은 금전 이외의 재산, 즉 주식, 채권, 부동산 등을 신탁할 수도 있는데 부동산신탁은 은행의 재산신탁 상품 중의 하나인 것을 알 수 있다. 투자신탁은 금전으로만 고객에게 수탁을 받을 수 있으며 금전으로 운용을 하며 고객에게 금전으로만 돌려줄 수 있다.

전체적으로 신탁은 투자신탁에 비해 약간 보수적으로 운용하여 투자수익률

---

1) 김철교·백용호, 「금융론」(서울 : 형설출판사, 2004), p. 310.

이 높지는 않으나, 투자신탁은 가입하는 펀드의 종류, 즉 주식형이냐 채권형이냐에 따라 투자수익률이 달라질 수 있다. 그리고 신탁은 '신탁업법'에 의해 감독을 받고, 투자신탁은 '증권투자신탁업법'에 의해 저촉을 받게 되었으나, 이 법률들은 2009년 2월에 공표된 '자본시장과 금융 투자업에 관한 법률'에 통합되어 폐지되었다.

(2) 부동산투자회사의 개념

부동산투자회사, 즉 REITs 제도는 다수의 투자자로부터 자금을 모아서 부동산 소유 지분(real estate equity ownership)이나 주택저당증권(MBS)에 투자하거나 부동산 관련 대출(mortgage loan) 등으로 운용하여 얻은 수익을 투자자에게 되돌려 주는 제도를 말한다.[2)]

REITs 제도가 기존의 부동산금융 상품, 즉 주택 담보대출, 부동산펀드, 프로젝트 파이낸싱(project financing), 부동산 투자신탁 상품 등과 다른 점은 무엇인지 살펴볼 필요가 있다. 이를 이해하기 위해서는 외국의 REITs 제도를 알아보아야 한다.

미국의 경우 REITs 형태의 회사는 19세기 중반 보스턴에서 탄생한 'Massachusetts Trust'로 보고 있으며, 본격적인 제도의 도입은 1960년 제정된 '부동산 투자신탁법(Real Estate Investment Trust Act of 1960)'이다.[3)] 이 법이 제정된 이유는 투자 수단으로서의 REITs가 다른 투자 수단에 비해 세제 혜택을 받지 못하는 점을 개선하고 REITs 제도를 활성화시키기 위해서이다.

REITs가 세제 혜택을 받기 위한 최소 요건으로서 매년 최소 90% 이상의 과세 대상 소득을 지분 소유자에게 지급하고, 지분 소유자가 100명 이상이어야 한다는 등을 '부동산 투자신탁법'에서 규정하였다.

미국의 REITs와는 달리 호주는 독자적으로 이 제도를 발전시켜 왔는데, 이를 '상장부동산신탁'(LPT : Listed Property Trusts) 제도라 한다. 이 제도는 1970년대 초부터 시작된 것으로서, 부동산에 투자하기 위해 불특정 다수의 투자자들로부터 자금을 모집하는 신탁 증권 방식의 상장 제도이다.[4)]

---

2) 이창석, 「부동산학개론」(서울 : 형설출판사, 2008), p. 737.
3) 한만희·조만, 「부동산 투자금융론」(서울 : 보성각, 2008), p. 344.
4) 김범석·유한수, 「부동산금융론」(서울 : 청목출판사, 2006), p. 193.

호주의 LPT 제도는 자산 운용이 주거용보다는 주로 상업용 부동산을 대상으로 이루어지고 있으며, 최근 미국을 비롯한 해외 부동산 투자 비중을 증가시키고 있다.

여러 나라에서 REITs 또는 이와 유사한 제도를 운용 중인데 회사형으로는 미국 제도가, 신탁형으로는 호주의 LPT 제도가 대표적이다. 각국의 부동산시장의 성격이나 환경의 차이가 있겠으나 미국의 REITs 제도가 전 세계에 널리 보급되었고 우리나라에서도 REITs 제도를 도입할 당시 미국식 제도를 대부분 채택하였다.

상기에서 살펴본 외국의 사례를 중심으로 한국의 REITs가 기존의 부동산 금융 상품, 특히 부동산 투자신탁 상품이나 부동산펀드 상품과 다른 점은 우선 이 제도들을 관장하는 법률이 상이하다는 것이다. 부동산 투자신탁 상품은 '신탁업법', 부동산펀드 상품은 '간접투자 자산 운용법', 부동산투자회사는 '부동산투자회사법'에 의해 그 영역이 구분되고 있다.[5]

REITs 상품은 사실상 상기의 2가지 부동산금융 상품과 큰 차이점을 가지지 않는다. 부동산을 직접투자하는 것이 아니라 간접투자하는 금융 상품이며, 투자 기간이라든가 투자 대상이 되는 부동산의 종류에서도 뚜렷한 차이점이 나타나지 않는다. 물론 부동산 투자신탁은 자산 운용이 보수적이어서 아파트 등 주거용 부동산에, 부동산투자회사에서는 상업용 부동산에 주로 투자하나 큰 차이는 아니라고 판단된다.

REITs가 이들 금융 상품과 구별되는 가장 큰 특징은 REITs가 주식회사의 형태로 운용된다는 점이다. REITs가 실체를 가진 주식회사이므로 REITs는 주식을 상장할 수 있고 또한 투자자 보호를 더욱 강화할 수 있다.

물론 '부동산투자회사법'에서 규정하고 있는 '자기 관리 REITs'는 상근하는 임원과 직원이 있는 실체 회사의 형태를 가져야하고, 기타 '위탁 관리 REITs'나 '기업 구조조정 REITs'는 명목 회사의 형태만 있어도 된다고 하였으므로 여기서는 '자기 관리 REITs'의 경우만을 가지고 그 특징을 논의한다고 보아도 무방하다.

우리나라의 부동산 관련 저술에서는 '부동산 투자신탁'과 '부동산투자회사'를 혼동하여 정의를 내리고 있다. 이는 외국의 경우에서는 혼동하여 사용하여도 무방하나 한국의 경우 관련 법률이 상이하므로 양자의 개념을 엄격히

---

5) '신탁업법', '간접투자 자산 운용법'은 2009년에 '자본시장과 금융 투자업에 관한 법률' 시행으로 폐지되었다.

구분할 필요가 있다고 생각된다.

부동산 투자신탁은 '신탁업법'의 개념에서 정의되고 '부동산투자회사', 즉 REITs는 '부동산투자회사법'에서 규정되고 있기 때문이다.

결론적으로 부동산투자회사, 즉 REITs는 '다수의 투자자로부터 자금을 모아서 부동산 소유 지분이나 주택저당증권에 투자하거나 부동산 관련 대출 등으로 운용하여 얻은 수익을 투자자에게 되돌려주기 위해 설립된 회사'로 정의할 수 있다.

2) 부동산투자회사의 특징

부동산투자회사, 즉 REITs는 '다수의 투자자로부터 자금을 모아서 부동산 소유 지분이나 주택저당담보증권에 투자하거나 부동산 관련 대출 등으로 운용하여 얻은 수익을 투자자에게 되돌려주기 위해 설립된 회사'로 앞에서 정의하였다. 이러한 부동산투자회사의 특징을 정리하면 다음과 같다.

첫째, 투자 지분을 소액 단위로 표준화·증권화한 상품이다. REITs는 부동산 지분을 소액 단위로 분할하여 증권화하고 자본시장을 통하여 다수의 투자자를 연결해 주며, 소액 투자자들에게 부동산 투자의 기회를 제공하여, 소액 투자자들도 부동산 경기 상승 시에 발생하는 자본이득을 향유하게 한다.

둘째, 기업공개(IPO)를 통한 부동산 지분의 환금성 확보이다. 유동성이 떨어지는 부동산을 소액 단위로 증권화하고 이를 상장하여 유동성이 높은 투자수단으로 변환해 준다. 또한 투자 지분이 상장된 REITs는 투자 지분의 소액화만 이루어진 투자신탁의 수익증권보다 유동성이 향상된다.

셋째, 투자 수익의 원천은 자산 운용을 통해 발생하는 현금흐름에 의존한다. REITs의 투자자는 기본적으로 투자 수익을 보유 자산의 운용을 통해 발생하는 정기적 현금흐름에 의존한다. 수익의 배당 기준은 운영수입(FFO : Funds From Operation)을 기준으로 하는 만큼 감가상각이 감안된 회계적 수익보다 현금흐름이 중요하다.

넷째, 전문회사를 통한 자산 운영의 효율성과 투명성의 확보이다. 자산 운영을 전문 자산운용회사가 관리함으로써 효율성을 높일 뿐만 아니라 투명성도 강화된다.

다섯째, 성장보다는 배당의 안정성을 중시한다. 발생 수익을 투자자에게 모두 배당하기 때문에 내부 유보를 통한 성장은 제약된다. 그러나 펀드 규모의 확대는 주로 유상증자를 통해 이루어지기 때문에 지속적인 성장을 위해서는 투자자의 재투자가 필요하다.

여섯째, 투자자 보호 장치가 우수하다. 간접투자 펀드인 만큼 공시 제도, 금융 감독을 통해 투자자 보호 장치가 뒷받침되어야 제도의 운영이 가능하다.

3) 부동산투자회사 제도의 장점

부동산투자회사, 즉 REITs 제도의 장점은 두 가지 측면에서 고찰해 볼 수 있다. 하나는 부동산시장의 정책적인 면에서의 장점이고 또 다른 하나는 투자자들의 입장에서 바라본 장점이다.

각각의 측면에서 REITs 제도의 장점을 서술하면 다음과 같다.

(1) 정책면의 REITs 장점

① 대규모 부동산 소유의 기회

REITs를 통하여 이루어 낸 가장 큰 획기적인 성과는 소액 투자자들에게 대규모 부동산 소유의 기회를 제공해 주었다는 것이다. 일반적으로 부동산에 대한 투자는 그 투자금액의 규모가 클수록 수익률도 비례하여 커지는 경향을 지니고 있다. 따라서 REITs를 통하여 소액의 투자자들도 보다 큰 투자 수익을 누릴 수 있는 기회가 생기게 되었다.

REITs 제도는 부동산을 분할·증권화하여 투자자들에게 매매하기 때문에 과거에는 큰 규모의 부동산에 대한 소유는 상상하지도 못했던 소액 투자자들도 부동산 투자에 참여할 수 있게 하였다. 향후에는 부동산 투자로 인한 자본 이득이 전 국민에게 골고루 돌아갈 수 있어 소득분배의 공평성 실현에도 일익을 담당할 것으로 보인다.

② 현금으로의 전환 용이

REITs 제도의 또 하나의 장점은 ABS, MBS 제도와 마찬가지로 유동성이 결여된 부동산을 증권화를 통하여 현금화가 손쉬운 형태로 전환시켰다는 점이다.

일반적으로 부동산은 그 규모가 크고, 고가이기 때문에 유가증권에 비해 거래도 잘되지 않고 환금성도 떨어진다. 이 점이 부동산에 대한 투자가 지니고 있는 가장 큰 단점인데 이제는 REITs를 통해서 투자자들은 매도 및 매수를 거의 동시적으로 할 수 있다.

금융회사들도 REITs를 통해 부동산을 채권이라는 형태로 보유하게 되어 부동산을 쉽게 유동화시킬 수 있다. 부동산의 유동화는 금융기관들의 대출회전율의 증가와 '자기자본비율'(BIS : Bank for International Settlements)[6]의 안정적 유지에 큰 도움이 될 것이다.

③ 부동산 전문가의 양성

REITs는 수동성(passive)의 원칙에 의해 스스로 부동산 경영에 참가하는 것이 금지되어 있다. 그러므로 REITs는 투자한 부동산의 관리를 위해 부동산 관리능력이 있는 전문가를 활용하게 된다. 이에 따른 관리비는 REITs의 전체 경비에서 차지하는 비율이 미미하기 때문에 투자자들에게 큰 부담이 되지 않으며, 투자한 부동산 관리를 위해 관련 전문가를 활용하므로 오히려 투자한 부동산의 수익성이 증대될 수 있다. 또한 REITs는 부동산시장에 관련 전문가들을 양성하는 역할을 하여 부동산관리 부문에서 국제 경쟁력을 강화시킬 수 있다. 이렇게 함으로써 부동산시장 개방으로 밀려드는 외국의 부동산 관리 부문에 대한 국내 시장 잠식을 막는 데에도 일조를 할 것이다.

(2) 투자자 입장에서의 장점

REITs 제도로 인해 투자자는 적은 자금으로 다양한 부동산을 선택할 수 있는 기회가 생기며 동시에 꾸준하고 안정적인 높은 배당과 주가 변동에 따른 자본이득의 가능성도 기대해 볼 수 있다. 또한 부동산을 담보로 제공하고 대출을 받은 차입자의 입장에서는 REITs로 인한 부동산시장의 규모 확대 때문에 금리 인하와 차입의 기회가 넓어지므로 자본 조달의 혜택을 누릴 수 있다. 이에 더하여 부동산 소유자는 REITs의 도입으로 부동산시장이 활성화되어 부동산을 통한 부채 상환이나 재투자를 위한 자금의 조달이 용이해지고, 부동산의 매각도 손쉬워져서 부동산에 대한 가격 상승도 기대할 수 있게 된다.

---

6) 국제결제은행(BIS)이 국제금융시장에서 자금을 차입하거나 투자하는 은행들에게 지키도록 권고한 '자기자본비율'을 말한다. BIS 비율은 은행의 자기자본(자본금+이익잉여금+자본잉여금)을 분자, 위험가중자산(전체 대출+투자금)을 분모로 하여 계산된다. BIS에서는 은행들에게 BIS 비율 8% 이상을 유지하도록 권고하고 있다.

이와 같이 REITs는 각 이해관계인들에게 고루 혜택을 주는 제도라 할 수 있는데 특히 투자자들의 측면에서 다른 종목의 투자와 비교하여 볼 때 다음과 같은 여러 가지 장점이 있다.

① 세제 혜택

투자자의 측면에서 REITs의 가장 큰 특징이자 장점은 법인 차원의 세금이 부과되지 않는다는 것이다. REITs는 일정한 세제상의 조건만 충족시키면 도관(conduit)으로 인정되어 비과세되고 운용 수익은 투자자들에게 배당 관계에서 과세된다. 즉, REITs 자체는 법인세가 부과되지 않는다. 그러므로 일반법인이 부동산에 투자하는 것보다 많은 세제 혜택을 받게 된다.

② 높은 수익률

모든 REITs는 배당(dividends)을 하게 되며 우리나라의 최근 8년간(2002년 ~2010년 3월 말)의 평균배당률은 8% 정도이다.[7] 이런 수치는 다른 일반 투자의 배당에 비하여 엄청난 투자가치를 투자자들에게 제공하고 있다. 더구나 최소 투자금액이 정해져 있지 않아 소액 투자자들도 투자를 할 수 있다.

③ 투자의 안정성

부동산 관련 주식이 갖는 장점 중에는 인플레이션에 대한 보호 장치가 있다는 것이다. 다른 주식에 투자할 경우 소위 깡통계좌가 될 수도 있지만, 부동산은 그 자체가 사라지는 것이 아니므로 그러한 면에서 투자 자금에 대한 최소한의 보호 장치를 자동적으로 지니고 있는 것이다. 부동산은 수익을 발생시킬 수 있는 잠재성을 지니고 있고 오래도록 소유할 수 있는 실물이다. 그래서 투자자들은 항상 부동산을 증권투자에 대한 대안으로 보아왔다.

투자자들을 위한 또 다른 장점은 REITs를 통하여 소액의 투자자들도 부동산 투자에서 전에는 가능하지 않았던 안전성을 확보할 수 있게 되었다는 것이다. 즉, REITs가 부채가 거의 없는 상태에서 부동산을 소유하기 때문에 투자에 수반되는 안전성이 크게 증대된 것이다. 한편 REITs는 일반 투자자들에게 회사 및 소유 부동산 내역, 관리 및 사업 계획, 그리고 회사 전망 등에 대한 보다 폭넓은 정보를 제공하여 투자의 투명성을 높이고 있다.

---

7) 최차순, "REITs 수익률 변동요인에 관한 연구", 감정평가학논집 제9권 제1호(한국감정평가학회, 2010), p. 56.

④ 부동산 투자를 통한 위험 감소

REITs를 통한 투자는 부동산 투자 대상을 분산화(diversification)함으로써 투자위험을 감소시키는 것이 가능하다. 지역별 혹은 부동산 유형별로 분산투자하여 위험을 감소시키는 경우도 있고, 투자자가 투자 대상이 다른 몇 개의 REITs를 가지고 독자적으로 분산투자(portfolio)를 만들어 위험을 감소시키는 경우도 있다.

⑤ 외부 감사를 통한 투명성의 확보

마지막으로 REITs의 성과는 이사회, 분석가, 감사 그리고 경제 금융 미디어로부터 항상 감사와 감시를 받는다는 점이다. 이러한 외부 감사와 감시로 인해 REITs의 경영 실적은 투명하게 공개될 것이고, 이러한 경영 투명성의 확보는 나아가 투자자를 보호하는 장치가 되기도 한다.

2 부동산투자회사 제도의 도입 배경과 역사

1) 미국

(1) REITs의 역사

미국의 경우 REITs 형태의 회사는 19세기 중반 보스턴에서 탄생한 'Massachusetts Trust'로 보고 있으며, 본격적인 제도의 도입은 1960년 제정된 '부동산 투자신탁법(Real Estate Investment Trust Act of 1960)'이라고 앞에서 서술하였다. 이 법에서 REITs가 세제 혜택을 받기 위한 최소 요건으로서 매년 최소 90% 이상의 과세 대상 소득을 지분 소유자에게 지급하고, 지분 소유자가 100명 이상이어야 한다는 등을 규정하였다.

미국에서 최초의 REITs는 1961년에 등장하였으나, 일반인들에게 보편화된 투자 수단으로 인식되어 투자가 급격히 증가하기 시작한 것은 1990년 중반 이후이다. '미국 REITs 협회'(NAREITs)가 조사한 2010년 말 기준 미국의 REITs 산업 규모는 다음과 같다. 도표 10-1

도표 10－1 미국 REITs의 산업 규모 (단위 : 개, 10억 불, 연말 기준)

연도	전체		지분형		저당 대출형		혼합형	
	회사수	시가총액	회사수	시가총액	회사수	시가총액	회사수	시가총액
1962	2	0.04	2	0.04				
1971	34	1.49	12	0.33	12	0.57	10	0.59
1980	75	2.30	35	0.94	21	0.51	19	0.85
1990	119	8.75	58	5.56	43	2.55	18	0.64
1995	219	57.54	178	49.91	24	3.40	17	4.23
2000	189	138.71	158	134.43	22	2.65	9	1.63
2005	197	330.69	152	301.49	37	23.39	8	5.81
2006	183	438.07	138	400.74	38	29.20	7	8.13
2007	152	312.01	118	288.70	29	19.05	5	4.26
2008	136	191.65	113	176.24	20	14.28	3	1.13
2009	142	271.20	115	248.36	23	22.10	4	0.74
2010	153	389.30	126	358.91	27	30.39	–	–

자료 : 미국 REITs 협회(NAREITs), 2010.

미국에서는 1960년대 이후 REITs가 도입되었고, 도입 초기인 1960년대에는 지분형 REITs가 선호되었다. 이후 1960년대 말부터는 모기지형 REITs가 증가하다가 1990년대 이후에는 지분형 REITs가 급격히 증가하는 추세를 보였다. 그러다가 2008년 서브프라임 모기지 사태로 REITs 산업이 시련을 겪으면서 오늘에 이르고 있다.

도입한지 50년이 지나면서 REITs는 미국에서 부동산 투자 수단으로 보편화되고 있고 일반인들에게도 중요한 투자 대상으로 여겨지고 있으며 그 자본 규모도 증가하는 추세이다.

REITs가 높은 배당, 세제 혜택 등의 장점과 함께 경기상황에 어느 정도 무관하게 안정적인 현금흐름을 투자자에게 보장하며, 일반 예금은행의 금리에 비해서도 높은 수익률을 가져다주는 한 REITs 주식은 주요한 투자 수단의 하나로 유지될 수 있을 것으로 전망된다.[8)]

(2) REITs 시장의 향후 전망

오늘날의 REITs는 19세기 매사추세츠 부동산신탁과는 매우 다르며, 미연방의회가 1960년에 REITs 산업을 창설하고자 계획했던 REITs와도 크게 다르다.

REITs 산업이 먼 길을 왔고 조직 및 운영 구조에 있어 많은 변모를 해오고 있지만, 핵심적인 REITs 개념과 REITs를 설립하고자 하는 열의는 앞으로도 지속될 것이다. 그러나 변화하는 시장에서 REITs도 생존을 위해 조직 구조, 소유 구조, REITs의 투자 전략 등은 꾸준히 진화하게 될 것이다.[9)]

전 세계는 지금 금융과 자본시장이 급속히 통합되어 가고 있으며, 과거에 비해 자본의 국경 간 이동 장벽이 사라지고 있으므로 REITs가 부동산 영역에서 이러한 흐름을 주도할 것으로 보인다.

REITs가 외국의 부동산을 대상으로 자금의 운용과 조달을 하는 데는 각국 간의 제도나 법률의 차이, 시장환경의 불확실성과 환위험(exchange risk) 등 불확실한 요인들 때문에 당초의 기대보다는 급속한 국제화가 진전되지 않을 수 있다.

그럼에도 불구하고 경제활동의 국경 간 장벽이 무너지고 통합화되어 가는 최근의 흐름에 비추어 볼 때 부동산시장도 이러한 흐름에 동화되어 갈 수밖에 없어, REITs의 활동도 국내를 넘어 해외 부동산으로 그 사업 영역이 확대될 것이다.

REITs가 해외 부동산으로 그 사업 영역을 넓혀 나가는 초기에는 제도적인 면이나 시장 상황 등 고려해야 할 위험 요인이 많으므로 진출하고자 하는 국가의 REITs나 부동산 관련 회사와의 연계를 통해 이루어질 것으로 예측된다. 그리고 점차 여건이 성숙되고 시간이 경과하면서 독자적인 활동도 추진할 것으로 보인다.

---

8) 일반적으로 미국 REITs의 수익률(9.07%)은 S&P 500 지수(11.12%)나 NASDAQ 지수(9.59%)보다는 낮고, 장기국채(4.0%)보다는 높은 것으로 알려져 있다(1984년~2010년간 평균, 상게서, p. 56.).

9) 최차순 외 2인, 「부동산 투자신탁·REITs」(서울 : 박영사, 2005), p. 41.

2) 한국

(1) 도입 배경 및 필요성

한국에 있어서 부동산투자회사 제도의 도입 배경은 다음과 같다.

첫째, 그동안 국내 부동산시장은 투기에 대한 우려로 정부의 규제가 심하고 낙후된 부동산 산업의 구조로 부동산 투자자들은 합리적인 의사결정에 의한 부동산 투자보다는 비합리적이고 투기적 행태를 보이는 투자 관행을 보여 왔다.

이러한 상황에서 부동산시장을 합리적인 투자가 이루어지는 선진화된 시장으로 변화시키기 위해서는 간접투자의 도입이 필요하였다.

둘째, 1997년 발생한 IMF 외환 위기는 그동안 계속 상승하기만 하던 부동산 가격이 하락하는 자산의 디플레이션 현상을 가져왔다. 그리고 IMF 외환 위기로 구조조정을 신속히 하여 생존을 도모하고자 하는 기업들이 늘어나게 되었다. 이들 기업들은 구조조정의 일환으로 보유 부동산을 매각하고자 하였으나 자산 디플레이션 현상으로 인해 보유 부동산 매각이 쉽지 않았다.

이러한 상황 하에서 정부와 업계는 침체된 부동산시장을 활성화하고 부동산시장의 투자 관행을 선진화하기 위해 REITs 제도 도입의 필요성을 절감하였다.

셋째, 종전 우리나라에서는 '신탁법'에 의해 신탁 제도가 도입되어 있었고 1991년에 이 제도를 확장하여 부동산신탁 제도가 시작되었다. 그러나 부동산신탁 제도는 제대로 된 수익성 구조를 창출하지 못하고 투자자 보호도 미흡하여 그 개선이 시급한 상황이었다.

마지막으로 REITs는 일반 국민들에게 소액 자금으로 부동산에 투자할 수 있는 기회를 제공하며 정부의 과세 기반을 확충하고 부동산 산업과 자본시장의 발전 등에 반드시 필요한 제도이다. 이러한 필요성 때문에 REITs 제도의 도입이 절실한 상황이었다.

(2) 제도의 내용 및 개선 과정

앞에서 논의된 도입 배경과 필요성으로 우리나라 정부는 2001년 7월에 '부동산투자회사법'을 제정하여 REITs 제도를 도입하였다. 도입 당시 부동산투자회사 제도는 기본적으로 미국의 회사형 REITs를 기반으로 하되 국내의 금융과 부동산시장의 상황을 감안하여 다소 변형하였으며 이의 주요한 내용은 다음과 같다.

REITs를 일반 REITs(K-REITs)와 기업 구조조정 REITs(CR-REITs)로 구분하였다. 일반 REITs는 부동산 전반에 투자하는 실체가 있는 상법상 주식회사로 설립하고 상근 임직원과 자산 운용 전문 인력을 두고 자산의 투자나 운용을 직접 관리하는 REITs이다.

CR-REITs는 기업의 구조조정용 부동산에 전문적으로 투자하는 실체가 없는 한시적 주식회사로서 자산의 투자나 운용 등을 제3자인 자산관리회사에 위탁하여 운용하며 일정기간(5년 이내)이 경과하면 REITs를 청산하여 투자자에게 자산을 배분하는 형태이다.

REITs 제도의 도입 후 CR-REITs는 어느 정도 설립도 되고 활동한 실적도 있었으나 일반 REITs는 설립이 전혀 이루어지지 않아 이의 활성화가 필요하였다. 이런 이유로 REITs 제도의 개선이 필요하여 2004년에 법률을 개정함으로써 REITs 제도의 개선이 이루어졌으며 이의 주요한 내용은 다음과 같다.

첫째, 일반적인 부동산을 대상으로 투자하는 일반 REITs, 즉 K-REITs의 설립을 활성화하기 위해 새로이 명목 회사형으로 '위탁 관리 REITs'를 도입하였다. 기존의 K-REITs는 명목 회사형이 아니고 상근 임직원과 지점을 갖춘 '실체 회사형'으로 한정하여 법인세 감면이 되지 않았다. 이러한 문제점을 개선하기 위해 K-REITs에 명목 회사형인 '위탁 관리 REITs' 제도를 신설하고 기존의 실체 회사형은 '자기 관리 REITs'라 하였다. 그리고 기존의 'CR-REITs'도 계속 존치토록 하였다.

둘째, REITs 설립과 운영에 대한 지나친 규제를 완화하였다. REITs의 최저 자본금을 종전 500억 원에서 250억 원으로 인하하고, 1인당 주식 소유한도도 10%에서 30%로 확대하였으며, 현물출자를 총자본금의 50%까지, 기존에 금지되었던 차입 및 사채 발행도 자기자본의 2배까지 허용하였다. 그리고 REITs가 부동산개발사업을 하는 것에 대한 규제를 대폭 완화하여 REITs의 사업 영역을 확대하고자 하였다.

2004년 개정된 '부동산투자회사법'으로 REITs 활성화의 기반은 마련되었으나 실제 활동은 미흡하여 이를 보다 활성화하기 위해 2007년에 다시 추가적으로 법을 개정하였고 이의 주요 내용은 다음과 같다.

첫째, REITs의 설립 및 운영 절차를 대폭 간소화하였으며 최저 자본금도 250억 원에서 100억 원으로 낮췄다. 특히 자본금이 최저 10억 원을 넘으면 일단 회사를 설립할 수 있으며, 영업 인가 이후 6개월 이내에 100억 원 이상을 확보하면 되도록 하였다.

둘째, REITs가 부동산개발사업에 투자하는 데 있어 규제를 종전보다 대폭 완화하였고, 주주총회의 특별결의가 있을 경우에는 자기자본의 2배를 초과하여 차입을 할 수 있도록 허용하였다. 그리고 연금과 기금이 REITs 발행주식의 30% 이상을 인수하는 경우에는 사모(私募)도 허용하였다.

셋째, 상법상의 채권자 최고 기간(2월 이상)과 달리 부동산투자회사의 최고 기간을 1개월 이상으로 단축하여 조기 청산을 지원하도록 하였다.

2007년 법을 개정한 이후 여러 여건상의 변화로 '부동산투자회사법'은 몇 차례 더 개정되었다. 이를 간략하게 정리하면 다음과 같다.

2010년에 REITs의 설립 요건을 더 완화하였다. '자기 관리 REITs'는 최저 자본금을 70억 원으로, 기타 REITs들은 50억 원으로 최저 자본금 기준을 낮추었다.

2013년에 REITs의 설립과 운영과 관련한 제도를 보완하였다. '자기 관리 REITs'에 대한 관리와 감독을 강화하기 위해 설립 시 자본금을 5억 원에서 10억 원으로 상향 조정하였고, '위탁 관리 REITs'의 1인당 주식 소유 한도를 30%에서 40%로 확대하였다. 그리고 REITs의 임대주택에 대한 투자를 확대하기 위해 REITs가 임대주택에 투자를 하는 경우에는 주식의 공모 의무와 1인당 주식 소유 한도의 적용을 배제하였다.

2014년에는 REITs의 영업 인가 시 사업대상 부동산에 대한 감정평가를 의무화하였고, '자기 관리 REITs'의 주요 출자자(발행주식의 5% 초과 보유자)에 대한 적격성 심사 제도를 도입하였다.

(3) 미국 제도와의 차이점

한국의 REITs 제도와 미국의 REITs 제도는 여러 면에서 유사점을 지니고 있으나, 양국의 부동산시장의 특성이 다르기 때문에 몇 가지 부분에서 차이점을 보이고 있다. 중요한 차이점을 설명하면 다음과 같다.

첫째, 미국의 경우 REITs의 설립 형태는 다양하나, 한국은 그 형태와 운용 기준이 관련법에 의해 엄격히 규정되어 있다. '부동산투자회사법'에 의해 설립되지 않은 회사는 REITs로 불릴 수 없으며, REITs로서의 세제 혜택도 받을 수 없다.

둘째, 세제 혜택은 미국의 경우 세법에서 정하는 기준만 충족하면 '사모REITs'도 그 혜택을 받을 수 있으나, 한국은 REITs 설립 시 공모에 의한 설립만 허용하고 세제 혜택도 이러한 기준이 충족되어야 받을 수 있다. 다만 CR-REITs와 연금과 기금 등이 주식으로 인수하는 경우 예외를 인정한다.

3 부동산투자회사 제도의 종류와 구조

1) 종류

REITs는 투자 대상, 환매 가능 여부, 기한의 한정 여부 등에 따라 여러 종류로 구분된다. REITs의 종류와 그 내용을 살펴보면 다음과 같다.

(1) 투자 대상에 따른 분류

첫째, 지분형 리츠(Equity REITs)는 총 투자자산의 75% 이상이 부동산 소유 지분으로 구성된 리츠를 말한다.

둘째, 모기지형 리츠(Mortgage REITs)는 총 투자자산의 75% 이상을 부동산 관련 대출에 운영되고 있거나 저당증권에 투자된 리츠를 말한다.

셋째, 혼합형 리츠(Hybrid REITs)는 총 투자자산이 부동산 소유 지분, 부동산 관련 대출, 주택저당증권 등에 혼합 투자되어 있기 때문에 지분형 또는 모기지형 부동산 투자신탁으로 분류될 수 없는 리츠를 말한다.

(2) 환매 여부에 따른 분류

첫째, 개방형 리츠(Open-end REITs)는 투자자가 자유롭게 투자금의 환매가 가능한 리츠를 말한다.

둘째, 폐쇄형 리츠(Closed-end REITs)는 일정기간 동안만 투자자들이 투자금을 환매할 수 없는 리츠를 말한다.

(3) 기한 한정 여부에 따른 분류

첫째, 무기한부 리츠(Nonfinite-life REITs)는 존속 기한이 정해지지 않고 무기한 운영되는 리츠를 말한다.

둘째, 기한부 리츠(Finite-life REITs)는 일정기간 동안만 운영되는 존속 기한이 정해진 리츠를 말한다.

(4) 법률상 조직 형태에 따른 분류

첫째, 신탁형 REITs는 주식회사 형태가 아니고 영업신탁 형태로 설정되는 리츠를 말한다. 투자자는 수입 증권을 매입하며 경영에는 관여하지 않는다.

둘째, 회사형 REITs는 주식회사 형태로 설립되는 리츠를 말한다. 투자자는 주식을 매입하고 경영에 참여한다. 그리고 보유 지분에 따라 유한책임을 지며 이익이 발생할 경우에는 배당을 받는다. 우리나라의 경우는 REITs의 설립을 회사형으로 규정하고 있다.

(5) 투자자산의 관리 주체에 따른 분류

첫째, 자기관리형 REITs는 투자한 부동산을 회사가 직접 관리하며 실체 회사형 리츠이다. 회사의 실체가 존재하므로 실제 근무하는 상근 임직원이 존재한다.

둘째, 위탁관리형 REITs는 투자한 부동산을 외부의 자산관리회사에 위탁하는 리츠이다. 명목 회사형(paper company)으로 설립되며 상근 임직원이 존재하지 않는다.

(6) 자금의 조달 형태에 따른 분류

첫째, 공모형(public offering) REITs는 불특정 다수의 일반 투자자를 대상으로 주식을 모집하여 자금을 조달하는 리츠이다. 공모형 리츠는 회사의 주식을 상장시켜 거래하도록 해야 한다.

둘째, 사모형(private placement) REITs는 불특정 다수가 아닌 특정 투자자를 대상으로 주식을 발행하여 자금을 조달하는 리츠이다. 사모형은 공모형에 비해 설립과 운영의 편의성, 정부의 적은 규제 등으로 자본시장에서 선호되는 편이다. 구조조정 리츠도 설립 목적에 따라 신속한 구조조정을 지원하기 위하여 사모 형태로 자금을 모집하는 경우가 많다.

(7) 기업구조조정 REITs(CR 리츠)

기업구조조정 REITs(CR 리츠 : Corporate Restructring REITs)란 기업이 구조조정을 위해 매각하는 부동산에만 투자하여 이를 관리 및 운용하고 투자수익을 투자자에게 분배하는 뮤추얼 펀드 형태의 부동산 투자신탁회사이다. CR REITs의 운용 구조는 일반 REITs와 동일하나 운용 대상이 제한되어 있는 것이 특징이다.

CR REITs는 회사의 설립 및 청산이 용이하도록 서류상의 회사 형태로 설립된다. 그리고 총자산의 70% 이상을 기업의 구조조정용 부동산에 투자해야 한다. 구조조정용 부동산이란 기업이 채무를 상환하기 위해 매각하는 부동산, 채권 금융기관과 재무구조 개선을 위한 약정을 체결하고 당해 약정 이행 등을 위해 매각하는 부동산, 회사 정리절차 및 화의 계약에 따라 매각하는 부동산 등이 있다. 취득세·등록세의 경우 50% 면제, 배당가능이익의 90% 이상을 배당하면 법인세 감면 혜택이 주어진다.

2) 구조

(1) 운용 구조

REITs는 투자자에게 주식을 발행하여 투자 자금을 조달한 후 부동산에 투자하며, 부동산 운용으로 인한 수익을 투자자에게 배당한다. REITs의 운용 구조는 다음과 같다. 도표 10-2

도표 10-2 REITs의 운용 구조

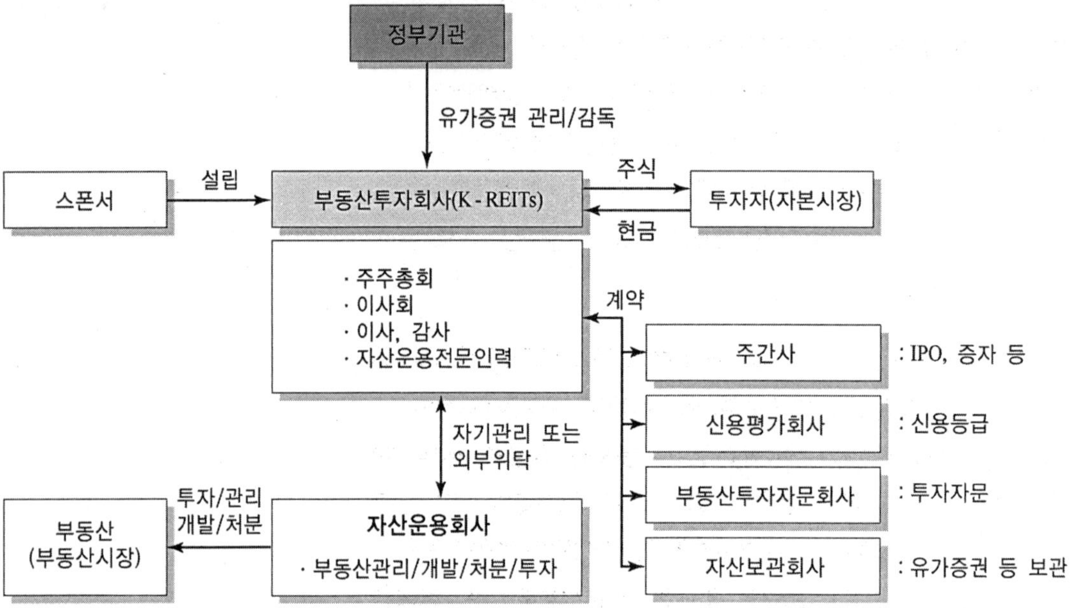

자기관리형 REITs는 별도의 자산관리회사가 불필요하나, 위탁관리형 REITs는 부동산 투자, 운용 업무를 자산관리회사에게 위탁해야 한다. 그리고 자산 관리 업무는 자산 운용의 투명성 확보를 위해 자산 보관 관리 회사에 위탁해야 한다.

(2) 일반 REITs의 자산 운용

부동산투자회사법에 의해 총 자산의 70% 이상은 부동산에 투자해야 하며, 총 자산의 80% 이상을 부동산, 부동산 관련 유가증권 및 현금으로 구성해야 한다. 그리고 이익배당 한도의 90% 이상을 주주에게 금전으로 배당해야 한다.

주주총회의 특별결의가 있으면 자기자본의 2배를 초과하여 차입이 가능하며, 부동산개발사업의 경우 총 자산의 30%에서만 투자할 수 있었으나, 부동산개발사업에 전문으로 투자하는 REITs는 총 자산의 70% 이상을 부동산개발사업에 투자가 가능하다.

(3) REITs 관련 회사

① 부동산투자회사(REITs)

부동산투자회사를 설립하려면 국토교통부장관의 인가가 필요하며 법인격은 주식회사로 한다. '자기관리 REITs'는 설립 시 총 발행주식의 30% 이상을 공모해야 하고, 1인당 주식 보유 한도는 30% 이내로 제한되어 있다. '위탁관리 REITs'는 설립 시 총 발행주식의 30% 이상을 공모해야 하고, 1인당 주식 보유 한도는 40% 이내로 제한되어 있다. 'CR-REITs'는 이러한 제한이 없다.

② 자산관리회사(AMC : Asset Management Company)

자산관리회사는 실질적으로 부동산자산을 투자 및 운용하는 기능을 수행하며, 최저 자본금 규모는 70억 원이다. 자산의 전문 운용 인력은 5인 이상이 필요하고, 위탁받은 업무 이외의 다른 업무 겸업은 금지된다.

자기관리형 REITs는 투자한 부동산을 회사가 직접 관리하는 실체 회사형이므로 자산관리회사에 자산을 위탁할 필요가 없으나 '위탁관리 REITs'나 'CR-REITs'는 명목 회사형으로 설립되므로 부동산자산의 투자나 운용을 외부의 자산관리회사에 위탁하여야 한다.

③ 부동산투자자문회사

부동산투자자문회사는 자산의 투자, 운용에 대한 자문 및 평가 업무를 수행하며, 최저 자본금 10억 원, 전문 운용 인력 3인 이상이며 국토교통부에 등록해야 한다. 부동산투자자문회사는 직접 자산을 운용하지 않고 자문 및 평가 업무만 수행하므로 겸업이 가능하다.

④ 자산보관회사

자산보관회사는 REITs가 자산 운용을 하는 데 있어 투명성을 확보하고 불법적인 자금 운용의 방지를 위하여 설립되었다. 부동산투자회사법에 의하면 자산보관회사는 신탁회사·한국주택토지공사·한국자산관리공사 등이 될 수 있다.

4 부동산투자회사의 가치 평가

1) 가치 평가의 필요성

1991년 도입된 부동산신탁은 수탁 자산이 부동산인 반면, REITs는 위탁자들이 금전을 위탁하여 부동산에 투자한다. 자금 조달의 형태는 기업공개 및 유상증자를 통하여 이루어지며, 차입 형태로는 무담보 회사채, 주택저당담보증권, CP 및 은행 차입 등으로 이루어진다.

업무의 범위는 부동산의 소유, 개발, 운영 및 관리를 총괄하게 되고, 뮤추얼펀드, 부동산투자전문회사, 은행 신탁, 연금, 보험회사 등이 REITs 주식에 투자하게 된다. REITs 주식의 대부분은 주식시장에서 자유로이 거래되고 있다.

REITs는 일반 다수의 투자자들에게 회사 경영상의 중요한 변동 사항에 관한 정보를 공개하게 하여 선의의 피해자가 발생하지 않도록 하고 있다. REITs는 투자자를 보호하기 위해 분기나 결산기 투자 보고서를 작성하여 비치하고 이를 공시하며 감독 당국에 제출한다. 그리고 국토교통부나 금융위원회는 REITs가 제출한 투자 보고서를 바탕으로 그 내용을 감독하거나 조사한다.

REITs에 투자하는 투자자들을 위해 REITs의 정확한 가치를 평가하는 것이 중요하다. REITs의 가치를 평가하는 데 있어서 가장 중요한 사항은 다른 투자 종목과 마찬가지로 자본 운영의 전문성이다. REITs에 투자하는 투자자들은 REITs의 가치를 정확히 알고 싶어 하므로 투자자들을 보호하기 위해서 REITs의 성과와 가치를 정확히 평가하는 척도나 기준이 필요하다.

2) 가치 평가의 기준

REITs의 성과나 가치를 평가하는 기준으로는 운영수입(FFO : Funds From Operations), 조정된 운영수입(AFFO : Adjusted Funds From Operations), 순자산가치(NAV : Net Assets Value), 배당수익률, 그리고 배당할인 등이 있다.

미국의 역사를 보면 REITs 회사마다 각기 다른 식으로 FFO(Funds From

Operations)를 정의해 왔다. 이런 현상은 혼란을 가중시켰는데, 이 문제를 해결하기 위해 NAREITs는 FFO에 대한 정의의 표준화를 시도하였다. 1996년 NAREITs(미국 REITs 협회)는 FFO를 GAAP(미국금융회계표준위원회에서 정한 일반적으로 인정된 회계원칙)에 따라 계산된 '순소득(net income)'을 의미한다고 정의하였다.

수입
(−) 운영비용

(−) 감가상각과 분할상환금
(−) 이자 비용
(−) 일반적인 관리 비용
=순이익

(−) 부동산판매이익
(+) 부동산감가상각
=FFO(Funds From Operations)
(−) 자본지출

(−) 임대조건향상으로 인한 분할상환금
(−) 임대차수수료의 분할상환금
(−) 계속적인 임대내용 조정
=조정된 운영수입 AFFO(Adjusted Funds From Operations)

FFO를 사용함으로써 투자자들과 분석가들은 잘못 평가된 가치를 바로잡을 수 있다. FFO는 그 값이 고정되어 있는 것이 아니라 증가할 수도 감소할 수도 있다. FFO는 REITs가 가지고 있는 자원을 사용해서 두 가지 방향, 즉 내적 및 외적인 성장을 한다. 내적인 성장은 새로운 자본이나 취득에 의존하지 않고 비용을 줄이거나 임대 소득을 늘리는 방법에 의해 이루어진다. 외적인 성장은 투자가치가 있는 재산의 취득, 개발, 그리고 확장을 통해서 이루어진다.

이와 같이 FFO는 REITs의 운영 성과를 측정하는 데 널리 쓰이는 기준이 되고 있으나, 다른 여러 가지 평가 방법도 REITs의 전체적 성과를 평가하는 데 고려되어야 한다. 예를 들어 REITs가 오래된 건물을 포함하고 있다면, 그 건물은 다른 건물에 비해 유지·관리 측면에서 보다 많은 지출이 발생하므로 이런 경우 FFO를 통한 가치의 평가가 부적절하게 된다. 그래서 많은 REITs 투자자들은 FFO에서 자본 지출 항목을 공제 한 후 계산되는 조정된 운영수입(AFFO)를 이용하게 된다.

조정된 운영수입(AFFO)는 운영수입(FFO)에서 실질적으로 재산의 가치를 상승시키지 않는 지출과 계속되는 임대 내용 조정 등을 빼면 산출된다. REITs 투자자들에게 가치 평가의 도구로써 AFFO가 GAAP(일반적으로 인정된 회계원칙)에 따라 계산된 순소득보다 더 유용하다. 즉 AFFO를 사용하여 REITs의 운영 성과, 현금 발생과 배당 지불 능력을 가장 정밀하게 측정할 수 있다.

AFFO는 보통 특별히 보고되지는 않으나 투자자와 분석가는 재무제표를 검토할 때 그것을 계산해야 한다. 두 개의 REITs에 대한 가치 평가를 비교할 때 사과와 사과를 오렌지와 오렌지를 비교하듯이 같은 유형의 평가 방법을 사용하는 것이 중요하다. 만약 한 REITs에 대해 가격/AFFO를 사용하여 가치를 평가했다면 그것과 비교하여 다른 REITs를 살펴볼 때 가격/FFO 또는 가격/순소득을 사용하여서는 안 된다.

순자산가치(NAV)는 부동산가치에서 이자비용이 발생하는 차입금을 차감하여 구한다. NAV에서 가장 중요한 것은 보유하고 있는 부동산가치를 어떻게 구하느냐 하는 점이다. 일반적으로 적용되는 부동산가치는 공인된 감정평가기관이 평가하게 되는데, 감정평가의 3방식 중 거래사례비교법이나 수익환원법을 적용한다.

배당수익률은 현재 거래되고 있는 REITs의 주가에서 주당 배당금을 가지고 계산한다. 예를 들어 어떤 REITs의 주가가 10,000원이고 연간 주당 배당금이 1,000원이라면 배당수익률은 10%가 된다. 마지막으로 배당할인은 REITs가 투자한 부동산으로부터 발생할 것으로 기대되는 배당금, 즉 현금흐름을 할인율을 적용하여 계산한 현재가치를 말한다. 할인율은 투자자들이 다른 투자를 포기하고 특정 REITs에 투자할 경우, 이에 수반되는 위험의 대가로 요구하는 최소한의 기대수익률을 의미한다.

5 한국의 부동산투자회사 제도

1) 서설

(1) '자본시장과 금융 투자업에 관한 법률'의 주요 내용

'자본시장과 금융 투자업에 관한 법률'은 자본시장과 금융 투자업에 관한 법률로서 자본시장에서의 금융 혁신과 공정한 경쟁을 촉진하고 투자자를 보호하며, 금융 투자업을 건전하게 육성함으로서 국민경제의 발전에 이바지함을 목적으로 2006년 8월 3일 제정되어 2009년 2월 4일부터 시행 중인 자본시장에 관한 기본법으로 줄여서 '자본시장 통합법'이라 한다.

'자본시장 통합법'은 종전의 '증권거래법', '선물거래법', '간접투자 자산운용법', '신탁업법', '종합금융회사에 관한 법률', '증권선물거래소법' 등 6개 법을 폐지하면서 개편한 법률인데 그 주요 내용은 다음과 같다.

첫째, 금융회사별로 세분화하여 상호 겸영을 엄격하게 금지하던 체제에서 금융 투자업 간 겸영을 허용하여 6개의 금융 투자업(투자 매매업, 투자 중개업, 집합 투자업, 투자자문업, 투자 일임업, 신탁업)을 모두 영위할 수 있는 금융 투자회사의 설립을 허용하였다.

둘째, 금융업자가 영위할 수 있는 부수 업무를 원칙적으로 모두 허용하되, 예외적으로 제한하는 체제(negative 체제)로 전환하였다.

셋째, 투자자가 금융 상품을 보다 다양한 경로로 접근할 수 있도록 투자 권유 대행자(introducing broker)제도를 도입하였다.

넷째, 펀드의 주요 투자 대상 자산을 기준으로 증권펀드, 부동산펀드, 특별자산펀드, 단기금융펀드(MMF) 등 4종류로 재분류하고 펀드 종류별 운용 대상 자산의 제한을 폐지하였다.

마지막으로 투자자 보호 제도의 선진화를 위해 현행 투자자 보호 장치를 강화하였다. 투자자 보호의 적용 영역을 모든 영역으로 확대하고, 투자 권유나 투자 광고에 있어 투자자 보호를 위해 규제 조항을 신설하고 발행 공시의 규제 적용 범위도 종전에 비해 대폭 확대되었다.

(2) 자본시장 통합법 시행이 부동산투자회사에 미치는 영향과 전망

① 자본시장 통합법 시행과 부동산펀드

우리나라에서 뮤추얼펀드(Mutual Fund)는 2004년 제정된 '간접투자 자산 운용법'에 의해 규율되고 있다. 이 법에서는 펀드의 종류를 증권펀드(주식형, 채권형, 혼합형 펀드), 단기금융펀드(MMF, Money Market Fund), 파생상품 펀드, 부동산펀드, 실물펀드, 특별자산펀드, 재간접펀드로 분류하였다. 그런데 '자본시장 통합법' 시행으로 '간접투자 자산 운용업'이 폐지되고 펀드의 종류도 증권펀드, 부동산펀드, 특별자산펀드, 단기금융펀드 등의 4종류로 재분류하였다. 이러한 변화를 나타내면 다음과 같다. 도표 10-3

도표 10-3 펀드 종류의 변화

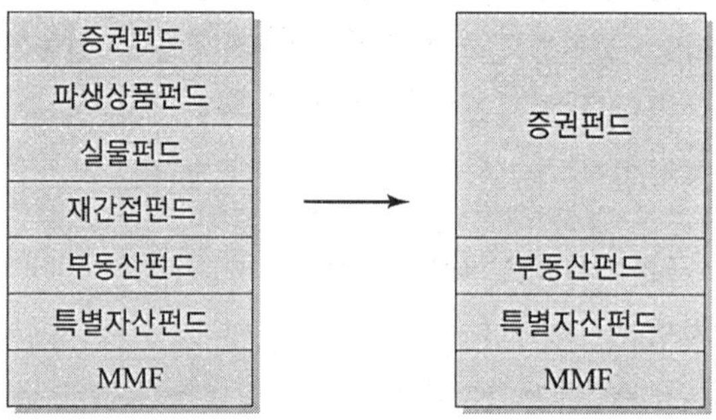

<도표 10-3>에서 살펴보면 기존의 파생상품펀드 등을 증권펀드에 포함시킴으로서 다양한 금융 상품의 개발이 가능하게 되었다는 것을 알 수 있다.

부동산펀드는 간접투자 자산인 펀드 중의 하나로 투자자로부터 모집한 자금을 전문적인 투자 기관이 수익성 부동산, 부동산개발사업 등에 투자하여 운용하는 펀드를 말한다. 2004년 제정된 '간접투자 자산 운용업'은 같은 해에 법이 개정되었는데, 부동산펀드의 법적 형태를 투자신탁형과 회사형으로 구분하였고 '사모투자펀드'(PEF : Private Equity Fund) 제도를 도입하였다. 부동산펀드의 투자신탁형은 기존의 부동산 투자신탁과 유사하고 회사형은 REITs와 중복을 피하기 위하여 신탁형만 허용하였으나 2004년 법 개정으로 회사형이 추가되었고 이러한 내용이 '자본시장 통합법'으로 계승되었다.

부동산펀드는 현재 REITs에 비해 규제가 대폭 완화되어 시장에서 투자자 모집이나 자금 유치면에서 우월한 위치를 점할 것으로 예상된다. 기존의 '신탁법'에 의한 은행의 부동산신탁 상품은 '자본시장 통합법' 시행으로 부동산펀드와 통합되어 은행권의 부동산신탁자금이 대부분 부동산펀드 상품으로 유입될 것이 전망된다. 이러한 상황에서 부동산 간접투자 상품인 부동산펀드와 부동산투자회사(REITs) 사이에 업무영역 및 역할분담에 대한 논의가 필요할 것으로 판단된다.

② '자본시장 통합법' 시행과 부동산투자회사

'자본시장 통합법' 시행은 부동산투자회사 제도에 직접적인 영향을 미치지는 않았다. 이 법의 시행으로 '간접투자 자산 운용업'의 부동산펀드, '신탁법'의 동산신탁 상품 등은 통합 흡수되었으나, REITs 제도는 계속해서 존속하게 되었다. 그러나 존속된 REITs가 '자본시장 통합법' 시행에 큰 영향을 받는다는 것은 분명할 것이다.

현행 REITs 제도 중 '자기관리 REITs'를 제외한 '위탁관리 REITs'나 'CR-REITs'는 명목 회사형 REITs이므로 부동산펀드 상품과 명확한 구분이 되지 않는다. 그러므로 자기관리 REITs를 제외한 나머지는 부동산펀드 상품에 그 시장이 잠식될 우려가 크다.[10)]

미국의 경우 부동산펀드는 주로 REITs 주식에 투자하고 있으며, 투자자 자금의 모집을 통한 부동산의 관리나 개발은 REITs가 담당하고 있다. 미국은 부동산펀드와 REITs와의 역할분담을 통해 부동산시장의 투명화와 전문화에 기여하고 있다.

우리나라도 미국의 사례를 참고하여 실체 회사형인 '자기관리 REITs'에 대해 세제 혜택을 부여하고 이를 중심으로 REITs 제도를 정착시켜 갈 필요가 있다. 그렇게 함으로써 부동산펀드와의 업무 분담을 자연스럽게 하도록 하여 REITs 제도와 부동산펀드 시장의 조화로운 발전을 도모하여야 할 것이다.

2) 부동산투자회사 제도의 발전 방향

2001년에 도입된 K-REITs 제도가 부동산시장에서 중심적인 투자 수단으로서 자리를 잡기 위해서 개선해야 할 내용과 발전 방향에 대해 몇 가지 지

10) 한만희 외, 전게서, p. 437.

적하고자 한다.

첫째, 우리나라가 REITs 제도를 도입할 당시 이를 펀드형이 아닌 계속 회사 형태로 도입한 것은 수십 년 간 REITs를 운영한 미국의 경우 지분형, 계속 회사형을 중심으로 REITs가 정착되어 있기 때문이었다. 또한 다른 나라의 경우에도 실체 회사형 REITs가 중요한 역할을 담당하는 추세를 보이고 있다. 그런데 한국의 경우 실체형 REITs에 법인세를 부과하면 REITs의 수익성이 떨어지므로 활성화가 어렵다. 따라서 법에서 규정하고 있는 세제 지원의 요건을 갖추는 경우 '자기관리 REITs'에도 세제 지원을 할 필요성이 있다. REITs가 활성화하면 REITs에 주로 투자하는 부동산펀드나 사모 투자펀드도 활성화될 것이다.

둘째, REITs도 투자에 대한 위험성을 내포하고 있으므로 투자자가 REITs 선택을 용이하도록 하기 위해서는 관련 정보를 구체적이고 적극적으로 공시해야 할 필요가 있다. 이를 위해서는 여러 가지 지표를 개발하고 제공하는 공신력 있는 기관의 설립이 요구된다.

셋째, REITs 제도의 정착을 위해서는 투자수익률이 다른 금융 상품에 비해 떨어져서는 곤란하다. 따라서 REITs 자산을 운용하는 기관은 전문 인력 확보와 양성에 노력을 경주해야 할 것이다. 관련 전문 인력은 부동산과 금융 그리고 투자에 관한 지식을 고루 갖추어야 할 것이다. 그리고 높은 투자수익률을 올리기 위해서는 REITs가 보유하는 부동산자산들을 효율적으로 관리할 필요가 있다. 그러므로 미국을 비롯한 선진국들의 부동산에 대한 자산 관리 시스템을 우리 실정에 맞게 도입해야 할 것이다.

마지막으로 REITs는 투자자의 신뢰를 통하여 발전되므로 투자자에 대한 보호가 강화될 것이 요청된다. 과거에 검증되지 않은 부동산개발사업에 투자하여 피해를 본 투자자들이 많아 부동산투자에 대한 인식이 우리나라에는 별로 좋지 않다. 이러한 기존의 부정적 인식을 타파하고 REITs 발전을 위해서 투자자 보호에 만전을 기하고 이렇게 함으로써 투자자의 신뢰를 얻어야 한다.

제2절 부동산펀드

1 부동산펀드의 개요

1) 실시 배경과 개념

(1) 실시 배경

1997년 'IMF 외환 위기' 이후 국내 부동산시장의 획기적인 변화 중 하나는 간접투자 제도의 정착과 활성화이다.

부동산 간접투자는 직접투자에 대비되는 것으로 투자자가 부동산을 직접구입하지 않고 부동산에 전문적으로 투자하는 회사나 아니면 부동산을 소유하는 주체들이 발행하는 증권이나 채권 등에 투자하는 방식을 말한다.

부동산 간접투자는 미국을 비롯한 선진국에서는 등장한 지 오래되었다. 산업혁명이 발생하기 이전에 부(富)와 권력은 개인이 보유하는 토지의 규모에 의해 주로 결정되었으나 최근에 들어와서는 개인의 재산 규모가 토지와 같은 부동산이 아니라 주식이나 채권과 같은 금융 상품의 크기에 더 큰 영향을 받고 있다. 이러한 배경 하에 부동산도 하나의 금융 상품으로 변모를 시키는 과정에서 부동산 간접투자가 등장하게 되었다.

우리나라에서는 1997년 'IMF 외환 위기'가 부동산 간접투자 시대의 도래에 직접적 배경이 되고 있다. 'IMF 외환 위기'는 부동산 거래의 감소와 가격의 하락을 가져왔고, 은행을 비롯한 금융기관은 담보 부동산 가치의 하락으로 부실채권이 증가하였으며, 기업은 보유 부동산을 제때에 매각하지 못하여 기업의 구조조정이 원활하지 못하게 되었다. 이러한 상황에서 정부는 기업의 구조조정을 원활히 하고 'IMF 외환 위기'를 조기에 극복하기 위해 부동산 거래를 촉진시키는 방향으로 부동산의 정책 방향을 설정하게 되었다.

정부는 그동안 강력하게 추진해 온 부동산투기의 억제 수단을 해제하는 것만으로는 침체된 부동산 경기를 활성화시키는 데 미흡하다고 판단하여 새로운 부동산금융 제도를 도입하기로 하였다. 이후 도입된 부동산 간접투자 상품을 열거하면 다음과 같다.

① 1998년 '자산유동화에 관한 법률' : ABS
② 1999년 '주택저당채권 유동화 회사법' : MBS
③ 2001년 '부동산투자회사법' : 부동산투자회사(REITs)제도 도입
④ 2004년 '간접투자 자산 운용업법' : 부동산펀드

(2) 개념

부동산펀드(REF : Real Estate Fund)란 다수의 투자자들로부터 자금을 모아 부동산, 부동산과 관련한 대출 및 유가증권 등에 투자하여 운용 성과에 따라 수익을 분배하는 간접투자 기구(indirect investment vehicle)를 말한다.

부동산펀드는 광의의 개념으로 부동산투자회사, 즉 리츠를 포함하나 협의로는 이를 배제하고 '간접투자 자산 운용법'상의 부동산 간접투자 기구만을 의미한다.

우리나라에서 부동산펀드는 2004년 제정된 '간접투자 자산 운용법'에 의해 규율되고 있다. 이 법에서는 펀드의 종류를 증권펀드, 파생상품펀드, 부동산펀드, 실물펀드 등 7가지로 분류하였다. 그런데 2007년 제정된 '자본시장 통합법'이 2009년 시행되면서 '간접투자 자산 운용법'이 폐지되고 펀드의 종류도 증권펀드, 부동산펀드, 특별자산펀드, 단기금융펀드 등 4종류로 재분류하였다.

한편 '자본시장 통합법'에서는 주요 투자 대상 자산을 특정하지 않고 언제나 어떤 자산에나 자유롭게 운용 가능한 혼합자산펀드를 신설하였다. 혼합자산펀드는 시장 상황의 변화에 따라 주요 투자 대상을 특정하지 않고 증권, 부동산, 실물 등으로 자유롭게 변경이 가능한 펀드를 말한다.

'자본시장 통합법'에서 열거된 펀드를 설명하면 다음과 같다.

① 증권펀드

펀드 재산의 40% 이상으로서 시행령이 정하는 비율을 초과하여 증권에 투자하는 펀드를 말하며, 증권이란 증권 이외에 증권을 기초자산으로 하는 파생 상품을 포함한다.

② 부동산펀드

펀드 재산의 40% 이상으로서 시행령이 정하는 비율을 초과하여 부동산에 투자하는 펀드를 말하며, 부동산이란 부동산 이외에 부동산을 기초자산으로 하는 파생 상품, 부동산개발 관련 대출, 기타 부동산 관련 증권 등을 포함한다.

③ 특별자산펀드

펀드 재산의 40% 이상으로서 시행령이 정하는 비율을 초과하여 특별 자산에 투자하는 펀드를 말하며, 특별 자산이란 증권 및 부동산을 제외한 투자 대상 자산을 말한다.

④ 단기금융펀드(MMF)

펀드 재산 전부를 시행령이 정하는 단기금융 상품에 투자하는 펀드를 말한다.

⑤ 혼합자산펀드

펀드 재산을 운용함에 있어서 주요 투자 대상 자산을 특정하지 않고 자유롭게 운영하는 펀드를 말한다.

2) 부동산 간접투자 상품 비교

부동산펀드는 그 성격상 REITs와 비슷한 점이 많다. 불특정 다수의 투자자들로부터 자금을 모집하여 부동산개발사업이나 부동산 취득에 대출하거나 투자하여 자금을 운용한 후 이로부터 발생한 수익을 투자자들에게 되돌려주는 등 여러 면에서 두 가지 제도는 유사하다. 그러나 두 제도는 제도의 도입 취지와 투자유형 면에서 차이점을 보이고 있고 규율하는 법령도 상이하다.

제도의 도입 초기에는 부동산펀드가 REITs에 비해 규제가 대폭 완화되어 시장에서 투자자 모집이나 자금 유치면에서 유리하였다. 그런데 최근 지속적인 제도 개선과 규제 완화로 REITs의 경쟁력이 강화되고 있는 추세이다. 두 제도는 서로 경쟁하거나 협력하면서 초기 단계인 부동산 간접투자 시장을 이끌어 왔다. 그러나 향후에는 부동산펀드와 REITs 간의 업무영역 및 역할분담에 대한 논의가 필요할 것으로 판단된다.

2 부동산펀드의 유형

부동산펀드의 유형은 투자 대상 자산의 형태, 투자 대상 자산의 특정 여부, 기한의 한정 여부 등에 따라 여러 기준으로 분류할 수 있다.

1) 투자 대상 자산의 형태에 따른 분류

(1) 대출형 부동산펀드

대출형 부동산펀드는 부동산개발사업자에게 대출을 위주로 자산을 운용하는 펀드이다. 대출형 펀드는 아파트, 상가 등을 신축하거나 재개발하는 부동산개발사업자에게 필요한 자금을 대출 형태로 투자하고 그에 상응하는 이자를 받아 투자자에게 지급한다.

대출형 펀드는 부동산개발사업자에게 대출할 경우 사업대상 토지 등에 담보를 설정하고 시공사의 지급보증을 받아두지만, 부동산 경기가 위축되면 담보 가치가 하락하고 시공사의 지급보증력이 약화되는 위험이 있다. 이러한 위험에는 시행사의 채무불이행, 분양 위험, 건설회사의 부도 위험 등이 있다.

대출형 펀드는 자산 운용이 주로 부동산개발사업자에게 대출하는 형태로 이루어지므로 은행을 비롯한 금융기관들의 프로젝트 파이낸싱과 비슷한 구조를 가진다.

(2) 임대형 부동산펀드

임대형 부동산펀드는 대형 상가, 오피스 빌딩 등 수익용 부동산을 매입하여 임대를 주요 목적으로 하는 펀드이다. 임대형 펀드의 수입원은 임대 수익과 일정기간이 경과한 후 부동산을 매각했을 경우 발생하는 매각 수익으로 구성된다. 임대형 펀드는 직접 부동산을 매입하여 임대하는 경우 이외에 임대 수익을 기초자산으로 발행된 유동화 증권에 투자할 수도 있다.

임대형 펀드가 성공하기 위해서는 임대 수익에 영향을 미치는 임대료 예상 수입액, 공실률 등을 점검하고 부동산 매각에 따른 매각 차액을 거두기 위해서는 경기상황에 따른 매각 지연과 부동산 가격의 하락 가능성을 검토해야 한다.

(3) 개발형 부동산펀드

개발형 부동산펀드는 부동산개발사업에 투자하는 펀드로서 고위험, 고수익 상품이다. 개발형 펀드는 직접 부동산개발사업을 추진하여 개발된 부동산의 분양이나 임대 등으로 개발이익을 얻는다.

(4) 경매형 부동산펀드

경매형 부동산펀드는 경매나 공매를 통해 시가보다 저렴하게 부동산을 매입한 후 임대하거나 재매각하여 임대 수익이나 매각 차익을 얻는 것을 목적으로 한다.

경매형 펀드는 전문성을 보유한 인력을 확보해야 하며 투자 대상을 명시하지 않는 방식으로 운용되므로 펀드의 운용 체계가 투명해야 한다.

(5) 프로젝트 파이낸싱(PF)형 부동산펀드

PF형 부동산펀드는 부동산개발사업에 필요한 자금을 미래의 현금흐름을 담보로 시행 주체에 대출해 주고 이자 수익을 얻는 펀드이다.

PF형 펀드는 부동산개발사업을 영위하고자 하는 시행사가 개발사업 토지를 확보하고 토지 대금 및 공사비의 일부 또는 전부를 펀드를 조성하여 자금을 조성하는 형태로 운영된다.

(6) 권리형 부동산펀드

권리형 부동산펀드는 지상권, 전세권, 임차권, 분양권 등에 투자하는 펀드이다. 이 중 분양권 펀드는 신축되는 부동산에 입주할 권리인 분양권에 투자하는 것으로 부동산 경기상황이 좋아 분양권에 높은 프리미엄(premium)이 형성되면 높은 수익률 획득이 가능하다.

한편 '자본시장 통합법'에서는 금융기관이 채권자인 부동산 담보부 금전채권을 부동산으로 간주하여 여기에 투자하는 펀드도 부동산펀드로 분류하고 있다.

(7) 기타 부동산펀드

기타 부동산펀드에는 부동산과 관련된 증권에 투자하는 증권형 부동산펀드, 아직 국내에서는 존재하지 않으나 조만간 도입될 부동산과 관련된 파생금융 상품에 투자하는 파생 상품형 부동산펀드 등이 있다. 그리고 해외 부동산에 투자하여 임대 수익이나 매각할 경우 매각 차액 획득을 목적으로 하는 해외형 부동산펀드도 있을 수 있다.

2) 투자 대상 자산의 특정 여부에 따른 분류

(1) 특정형 부동산펀드

특정형 부동산펀드는 투자자를 모집할 경우 사전에 펀드가 구입할 자산의 일부 또는 전부를 미리 정하는 펀드를 말한다. 한국의 경우 부동산펀드는 특정형이 대부분을 차지하나 향후에는 불특정형의 비중도 증대될 것으로 예측된다.

(2) 불특정형 부동산펀드

불특정형 부동산펀드는 투자자를 모집할 경우 사전에 펀드가 투자할 자산을 특정하지 않고 투자 대상 자산을 광범위하게 지정하는 펀드를 말한다. 투자자산의 선정은 펀드의 운용 책임자가 결정한다. 그리고 특정형 부동산펀드와 불특정형 부동산펀드가 결합된 펀드를 혼합형 부동산펀드라 한다.

3) 존속 기한의 한정 여부에 따른 분류

(1) 기한부 부동산펀드

기한부 부동산펀드란 펀드를 설립할 경우 존속 기한을 미리 정하여 존속 기한이 만료되면 보유 자산을 처분하여 투자자에게 배당을 하고 해산하는 펀드를 말한다.

(2) 무기한부 부동산펀드

무기한부 부동산펀드란 펀드를 설립할 경우 존속 기한을 미리 정하지 않고 설립하는 펀드를 말한다. 무기한부 펀드는 존속 기한을 정하지 않았으므로 계속 기업처럼 자유로운 자산 매각과 재투자가 가능하다.

4) 모집 금액의 확정 여부에 따른 분류

(1) 폐쇄형 부동산펀드

폐쇄형 부동산펀드는 펀드를 설립할 경우 모집 금액을 미리 정하는 펀드를 말한다. 폐쇄형 펀드는 펀드의 존속 기한이 만료되기까지 추가로 자금을 모집하지 않으며 또한 발행 증권의 환매 청구권도 인정하지 않는다.

(2) 개방형 부동산펀드

개방형 부동산펀드는 펀드를 설립할 경우 모집 금액을 미리 정하지 않는 펀드를 말한다. 개방형 펀드는 최소 모집한 금액에 더하여 추가로 자금을 모집하여 자산 규모를 확대할 수 있으며, 또한 발행 증권의 환매 청구권도 인정한다.

5) 법률상 조직 형태에 따른 분류

(1) 신탁형 부동산펀드

신탁형 부동산펀드는 영업신탁의 형태로 운용되는 펀드를 말한다.

(2) 회사형 부동산펀드

회사형 부동산펀드는 회사 형태로 설립되는 펀드를 말한다.

'간접투자 자산 운용법'에서는 부동산펀드를 투자신탁, 투자회사, 사모 투자 전문회사(합자회사)로 설립하도록 한정하였다. 그러나 '자본시장 통합법'에서는 이외에도 유한회사, 공모 방식의 합자회사, 상법상의 익명조합, 민법상의 조합 등의 형태로도 설립이 가능하도록 하였다.

3 부동산펀드의 구조 및 운용

1) 부동산펀드의 구조

(1) 개요

부동산펀드는 불특정 다수의 투기자들로부터 자금을 모아서 기금을 조성한 후, 조성된 기금을 부동산과 부동산을 기초자산으로 하는 파생 상품, 부동산 개발 관련 법인에 대한 대출, 기타 부동산 관련 증권 등에 투자하는 구조를 가진다. 부동산펀드는 투자하여 발생한 수익을 투자자들에게 되돌려주며 이 과정에서 여러 기관들이 참여하게 된다.

부동산펀드의 구조를 그림으로 나타내면 다음과 같다. 도표 10-4

도표 10-4 부동산펀드의 구조

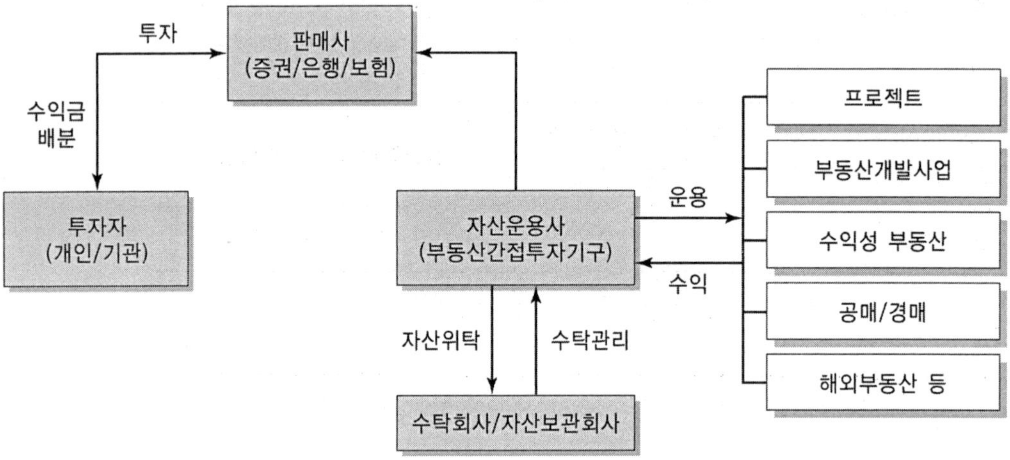

(2) 부동산투자회사(REITs)와의 비교

부동산펀드는 회사형도 가능하나 신탁형이 다수를 차지한다. 최저 자본금은 부동산투자회사, 즉 REITs에 비해 적고, 1인당 보유 지분에 대한 제한도 없다. 이에 반해 REITs는 회사형으로만 설립이 가능하고 최저 자본금이 50

억 원(명목 회사)에서 70억 원(실체 회사)으로 부동산펀드에 비해 높다.

부동산펀드는 REITs에 비해 자산 운용에 대한 법적인 제약이 약해 설립이 자유로우며 주식 공모에 있어서도 사모가 가능한 점 등 여러 면에서 유리한 점이 많다.

부동산펀드와 REITs의 법적 형태를 비교하면 다음과 같다. 도표 10-5

도표 10-5 부동산펀드와 부동산투자회사의 비교

구분	부동산투자회사			부동산펀드	
	자기 관리	위탁 관리	기업 구조조정	회사형	신탁형
자산 관리	자기 관리	외부위탁	외부위탁	외부위탁	외부위탁
최저 자본금	70억 원	50억 원	50억 원	10억 원	제한없음
1인당 보유 지분	30% 미만	30% 미만	제한없음	제한없음	제한없음
부동산 투자비율	70% 이상	70% 이상	70% 이상	70% 이상	제한없음
자금대여	불가	불가	불가	순자산 총액의 100% 이내	순자산 총액의 100% 이내
취·등록세	50% 감면	50% 감면	50% 감면	50% 감면	50% 감면
법인세	혜택없음	90% 이상 배당 시 공제	90% 이상 배당 시 공제	90% 이상 배당 시 공제	비과세
주식공모	30% 이상	30% 이상	제한없음	제한없음	제한없음
감독기관	국토교통부 인가	국토교통부 인가	국토교통부 인가	금감위 등록	금감위 약관심사

자료 : 손재영 외, 「한국의 부동산금융」(서울 : 건국대학교 출판부, 2008), p. 198.

2) 부동산펀드의 주요 관련 회사

(1) 자산운용회사

자산운용회사는 위탁받은 자산을 운용하는 회사로서 자산 운용의 결과로 발생한 수익을 투자자들에게 되돌려주는 역할을 한다. 자산운용회사는 자본금이 100억 원 이상인 상법상의 주식회사 또는 법에 규정하는 금융기관이어야 한다.

자산운용회사 중 부동산펀드를 운용하기 위해서는 일반 운용 인력 이외에 일정 요건을 갖춘 3인 이상의 부동산 운용 전문 인력을 확보하여야 하는데, 부동산 운용을 하는 전문 인력의 자격 요건은 다음과 같다.

첫째, 감정평가사로서 감정평가 분야 또는 부동산 관련 분야 5년 이상 업무에 종사한 자, 둘째, 부동산 관련 석사 이상으로서 부동산 운용 업무 3년 이상 종사한 자, 셋째, 외국 부동산투자회사에서 5년 이상 근무하거나 부동산 운용 업무 3년 이상 종사한 자, 넷째, 부동산투자회사법에 의한 부동산투자회사, 부동산투자자문회사, 자산관리회사 등에서 부동산 운용 업무 3년 이상 종사한 자, 다섯째, 일반 운용 전문 인력으로서 부동산 운용 관련 교육 50시간 이상 이수한 자 등이다.

정부는 투자자의 보호와 부동산펀드들의 단기적 투기 행태를 막기 위해 다음과 같이 부동산펀드들이 자산 운용을 하는 데 제한을 두고 있다.

첫째, 관련 법령에 정한 경우를 제외하고서 부동산 취득 후 3년 내에 처분 금지, 둘째, 각 부동산펀드 자산 총액의 30%를 초과하여 부동산개발사업에 투자 불가, 셋째, 관련 법령에 정한 경우를 제외하고서 부동산개발사업의 시행 전에는 건축물이나 그 밖의 공작물이 없는 토지(나대지)의 처분 불가 등이다.

(2) 기타 관련 회사

기타 관련 회사로는 수탁회사, 자산보관회사, 판매회사가 있다.

첫째, 수탁회사는 금융감독위원회에 등록된 신탁회사 또는 신탁업을 겸영하는 금융기관을 말한다. 수탁회사는 투자신탁의 수탁자로서 투자신탁 자산의 보관 및 관리를 주요 업무로 한다.

둘째, 자산보관회사는 투자회사의 위탁을 받아 투자회사 재산의 보관 및 관리를 주요 업무로 하는 회사를 말한다.

셋째, 판매회사는 수익증권의 모집과 판매를 주된 업무로 하는 회사를 말하며, 여기에는 은행이나 증권회사 등이 있다.

제11장

프로젝트 파이낸싱

제1절 프로젝트 파이낸싱의 의의와 유형

1 프로젝트 파이낸싱의 개념과 특징

1) 개념

프로젝트 파이낸싱(PF : Project Financing)이란 장기간 대규모로 투자 자금이 소요되는 부동산개발사업에 대해 사업 주체의 신용도나 물적 담보가 아니라 사업으로부터 미래에 발생할 현금흐름과 사업의 수익성을 근거로 하여 필요한 자금을 조달하는 금융기법을 말한다.

프로젝트 파이낸싱의 경우 채권자는 해당 사업 자체의 현금흐름 및 자산의 범위 내에서 채권 청구가 가능하고, 본질적으로 사업주에게 보증이나 담보 제공을 요구할 수 없다. 이러한 프로젝트 파이낸싱의 성질을 비소구 금융(non-recource financing)이라 한다.

그러나 현실적으로 완전한 형태의 비소구 금융으로 이루어지는 프로젝트 파이낸싱은 거의 없다. 즉 금융기관이나 투자자들이 프로젝트에서 발생하는 미래의 현금흐름이나 사업의 수익성만을 근거로 해당 프로젝트에 자금을 출자하기는 어렵다. 따라서 프로젝트를 수행하는 사업주가 일정 범위 내에서 보증 및 담보를 채권자들에게 제공하고, 채권자들도 프로젝트가 중단되거나 도산할 경우 사업주가 제공한 보증이나 담보를 통해 일부 변제가 가능한 제한적 소구 금융이 이루어지는 것이 대부분이다.[1)]

프로젝트 파이낸싱은 금융기관이나 투자자들이 담보나 기업체의 신용도가 아닌 해당 사업의 미래에 발생하는 현금흐름을 기초로 자금을 제공하고 사업의 진행 경과에 따라 자금을 상환받기 때문에, 대규모 사업 자금이 필요하고 장기간이 소요되는 부동산개발사업이나 사회간접자본 건설에 사용되는 금융기법이다. 한편 자금을 대여하는 금융기관이나 투자자들에게 안전한 자금 회

1) 김영곤·오준석·이창석·정상철 외, 「부동산금융론」(서울 : 형설출판사, 2002), p. 241.

수가 되기 위해서는 해당 프로젝트가 위험성이 크지 않고 수익성이 높으며 현금흐름이 장기간에 걸쳐 안정되어야 할 필요성이 있다.

프로젝트 파이낸싱의 자금 조달 방식은 사업 주체가 금융기관의 중개 없이 금융시장에서 직접 소요 자금을 조달하는 직접금융 방식과 금융기관의 중개를 통해 대출의 형식으로 자금을 충당하는 간접금융 방식 모두 사용된다. 현재까지 우리나라에서는 간접금융 방식으로 프로젝트 파이낸싱이 대부분 이루어졌다. 그러나 프로젝트 파이낸싱은 대출 기간이 장기간이고 원금 상환에 따른 위험성이 높은 점 등 여러 면에서 직접금융 상품의 속성을 많이 가지고 있으므로 향후에는 자금 조달 방식이 직접금융 방식으로 대부분 전환될 것으로 예측된다. 여기에서는 현재보다는 향후의 변화 가능성과 속성 등을 감안하여 프로젝트 파이낸싱을 직접금융 상품으로 분류하여 내용을 분석하고자 한다.

2) 프로젝트 파이낸싱의 특징

프로젝트 파이낸싱은 일반 기업금융이나 금융 상품과 비교하여 여러 면에서 차이점을 보이고 있다.[2] 차입 주체, 담보의 대상, 원리금 상한의 재원 등에서 프로젝트 파이낸싱과 일반 기업금융은 구별된다. 도표 11-1

도표 11-1 프로젝트 파이낸싱과 일반 기업금융과의 차이점

구분	프로젝트 파이낸싱	일반 기업금융
차입	사업 주체	기업
담보	해당 프로젝트의 현금수입 및 자산	차입자의 자산, 제3자 보증
상환 재원	프로젝트의 현금흐름	기업의 전체재원
소구권 행사	모기업에 대한 소구권 제한	모기업에 대한 소구권 행사
채무수용능력	부외 금융으로 채무수행 능력 제고	부채비율 등 기존차입에 의한 제한
대출심사기준	사업성 평가	담보가치, 신용도
차입기간	장기	단기, 장기
사후관리	엄격한 사후관리	채무불이행 시 채무회수

자료 : 김범석·유한수, 「부동산금융론」(서울 : 청목출판사, 2006), p. 214.

2) 상게서, p. 246.

프로젝트 파이낸생이 일반 기업금융이나 금융 상품과 비교하여 가지고 있는 특징을 서술하면 다음과 같다.

(1) 별도의 특수법인 설립

프로젝트의 원활한 추진과 프로젝트 파이낸싱을 통한 자금 조달을 위해 사업을 수행하는 모(母)기업과는 다른 별도의 특수목적회사(SPC)를 설립해야 한다. 일반 기업금융은 자금의 차입자가 사업을 수행하는 모(母)기업이 되나 프로젝트 파이낸싱은 자금의 차입자가 해당 사업 자체이므로 별도의 특수법인 설립이 필요하다.

별도의 특수법인 설립으로 인해 해당 프로젝트의 현금흐름이 모기업의 현금흐름과 완전히 분리되므로 모기업이 도산하더라도 해당 프로젝트에는 영향을 미치지 않는다.

(2) 비소구 금융

프로젝트 파이낸싱은 사업 주체의 물적 담보나 신용도가 아니라 해당 사업의 수익성을 근거로 필요한 자금을 조달하므로 채권자는 해당 사업을 추진하는 모회사나 사업주에게 보증이나 담보 제공을 요구할 수 없다. 이러한 프로젝트 파이낸싱의 성질을 비소구 금융(non-resource financing)이라 한다.

일반적인 기업금융은 채권자가 해당 사업을 추진하는 모회사나 사업주에게 대여 자금의 상환을 직접적으로 청구할 수가 있었다. 즉 채권자가 사업주에게 대출채권에 대해 직접적이며 최종적으로 상환을 요구할 수 있는 소구 금융(resource financing)이었다.

프로젝트 파이낸싱이 비소구 금융이라고는 하나 현실적으로 완전한 형태로 이루어지는 것은 아니다. 현실에서는 프로젝트를 수행하는 사업주가 일정 범위 내에서 보증 및 담보를 채권자들에게 제공하고, 채권자들도 프로젝트가 중단되거나 도산할 경우 사업주가 제공한 보증이나 담보를 통해 일부 변제가 가능한 제한적 소구 금융(limited resource financing)이 이루어지는 것이 대부분이다.

(3) 부외적 금융

프로젝트 파이낸싱은 채권자의 채권 보전 수단이 해당 사업의 현금흐름과 사업성에 한정되므로 프로젝트 회사의 부채 및 모든 현금흐름이 모기업의 대차대조표에 계상되지 않는다.

어떤 회사가 여러 개의 프로젝트를 수행한다고 가정하자. 그런데 프로젝트 파이낸싱에 의해 사업이 추진되는 사업 부문은 다른 사업 부문과 별개로 진행되며, 해당 사업에서 발생되는 현금이나 부채 등이 모회사의 대차대조표에 나타나지 않는데, 프로젝트 파이낸싱의 이러한 특징을 부외적 금융(off-balance-sheet financing)이라 한다.

프로젝트 회사는 영속적인 법인체가 아니라 사업을 추진하는 동안만 존속하는 유한하게 존재하는 법인이며, 모기업의 대외적인 신용도에 영향을 줄 수 없고, 해당 사업으로부터 발생하는 현금흐름을 대출자나 투자자에게 전달하는 사업도관체(conduit)[3]에 불과하다.

부외적 금융의 특징으로 모기업이 파산하더라도 해당 프로젝트는 보호되기 때문에 금융기관이나 투자자들은 기업 전체의 신용 평가를 할 필요 없이 해당 프로젝트의 사업성 검토로만 자금의 대여 여부를 결정해도 된다.

(4) 현금수지에 기초한 대출

프로젝트 파이낸싱의 담보는 해당 사업으로부터 발생하는 현금흐름과 수익성이기 때문에 프로젝트의 수익이 부진하더라도 프로젝트 자체 자산의 처분 외에는 채권자 입장에서 별다른 채권 회수 수단이 없다. 따라서 채권자는 해당 사업으로부터 발생하는 현금흐름과 수익성을 바탕으로 대출 여부를 결정해야 한다. 채권자가 프로젝트로부터 발생하는 현금수지에 기초하여 대출 여부를 결정하는 점은 프로젝트 파이낸싱이 일반 기업 대출과 다른 특징 중의 하나이다.

(5) 높은 금융비용과 복잡한 절차

프로젝트 파이낸싱은 사업 완료 시까지 자금의 대여 기간이 장기간 소요되어 채권 회수의 안정성이 저해되며, 자금을 대출하기까지 복잡한 절차가 필요하다. 이런 이유로 프로젝트 파이낸싱을 하는 금융기관들은 사업 시행자

3) 사업도관체란 프로젝트로부터 발생하는 수익을 대출자나 투자자에게 환원시켜주는 역할을 하는 기구를 말한다. 일반적으로 도관체는 실질회사가 아니고 명목회사(paper company)이며, 이 회사에는 법인세를 부과하지 않고 프로젝트로부터 발생하는 수익이 대출자나 투자자에게 통과되는 단순한 도관의 역할만 한다.

에게 상대적으로 높은 이자율과 수수료를 요구한다.

프로젝트에 자금을 대출해 주는 금융기관은 상당한 위험에 노출되어 있다. 프로젝트의 개발 단계에서 시공 및 운영 단계에 이르기까지 채권 회수에 걸림돌이 되는 다양한 위험이 존재한다. 금융기관은 이러한 위험을 회피하기 위해 까다로운 계약 조건과 금융 절차를 요구하게 된다.

(6) 이해 당사자 간 적절한 위험 배분의 필요

프로젝트 파이낸싱은 채권자의 입장에서 채권 회수의 위험도가 높은 대출이므로 이해 당사자나 참여자들 간에 위험을 적절히 분산하도록 하는 것은 사업의 안정성과 채권의 상환을 위하여 필요하다.

사업 시행자는 프로젝트로부터 발생하는 위험부담을 최소화시키기 위해 채권자에게 가능한 많은 위험을 전가시키려 하고 반면에 채권자는 사업 시행자의 채무불이행 위험을 회피하기 위해 사업 시행자의 충분한 보증이나 담보를 요구한다. 그러므로 프로젝트에 참여하는 당사자 간에 적절한 위험 배분에 대한 합의가 이루어질 필요가 있다. 당사자 간에 귀속되는 위험 배분의 크기와 기준은 사업참여자들 간에 충분한 협의를 거쳐 결정되어야 한다.

(7) 구조화 금융과 차관단 구성

프로젝트 파이낸싱은 구조화 금융(structured financing)으로서의 특징을 가지고 있다. 구조화 금융이란 특정 목적에 적합한 새로운 금융 또는 사업구조를 조성해 나가는 금융기법을 말한다.

프로젝트 파이낸싱의 구조는 추진하는 사업의 내용, 위험의 종류, 상품의 특성에 따라 다르고, 프로젝트의 각종 계약도 계약 시점의 수급 관계, 당사자 간의 역학 관계 등을 반영하여 체결하게 된다. 이와 같이 각각 다른 사업위험에 대응하여 계약 구조, 금융 구조 등의 구조를 조성해야 하므로 구조의 정형화나 표준화는 매우 어렵고, 시안별로 처리하여 나갈 수밖에 없다. 그러므로 구조화 금융의 핵심은 프로젝트별로 체결되는 제반 계약의 유효성과 더불어 계약 당사자 간의 계약 수행 능력에 달려있다.

한편 프로젝트 파이낸싱에 의해 자금을 조달하는 대부분의 사업은 그 규모가 방대하고 거대 자금이 소요되며 채권 회수에 수반되는 위험이 매우 크다. 따라서 단독의 금융기관이 자금을 공급하고 위험을 부담하기보다는 복수의 금융기관이 차관단을 구성하여 신디케이티드 론(syndicated loan) 방식으로 사업 자금을 대출해 주는 것이 일반적이다.

(8) 단일 사업성의 요구

프로젝트 파이낸싱은 채권 회수에 수반되는 위험성이 크기 때문에, 자금을 대출해 주는 금융기관들은 해당 프로젝트의 수익성 및 현금흐름을 철저히 분석한 후에 대출을 결정한다. 그런데 사업 주체가 자금을 대출받은 후 다른 사업을 추진한다면, 프로젝트의 사업성 및 수익성에 불확실한 요소가 추가된다.

대출 금융기관들은 이러한 위험 요소를 제거하기 위하여 사업 주체가 다른 사업을 추진하는 것을 제한하고 해당 프로젝트에만 전념할 것을 요구한다. 즉, 채권자들은 프로젝트를 추진하는 회사나 주체가 단일 사업회사(single purpose company)일 것을 요구한다.

3) 프로젝트 파이낸싱의 장점과 단점

프로젝트 파이낸싱은 일반 기업금융과 비교하여 여러 가지 특징을 가지고 있다. 이러한 특징과 관련하여 프로젝트 파이낸싱의 장점과 단점을 열거하면 다음과 같다.

(1) 장점

프로젝트 파이낸싱의 장점은 다음과 같다.

첫째, 사업 시행자의 입장에서는 사업위험에 수반되는 위험을 분산시키고 대규모 자금 조달을 통한 사업 시행을 가능하게 한다.

프로젝트 파이낸싱은 사업 주체와 분리된 독립적 형태의 '특수목적회사'(SPC)를 설립하여 수익의 배분이나 도산 위험을 프로젝트에서 발생하는 현금흐름의 범위 내에서 이루어지게 하므로 사업 시행자의 입장에서는 사업을 수행하는 데 수반되는 위험을 경감시킬 수 있다. 그리고 다수의 금융기관을 비롯한 투자자들이 참여하여 사업 수행에 수반되는 위험을 당사자들 간에 분산시킬 수 있어 사업위험도가 높거나 개별 기업들이 추진하기 어려운 대규모 사업을 추진할 수 있게 한다.

둘째, 사업 시행자는 해당 프로젝트를 수행하는 데 필요한 자금 조달을 원활하게 할 수 있다. 프로젝트 파이낸싱을 추진하는 SPC는 독립된 별도 법인으로서, SPC의 부채 및 모든 현금흐름이 모기업의 대차대조표에 계상되지 않는다. 그러므로 모기업의 재무 상태가 양호하지 못한 경우라도 해당 프로젝트의 사업성이 양호하면 프로젝트 파이낸싱을 통해 사업을 추진할 수 있게 된다.

셋째, 모기업의 부채비율 증가 등과 같은 부담을 최소화시킨다. 모기업이 어떤 사업을 추진하는 데 있어 직접 자금을 조달하면 대차대조표상에 부채비율 등이 증가하여 재무구조가 악화되는 등 여러 가지 부담이 발생한다. 그러나 프로젝트 파이낸싱은 부외적 금융의 특징을 가지므로 이러한 부담을 경감시킬 수 있다.

넷째, 대출 금융기관들에게 높은 수익률을 가져다줄 수 있다. 프로젝트 파이낸싱은 일반 기업금융에 비해 대출이자율이 높으므로 해당 프로젝트가 순조롭게 진행되고 마무리되면 자금을 대출하여 준 금융기관들은 높은 수익률의 창출이 가능하다.

다섯째, 새로운 사업 추진을 용이하게 한다. 프로젝트 파이낸싱은 개별 기업이나 단체의 신용도보다는 개별 사업의 수익성을 더 중요시하는 금융기법이다. 따라서 일반 기업금융에 의해서는 자금 조달이 불가능한 사업이나 모기업의 경영이 어려운 경우에도 해당 프로젝트의 수익성이 높을 것으로 예상되는 사업들은 프로젝트 파이낸싱에 의해 사업 추진이 가능하다.

여섯째, 사업 주체의 도덕적 해이를 방지할 수 있다. 해당 프로젝트를 수행하는 SPC는 금융기관들로부터 차입한 자금을 모기업과는 분리된 '위탁결제계정'(escrow account)을 통해 관리한다. 이렇게 하는 이유는 자금 집행의 투명성을 제고하는 것이 무엇보다 중요하기 때문이다. 앞에서 이야기한 바와 같이 프로젝트 파이낸싱에 의해 자금을 조달하는 대부분의 사업은 그 규모가 방대하고 거대 자금이 소요되어 단독의 금융기관이 자금을 공급하고 위험을 부담하기보다는 복수의 금융기관이 차관단을 구성하여 신디케이티드 론(syndicated loan) 방식으로 사업 자금을 대출해 주는 것이 일반적이다. 따라서 프로젝트에 자금을 대출해 준 금융기관들 입장에서는 자금 집행의 투명성을 중요시할 수밖에 없다. 그리고 해당 사업 주체는 일반적으로 해당 프로젝트 이외의 다른 사업을 할 수 없으므로 사업의 성공적 추진을 위해 최선을 다하게 된다.

(2) 단점

프로젝트 파이낸싱의 단점은 다음과 같다.

첫째, 금융기관이 부담해야 하는 자금 회수에 수반된 위험이 일반 기업금융에 비해 프로젝트 파이낸싱의 경우가 더 높다. 즉 프로젝트 파이낸싱은 일반 기업금융에 비해 담보가 취약하고 신용 위험이 크기 때문에 자금 조달 비용이 높게 된다.

둘째, 프로젝트 파이낸싱은 대출 취급 과정에서 절차가 복잡하고 이로 인해 발생하는 비용 부담이 일반 기업금융에 비해 높다.

셋째, 프로젝트 파이낸싱은 일반 기업금융에 비해 대출 취급 절차가 복잡하고 다양한 이해 당사자 간에 협상이 필요하므로 대출 신청에서부터 실제 자금 집행이 되기까지 장시간이 소요된다.

넷째, 프로젝트 파이낸싱은 사업 내용에 대한 타당성 분석이 일반 기업금융에 비해 더 필요하다. 프로젝트를 평가하는 데는 경제적 측면, 법률적 측면, 기술적 측면 등을 고려해야 하고 관련 전문 지식이 필요하다. 금융기관이나 투자자들은 해당 프로젝트에 대한 사업성 예측이 잘못되면 원리금 회수가 곤란하므로 사업타당성 분석에 주의해야 한다.

다섯째, 사업에 참여하는 당사자들 간에 이해관계가 대립할 가능성이 높고, 이해관계의 조정이 원활하지 않을 경우 사업 추진이 원만하지 않을 수 있다.

여섯째, 투자자나 자금을 대출해 주는 금융회사 입장에서는 해당 사업에 대한 계속적이고 체계적인 사후 관리가 필요하다. 프로젝트 파이낸싱의 경우 자금 회수가 해당 사업에서 발생하는 미래의 현금흐름과 수익에 의해 좌우된다. 따라서 투자자나 금융회사들은 원활한 자금 회수를 위해 해당 사업에 대한 지속적 관리를 해야 할 필요성이 있다.

2 프로젝트 파이낸싱의 연혁

1) 연혁

(1) 세계

프로젝트 파이낸싱의 효시는 13세기 중세 이태리의 은광 개발이나 1856년의 수에즈운하 개발사업으로까지 거슬러 올라간다는 견해도 있으나, 본격적인 의미의 프로젝트 파이낸싱은 1920~1930년대 미국에서 은행들이 유전 개발에 소요되는 사업 자금을 융자하는 방식에서 시작되었다고 할 수 있다. 이후 프로젝트 파이낸싱 기법은 자원개발사업 이외에 중소 조선업자들에게도 적용되었으며 1960~1970년대에 들어서는 전 세계적으로 보급되었다. 이 당시 자원민족주의가 고조되고 석유파동이 발생하면서 각종 자원개발사업과 에너지 개발사업이 전 세계적으로 추진되었는데, 이러한 개발사업에 프로젝트 파이낸싱 기법이 널리 이용되었다.

1980년대 들어서는 자원 개발 붐이 주춤하면서 프로젝트 파이낸싱은 자원개발사업 이외에 다양한 분야로 확대되었다. 이 당시 중남미 국가들은 과도한 외채로 인하여 국가 신용 상태가 좋지 않았으나 한편으로는 사회간접자본(SOC : Social Overhead Capital)건설과 개발사업에 대한 욕구는 높았다. 프로젝트 파이낸싱은 사업위험에 수반되는 위험을 분산시키고 대규모 자금 조달을 통한 사업 시행을 가능하게 한다. 프로젝트 파이낸싱의 이러한 특징은 신용 상태가 좋지 않았던 중남미 국가들의 SOC 건설과 각종 개발사업의 원활한 추진을 가능하게 하였다. 그리고 국제금융시장의 경색을 타개하기 위한 방안으로 프로젝트 파이낸싱이 이용되기도 하였다.

최근에는 세계적인 사회간접자본의 확충 및 민영화 추세에 힘입어 프로젝트 파이낸싱의 활용 분야도 도로, 항만, 철도, 발전소와 같은 SOC 사업은 물론 석유화학 플랜트와 같은 일부 제조업 설비, 항공산업 등까지 확대 적용되고 있다. 특히 급속한 경제성장을 한 아시아의 개발도상국가들은 국가의 SOC 시설이 부족하여 이를 확충할 필요성은 증대되었으나 SOC 건설을 뒷받침할 정부 재정은 취약하다. 따라서 이들 국가들의 SOC 시설을 확충하는 데 프로젝트 파이낸싱이 적극적으로 활용되고 있다.

(2) 한국

우리나라의 경우 '민자유치특례법'의 제정에 따라 사회간접자본(SOC : Social Overhead Capital)에 대한 민자 유치 사업이 시행되면서 본격적으로 프로젝트 파이낸싱 기법이 도입되기 시작했다. 이화령터널 사업을 시초로 인천공항 고속도로 사업 등에 도입되었다.

프로젝트 파이낸싱은 처음에는 SOC 시설에 소요되는 자금 조달에 사용되었으나 국내에서는 부동산개발사업에 많이 이용되며, 최근에는 방송 관련 사업 분야에도 활용되고 있다.

프로젝트 파이낸싱에 대한 국내의 법적 추진 역사는 다음과 같다.

① 1991년에 '민자유치특례법'을 제정하였다.
② 1994년에 '사회간접자본시설에 대한 민간 자본유치촉진법'을 제정하였다.
③ 1999년에 동법을 '사회간접자본시설에 대한 민간투자법'으로 개정하였다.
④ 2001년에 '프로젝트 금융 투자회사법'을 제정하였다.
⑤ 2003년에 '프로젝트 파이낸싱 특별법' 제정을 추진하였다.
⑥ 2005년에 '사회간접자본에 대한 민간투자법'을 '사회기반시설에 대한 민간투자법'으로 개정하였다.

3 프로젝트 파이낸싱의 유형

프로젝트 파이낸싱의 유형은 사업 주체별로 또는 사업대상별로 구분된다.

사업 주체별로는 공공 개발, 민간 개발, 민관 합동 개발로 그 유형이 나누어지고 사업대상별로는 사회기반시설 프로젝트 파이낸싱(사회기반시설 PF)과 부동산개발 프로젝트 파이낸싱(부동산개발 PF)으로 구분된다.

1) 사업 주체별 유형

사업 주체별로 프로젝트 파이낸싱은 공공 개발, 민간 개발, 민관 합동 개발 프로젝트 파이낸싱으로 나누어진다.

공공 개발 PF는 국가와 공공 기관 등이 주체가 되어 개발하는 사업에 대해 대출해 주는 경우를 말하며, 민간 개발 PF는 민간의 건설회사들이 주로 영리 목적으로 개발하는 사업에 대해 대출해 주는 경우를 말한다. 민관 합동 개발 PF는 정부나 공공 기관이 민간과 합동으로 개발하는 사업에 대출해 주는 프로젝트 파이낸싱을 말한다.

2) 사업대상별 유형

사업대상별로 프로젝트 파이낸싱은 사회기반시설 PF와 부동산개발 PF로 양분된다. 사회기반시설 PF는 과거 사회간접자본시설 PF(SOC PF)라고 하였는데, '사회간접자본시설에 대한 민간투자법'을 2005년에 '사회기반시설에 대한 민간투자법'으로 개정하면서 명칭이 변경되었다. 그리고 적용 범위도 확대되었다.

사회기반시설은 도로, 철도, 항만 등 사회간접자본시설 이외에 학교 시설, 자연 휴양림, 보건복지 시설 등 생활 기반 시설을 포함하는 개념이다.

(1) 사회기반시설 PF

사회기반시설 PF는 관련 법률에 따라 BOT 방식, BOO 방식, BTO 방식, BTL 방식 등으로 구분된다.

① BOT 방식

BOT(Build-Operate-Transfer) 방식은 민간사업자가 프로젝트의 건설을 담당하며, 해당 시설물을 완공한 후에는 일정기간 운영을 한다. 민간사업자는 시설물 운영기간 동안에 건설비용 등 투자비를 회수하고 이후에 소유권을 정부에 넘겨주게 된다.

이 방식은 사회간접자본시설이나 산업 시설이 부족한 개발도상국들이 외국의 자본 유치 및 신기술을 도입하고자 할 때 주로 이용한다.

② BOO 방식

BOO(Build-Own-Operate) 방식은 시설의 준공과 동시에 민간사업자가 해당 시설의 소유권을 보유하며 시설을 운영하는 방식을 말한다. 이 방식은 전산망이나 가스 공급 시설 등의 건설에 주로 활용된다.

③ BTO 방식

BTO(Build-Transfer-Operate) 방식은 수익형 민자 사업으로서 민간사업자인 사업 주체가 시설 완공 후, 발주자인 정부 또는 공공 기관에게 시설의 소유권을 이양하고 발주자는 시설의 운영권을 민간사업자에게 부여하는 방식을 말한다. 2002년 12월 개통된 천안-논산 간 고속도로가 이 방식에 의해 건설되었다.

④ BTL 방식

BTL(Build-Transfer-Lease) 방식은 민간사업자인 사업 주체가 시설을 완공한 후, 발주자인 정부 또는 공공 기관에게 시설의 소유권을 이전하면 발주자는 시설 임대로 발생하는 임대료를 사업 주체에 직접 지급하는 방식을 말한다.

BTL 방식은 임대형 민간투자 사업으로서 사업의 수익성이 떨어져 투자비 회수가 어려운 경우에 주로 적용된다. 반면 BTO 방식은 수익성이 있어 투자비 회수가 가능한 경우에 적용되는 방식이다.

(2) 부동산개발 PF

부동산개발 PF는 사업대상의 목적별로 주거용 부동산개발 PF, 유통 시설 부동산개발 PF, 레저용 부동산개발 PF 등으로 구분된다. 그리고 부동산개발의 사업대상과 무관하게 자금의 조달방식에 따라 부동산 PF 대출, PF ABS, PF ABCP, 부동산펀드를 활용한 PF 등으로 나누기도 한다.

다음에서는 자금의 조달 방식에 따라 분류한 부동산개발 PF의 내용을 살펴보기로 하자.

① 부동산 PF 대출

부동산 PF 대출은 일반적인 기업금융과 거의 유사하다. 그러나 일반적인 기업금융이 주로 담보대출로 이루어지는데 비해 부동산 PF 대출은 특정 프로젝트의 사업성과 여기에서 발생하는 현금흐름을 상환 재원으로 하는 신용대출이라는 점에서 차이가 있다. 우리나라에서 실시되고 있는 부동산 PF 대출은 차주에 대한 보증이나 시공사의 연대보증과 같은 신용보강을 전제로 하고 있어 원래 의미의 프로젝트 파이낸싱과는 차이가 있다.[4]

부동산 PF의 대출 구조는 시행사와 시공사 그리고 자금을 대출하는 금융기관들의 상호 약정을 통해 이루어진다. 사업성 검토를 거쳐 해당 사업을 추진하기로 결정이 나면 금융기관들과 시행사, 시공사 간에 계약을 체결하고 대출 자금의 상환 방식이나 신용보강 방식 등을 결정하게 된다.

② PF ABS

PF ABS란 부동산개발 업체의 개발사업부지나 개발사업에서 발생하는 수익 등을 상환 재원으로 하여 금융기관들이 자금을 대출한 것을 기초자산으로 하여 유동화한 자산유동화 증권을 말한다. 부동산 PF 대출이 간접금융 상품이고 제1차 저당 시장이라면, PF ABS는 이를 유동화한 제2차 저당 시장에서 거래하는 직접금융 상품이라고 볼 수 있다.

PF ABS 발행 구조는 자금을 대출한 금융기관들이 시행사에 대출해 준 대출채권을 유동화 회사인 SPC에 양도하고, SPC는 ABS를 발행하여 투자자에게 판매를 하는 구조로 되어 있다.[5]

PF ABS의 발행 구조를 나타내면 다음과 같다. 도표 11-2

도표 11-2 PF ABS의 발행 구조

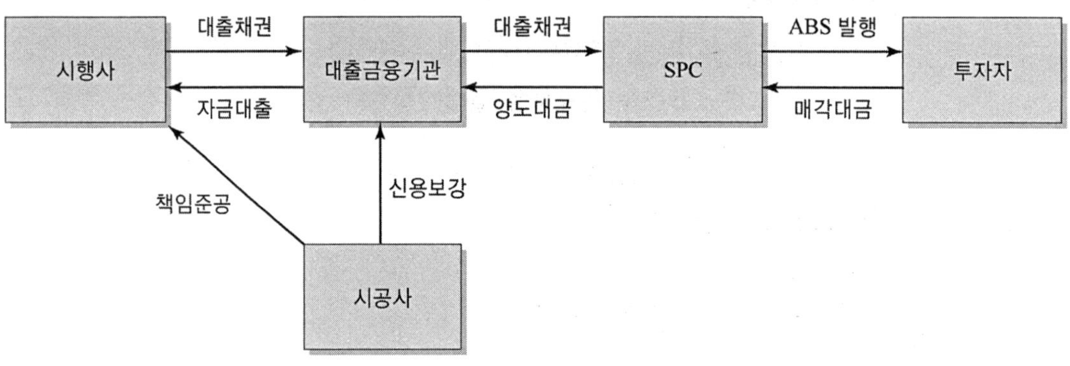

SPC는 개발 프로젝트와 관련된 대출채권을 유동화 하는 목적으로 설립된

4) 손재영 외, 「한국의 부동산금융」(서울 : 건국대학교 출판부, 2008), p. 254.

5) 전게서, p. 256.

명목상 회사이므로 이자소득세 및 법인세가 부과되지 않는다. 그리고 시행사에 자금을 대출한 금융기관들은 SPC에 대출채권을 매각하고 대출금을 상환받은 이후에는 사실상의 역할이 종료된다.

③ PF ABCP

PF ABCP(Asset Backed Commercial Paper)는 자산담보부 기업어음이라고 하는데, 이것은 SPC가 매출채권, 대출채권 등 자산을 담보로 발행하는 기업어음[6])으로서 회사채가 아니라는 점에서 PF ABS와 차이점이 있다.

PF ABS에서 자산의 유동화를 위해 설립된 SPC는 '자산유동화에 관한 법률'의 적용을 받는 회사이므로 이자 소득세나 법인세가 면제되는 특례 조항의 혜택을 받는다. 그러나 PF ABCP에서 자산의 유동화를 위해 설립된 SPC는 상법에 근거하여 만들어진 주식회사이므로 조세가 면제되는 특례 조항의 적용을 받지 못하는 불리한 점이 있다. 그럼에도 불구하고 부동산개발 PF에서 PF ABCP가 활용되는 이유는 다음과 같다.

PF ABS는 대출 기간이 상대적으로 장기이기 때문에 중도에 자금을 상환하여야 한다. 따라서 PF ABS를 발행하고 상대적으로 대출 기간이 단기인 PF ABCP를 발행하여 PF ABS로 조달한 자금을 중도에 상환함으로써 단기의 이자 비용으로 장기 자금을 조달할 수가 있다. 대개의 경우 단기 차입 자금의 이자율이 장기 차입 자금의 이자율보다 낮으므로 이자 비용 절감이 가능하다.

PF ABCP의 발행 구조는 PF ABS의 발행 구조와 흡사하다. 시행사에 대출해 준 금융기관들의 대출채권을 SPC가 양수받아 이를 기초자산으로 하여 기업어음을 발행하는 구조이다.[7])

④ 부동산펀드를 활용한 PF

부동산펀드란 투자자들로부터 자금 등을 모아서 부동산에 투자하고 그 결과를 투자자에게 귀속시키는 금융 상품을 말한다. 부동산펀드는 부동산개발 사업에 직접 자금을 빌려주는 형태로 부동산개발 PF에서 자금의 공급자 역할을 한다.

---

6) 기업어음(commercial paper)이란 우량대규모 은행이나 주식회사가 발행하는 단기자금 조달 목적의 증권을 말한다. 만기는 2일에서 270일까지이나 30일 미만이 가장 많다. 주로 기존부채의 상환용으로 발행하며, 금리는 은행 대출금리보다 낮은 것이 일반적이다.

7) 전게서, p. 257.

부동산 PF 대출은 부동산개발사업에 있어 사업부지 대금에 한정하여 대출하는 관계로 시공사는 공사비를 자기 자금으로 조달해야 하는 책임 준공의 의무가 있다. 그러나 부동산펀드는 공사비의 일부 또는 전부를 포함하여 자금을 대출하기 때문에 시공사의 공사비 부담을 완화시켜 시공사의 책임 준공 의무를 완화시켜 주는 경우가 많다.[8)]

제2절 프로젝트 파이낸싱의 구조와 추진 절차

1 프로젝트 파이낸싱의 구조와 참여자

1) 개요

프로젝트 파이낸싱의 업무 흐름도는 개별 프로젝트별로 차이가 있으나 일반적인 구조는 다음과 같다. 모회사, 즉 사업주(project sponsor)가 특정 사업을 수행하기 위하여 모회사와는 별도로 프로젝트 회사, 즉 사업 시행 회사(project company)를 설립한다. 사업시행회사는 개별 프로젝트를 진행하기 위한 목적으로 설립되었으므로 특수목적회사(SPC) 형태를 가지게 된다.

SPC는 투자자나 금융기관들로 구성된 대주단(syndicated loan)으로부터 대출 약정을 체결하고 자금을 조달한다. SPC는 조달된 자금으로 해당 프로젝트를 수행하고 사업을 진행하며, 이로부터 발생되는 현금흐름이나 수익금으로 차입한 자금의 원리금을 상환한다.

프로젝트 파이낸싱은 모기업과 별도로 자금 관리가 이루어지므로 해당 사업의 자금 관리는 '위탁결제계정'(escrow account)을 통해 이루어진다.

프로젝트 파이낸싱의 업무 흐름도를 나타내면 다음과 같다. 도표 11-3

8) 상게서, p. 260.

도표 11-3 프로젝트 파이낸싱의 업무 흐름도

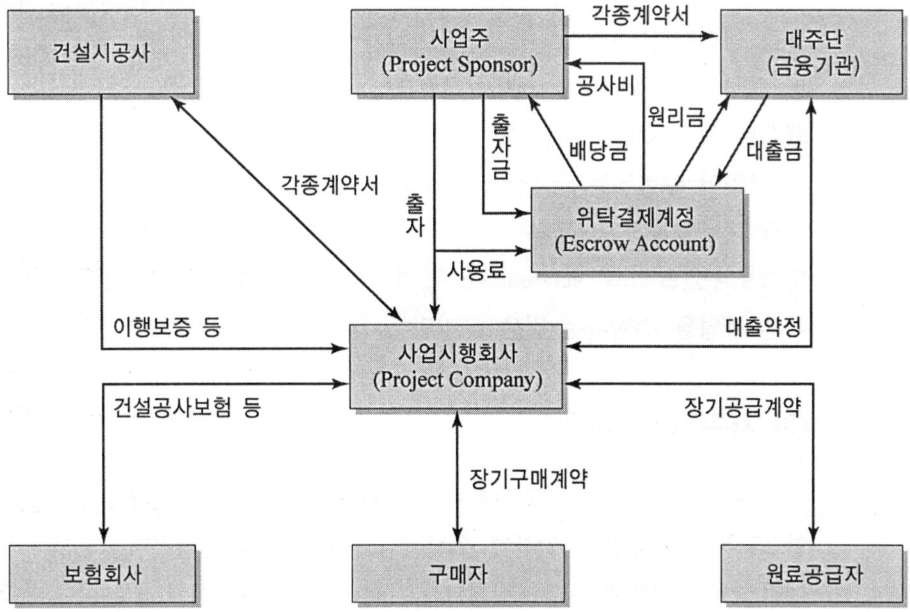

2) 참여자

프로젝트 파이낸싱의 업무 흐름도에서 설명한 바와 같이 참여하는 단체들이 상당히 많다. 이들 단체들에 대해 설명하면 다음과 같다.

(1) 모회사 또는 사업주(project sponsors)

사업주는 프로젝트를 실질적으로 추진하는 주체로서, 사업주의 형태로는 자연인 또는 법인이 될 수도 있고 이해 집단의 컨소시엄(consortium)이 될 수도 있다.[9)]

사업주는 프로젝트를 기획, 개발하고 사업시행회사인 SPC에 출자하거나 지급보증을 제공하는 등 프로젝트의 모든 진행 단계에 있어서 중요한 역할을 한다.

9) 현충효 외, 「부동산금융의 이해」(서울 : 부연사, 2007), p. 81.

(2) 사업시행회사(project company)

사업시행회사는 해당 프로젝트를 추진하기 위하여 사업주에 의해 설립된 독립 법인이다. 사업 시행 회사는 대개 사업주와는 경제적, 법률적으로 분리된 명목 회사(paper company) 형태인 특수목적회사(SPC)의 성격을 가진다. SPC는 프로젝트의 추진 및 운영에 관한 모든 법률 행위의 주체가 되며 주로 사업이 수행되는 국가에 설립된다.

SPC는 투자자나 금융기관들로부터 차입된 자금을 비롯한 모든 자금을 위탁결제계정(escrow account)을 통해 관리해야 하며, 해당 프로젝트 이외에 다른 사업을 수행하는 것은 금지된다.

(3) 차주(borrower)

차주는 일반적으로 사업시행회사가 되며 투자자나 금융기관들로 구성된 대주단으로부터 자금을 차입하여 위탁관리계정을 통해 운영한다. 그러나 법규 등 여러 가지 이유로 사업시행회사가 차주가 될 수 없는 경우에는 수탁차입사(TBV : Trustee Borrowing Vehicle)를 설립하여 자금을 조달할 수도 있다.[10)]

TBV는 세금 감면이나 자금 운영의 투명성 확보가 주목적으로 자금 운영 절차의 단계는 다음과 같다.

1단계는 TBV가 대주단으로부터 자금을 대출받아 해당 프로젝트를 시공한 건설회사에게 공사 대금을 지급한다.

2단계는 사업시행회사는 건설회사가 시공한 상가나 아파트 등을 일반 구매자들에게 분양하고, 분양 대금을 TBV에 납입한다.

3단계는 TBV가 2단계에서 수취한 대금으로 대주단에 원리금을 상환하고 잉여금이 있으면 사업시행회사에 지급한다.

(4) 대주단(syndicated loan)

프로젝트 파이낸싱은 대개 사업을 수행하는 데 대규모의 자금이 필요하고 원리금 회수에 수반되는 위험이 일반 기업금융에 비해 크므로 여러 개의 금융기관이 관여하여 대주단을 구성하여 자금을 제공한다.

---

10) 상게서, p. 82.

대주단은 일반 개인보다는 은행 등 금융기관이 대부분이며, 이들은 자금 대출 이외에도 프로젝트의 위험 평가 등의 업무를 수행하기도 한다.

(5) 건설회사 또는 시공회사(construcation contractor)

건설회사는 해당 프로젝트를 수행하는 데 필요한 공사를 한다. 건설회사는 설계회사와 시공회사로 나누어지나 프로젝트 파이낸싱의 대상이 되는 사업은 대개 설계와 시공이 동시에 이루어질 수 있도록 계약을 체결하여 공사를 수행한다. 이러한 계약 방식에 의해 시공을 하게 되는 업체를 EPC(Engineering, Procurement & Construction Contractor)라고 한다.

EPC는 해당 프로젝트의 설계에서부터 시공까지 전체 과정을 수주하므로 시공된 시설물들의 하자가 발생할 경우 피해 보상 지급을 일괄적으로 해야 되는 의무를 부담하게 된다.

(6) 운영회사

해당 프로젝트와 관련된 건물들이 완공되면, 건설회사는 이들 건축물들을 사업시행회사에 인도한다. 사업시행회사는 이를 직접 운영을 하든지, 아니면 관련 프로젝트의 운영을 전문으로 하는 회사에 운영을 위탁한다. 일반적으로 운영회사(operating company)는 사업주나 사업시행회사가 담당한다.[11)]

대주단들은 운영 능력과 경험이 있는 사업주나 아니면 관련된 회사가 단독으로 책임지고 운영하는 것을 선호한다.

(7) 보증인

사업시행회사는 당해 프로젝트를 추진하기 위해 설립된 명목회사이므로 신용도를 평가하기가 어렵다. 따라서 프로젝트의 제반 위험을 최소화하기 위해서 별도의 보증인(guarantor)이 필요하다.

보증인은 신용이 양호한 사업주나 프로젝트와 직접 또는 간접적으로 이해관계가 있는 당사자들이 하게 된다.

11) 상게서, p. 84.

(8) 정부

정부(government)는 해당 사업의 인가, 국영기업 등을 통한 사업 시행 회사의 지분 취득, 해당 프로젝트의 구매자나 이용자가 됨으로써 간접적으로 프로젝트에 참여를 하게 된다. 정부의 이러한 참여는 프로젝트의 신용도를 제고시키는 데 도움을 준다.

특히 BOT 방식의 사회기반시설 PF인 경우에는 정부가 사업시행회사에 운영권을 부여하는 주체가 된다. 따라서 정부는 사업시행회사에 세제 혜택, 과실송금 보장 등 프로젝트의 성공을 지원하는 역할을 담당하기도 한다.[12)]

(9) 기타 참여자

해당 프로젝트에 의해 시설물이 완공되면 이들을 구매하는 구매자나 이들을 이용하는 서비스 이용자들이 있어야 한다. 구매자나 이용자들은 해당 사업의 수익성이나 현금흐름에 영향을 미칠 뿐만 아니라 대출 자금의 원활한 상환에 있어서 중요한 역할을 한다.

프로젝트 파이낸싱은 융자 조건 결정과 프로젝트 자체의 구조를 만드는 종합적인 과정이다. 이 과정은 매우 복잡하고 많은 절차와 노력이 있어야 되므로 많은 전문가 집단의 도움이 필요하다. 이러한 전문가 집단에는 금융 자문, 법률 자문, 기술 자문, 신용 평가사, 환경 자문 등이 있다.[13)]

2 프로젝트 파이낸싱의 추진 절차

프로젝트 파이낸싱의 추진 절차는 프로젝트의 성격과 규모, 참여 당사자들의 특성 등에 따라 차이가 날 수 있다. 그런데 프로젝트 파이낸싱의 종류는 사업대상별로 사회기반시설 PF와 부동산개발 PF로 구분된다.

사회기반시설 PF는 도로, 철도, 항만 등 주로 사회간접자본시설의 건설에 필요한 자금 조달을 하는 데 사용되는 금융기법이고, 부동산개발 PF는 민

---

12) 상게서, p. 85.

13) 상게서, p. 86.

간경제주체들이 부동산개발사업에 필요한 자금 조달을 하는 데 사용되는 금융기법이다.

다음에서는 사회기반시설 PF보다는 부동산개발사업 PF를 중심으로 프로젝트 파이낸싱의 추진 절차를 살펴보기로 한다. 부동산개발 PF의 프로젝트 파이낸싱 절차를 단계별로 나누면 다음과 같다.

첫째, 계획의 입안 단계로서 프로젝트의 사업성을 평가하기에 앞서 행해지는 단계이다.

둘째, 프로젝트의 사업성 평가 및 구조를 설정하고 관련 계약서를 작성하는 준비 단계가 입안 단계 이후에 행하여진다.

셋째, 프로젝트의 진행 단계로서 자금 입금 및 공사 진행, 분양 등이 이루어지는 단계이다.

넷째, 프로젝트와 관련된 정산 및 결산을 하는 단계가 마지막으로 진행된다.

1) 계획입안 및 사업의 구상 단계

(1) 개요

① 사업타당성 분석의 예비 단계

부동산개발사업의 시장성 여부와 사업가능성을 확인하며 해당 프로젝트의 구체적인 사업성을 평가하기에 앞서 예비적 사업타당성 분석을 하는 단계이다.

예비적 사업타당성 분석에는 시장환경이나 해당 사업의 입지조건 분석이 필요하다. 시장환경에는 전반적인 부동산 경기상황, 금리변동 등 해당 사업에 영향을 미치는 거시경제 변수들의 동향을 검토하고 세법상 문제나 관련 법규의 상황 등을 점검한다. 입지조건에는 해당 사업의 성공적 수행을 달성하는 데 필요한 입지조건을 살펴보고 경쟁 산업체의 출현 등을 감안한다.

② 프로젝트 참여자의 선정

사업의 구상 단계에서 사업 주체와 주요 이해 당사자의 선정 작업이 필요하다. 프로젝트 파이낸싱을 추진하기 위해서는 모회사 또는 사업주의 주도 아래 해당 프로젝트를 추진하기 위하여 사업주에 의해 사업시행회사인 SPC가 설립되어야 한다.

SPC가 설립되면 이를 중심으로 해당 프로젝트 파이낸싱과 관련된 이해당사자의 선정이 필요하다. 프로젝트 파이낸싱과 관련된 사항에 대해 자문을 해줄 자문 회사의 선정과 실제 자금 대출을 해줄 주요 금융기관들과의 사전 협의가 필요하다.

(2) 관련 위험과 대처 방안

사업의 구상 단계에서 사업주는 시장위험에 직면해 있다. 시장위험의 개념과 이에 대한 대처 방안은 다음과 같다.

① 시장위험의 개념

부동산시장은 끊임없이 변화하므로 시장 내에서는 항상 불확실성이 존재한다. 이러한 부동산시장의 불확실성이 사업주에게 주는 부담을 시장위험(market risk)이라 한다. 시장위험의 대처 방안으로 시장 연구와 시장성 연구가 행해진다.

② 시장 연구

특정 부동산에 대한 시장의 수요와 공급 상황을 분석하는 것을 의미하며, 시장 연구의 방법 중 하나로 사용되는 것이 흡수율 분석(absorption rate analysis)이다. 흡수율 분석이란 특정 부동산의 수요와 공급을 조사하는 것으로 시장에 공급된 부동산이 일정기간 동안 어느 정도의 비율로 흡수되었는지를 파악하는 방법이다.

흡수율 분석은 과거 추세뿐만 아니라 그 원인이 무엇이었는지를 분석하는 데 목적이 있다. 시장 연구는 부동산개발사업에 대한 시장성 연구의 기초적인 단계이다.

③ 시장성 연구

부동산개발의 대상이 되는 부동산이 시장에서 임대되거나 분양될 가능성을 파악하는 것으로 개발사업의 분양실적을 극대화하기 위한 연구작업이다.

시장성 연구는 시장 연구를 포함하는 개념이다.[14)]

14) 권호근, 「부동산경제학」(서울 : 형설출판사, 2009), p. 411.

2) 사업성 평가 및 준비 단계

(1) 개요

① 사업성 평가

사업성의 예비적 타당성 단계를 거쳐 구체적인 사업성을 평가하는 단계이다. 사업주는 객관적인 사업타당성을 평가해야 하므로 외부의 관련 전문가에게 타당성 분석을 의뢰한다. 가치와 비용을 분석하는 단계로서 경제적, 법률적, 기술적 타당성을 분석한다.

경제적 타당성은 프로젝트로부터 발생하는 현금흐름이 시공 비용을 충당하고 차입금을 상환하며 수익 창출이 가능한가를 판단하는 것이다. 예상 현금흐름과 비용의 측정 이외에도 자금 조달 방법이나 금리 및 상환 기간 등을 고려한다.

법률적 타당성은 해당 프로젝트와 관련된 법적 분쟁이나 법조문의 해석상의 문제, 관련 법규에 대해 검토하는 것을 말한다.

기술적 타당성은 해당 프로젝트가 현행 기술수준으로 시공이 가능한 것인지, 어떤 건축기술이 적합한지, 예상되는 기술상의 위험은 무엇이며 어떻게 대비해야 하는지 등 기술적 측면에서 프로젝트의 적합성을 판단하는 것을 말한다.

② 프로젝트의 구조 설정 및 관련 계약서 작성

프로젝트 파이낸싱의 특징 중 하나는 구조화 금융(structured financing)이라는 점이다. 구조화 금융이란 특정 목적에 적합한 새로운 금융 또는 사업구조를 조성해 나가는 금융기법을 말한다. 즉 해당 사업과 관련된 자금 조달을 위해 사업주와 독립된 SPC를 설립하고 이를 통해 자금을 조달하는 금융기법을 의미한다.

프로젝트 파이낸싱이 구조화 금융이므로 프로젝트의 구조를 설정하기 위해 사업참여자 간에 관련된 위험의 대처나 배분 또는 담당이 이루어져야 한다. 그리고 설정된 구조하에서 프로젝트와 관련된 이해 당사자들 간에 계약이 체결되어야 한다. 관련 계약서에는 금융 관련 계약서, 사업수행에 따르는 역할분담 계약서 등이 있다.

(2) 관련 위험

① 경제적 위험

사업성 평가 및 준비 단계에서 발생하는 위험은 사업타당성 평가와 관련이 있다. 경제적 타당성 평가와 관련된 위험으로 경제적 위험이 있다. 경제적 위험은 인플레이션 위험, 금리의 변동 위험, 환율변동의 위험 등으로 나누어진다.

인플레이션 위험이란 예상 물가 상승률과 실제 물가 상승률의 격차에 의해 해당 프로젝트의 현금흐름에 영향을 주는 것을 말한다. 금리변동 위험은 자금 조달 시 적용되는 금리가 변동금리일 경우에 발생된다. 원리금 상환 시에 기준 금리가 예상보다 크게 상승하면 원리금 상환 부담이 가중된다. 환율변동 위험은 프로젝트의 대상 지역이 해외일 경우 발생하며, 이는 환율변동에 따라 프로젝트의 현금흐름이 영향을 받는 것을 말한다.

② 법률적 위험

해당 프로젝트와 관련된 법적 분쟁이나 법규의 미비 등으로 공사가 지연되거나 예상보다 공사비가 증가되는 위험을 말한다. 그리고 해외 프로젝트의 경우 현지 정부의 간섭이나 환경 관련 규정의 준수 등 정치적 환경 변화나 현지의 갑작스러운 제도 변경 등으로 해당 사업의 사업성이 영향을 받을 수 있다.

③ 기술적 위험

프로젝트 파이낸싱의 대상이 되는 부동산개발사업은 대부분 공사기간이 장기간이고 기술력이 필요한 사업이다. 그런데 공사를 수행하는 시공사의 기술수준이 떨어지거나 경험부족 등으로 예정보다 공사기간이 길어지거나 지연 또는 중단이 될 수 있다. 이러한 위험을 기술적 위험이라 한다.

(3) 대처 방안

① 경제적 위험

경제적 위험에는 인플레이션 위험, 금리변동 위험, 환율변동 위험이 있다. 인플레이션 위험은 예비비 조성이나 추가 자금 조달 방안을 사전에 수립하여 대처해야 할 것이다. 금리변동이나 환율변동은 선물(future), 옵션(option), 스왑(swap) 등의 금융기법으로 대응방안을 강구해야 한다.

② 기타 위험

법적 위험에 대응하기 위해서는 변호사 등 관련 전문가의 자문을 받아 각종 법적 분쟁에 대비해야 하고 해외 프로젝트는 현지 정부와의 우호 관계 조성이나 관련 계약의 체결 또는 보험 가입 등을 통해 대처해야 한다.

기술적 위험은 사전에 기술평가단을 구성하여 해당 프로젝트에 사용되는 건축기술의 타당성 여부를 검토하여 대처한다. 그리고 시공사의 기술 부족 등으로 인해 사업이 지연되거나 공사비가 증가되면 이와 관련된 책임 등을 시공사가 부담하는 것으로 계약을 체결하여 관련 위험에 대응한다.

3) 프로젝트의 진행 단계

(1) 서설

프로젝트의 진행 단계는 설계 및 인허가 그리고 시공과 분양을 말한다.

SPC는 대주단으로부터 프로젝트를 진행하는 데 소요되는 자금을 대출받고 입금을 완료한다. 그리고 설계 회사와 시공사를 선정하고 공사 진행을 한다. 해당 건축물이 완공되면 분양과 준공의 단계를 거친다.

(2) 관련 위험과 대처 방안

프로젝트의 진행 단계에서는 해당 건축물의 공사와 관련된 위험이 대부분을 차지한다.

첫째, 프로젝트의 제반 시설이 계약대로 완공되지 못하거나 공사 중단이 될 수 있다. 정부의 인·허가를 받지 못하거나 자금 대출이 원활하지 않아 공사가 중단되거나 완공되지 못하는 위험이 발생하는 것이다. 이런 위험에 대처하기 위해서는 신뢰성이 있는 시공사의 선정 및 공사 완성 보증서의 징구, 이행 보증 보험계약 체결 등을 해야 할 것이다.

둘째, 계획된 기간 내에 공사가 완공되지 못하는 공사 지연의 위험이 발생할 수 있다. 공사기간이 지연되면 예상된 현금유입의 지연과 이자 비용의 증가 그리고 계약 불이행으로 인한 손해배상 등 예상하지 못한 손실이 나타난다. 이에 대한 대응방안으로는 공사기간의 적정성에 대한 전문가의 사전 검토, 공사 지연에 따른 시공사의 책임 보증계약을 체결하는 것이 있을 수 있다.

셋째, 공사에 소요되는 자금이 예상보다 초과하는 공사 비용 초과 위험이 있다. 물가 및 원자재 가격의 상승, 인력 수급의 차질 및 노사분규 등으로 당초 예상보다 공사비가 초과될 수 있다. 이에 대한 대처 방안으로는 예상 비용에 대한 적정성의 사전 검토, 시공사와 금액 확정 계약 체결, 공사비 초과 준비금의 적립 등이 있다.

4) 프로젝트의 결산 단계

(1) 개요

결산 단계는 분양된 건물의 입주와 정산 등을 마무리하고 공사비 잔금을 정산하며 건축물 등의 유지 관리 지침서를 작성하고 시공자의 하자 보수 관련 서류를 준비한다. 이 단계에서 SPC는 해당 프로젝트를 수행하는 데 수반된 모든 현금흐름을 결산하고 사업을 종료한다.

(2) 관련 위험 및 대처 방안

프로젝트를 결산하고 종료한 후, 자금을 대출해 준 금융기관들이 원리금 상환을 제때 받지 못하거나 일부 변제받지 못하는 채무불이행 위험이 나타날 수 있다. 자금을 대출해 주는 금융기관들은 이러한 위험을 회피하기 위하여 사업주에게 추가적인 지급보증이나 담보를 요구한다.

제3절 사업성 평가의 개념과 방법

1 프로젝트의 사업성 평가

1) 사업성 평가의 개념

프로젝트를 신규로 추진하고자 할 때 우선적으로 해야 할 사항은 해당 프로젝트에 대한 사업성을 평가하는 것이다. 사업성 평가란 미래에 예상되는 경제적 가정을 전제로 관련된 모든 요소와 이들의 상호관계를 고려하여 특정 프로젝트에 대한 성공 가능성을 조사·분석하는 일련의 과정을 지칭한다.[15)]

이런 사업성 평가에는 프로젝트에 대해 경제적인 측면에서 프로젝트가 경제성이 있는지 유무를 검토하는 경제적 타당성 검토(economic feasibility study), 프로젝트의 건설비용 등 소요 자금을 추정하고 생산원가와 일반관리비 등을 추정·분석하여 재무제표와 현금수지표를 작성한 후 프로젝트의 경제성, 수익성 및 차입금 상환가능성 등을 검토하는 재무적 타당성 검토(financial feasibility study)와 추진하고자 하는 프로젝트를 현재 개발된 기술로 시공, 완성할 수 있는지 적합성 여부를 판단하는 기술적 타당성 검토(engineering feasibility study)로 나눌 수 있다.

(1) 사업성 평가의 목적

사업성 평가의 목적은 프로젝트에 대한 투자 여부와 자금을 제공하는 금융기관들의 의사결정을 지원하기 위한 것이다. 프로젝트 사업성 평가의 목적은 사업주와 자금을 제공하는 금융기관들 간에 상이하다. 우선 프로젝트를 신규로 추진하는 사업주의 입장에서는 대규모로 투자되는 사업의 경제적 성과를 현재 시점에서 예측·분석하여 투자 여부를 결정하고자 한다. 즉 사업

15) 반기로, 「프로젝트 파이낸스」(서울 : 한국금융연수원, 2008), p. 56.

주는 프로젝트 시행으로 미래에 발생되는 현금흐름(cash flows)이 대출 원리금, 운영 경비 등 비용을 지불한 후에도 수익률 목표를 충분히 달성할 수 있는지 검증하고자 사업성 평가를 하게 된다. 신규 프로젝트의 사업 수익률은 프로젝트의 규모와 인적, 물적, 기술 등 투입 요소의 조합에 따라 다양하게 나올 수 있다. 이때 여러 대안들 중 사업성이 우수한 투자 대안을 사업주는 선택하게 된다.

한편 여신을 제공하는 금융기관의 입장에서는 신규 프로젝트로부터 현금흐름이 안전하게 발생하여 원리금을 안전하게 회수하는 데 문제가 있는지의 여부를 검토하고자 사업성 평가를 하게 된다. 이처럼 프로젝트에 참여하는 주체들마다 사업성 평가의 목적이 다를 수 있다.

(2) 사업성 평가의 절차

사업성 평가의 일반적인 순서는 추진하고자 하는 프로젝트와 관련성이 있다. 사업성 평가를 위해서 프로젝트와 관련된 자료 수집과 예비 조사를 한 후 본 조사를 하게 되고 이를 근거로 평가 보고서를 작성하고 검토한 후 수정 보완하는 절차로 진행된다.

① 자료 수집과 예비 조사

신규 프로젝트와 관련이 있는 국내나 국외의 프로젝트 성과와 투자의 일반적인 환경, 제품의 수급 상황을 조사한다.

② 본 조사

신규 프로젝트를 사업화할 수 있는지 여부를 평가하기 위한 기술, 자금 조달, 프로젝트 운영 관리능력 등의 조사 결과를 바탕으로 관련된 통계 자료를 활용하여 매출 분석, 수익성 분석, 자금 수지 분석 및 감응도 분석을 통하여 최종적으로 사업성 유무를 판단하는 조사다.

③ 평가 보고서

본 조사 결과를 바탕으로 검토 항목을 객관적으로 자세하게 작성한다. 즉 검토 항목과 함께 검토 기준 및 참고 자료 등을 객관적인 관점에서 간단 명료하게 기술해야 한다.

④ 수정 보완

내부적으로 작성된 평가 보고서의 타당성과 신뢰성을 높이기 위해 외부 기술 자문 회사와 전문 컨설팅 회사 등에 사업성 평가를 검토 의뢰하여 수정 보완을 하게 된다.

2 프로젝트의 사업성 평가 방법

특정 프로젝트의 사업성 평가 방법에는 회계지표에 의한 분석법, 할인 현금 분석법, 채무상환가능 비율법 및 민감도 분석 방법 등이 있다.

1) 회계지표에 의한 방법

회계지표에 의한 사업성을 평가하기 위해서는 추정 손익계산서, 대차대조표, 현금수지표를 작성하여야 한다. 이 중에서도 현금수지를 구하여 현금수지표를 작성하는 것이 중요하다.

현금수지란 프로젝트가 운영되면 계속하여 자금의 유출입이 발생하게 되는데, 현금 수급의 관점에서 사업성을 평가하기 위해 일정기간 동안 현금유입의 합에서 현금유출의 합을 뺀 것으로 나타낸 것이다. 현금수지는 다음과 같이 구할 수 있다.

(1) 현금수지를 구하는 방법

현금소득 = 판매 수입 − 현금 수익 지출
순 현금소득 = 현금소득 − 세금
현금수지 = 순 현금소득 − 자본적 지출
= 세후 당기순이익 + 감가상각비 + 이자 − 자본적 지출
(단, 판매 수익(TR) = 판매량(Q) × 가격(P), 현금 수익 지출 : 비용 개념으로서의 지출, 자본적 지출 : 자산의 증가를 수반하는 지출)

(2) 현금수지표(Cash Flow Statement)

현금수지표는 프로젝트의 사업성을 분석하기 위해 사업기간 전체에 걸쳐 사업연도별로 현금수지를 작성하여 나타낸 것을 현금수지표라 한다. 도표 11-4

도표 11-4 **추정현금수지표**

항목/연도		2008	2009	2010	---
현금유입	① 매출액 ② 출자금 ③ 차입금 ④ 기타수입				
현금유입계(A)					
현금유출	⑤ 재료비 ⑥ 인건비 ⑦ 고정비 ⑧ 일반관리비 ⑨ 자본적지출 ⑩ 제세공과금 ⑪ 기타				
현금유출계(B)					
원리금지급전현금수지(A−B)(C)					
	⑫ 원금 상환 ⑬ 지급이자				
원리금합계(D)					
원리금누계(E)					
현금유출합계(B+D)(F)					
원리금지급후현금수지(C−F)					
전기이월 ⑭ 배당금지급 차기이월					
채무상환가능비율(DSCR)(C/D)					

현금수지표는 미래의 현금흐름을 전망할 수 있고, 원리금 상환가능성 유무를 판단하는 데 유용한 정보를 제공하고 프로젝트의 수익성과 재무흐름의 안정성 등을 파악하는 데 유용한 정보를 제공할 수 있다.

(3) 사업성 평가

사업성 평가는 이상과 같이 작성된 현금수지표를 이용하여 미래의 현금흐름 전망, 원리금 상환가능성 유무, 수익성 등을 평가할 수 있고, 또한 추정 손익계산서를 기초로 자본수익률과 투자수익률을 계산하여 프로젝트 전체의 수익성, 차입금의 상환 안정성, 투하 자금의 회수 기간을 평가할 수 있다. 다음에서는 프로젝트 투자의 우선순위나 가부를 결정하는 중요한 기준이 되는 자본수익률과 투자수익률을 차례로 설명한다.

① **자본수익률**(ROE : Return on Equity)

자본수익률은 투입된 자본금에 대한 평균수익률로서 투자의 가부나 우선순위를 결정하는 데 중요한 지표이다. 자본수익률을 구하는 식은 다음과 같다.

$$자본수익률 = 연간\ 세후\ 당기순이익의\ 평균/자본금$$

② **투자수익률**(ROI : Return on Investment)

투자수익률은 투입된 모든 자금(자기자본+타인 자본)에 대한 이익률이며, 신규 프로젝트 전체의 수익성과 차입금 상환가능성의 안전성을 판단할 수 있는 유용한 지표이다. 투자수익률을 구하는 식은 다음과 같다.

$$투자수익률 = \frac{(사업기간\ 중\ 연간\ 세후\ 당기순이익의\ 합 + 연간\ 지급\ 이자의\ 합)/사업\ 연수}{(자본금 + 차입금\ 평균\ 잔액)}$$

2) 할인 현금수지분석법

부동산개발사업은 현금흐름이 발생하기까지 장시간 소요되므로 이자와 시간개념이 수익성에 큰 영향을 준다. 수익성에 큰 영향을 주는 요인들인 이자와 시간개념을 이용하여 사업성을 평가하는 방법을 할인 현금수지분석법이라 한다. 할인 현금수지분석법은 미래의 현금수지를 현재가치(현가)로 환산하여 분석한다.

할인 현금수지 분석의 기초가 되는 개념에는 자본의 순현재가치분석법과 내부수익률법이 있다.

(1) 순현재가치법

순현재가치법(NPV : Net Present Value Method)은 특정 프로젝트의 경제적 타당성 여부와 복수의 투자 안이 존재할 경우 투자안의 우선순위를 결정하는 자본예산 기법(capital budgeting)의 일종이다.

프로젝트는 사업의 각 기간 또는 연도에서 현금유입과 유출을 현재가치로 할인하여 현금유입의 현재가치에서 현금유출의 현재가치를 뺀 것을 순현재가치라 하며 다음과 같이 계산한다.

순현재가치＝현금유입의 현재가치 합－현금유출의 현재가치 합

K의 순현재가치, NPV_K는 다음의 공식과 같다.

$$NPV_k = \frac{B_1 - C_1}{1+i_1} + \frac{B_2 - C_2}{(1+i_1)(1+i_2)} + \cdots\cdots + \frac{B_n - C_n}{(1+i_1)(1+i_2)\cdots(1+i_n)}$$

$$= \sum_{t=1}^{n} \cdot \frac{B_t - C_t}{(1+i)^t}$$

(단, $B_n = n$기에 기대되는 프로젝트의 현금유입,
$C_n = n$기에 기대되는 프로젝트의 현금유출,
$i_1 = i_2 = \cdots\cdots = i_n = i$)

NPV 법에서의 경제성 기준은 다음과 같다.

① 특정 프로젝트의 투자 여부 결정의 판정

순현재가치가 0보다 크면(NPV > 0) 사업타당성이 있고, 순현재가치가 0보다 작으면(NPV < 0) 사업타당성이 없다.

② 복수의 프로젝트인 경우의 투자 대안 판정

순현재가치가 0보다 크고(NPV > 0) 사업타당성이 있는 프로젝트 중 순현재가치가 가장 큰 경우를 투자 대안으로 선정한다.

(2) 내부수익률법

내부수익률법(IRR : Internal Rate of Return Method)은 특정 프로젝트의 자본투하의 현재가치가 순자금 회수액의 현재가치와 같아지는 할인율(i)을 말한다.

K의 순현재가치, NPV_K를 내부수익률 공식으로 나타내면, $NPV_K=0$인 경우 i가 된다.

$$NPV_k = \sum_{t=1}^{n} \cdot \frac{B_t - C_t}{(1+i)^t},\ NPV_k = 0$$

IRR 법에서의 투자의 결정기준은 다음과 같다.

① 독립적인 프로젝트의 경우 투자 여부만을 판정

내부수익률(즉, $NPV_K=0$에 의해 도출된 i)과 기준수익률을 비교하여 내부수익률이 기준수익률보다 클 경우 경제성이 있다고 평가한다. 그리고 도출된 내부수익률이 기준수익률보다 작을 경우는 경제성이 없다고 평가한다. 기준수익률은 과거 시행되었던 유사 프로젝트의 평균수익률을 적용하거나 아니면 조달 금리에 위험할증률을 감안한 이자율로 한다.

② 복수의 프로젝트인 경우의 투자 대안 판정

복수의 프로젝트가 존재하는 경우에는 내부수익률이 큰 프로젝트를 먼저 선정하고 이후 순차적으로 동일 방법을 적용하여 프로젝트를 선택한다.

3) 채무상환가능 비율법

'채무상환가능 비율법'(DSCR : Debt Service Coverage Ratio Method)은 프로젝트의 현금유입에서 세금, 로열티 등 우선 변제해야 할 금액을 공제한 '채무상환가능 현금흐름'을 상환해야 할 원리금의 총액으로 나눈 값을 말한다. 즉 DSCR은 다음 식과 같이 나타낼 수 있다.

$$DSCR = \frac{\text{채무상환가능 현금흐름}}{\text{채무 원금} + \text{이자액}}$$

DSCR 법에 의한 경제성 기준은 다음과 같다.

각 연도별 DSCR 값이 1보다 크고(각 연도별 DSCR 값 > 1) 원리금 변제 전 기간에 걸친 누적 DSCR 값이 1보다 큰(원리금 변제 전 기간에 걸친 누적 DSCR 값 > 1) 경우를 동시에 충족하면 해당 프로젝트는 상환능력이 있다고 평가한다. 그리고 이 둘을 동시에 충족 못하면 해당 프로젝트는 상환능력이 없다고 평가한다.

일반적으로 프로젝트 파이낸싱의 경우 DSCR 값이 1.2～1.4인 경우 상환능력이 양호한 프로젝트라 판정하고 있다.

4) 민감도 분석

현금흐름 분석이 끝나면, 대부분의 프로젝트는 투자가 장기간에 걸쳐 이루어지기 때문에 프로젝트의 경제적 타당성이 프로젝트의 현금흐름에 영향을 미칠 수 있다. 따라서 장래에 나타낼 모든 변수들의 변동에 얼마나 영향을 받는지를 검증하는 민감도 분석을 고려해야 한다. 즉, 미래의 불확실성이 사업성 평가에 얼마나 영향을 미치는지 검증하는 것이 민감도 분석(sensitivity analysis)이다.

이런 민감도 분석은 다음과 같은 순서로 진행한다.

첫 단계는 프로젝트의 현금흐름에 영향을 미치는 중요한 모든 변수를 선정한다.

두 번째 단계는 선정된 변수가 프로젝트 현금흐름에 얼마나 영향을 주는지를 분석한다.

마지막 단계는 가정을 달리한 몇 개의 비교 안을 작성하여 기본 안과 비교하여 현금흐름이 가장 보수적인 견해(probable optimistic case)와 비관적 견해(probable pessimistic case)로 나누어 추정한 후 그 결과를 검증해 보는 것이다.

이런 민감도 분석은 대출 은행이 민감도 분석 결과에 따라 대출 상환능력에 큰 영향을 주는 위험 항목을 찾아내어 위험 요소에 대한 보전 조치를 프로젝트 수행자에게 요구하게 된다. 민감도 지수는 다음과 같이 나타낼 수 있다.

$$\text{민감도 지수} = \frac{\text{재무적 내부수익률 변동률}}{\text{대상 변수의 변동률}}$$

5) 현금수지 분석의 한계

프로젝트의 경제적 타당성 분석은 현금수지표를 기초로 하여 경제성, 상환능력 및 재무흐름의 안전성을 계량적으로 분석하여 투자의 의사결정에 도움을 주지만 현금수지표 작성 시 여러 가지 전제 조건에 따라 현금수지표가 상이하게 나올 수 있으므로 실제 자료를 이용하고 분석 결과를 해석하여 활용함에 있어서 유의할 필요가 있다.

제4절 프로젝트 파이낸싱의 문제점 및 개선방안

프로젝트 파이낸싱은 사업대상별로 부동산개발 PF와 사회기반시설 PF로 구분되며, 추진 절차 및 그 성격도 상이하다. 그러므로 프로젝트 파이낸싱의 문제점 및 개선방안을 사업대상별로 살펴보기로 한다.

1 부동산개발 PF

1) 문제점

(1) 불완전한 구조

현재 우리나라에서 통용되고 있는 프로젝트 파이낸싱은 본래적 의미의 프로젝트 파이낸싱이라고 보기에는 곤란하다. 원래 프로젝트 파이낸싱은 비소구 금융, 부외 금융, 구조화된 금융으로서 참여자들 간에 적절한 위험 배분을 특징으로 하고 있다. 즉, 자금을 대출한 대주단은 프로젝트의 사업성과 현금흐름에 의해서만 채권 회수가 가능하며 사업주에게 직접 원리금 회수와 같은 채권 청구를 할 수 없다.

지금 우리나라에서 활용되고 있는 프로젝트 파이낸싱은 여러 가지 현실적 이유로 본래적 형태로 운영되지 못하고 다소 변형된 형태로 운영되고 있다. 현실적으로 적용되고 있는 프로젝트 파이낸싱은 시공사나 금융기관의 연대보증이나 매입 약정과 같은 각종 신용보강 장치를 활용하여 프로젝트에 투입된 이외의 자산으로부터 채권 청구가 가능하도록 하고 있다. 따라서 사업이 원활히 진행되지 못할 경우 신용보강을 제공한 시공사나 금융기관의 채무 부담이 증가하는 문제점을 가지고 있다.16)

(2) 금융 부실의 확산 가능성

부동산시장의 침체가 장기화되어 프로젝트가 원활하게 수행되지 못하면 이를 매개로 원리금 회수가 제때 이루어지지 못해 금융 부실이 발생한다. 이때 발생한 금융 부실이 다른 부문으로 쉽게 확산되는 구조를 현행 부동산개발 PF가 가지고 있다.

특정 프로젝트에서 사업이 원활하게 수행되지 못해 부도가 발생하면, 이는 시공사의 부실과 부도로 이어지며 계속해서 시공사와 연관된 다른 프로젝트 파이낸싱에도 영향을 주게 되고 결국에는 금융권 전체로 금융 부실이 확산될

16) 손재영 외, 전게서, p. 283.

가능성이 크다.

결과적으로 특정 프로젝트에서 야기된 금융 부실이 시공사를 매개로 하여 전혀 다른 프로젝트로, 더 나아가서는 금융시장 전체의 부실로 전파될 우려가 크다. 특히, 2007년 하반기 이후 주택 시장의 침체 등으로 인해 중견 건설업체들에게 연쇄적으로 부도가 발생하였다. 이러한 연쇄 부도는 PF ABS의 상환 지연을 초래하면서 부동산개발 PF에 대한 우려를 커지게 하여 제도개선의 필요성을 부각시키고 있다.[17]

(3) 객관적인 사업성 평가의 미비

프로젝트 파이낸싱의 효과적 활용과 참여자들 간에 합리적인 위험 배분이 가능하기 위해서는 객관적인 사업성 평가가 필요하다. 객관적인 사업성 평가가 이루어지지 못하면 참여자들 간에 위험 배분이 적절하게 되지 못한다.

사업성 평가는 외부의 전문기관에 의뢰하거나 아니면 자금을 대출해 주는 금융기관들에 의해 수행될 수 있다. 그러나 아직 우리나라에서는 부동산개발사업에 대한 사업성 평가를 객관적이고 정확하게 수행할 전문 인력이 부족한 실정이다.

(4) 분양가 상한제 등 제도적 제약 요인의 존재

우리나라의 부동산개발 PF는 주택사업 부문에 치중되어 있다. 최근에는 오피스 빌딩이나 골프장 등으로 사업 부문이 확대되고는 있으나 아직까지 주택사업 부문의 비중이 높은 편이다. 그리고 부동산개발 PF는 대주단들의 입장에서는 부동산 담보대출에 비해 원리금 상환에 대한 위험성이 크므로 선호도가 떨어진다. 이런 상황에서 부동산개발 PF를 활성화하기 위해서는 주택사업 부문에 존재하는 분양가 상한제 등의 제도적 제약 요인에 대한 재검토가 요구된다.

과거 우리나라는 만성적인 주택 부족과 부동산가격의 폭등 등으로 주택사업 부문은 상당한 제도적 제약 요인이 있었음에도 불구하고 활성화되었다. 그러나 최근에는 주택 보급률이 이미 100%를 넘어섰고 향후에는 저출산으

---

17) 상게서, p. 283.

로 인구의 절대적 숫자가 감소할 것이 예상된다. 인구 감소는 필연적으로 주택 수요의 감소를 가져와 과거와 같은 주택사업의 활황은 곤란할 것이다.

이런 상황에서 분양가 상한제 같은 제도적 제약이 존재하면 부동산개발사업에 대한 수익성 확보가 어렵게 되어 금융권의 프로젝트 참여를 어렵게 만드는 요인으로 작용할 수밖에 없다.

(5) 프로젝트 파이낸싱 관련 보증체계의 미비

부동산개발사업의 주체는 사업주이다. 그런데 대부분의 사업주는 자본력이 취약하여 시공사 등에 의한 연대보증에 의해 프로젝트 파이낸싱이 이루어지고 있다.

현재 한국주택금융공사와 주택도시보증공사에서 부동산개발 PF관련 보증상품을 마련하고 있지만 실적은 저조하다. 또한 민간 보험회사에서도 부동산보장가액보장보험(AVI)이라는 상품이 있으나 크게 활성화되고 있지 않다. 그 이유는 프로젝트의 사업성 평가가 객관적으로 이루어지지 않아 상품 운영이 보수적으로 이루어지기 때문이다.[18)]

2) 개선방안

(1) 프로젝트 파이낸싱의 개념 정립과 제도적 지원

프로젝트 파이낸싱은 비소구 금융, 부외 금융, 구조화된 금융으로서 참여자들 간에 적절한 위험 배분을 특징으로 하는 금융기법이다. 따라서 단순히 사업 시행권, 분양 대금 채권 등을 담보로 대출을 받아 사업을 수행하는 것과는 구분되어야 한다.

프로젝트 파이낸싱이 활성화되기 위해서는 몇 가지 제도적 지원이 있어야 한다.

① 프로젝트 파이낸싱을 전담하는 금융기관의 설립

프로젝트 파이낸싱의 대상이 되는 부동산개발사업은 그 속성상 대규모 자본이 투입되고 사업위험도 높은 경우가 많아 선진국의 경우 이에 대한 금융

18) 상게서, p. 284.

지원을 전담하는 각종 기금 및 금융기관들이 잘 발달되어 있으나 우리나라는 그렇지 않다.

1998년 '사회간접자본시설에 대한 민간투자법'에 의해 2,200억 원의 자본으로 2002년에 '한국인프라 투융자회사'가 설립되었다. 이 회사는 SOC 사업에 대한 지분 참여, 융자, 융자의 주선, 보증채권 매입 등의 기능을 수행하며, 자산운용회사도 동시에 설립하여 자산 운용상의 전문성도 확보하였다.

2011년 3월 현재까지 투자된 내역은 다음과 같다. 도표 11-5

도표 11-5 투자약정금액

(단위 : 10억 원)

자산명	자산현황	주식	후순위대출	선순위대출	합계	지분율(%)
백양터널	운영 중	1.2	–	1.6	2.8	100.0
광주 제2순환도로, 1구간	운영 중	13.1	35.2	142.0	190.3	100.0
인천국제공항 고속도로	운영 중	58.2	51.7	–	109.9	24.1
수정산터널	운영 중	47.1	19.3	55.8	122.2	100.0
대구 제4차 순환도로	운영 중	57.5	32.0	–	89.5	85.0
천안-논산 고속도로	운영 중	87.7	182.3	–	270.0	60.0
우면산터널	운영 중	10.7	9.6	–	20.3	36.0
광주 제2순환도로, 3-1구간	운영 중	28.9	–	64.2	93.1	75.0
마창대교	운영 중	33.8	79.0	–	112.8	70.0
용인-서울 고속도로	운영 중	57.8	77.0	–	134.8	35.0
서울-춘천 고속도로	운영 중	48.6	87.4	–	136.0	15.0
서울특별시 도시철도 9호선, 1단계	운영 중	40.9	33.5	–	74.4	24.5
인천대교	운영 중	74.5	89.4	–	163.9	41.0
부산 신항만 2-3단계	건설 중	66.4	193.0	–	259.4	30.0
총계		626.4	889.4	263.5	1,779.3	–
비율(%)		35.2%	50.0%	14.8%	100%	–

주 1 : 운전자금 32억 원을 포함한 금액임

주 2 : 2011년 3월 31일 기준

자료 : 맥쿼리 한국인프라 투융자회사(MKIF) 홈페이지

이러한 투융자 회사의 지원 범위를 국내의 SOC 사업뿐만 아니라 부동산개발사업으로도 확대하는 것이 필요하며 부동산개발사업을 위한 별도의 금융기관 설립도 고려해볼 필요가 있다. 이를 통해 부동산개발 업체들은 본래적 의미의 프로젝트 파이낸싱에 의한 자금 조달이 가능하고 더 나아가 외국자본에 의한 자금 조달도 기대할 수 있을 것이다.

② 여신 건전성 규제의 예외 인정

금융기관 감독 규정 및 시행세칙에 의해 최근 3년 연속 결손이 발생한 기업체는 부실 징후가 예견되는 것으로 평가되어 동 업체에 대한 여신은 요주의 여신으로 분류된다. 일단 요주의 여신으로 분류되면 해당 기업체에 대한 추가 여신 억제 등 금융기관의 사후 관리가 강화됨은 물론 요주의 여신을 보유하고 있는 금융기관은 대손충당금 설정 비율이 상승 된다.

동 비율이 준수되지 않거나 총 여신 중 부실 여신 비율이 표준 비율(2%)을 초과할 경우 이익배당 제한, 영업소 신설 제한 등 금융 당국의 경영 개선 조치가 취해진다. 이것을 '기업에 대한 여신 건전성 분류에 의한 규제'라고 한다.

프로젝트 파이낸싱의 대상 사업은 일반적으로 장기간에 걸쳐 대규모 자금을 필요로 하는 사업으로서 그 특성상 시공 기간 및 운영 초기에는 수요 부족 및 원리금 상환 부담 등으로 수년간 결손 발생이 불가피한 경우가 대부분이다. 따라서 프로젝트의 수행을 위한 별도 법인인 프로젝트 회사(project company)에 대해서는 일정기간 동안 전술한 여신 건전성 분류를 보류하여 대출 취급 금융기관으로부터의 불이익을 배제함으로써 금융기관의 프로젝트 파이낸싱 지원을 용이하게 할 필요가 있다.

이 문제를 해결하기 위해서는 금융감독위원회의 검토를 통해 '금융기관 감독 업무 시행세칙'을 개정하여 프로젝트 회사에 대한 여신 건전성 분류를 운영 개시 후 일정기간까지 유보하여 이 기간 동안 정상 여신으로 처리하는 것이 필요하다.

③ 프로젝트 회사의 채권 발행 허용

프로젝트 파이낸싱을 위한 채권 발행은 은행 대출에 비해 금리가 낮고 상환 기간도 탄력적으로 조정할 수 있으며 원래의 채권에 각종 옵션을 부가하여 자금 흐름에 융통성을 부여할 수 있는 등 다양한 장점을 가지고 있다.

최근의 해외 프로젝트 파이낸싱 사례들을 보면 은행 대출을 통한 전통적인 간접금융에 비해 채권 발행을 통한 직접금융으로 자금을 조달하는 비중이 급격하게 증가하고 있음을 알 수 있다. 그러나 프로젝트 파이낸싱에 수반되는 장기 채권의 국내 발행 여건은 열악하다고 할 수 있다. 우선 회사채 발행은 기업공개에 준하는 요건이 필요하여 프로젝트 회사에 의한 발행이 사실상 불가능한 실정이다. 단기 채권의 금리가 장기 채권의 그것보다 높은 금리의 역전 현상이 빈번하게 일어나는 현상과 인플레이션에 대한 우려 등으로 장기 채권의 수요 기반이 취약하다는 점도 장애 요인이다.

SOC 민자 사업을 위한 자금 조달에 있어서는 사업시행자와 산업은행 등이 만기 12년 이상, 15%의 세율로 분리과세되는 사회간접자본 채권을 발행할 수 있게 되어 있다.

일부 민자 사업의 별도 법인이 채권을 성공적으로 발행한 전례가 있다. 특히, 일시적으로 중단되었던 종합과세 제도가 부활되면 사회간접자본 채권의 발행 여건은 상당히 호전될 것으로 전망된다.

침체된 건설 경기의 회복과 부동산개발의 활성화를 위해서 이러한 채권의 발행을 일정한 조건을 갖춘 부동산개발사업을 위한 프로젝트 파이낸싱에도 허용할 필요가 있다.

(2) 사업구조의 안정성 제고와 신용보강 기법의 개발

현행 프로젝트 파이낸싱 구조에서는 특정 프로젝트에서 야기된 금융 부실이 시공사를 매개로 하여 전혀 다른 프로젝트, 더 나아가서는 금융시장 전체의 부실로 전파될 우려가 크다. 이런 상황을 개선하기 위해서는 현행 부동산개발 PF가 좀 더 안정성이 높은 사업구조로 개선해야 할 필요성이 있다. 이를 위해 제도적인 개선과 함께 참여자들의 인식을 새롭게 하는 새로운 신용보강 기법이 필요하다.

부동산개발 PF의 구조개선을 위해서는 사업주에 의한 사업 초기의 자본 확충이 요구되며, 이를 위해 합자회사나 사업주가 자기 명의로 채권을 발행하는 방안 등을 고려할 수 있다. 그리고 기존 방식의 신용보강 이외에 시공사에 집중된 부동산개발사업의 신용 위험을 경감시켜 줄 다양한 신용보강 프로그램을 확충하는 방안도 생각해 볼 필요가 있다.[19)]

(3) 사업성 평가의 합리화

부동산개발 PF 참여자들 간에 합리적인 위험 배분이 이루어지기 위해서는 사업에 대한 분석 능력이 필수적으로 요구된다. 사업성에 대한 객관적 판단 기준이 없으면 참여자들 간에 위험 배분에 대한 합의 도출이 곤란하다. 따라서, 자금을 대출하는 금융기관들은 사업성 분석을 전문적으로 수행할 인력의 확보와 이들의 능력 배양에 노력해야 할 것이다.

지금까지 국내 프로젝트 파이낸싱은 주로 대형 SOC 사업들에 초점을 맞추고 있었다. 그런 이유로 한국 금융기관들은 부동산개발사업에 대한 프로젝트 파이낸싱 지원 경험이 많지 않았다. 이러한 상황에서 국내 금융기관들이 부동산사업과 관련되어 예상되는 모든 위험의 크기와 이것이 사업의 현금흐름에 미치는 영향을 파악하여 금융 조건을 결정하는 것은 벅찬 일이다. 그리고 우리나라에서의 프로젝트 파이낸싱은 아직 초기 단계에 머물러 있어, 금융기관이 당해 사업의 금융 활동에 대한 자문(financial advisor)은 물론 타당성 분석, 소요 자금의 조달 및 관리까지 깊숙이 관여하는 것이 불가피한데, 이러한 종합적인 프로젝트 파이낸싱 업무를 담당할 수 있는 금융기관들이 극소수에 불과하며 이들의 지원 여력도 한정되어 있다.

우리 시중은행들은 아직 본격적인 신용 분석에 근거한 금융 지원 관행을 확립하지 못하고 있으며 많은 금융 지원을 경제 외적인 요인에 의해 제공하고 있는 실정이다. 독립적인 신용평가회사들이 기업들에 대한 신용 평가를 실시하고 있으나 이들이 발행하는 자료도 객관적인 공신력을 인정받지 못하고 있다.

프로젝트 파이낸싱을 위해서는 비소구 금융(non-recourse financing) 및 부외 금융(off-balance sheet financing)이 필수적이나 국내 금융기관들은 이러한 금융기법에 익숙하지 않음은 물론 아직도 담보 위주의 대출 관행을 고수하고 있다. 더 나아가서 최근 금융기관 경영에서 중요성이 제고되고 있는 위험관리 능력도 취약해서 부동산개발사업에 대한 효율적인 금융 지원에 장애로 작용하고 있다.

이 문제들의 해결을 위해서는 국내 금융기관 경영자들이 현재의 어려운 경영 환경에서 프로젝트 파이낸싱의 효율적 도입이 은행 수익성 제고에 절실

---

19) 상게서, p. 284.

하다는 점을 명확하게 인식하여 이 분야 인재 양성에 대한 투자를 대폭 증대시키는 것이 필요하다.

프로젝트 파이낸싱의 수요 증가에 대응하기 위해 외국의 전문가를 충원하는 방안도 고려할 수 있으나, 유능한 전문가를 영입하기에는 우리 금융기관의 기반이 취약하고 국내 건설업 및 금융시장의 제반 환경도 선진국의 그것과는 상이한 부분이 많아 장기적인 관점에서 조직 내부적으로 전문가를 양성하는 것이 바람직할 것으로 판단된다.

전문가의 양성이 장기적인 해결 방안이라면 단기적으로는 우리 은행들의 취약한 부동산개발사업타당성 분석 능력을 보완하기 위해 이것을 전담하는 독립기관을 만들어 여기에서 대상 사업의 현금흐름, 경제성 및 위험 구조를 평가하고 금융기관은 이 결과를 토대로 구체적인 금융 조건을 결정하도록 하는 것도 생각해 볼만하다.

(4) 분양가 상한제 등 제도적 제약 요인의 개선

최근 부동산개발사업 부문이 다양화되고 있기는 하나 여전히 부동산개발사업에서 주택사업 부문이 차지하는 비중은 높은 편이다. 분양가 상한제가 실시되고 있는 상황에서는 부동산개발 PF에 대한 금융비용이나 이에 수반된 사업위험에 대한 대가가 충분히 고려되지 않아 금융권에서는 부동산개발 PF 참여를 꺼리고 있다.

정부는 부동산개발 PF를 활성화하기 위해서는 분양가 산정에 대한 구조를 재검토하여 금융권들이 이에 참여할 만한 유인을 제공해야 할 것이다.

(5) 보증체계의 정비

향후 우리나라에서 주택개발과 관련하여 선분양 제도가 후분양 제도로 변경될 가능성이 커지고 있다. 후분양 제도가 정착되면 현재 선분양 제도에서 분양 보증을 하는 주택도시보증공사의 역할이 바뀌어야 한다. 주택도시보증공사는 입주자를 위한 분양 보증에서 프로젝트 파이낸싱 관련 보증을 하는 방향으로 역할을 재구성할 필요가 있다.

금융기관이 부동산개발 PF에 대해 자금을 대출할 때에 대출에 대한 원리금 회수를 확신하지 못하면 부동산개발 PF는 활성화될 수 없다. 따라서 예상치 못한 시장위험이나 사업성 분석의 오류 등 각종 위험으로부터 발생할 수 있는 원리금 회수를 확신하지 못하면 부동산개발 PF는 활성화될 수 없다. 따라서 예상치 못한 시장위험이나 사업성 분석의 오류 등 각종 위험으로부터 발생할 수 있는 원리금 회수 위험을 보장해주는 관련 지급보증 상품의 활성화가 요구된다.[20]

2 사회기반시설 PF

1) 문제점

(1) 최소 운영수입 보장 제도

우리나라는 1994년 '사회간접자본시설에 대한 민간 자본 유치법' 제정을 계기로 SOC 사업에 대한 민간투자 사업이 도입되기 시작하였으며, 동법이 1999년 '사회간접자본시설에 대한 민간투자법'으로 개정되면서 점차 많은 사업자들에게 민간투자 방식이 채택되어 왔다. 이때 법이 개정되면서 민간의 SOC 사업에 대한 투자를 유인하기 위해 '최소 운영수입 보장 제도'를 명문화하였다.

'최소 운영수입 보장 제도'는 재정 부담 가중 및 도덕적 해이의 조장 등과 같은 많은 문제점을 발생시켰다. 운영이 개시된 인천공항고속도로, 천안논산고속도로 등의 사업에서 운영 초기의 수요가 예상 수요 수준을 훨씬 못 미침에 따라 정부의 재정 부담이 급증하고 있으며, 운영수입 보장제도 자체가 민간사업자의 도덕적 해이를 조장할 수 있어 민간의 창의와 효율의 도입이라는 민간투자 사업의 본래 취지에 어긋난다는 비판이 제기되고 있다.

하지만 '최소 운영수입 보장 제도'가 그동안 SOC 건설에 대한 민간 자본을 확충하는 데 결정적 역할을 해왔다는 것을 부인할 수는 없다. 다행스러운 것은 당초 이 제도를 도입할 수밖에 없었던 금융 여건들이 많이 변화하였고, 최근에는 이 제도가 없는 SOC 건설 사업에도 민간의 참여가 높아지고 있다

20) 현충효 외, 전게서, p. 146.

는 점이다.[21)]

(2) 협약의 중도 해지에 따른 지급금 제도

협약의 중도 해지에 따른 지급금이란 정부의 귀속 시설인 SOC 사업에 대해 건설 또는 운영기간 중 불가피한 사유로 정부와 민간사업자 간에 체결된 계약이 해지될 경우, 민간의 매수 청구 요청에 따라 정부가 해당 시설의 관리 운영권을 회수하는 대신에 민간투자자에게 보상하는 금액을 말한다.

지급금 제도가 명문화된 것은 2000년 '민간투자 사업 기본 계획'에서 지급금 산정 기준이 마련된 이후로 볼 수 있다. 지급금 기준의 산정은 귀책사유에 따라 건설 기간 중에는 사업 시설물 가치의 85～100%, 운영기간 중에는 향후 사업 운영에 따른 순현금흐름의 80～100%로 차별화하여 적용되었다. 그리고 민간사업자의 귀책으로 사업이 파산되더라도 은행에서 대출한 선순위 채권은 보장해 주도록 명시하였다.

2004년에 민간사업자의 귀책으로 파산하더라도 선순위 채권에 대한 정부 보장이 너무 과다하다는 비판 여론으로 '선순위 채무에 대한 정부의 보장'이라는 문구가 삭제되었다.

이후에는 민간의 투자 자금과 실적에 근거한 미래 기대 수익의 현가 개념을 가지고 지급금을 산정하도록 제도 개선이 이루어졌다. 지급금 제도는 그동안 SOC 사업에 대한 민간의 자본 유치에 크게 기여해 왔으나 향후에는 선진국의 경우와 비교하여 제도 개선이 필요하다.[22)]

(3) 자금 재조달

사회기반시설 PF의 경우 민간사업자의 자금 재조달(refinancing)은 사업 시행자의 지정 단계에서 정부가 민간사업자의 순수 자본금 비율을 25% 이상 제한하는 것에서 비롯된다.

자금 재조달은 기존 출자자의 지분을 매각하는 방식을 통하여 자본금을 감자하고, 이를 대체하는 후순위 차입금을 도입하는 형태로 이루어진다. 자금 출자자는 기존의 건설 출자자 위주에서 재무적 투자자 중심으로 출자자가 변

21) 상게서, 재인용.
22) 상게서, 재인용.

경이 되고, 방법은 주식매매를 통하여 이루어진다.

이러한 자금의 재조달로 인해 투자금액이 조기에 회수되고 법인세가 절감되는 효과가 있다. 이러한 자금 재조달 이익은 정부와 민간사업자가 50 : 50의 비율로 공유한다. 민간사업자, 즉 건설회사는 최초 납입한 자본금을 조기에 매각하여 투자금액을 회수할 수 있다. 그리고 후순위 차입금을 도입함으로써 발생하는 이자를 비용으로 계산하여 법인세를 절감할 수 있다.

자금 재조달의 공유 이익은 해당 민간투자 사업의 사용료 인하, 운영수입 보장의 축소, 무상 사용기간의 단축 등에 활용할 수 있도록 규정하고 있다.

2) 개선방안

(1) '최소 운영수입 보장 제도'의 개선

1997년 외환 위기로 촉발된 금융시장 불안으로 당시 SOC 사업에 대한 민간의 투자 유치가 거의 불가능하여, 이러한 현상을 해소하고자 도입된 정부의 '최소 운영수입 보장 제도'는 그동안 여러 차례 변경되었는데, 변경된 내용은 다음과 같다. 도표 11-6

도표 11-6 최소 운영수입 제도의 변천 과정

구분	1999년		2003년	2006년	
	정부고시	민간제안		정부고시	민간제안
기간	운영 전기간	좌동	15년간	10년간	폐지
보장수준	최대 90%	최대 80%	기간별로 70%～90%까지 차등화	기간별로 65%～95%까지 차등화	
제한	없음		실제 운영수입이 추정수입의 50% 미만 시 보장 없음	좌동	

<도표 11-6>에서 살펴보면 제도의 도입 초기에는 민간의 투자 자본을 적극 유치하기 위하여 보장 범위를 넓게 하였으나 시간이 경과할수록 제도 실시에 따른 부작용과 비난 여론으로 보장 범위가 축소되고 있음을 알 수 있다.

'최소 운영수입 보장 제도'와 관련한 정책의 개선 과제는 세 가지로 모색할 수 있다.[23)]

첫째, 이미 협약이 완료된 36개 사업에 대해서는 최소 운영수입에 대한 정부의 보장부담을 가급적 경감시킬 필요가 있다. 만일 협약 당사자 간에 합의가 이루어지면 정부는 민간의 투자 사업자에게 계약 해지에 따른 일정액의 지급금을 지불하고 이 제도가 적용되는 사업에 대해 계약의 중도 해지를 추진할 수 있다. 그러나 협약의 중도 해지가 추진되면 정부의 민간투자 사업에 대한 정책의 일관성 결여와 이로 인한 정책의 신뢰성 하락, 정부의 사업관리 실패를 민간사업자에게 책임을 전가시킨다는 등의 부정적 파급효과도 클 것이다.

정부는 '최소 운영수입 보장 제도'에 대한 정부의 보장부담을 경감시키기 위해 계약의 변경, 중도 해지 등 여러 방안을 검토할 수 있다. 이러한 방안들을 추진하기에 앞서 이미 지적된 부정적인 파급효과 등을 고려해야 한다. 그리고 계약의 변경이나 중도 해지에 따른 현금흐름도 검토해야 한다. 다시 말하면 계약을 지속할 경우 수입과 비용에 대한 비용편익분석, 계약의 변경이나 중도 해지를 할 경우 비용편익분석을 해야 할 것이다. 따라서 정부는 비용편익에 대한 비교 분석 이외에 앞서 지적한 부정적인 정책의 파급효과까지 감안하여 협약의 변경이나 해지를 신중하게 판단해야 할 것이다.

둘째, 이미 협약이 완료된 사업에 대한 정부의 보장부담을 경감시키려는 노력 이외에 향후 추진되는 사업에 대해서도 이러한 노력이 있어야 할 것이다. 정부는 협약에 앞서 해당 사업에 대한 사업성 검토를 강화하여 최소 운영수입의 보장에 대한 위험성을 완화해야 할 것이다.

셋째, 민간의 SOC 투자 사업에 대한 보증 업무 체계를 개선하는 것도 중요하다. 지금까지 우리나라에서 민간투자 사업에 대해 자금을 융자받는 사업시행자에 대한 보증 업무가 주로 산업 기반 신용보증기금을 통해 이루어져 왔다. 그런데 이때까지 산업 기반 신용보증기금이 보증 지원한 사업의 숫자나 금액은 매우 적었다. 그 이유는 민간사업자의 입장에서 볼 때 이미 최소 운영수입 보장 등으로 정부가 SOC 사업에 대해 어느 정도 보장을 하고 있으므로 추가로 산업 기반 신용보증기금을 활용할 유인이 매우 적기 때문이다. 따라서

23) 상게서, 재인용.

이러한 경우 산업 기반 신용보증기금 등과 같은 보증체계를 개선하여 SOC 사업에 대한 정부와 민간의 위험부담 체계를 재정립해야 할 것이다.

(2) 협약 시 중도 해지에 따른 지급금 제도의 개선

협약 시 중도 해지에 따른 지급금 제도는 SOC 투자와 같은 장기 투자 사업에 대해 금융을 제공할 민간의 자본시장이 활성화되지 않은 상태에서 민간의 투자 자본을 유치하는 데 큰 기여를 해왔다. 그러나 중장기적으로 민간사업자에 대한 정부의 과다한 지급금의 지급은 개선되어야 할 필요가 있다.

첫째, 우리나라의 경우 민간사업자의 귀책사유로 계약이 중도에 해지되더라도 이미 투입된 민간의 투자 자금을 기준으로 지급금이 산정된다. 그러나 선진국에서는 민간사업의 귀책사유로 계약이 중도에 해지되면 민간사업자가 책임을 지는 형태로 지급금이 결정된다. 따라서 우리나라도 이러한 사례를 참고하여 제도 개선이 이루어져야 할 것이다.

둘째, 우리나라의 경우 정부의 귀책사유로 계약이 중도 해지된 경우에는 약정서상 투자수익률뿐만 아니라 이미 투입된 민간의 투자 자금을 고려하여 지급금 결정이 이루어지고 있다. 그러나 이러한 경우에도 이미 투입된 민간의 투자 자금을 고려할 필요 없이 약정된 투자수익률만을 완전 보상해 주는 방향으로 제도 개선이 이루어져야 한다.

셋째, 우리나라에서 실시되는 지급금 제도는 정부가 민간사업자에게 일시에 지급금을 지급하도록 되어 있다. 그러나 향후 계약이 중도 해지된 사업이 새로운 사업자에게 매각되기 전에는 지급금을 일시에 지급하지 않고 분할 지급하는 형태로 제도를 변경해야 할 것이다.

(3) 자금 재조달 제도의 개선

현재 민간사업자의 자금 재조달로 인해 투자금액의 조기 회수와 법인세 절감 등의 공유 이익이 발생한다. 그런데 자금 재조달로 인해 발생하는 이익 공유를 규정하는 근거 조항이 '사회간접자본시설에 대한 민간투자법'에 구체적으로 명시되어 있지 않다.

따라서 자금 재조달 이익 공유에 대한 법적 구속력에 관하여 비판이 제기되고 있다. 그리고 한국개발연구원이 정부용역에 의해 2007년 마련한 '자금 재조달 세부 요령(안)' 내용에 대해서도 협약 당사자 간의 형평성이 적절히 고려되어 있는지 검토가 필요하다는 주장이 제기되고 있다.

지금까지는 6개 정도의 민간투자 사업에 자금 재조달과 관련하여 문제가 발생했으나, 향후에는 이 문제가 핵심 쟁점으로 부각될 것으로 전망되고 있다. 따라서 선진국의 사례를 바탕으로 보다 선진화된 자금 재조달에 대한 정책 방향과 세부적인 시행 요령의 개선 노력이 수반되어야 할 것이다.

제12장

부실채권(NPL)

제1절 부실채권의 개념과 현황

1 부실채권의 개념

민법상 채권이란 채권자가 채무자에게 일정한 행위 또는 급부를 요구할 수 있는 권리를 말한다. 1997년 'IMF 외환위기'가 발생하자 한보철강을 시작으로 삼미, 진로, 기아, 해태 등 대기업들이 연쇄 도산하기 시작하였다. 그러자 이들 대기업이 발행한 채권을 보유한 금융기관도 동반 부실해지자 금융시장의 붕괴를 막는 것이 한국경제의 최우선 과제가 되었다. 부실채권 또는 NPL(Non Performing Loan)이란 부실대출금과 부실지급보증액을 합한 것으로 금융기관이 대출 등을 통해 발생한 채권이 정상적으로 회수되지 않고 있는 채권을 의미한다.

우리나라 NPL의 범위는 금융감독위원회가 정하는 기준에 따라 대손충담금을 설정해야 하는 채권이다. 즉 금융기관이 대출해준 자산 가운데 대출자의 경영부실이나 부도 등에 의해 원리금의 상환이 불가능해진 자산을 의미한다. NPL은 담보가 있느냐에 따라 담보부 채권인 근저당채권과 무담보부 채권인 신용채권으로 나누어진다. 그리고 금융기관 대출의 건전성은 정상, 요주의, 고정, 회수의문, 추정손실 등 5가지로 구분되는데, NPL은 정상을 제외한 나머지 4개를 포함한 것이라고 보면 된다.

정상은 원리금 상환이 정상적으로 이루어지고 있는 경우이고, 요주의는 주의가 필요한 대출금으로 1개월 이상 3개월 미만의 비교적 짧은 기간 연체되고 있는 경우를 말한다. 그리고 고정은 3개월 이상 연체되는 것으로 손해를 입을 가능성은 있지만 담보가 있어서 회수가 가능한 경우를 말하고, 회수의문은 담보가 부족해서 어느 정도 손해가 예상되는 경우를 말한다. 추정손실은 담보가 많이 부족한 경우로 받을 가능성이 전혀 없는 경우를 말한다.[1)]

1) 강희경, "국내 NPL 시장의 현황과 시사점", 하나금융연구소, 2007, p.6.

도표 12-1 금융기관 대출채권의 자산건전성 분류

구분	상 태
정 상	금융거래내용, 신용상태 및 경영내용이 양호한 거래처에 대한 총여신
요주의	1개월 이상 3개월 미만의 연체대출금이 있으나 회수가 확실시 되는 거래처에 대한 총여신
고 정	3개월 이상의 연체대출금을 보유하고 있는 거래처에 대한 총여신 중 회수예상가액 해당 여신
회수의문	연체기간이 3개월 이상 1년 미만이면서 대출처의 채무상환능력이 현저하게 악화돼 채권회수에 심각한 위험이 발생한 여신 중 회수예상금액을 초과하는 여신
추정손실	연체기간 1년 이상으로 대출처의 상환능력이 심각하게 나빠져 손실처리가 불가피한 대출금 중 회수예상금액을 초과하는 부분

자료 : 금융감독원, 2002.

2008년 미국에서 발생한 글로벌 금융위기 이후에 주식시장의 변동성 확대로 인해 주식투자를 꺼리는 사람들이 늘어났다. 안전한 채권투자도 수익률이 3%대에 불과하며, 일반적인 부동산투자 역시 이전과 같은 수익을 기대하기 힘들어졌다. 은행의 예금금리는 실질 물가상승률로 비교해보면 마이너스(-)인 경우가 발생한다. 이런 상황 속에서 8%~15% 이상의 수익률을 기대할 수 있는 부실채권시장이 각광받고 있다. 자산운용시장에서 마땅한 투자처가 부족한 상황이고 상대적으로 높은 수익률을 얻을 수 있는 부실채권(NPL)의 인기가 높아지고 있다.

2 부실채권(NPL) 시장의 연혁

1997년 'IMF 외환위기' 이후 금융기관이 보유하고 있는 부실채권의 신속한 정리와 부실 징후 기업의 효율적인 처리 등 금융산업의 구조조정을 위해 1998년 '자산유동화에 관한 법률'이 제정되었는데, 이 법이 제정되기 전에는 금융기관이 보유하고 있는 부실채권을 매각하는 방법이 없었으나 이 법이 제

정되면서 금융기관의 부실채권(NPL)을 매각할 수 있는 길이 열리게 되었다.[2)] 이와 더불어 1962년에 설립된 성업공사를 한국자산관리공사(KAMCO)로 전환하여 금융기관들이 보유하고 있는 부실채권을 매입하고 공매할 수 있는 구조를 갖추게 되었다. '자산유동화에 관한 법률'에 의해 KAMCO의 NPL 공매에 참여할 수 있는 기관은 사전에 허가 받은 자산관리회사에 국한하였고, 개인 투자자들은 공매에 참여 할 수 없었다.

KAMCO의 공매를 통해 NPL을 주로 매입한 곳은 저축은행이었다. 저축은행은 예전에 상호 신용금고로 불리어졌던 금융기관이다. 그들은 NPL이 높은 수익률을 올리자 이를 기반으로 개인 고객들에게 제1금융권보다 높은 이자를 지급할 수 있어, 많은 투자자들을 모아 짧은 기간에 높은 성장을 이룰 수 있었다.

저축은행이 NPL투자를 통해 높은 수익률을 올리자 제1금융권들도 이 시장에 관심을 갖고 2009년 10월 1일 농협중앙회, 국민은행, 신한은행, 우리은행, 하나은행, 기업은행 등 은행 6곳이 1조 5천억 원을 투자해 연합자산관리주식회사(UAMCO)를 설립하기에 이르렀다. 그리고 우리은행이 우리F&I, 한미은행이 한미F&I를 설립했다.

현재 NPL에 가장 많은 투자를 하는 기관으로는 국민연금, 우정사업본부와 재향군인회이고, 2011년 들어 보험사들도 투자를 시작했고, 외국자본으로는 중국과 일본의 오릭스가 가장 적극적인 투자를 하고 있다.

결론적으로 NPL시장의 성장과정을 요약하면 다음과 같다. 국내 NPL시장은 1997년 이후 도입기를 거쳐 2005년 들어 부실채권비율이 선진국 수준으로 유지되는 등 안정기로 진입하였고 현재 국내 NPL시장은 민간 은행 및 투자자들의 자발적인 참여가 활성화되면서 완전경쟁체제로 전환되었다.

2) 백재승 외, "자산유동화의 구조가 주식가치에 미치는 영향에 관한 연구 : NPL 채권 유동화를 중심으로", 한국증권학회, 2013, p.11.

3 부실채권(NPL) 시장의 현황

국제결제은행은 1988년 은행의 자기자본비율에 대한 기준치, 즉 BIS을 발표했는데, 최소한 자기자본이 위험자산의 8% 이상이 되어야만 건전한 은행으로 보고 있다. 이때 발표된 기준을 '바젤 1'이라고 부르며, 한국은 1997년부터 이 제도를 의무화했다.

'바젤 1'은 그 뒤 2004년 발표된 '바젤 2'와 2010년 발표된 '바젤 3'으로 이어졌는데, '바젤 2'와 '바젤 3'에서는 BIS 자기자본비율을 8%로 유지하는 대신 위험자산의 계산 방식을 변경하거나 기본 자기자본비율과 보통주 자본비율 등을 상향 조정함으로써 은행의 건전성 기준을 강화하였다. 만약 BIS 비율을 맞추지 못하면 은행의 대외 신인도가 크게 떨어지는 등 여러 가지 불이익을 받는다. 따라서 은행들은 국제결제은행 자기자본비율(BIS) 권고기준(바젤3)을 맞추기 위해 대규모로 NPL을 매각할 수밖에 없는 상황이다.[3)]

금융감독원이 발표한 자료에 의하면, 2013년 말 국내은행의 부실채권 비율은 1.77%로 2012년 말 1.33% 대비 0.44% 상승하였고, 전분기 말 1.79%와 비교해서는 0.02% 하락하였다. 부실채권 규모는 25조 5천억 원으로 2012년 말 18조 5천억 원 대비 7조 원이 증가한 것으로 나타났다. 그리고 2014년 말 국내은행의 부실채권비율은 1.53%로 2013년 말 1.79%와 비교하여 0.26% 하락한 23조 8천억 원으로 전년 대비 약 2조원이 감소한 것으로 나타났다. 2015년 1분기 말 부실채권비율 1.56%는 2014년 말 1.55%와 비교해 0.01% 소폭 상승하였다. 그러나 저금리 지속 및 부실채권 정리 효과 등으로 2014년 1분기 말과 비교하면 0.25% 하락하는 등 부실채권 증가세가 둔화되었다.

부실채권 증가와 함께 은행의 부실채권 매각규모는 2009년 4조 6천억 원, 2010년 6조 4천억 원, 2011년 7조 4천억 원, 2012년 6조 8천억 원, 2013년 6조 2천억 원, 2014년 5조원 등으로 6년 간 36조 4천억 원에 달한 것으로 나타났다. 이렇게 보면 금융기관의 부실채권은 약 20조 원 대이고 그 중 약 20%가 매각을 통해 정리되고 있음을 알 수 있다.

3) 강희경, 전게서, p.20.

제2절 부실채권의 매입과 투자기법

1 부실채권의 매입절차

금융기관이 실행한 대출금이 정상적으로 상환이 된다면 문제가 없겠지만, 여러 가지 이유로 인하여 3개월 이상 연체가 지속된다면, 은행에서는 자체적으로 그 회수 가능성에 대하여 판단을 하고, 민사집행 등을 통해 당장 회수가 가능한 채권은 회수를 하겠지만, 회수가 어렵다는 판단이 되면, 해당 채권을 매각하게 된다.

앞에서도 지적한 바와 같이 은행의 자기자본비율, 즉 BIS비율의 국제적 기준은 8%선이고, 국내은행은 10% 선으로 유지하도록 금융감독원이 권고하고 있다. 이것이 유지되지 않을 경우 감독기관에서는 각종 규제를 하게 마련이다. 은행에서 BIS비율을 높이는 방법은 크게 2가지가 있다. 첫째는 하이브리드 채권, 후순위 채권 등을 발행하여 자기자본비율을 높이는 것이다. 둘째는 현재 회수가 안 되는 채권을 매각하여, 장부상의 부채를 줄이는 것으로 은행권에서 대량의 NPL을 매각하는 방법이 있다.

은행의 부실채권은 일반적으로 한국자산관리공사(KAMCO)와 자산유동화회사(SPC)에 할인하여 매각을 한다. 이렇게 매각된 채권은 다시 자산관리회사, 즉 AMC(Asset Management Company)에 재매각하며, AMC는 부실채권을 은행으로부터 1차 매입하는 한국자산관리공사나 SPC 등과 일반 투자자를 연결하는 중개업체이다. AMC는 매입한 부실채권을 법인이나 개인에게 판매한다. 그리고 최종 매입자는 다음과 같은 방법으로 수익을 창출한다. 첫째, 부실채권을 매입한 투자자들은 해당 부동산에 대해 경매를 진행하여 채권에 대한 배당을 받는 것이다. 둘째, 해당 부동산을 직접 낙찰 받아 수익을 낼 수 있다. 그리고 부실채권 투자를 통해 발생된 모든 수익에 대하여는 비과세된다는 점에서 일반 부동산경매와 차이점이 있다.[4)]

4) 최중림, "PF 채권부실화에 따른 부실채권 NPL 현황과 효율적인 처리방안에 대한 연구", 서울벤처대학원대학교

도표 12-2 NPL매입과 경매 절차표

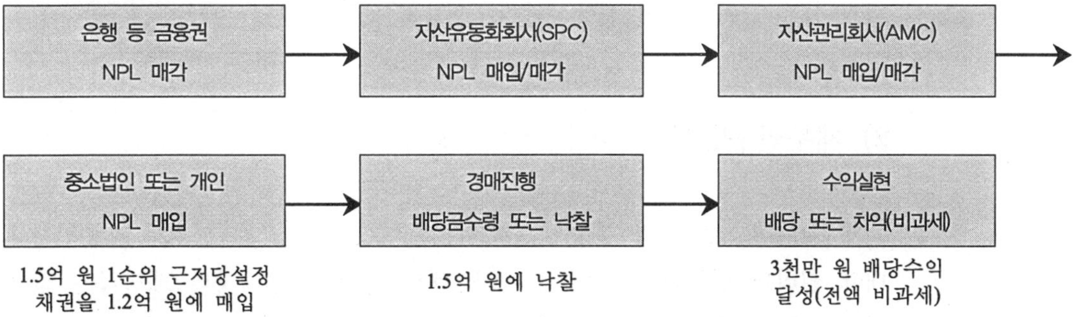

자료 : 정재룡, "부실채권(NPL) 매각이 부동산경매 낙찰가에 미치는 영향에 관한 연구", 전주대학교대학원 박사학위논문, 2014, p.54.

2 부실채권의 투자기법

부실채권(NPL)의 투자기법에는 론 세일(loan sale) 방식, 채무인수 방식, 배당금 수령 방식 등이 있다. 이들 방식들에 설명하면 다음과 같다.

1) 론 세일(loan sale) 방식

론 세일(loan sale) 방식은 자산유동화회사(SPC)로부터 채권에 대한 권리를 전부 인수하는 것을 말한다. 이 방식으로 부실채권을 인수하면 등기부등본 상 매수자가 채권자로 변경된다. 할인된 가격으로 주로 1순위 근저당권을 매입하는 방식으로 해당 부동산이 경매에서 낙찰이 되면 채권최고액에 해당하는 배당금을 수령하여 수익을 내는 구조이다.

장점으로는 투자자의 입장에서 부실채권 매각방법을 다양하게 선택할 수 있으므로 상황에 따라 투자수익을 극대화 할 수 있다. 그리고 근저당권의 이전으로 안전하게 권리를 보장받을 수 있고, 근저당권부 질권 대출이 용이하여 초기 투자비용을 줄일 수 있다는 점이다.

석사학위논문, 2013, p.21.

단점으로는 일반 투자자의 입장에서 부실채권의 가치평가가 어렵기 때문에 손실을 볼 수 있다. 그리고 채권을 양수한 후 발생할 수 있는 경매지연과 유치권 신고, 조세채권의 배당순위 등 생각지 못한 문제가 발생할 수 있다.

2) 채무인수방식

채무인수방식은 해당 부동산 경매에서 낙찰을 조건으로 임시로 채무인수에 대한 권리를 인정하는 것이다. 경매 매각대금에서 투자자의 배당금은 없고 직접 낙찰 받아야만 하는 조건부 인수방법이다. 투자자가 낙찰에 참여하였으나 제3자가 낙찰된 경우에 이 계약은 자동으로 해지된다.

채무인수방식은 해당 부동산이 대부분 고가여서 가격적인 부담을 느끼는 투자자가 많아 투자자를 쉽게 찾을 수 없는 경우에 선택하는 방법이다. 경매에 참가하여 낙찰을 받은 투자자는 채무인수승낙서를 경매법원에 제출하고 소유권을 이전받는다. 소유권을 근거로 은행에서 대출을 받아 잔금을 지급하고, 마지막으로 근저당권을 등기부에서 말소해야 한다.

3) 배당금 수령 방식

이 방식은 해당 부동산이 법원 경매를 통해 제3자에게 낙찰되면 그 배당과정에 참여하여 투자금과 수익을 배당받는 방법을 말한다. 초보 투자자에게 유리하며 담보부 부실채권의 대표적인 투자금 회수방법이다.

장점으로는 투자금 회수기간이 짧고, 투자구조가 간단하다는 것이다. 그리고 부실채권 투자기법 중에서 가장 보편적인 방법이기도 하다.

단점은 부실채권 매입 당시 낙찰가가 얼마인가를 예상하기가 어렵고 낙찰 후 투자자에게 배당금이 얼마나 될지 예상해서 부실채권 매입가격을 결정해야 하므로 쉬운 투자방법이라고 할 수는 없다는 점이다.

이 방법에서 중요한 부분은 경매의 낙찰 예상가격을 정확히 계산하고, 선순위 채권금액을 면밀하게 검토해야 한다. 즉 낙찰 예상가격에서 선순위 채권금액을 공제한 후, 배당을 받을 수 있는 금액보다 저렴한 가격으로 부실채권을 매입해야 한다.

4) 직접 낙찰 투자기법

이 방법은 부실채권 저당권을 매입한 투자자가 해당 부동산의 경매과정에 참가하여 낙찰을 받아 소유권을 취득하는 것을 말한다. 직접 낙찰법은 관심을 둔 부동산에 대해 매입한 저당권을 활용하므로 다른 사람에 비해 유리한 위치에서 경매과정에 참여할 수 있다. 그리고 입찰 후에는 매각대금을 지급하지 않고 채권상계신청서로 소유권을 취득할 수 있으며, 낙찰금액이 높은 경우에는 거액의 경락잔금대출을 받아 재투자에 활용할 수 있는 장점이 있다.

5) 자진변제 투자기법

자진변제란 채무자가 스스로 채무를 변제한다는 것이다. 부실채권 투자자 입장에서는 경매과정을 거칠 필요 없이 채권이 해결될 수 있다. 이러한 물건은 시세에 비해 채무금액이 확연히 적거나 근저당권이 하나만 설정된 경우에 나타난다. 그러나 자진변제가 될 것 같은 부동산은 은행에서 매각하지 않으므로 이런 조건에 해당하는 물건은 극히 드물다고 할 수 있다.

부실채권을 매입한 채권자는 채무자와 가격협상을 통해 변제를 유도하며, 경매가 진행되더라도 중간에 채권금액이 상환되면 근저당권은 말소되고 경매는 취소된다. 그리고 채무자는 자진변제를 위해 다른 은행에서 대출을 받거나 아니면 일반매매를 통해 부동산을 처분 후 채무를 변제한다.

6) 재매각 투자기법

매입한 부실채권을 소형 AMC나 개인 투자자 등에게 일정한 이윤을 붙여 매각하는 기법을 말한다. 주로 무담보부 부실채권을 매입할 경우의 투자기법이다. 무담보부 부실채권을 매입하는 대형 SPC는 이를 담보부 부실채권과 함께 매입하여 이를 일반 투자자들에게 재매각하는 경우가 많다. 개인 투자자의 경우 무담보부 부실채권을 매입하여 재매각하는 과정에서 여러 상황 변화로 당초 매입가격보다 낮은 가격에 매도할 가능성이 있어 투자손실을 보는 경우가 많으므로 주의를 요한다.

제3절 부실채권투자의 경제적 효과와 과제

1 부실채권 매입에 따른 경제적 효과

부실채권투자는 크게 부실채권을 매입하고 일정기간이 지난 후 이를 매각함으로써 수익을 발생시키는 과정이다. 따라서 부실채권투자에 수반되는 경제적 효과는 부실채권 매입에 따른 경제적 효과와 매각에 수반되는 경제적 효과로 구분하여 살펴 볼 수 있다. 아래에서는 먼저 부실채권 매입에 따른 경제적 효과를 먼저 검토하고자 한다.

1) 금융기관의 자산건전성 회복

금융기관은 전통적으로 한 경제의 교환수단 및 지급결제 수단인 유동성을 공급하는 동시에 예금을 수취하여 대출을 제공한다. 은행이 요구불 예금을 발행하여 대출을 제공하는 과정에서 경기의 순환적 요인이나 금융기관의 구조적 취약성으로 인해 부실채권이 증가할 수 있다. 금융기관은 부실채권이 증가하게 되면 일차적으로 자금운용의 제약을 받게 됨으로써 유동성부족에 직면한다. 부실채권의 규모가 더욱 커지거나 연체기일이 장기화되면 금융기관은 지급불능 사태에 직면할 수 있으며 이는 은행파산 및 금융공황으로까지 전개될 가능성이 있다. 따라서 금융기관은 장래의 위험들에 대비하여 대손충당금을 의무적으로 쌓아야 한다. 부실채권의 누적은 대손충당금이 차지하는 비중을 높여 당기순이익을 떨어뜨리게 되고, 또한 이를 장부에서 지워버리는 대손상각은 그 자체가 비용으로 처리되는 손실 항목이다. 그러므로 이들이 정상적으로 재투자되거나 수익성이 높은 곳에 이용될 수 있는 기회비용까지 고려한다면 수익은 더욱 축소되게 마련이다.

KAMCO는 금융기관의 부실채권을 매입함으로써 금융기관의 자산건전성을 회복하는데 큰 역할을 하고 있다. 금융기관은 부실채권 매각 시 손실 발생으로 인하여 단기적으로는 BIS 자기자본비율이 하락하나, 무수익자산이 수익자산으로 대체됨에 따라 위험자산이 감소하여 장기적으로 BIS 비율이 개선되는 효과가 나타난다. 그리고 KAMCO가 부실채권정리기금 운용을 통하여 금융기관의 부실채권을 매입·정리하면 금융기관의 재무구조가 개선되며 부실자산이 크게 축소되고 금융기관의 유동성이 확보되어 기업지원 활성화가 기대된다.

2) 금융산업의 체질 개선

우리나라 금융기관의 부실채권 보유문제는 과거 정부주도적인 경제개발로 인한 관치금융으로부터 비롯되었다. 정부의 간섭과 규제는 금융기관의 자율적 책임경영체제 확립과 국제경쟁력 향상에 악영향을 미치며 금융자유화 및 국제화시대에 대외경쟁력 제고에도 커다란 제약 요인으로 작용하여 왔다. 금융산업은 다른 산업과 달리 모든 국민생활에 영향을 미치는 공익적 성격을 지니고 있다. 따라서 신용을 창조하고 또한 신용질서를 유지하며 경제를 근원적으로 떠받치고 있는 금융산업의 수익성과 안정성은 유지되어야 한다. 금융산업이 국제적인 금융환경 변화에 능동적으로 대처하기 위해서는 경쟁력 있는 산업으로의 발전을 유도하는 것이 시급한 문제라 할 수 있고 이를 위해 금융기관의 부실채권이 신속하게 정리되어져야 한다.

'IMF 외환위기' 당시 일반은행의 총자산이익률과 자기자본이익률 등이 모두 적자 상태를 보여주었다. 이후 KAMCO가 금융기관의 재무건전성 확보를 위해 부실채권을 매입하였고, 이를 매입하면서 손실부담원칙에 따라 금융기관의 인원 및 점포감축 등 자구노력을 요구하였다. 금융기관은 KAMCO의 요구에 의해 자구노력을 하여 수익성을 개선할 수 있는 기반을 마련하였다.

3) 실물경제 회복의 기반 조성

금융은 경제의 혈맥과 같은 것으로서 자금중개기능과 결제기능, 신용창조기능을 통하여 실물경제의 활동을 뒷받침하고 필요한 자금을 공급하는 중요한 역할을 한다. 치열한 국제경쟁 환경에서 비교우위를 점하기 위해서는 선행투자에 의한 기술력(know-how) 습득 등에서 경쟁력을 갖추는 것이 필수적이다. 그런데 부실채권의 증가는 금융기관으로 하여금 자금을 경색적으로 운용하게 한다. 금융기관의 자금의 경색적인 운용은 자금 수요자들의 적기투자를 가로막는 원인이 될 수 있다. 부실채권 증가로 인해 금융기관이 자금의 중개기능의 역할을 제대로 수행하지 못하면 국민경제 전반에 미치는 악영향은 매우 크다.

우리나라 중소기업들은 대기업과는 달리 내부 자금여력이 떨어질 뿐만 아니라 직접금융시장을 통한 자금조달이 어렵고, 비용 또한 매우 높아 자금을 주로 은행대출에 의존하고 있는 형편이다. 따라서 은행의 신용공급규모의 변동이 중소기업의 자금사정에 미치는 영향은 매우 크다. 대출금이 제때 회수되지 않으면 은행들은 대기업에 대한 대출보다 중소기업에 대한 대출을 훨씬 큰 폭으로 조정한다. 이 같은 자금사정의 변화가 실물경제에 미치는 영향은 매우 크다. 금융기관의 부실채권 문제는 개별은행 존폐의 문제를 넘어 정상적인 금융활동의 위축을 초래함으로써 신용위기가 초래된다.

신용위기 상황에서 부실채권정리기금이 설립되어 부실채권을 매입하면 금융기관의 수지기반과 자산건전성이 회복된다. 이는 금융기관의 자금중개기능을 정상화 시키고 신용경색을 해소시킨다. 아울러 기업구조조정의 추진주체가 되는 금융권의 정상화로 신속하고 효율적인 기업구조조정의 기틀을 마련할 수 있다.

4) 기타

KAMCO가 금융기관의 부실채권을 매입함에 따라 금융기관의 건전성이 확보되었고 국제투자가들의 시각이 변화하면 국가신용등급이 상향 조정된다. 이에 따라 외국인투자가 증가하여 중소·벤처기업의 성장발판이 마련되고 외환보유고도 지속적으로 증가하는 등 대외신인도가 크게 개선되는 효과가 있다.

마지막으로 부실채권의 정리를 통하여 금융기관의 신용경색을 완화하면 외환·금융시장이 안정되고 이는 금리와 환율을 안정시킨다. 금융시장이 점차 정상적인 상태를 회복하고 이는 실물시장의 발전 동력을 제공하여 경제 전반의 활력을 증진시킨다.

2 부실채권의 매각효과

1) 국민부담의 최소화에 기여

부실채권 정리의 기본원칙은 부실채권을 신속하게 처분하되 가능한 높은 가격으로 매각하는 것이다. 그런데 이 두 가지는 이해가 상충되므로 이에 대하여 얼마나 신속히 처리하는 것이 바람직한 가는 자산의 형태별 분석이 뒷받침된 정책적 판단이 중요하다. 국내 부실채권 매매시장의 미성숙에도 불구하고 KAMCO는 기 처분된 부실채권의 회수대금을 또 다른 부실채권의 매입에 사용하면서 부실채권의 매각이익이 전체 평균 13.3%를 넘어서는 등 부실채권정리기금은 목적을 어느 정도 달성하였다.

'IMF 외환위기' 당시 KAMCO는 매입한 총 인수채권 74조 6,119억 원의 46.6%에 해당하는 34조 8,133억 원을 정리했다. 또한 투입된 공적자금의 회수율을 살펴보면 지금까지 투입된 공적자금 21조 5천억 원의 83.3%에 해당하는 17조 9,369억 원을 회수하여 국민부담의 최소화에 기여했다.

2) 금융 및 자본시장의 국제화

KAMCO는 금융기관의 부실채권을 매입하여 금융기관의 자산건전성을 회복시키는 데 기여했다. 그리고 매입한 부실채권을 전통적 매각방법인 공매 및 경매뿐만 아니라 국제입찰, ABS발행, AMC 활용 등 선진금융기법을 적극적으로 도입하여 매각함으로써 국내금융 및 자본시장의 국제화와 선진화에 크게 이바지하였다.

3) 기업의 구조조정 촉진 및 부실채권시장 형성의 기반 조성

우리나라 금융기관들은 현재 자체적으로 부실채권을 해결하기 위하여 다양한 방법을 시도하고 있지만 국내금융 및 자본시장의 미발달로 아직은 그 실적이 부진하다. 이는 우리나라 시장 내에 부실채권을 원활히 소화할 수 있는 벌처펀드(Vulture Fund)[5]나 인수·합병(M&A) 등의 부실채권매매시장이 활성화되지 못했기 때문이다. 우리나라에서 부실채권을 흡수할 수 있는 시장이 활성화되지 못한 상황에서 개별 금융기관이 부실채권을 정리할 수 있는 방법에는 한계가 있을 수밖에 없다.

KAMCO가 금융기관의 부실채권을 매입하여 정리하고자 할 때, 초기에는 우리나라에 부실채권과 관련한 투자가 집단이 형성되어 있지 않는 등 부실채권 정리에 어려움이 많았다. 그러나 부실채권을 매각하는 과정에서 각종 선진금융기법을 활용하는 등 그동안의 노력으로 부실자산 운영과 관련한 인력도 고급화되어 가는 과정에 있다. 머지않아 이들 인력들은 국내금융 및 자본시장의 발전에 기여할 것으로 기대된다.

3 부실채권시장의 발전을 위한 과제

부실채권은 금융기관에 있어 금융기관의 수익기반과 경영의 건전성 저해를 초래하게 됨은 물론 신규대출에 의한 신용창출을 곤란하게 하고 각 경제주체의 경제활동을 둔화 시킨다. 또한 향후 금융자율화 및 개방화 과정에서 금융기관간의 격심한 경쟁을 감안할 때 금융기관의 건전성뿐만 아니라 금융시스템 전체의 안정성 확보에도 장애 요인으로 작용한다. 부실채권의 증가는 예금자 및 대출수요자 뿐만 아니라 국가경제 전체에 악영향을 미친다. 그러므로 부실채권을 신속하게 처리하여 금융시스템을 안정시키고 실물경제를 회복시키는 것이 긴요하다.

부실채권의 정리는 우리나라 금융시스템의 안정성과 경쟁력을 결정하는 중요한 요인이므로, 효율적으로 기금을 운영하여 국내 금융산업의 발전에 기여하기 위해서는 몇 가지 과제를 고려할 필요가 있다.

5) 파산한 기업이나 경영위기에 처한 기업을 저가에 인수하여 경영을 정상화시킨 후 고가로 되팔아 고수익을 추구하는 자금을 말한다. 벌처(vulture)란 '대머리 독수리'를 의미하는 것으로 독수리가 동물의 사체를 먹는 것처럼 벌처펀드는 부실기업 등을 주요 투자 대상으로 하기 때문에 이런 명칭이 붙었다.

1) 매입가격 산정기준의 투명성 제시

금융기관이 부실채권을 얼마나 효과적으로 신속하게 정리하느냐 하는 문제는 우리나라 경제의 운명을 결정하는 중요한 일이라고 할 수 있다. 그러므로 금융구조조정을 올바른 방향으로 추진하기 위해서는 그 대상이 되는 금융 및 기업시스템의 현상을 진단하고 개선점이 우선적으로 파악되어야 한다. 그리고 부실채권의 정리는 투명하고 객관적인 기준에 따라 부작용을 최소화하는 범위 내에서 국민의 부담이 최소화되는 방향으로 일관성 있게 추진되어야 한다.

부실채권의 매입가격은 매각가격 산정의 일차적인 기준이며 기금운영의 수익성을 결정하는 중요한 요소이다. 그러므로 정부와 관련 기관들은 부실채권의 매입기준을 산정하는 합리적이고 보편타당한 기준을 제시하여 매입가격 기준과 관련한 논란을 불식시킬 필요가 있다.

2) 국내금융 및 자본시장 상황 고려

금융구조개혁과 기업구조조정은 어느 것이 우선적으로 추진되는 것이 아니고 병행 추진되어야 한다. 금융기관과 기업은 여신을 연결고리로 하여 상호 밀접하게 맞물려 있으므로 이 들 둘을 분리해서 추진한다는 것은 의미가 없다. 그러므로 정부와 감독 당국은 부실채권발생의 근본적인 원인을 규명하여 그 대책마련도 금융 및 기업구조조정과 병행하여 실시하여야 한다. 특히 금융기관의 과도한 부실채권 부담은 자금지원의 여력을 위축시킴으로써 금융기관들이 그들의 기능과 역할을 제대로 할 수 없도록 만드는 커다란 장애요인이 되고 있다. 금융구조조정의 추진은 부실채권의 해소문제와 연계되어 추진되어야 할 것이며 금융기관 스스로도 부실채권 조기정리를 위해 적극 노력하여야 한다.

금융기관의 부실채권은 경제의 구조적, 순환적 요인에 의하여 지속적으로 발생하므로 시장경제체제하에서는 피할 수 없는 문제이다. 따라서 기업의 구조조정과 부실채권매매시장이 조성되어 시장 내에서 부실채권 문제가 자연스럽게 정리될 수 있어야 한다. 최근 KAMCO가 부실채권정리기금을 독점적으로 운용하면서 부실채권 처리 및 신속하고 효율적인 매각에 한계가 있다는 지적이 있다. 따라서 효율적인 부실채권정리를 위해 또 다른 자산정리은행

(Bad Bank)[6]의 설립이라든지, 금융자산관리신탁(ATM), 기업구조조정전문회사(CRC), 기업구조조정투자회사(CRV)를 도입하여 부실채권정리시장을 다변화해야 한다는 주장이 나오고 있다. 부실채권을 처리하는 데는 부실자산처리능력과 자금력이 요구된다. 그러므로 다변화를 하자는 주장은 또 다른 형태의 재정지원 이라든지 공적자금 투입 문제가 거론되어질 것이다. 따라서 신규로 설립되는 기관들의 관련 업무 처리능력이 축적될 때까지는 각종 비용이 수반되므로 이에 대한 문제점도 검토할 필요가 있다.

3) 기금운용의 투명성 제고와 정보공유를 위한 기반시설 구축

대규모 공적자금으로 조성된 부실채권정리기금의 운용으로 금융기관 부실채권의 매입과 정리업무는 대외적인 신뢰의 확보가 중요하다. 그러므로 기금운영 업무의 기본방향 및 그 절차와 결과 및 실적을 기금백서 및 각종 자료의 보고서 형태로 정기적으로 발행·공개하여 그 운용의 투명성과 공정성을 기하도록 함이 바람직하다.

KAMCO는 부실채권정리기금을 운용하면서 국내에서는 부실채권과 관련해서는 독보적인 인적자본, 부실채권 관련 정보 및 자료 등을 보유하고 있다. 부실채권정리기금은 공적자금으로 조성된 것이니 만큼 각종 자료 및 정보를 제공·공유하여야 할 것이다. 그러므로 KAMCO는 금융기관 부실채권의 매입과 매각 과정에서 축적되는 지식과 정보를 체계적으로 분류하여 금융산업 발전을 위하여 활용되도록 노력을 하여야 한다.

6) 금융기관의 부실을 정리하기 위하여 금융기관의 부실채권이나 자산만을 매입하여 이를 전문적으로 처리하는 은행을 말한다.

Memo

제4편

부동산보험과 부동산금융지원 서비스 상품

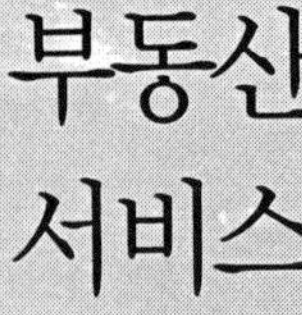
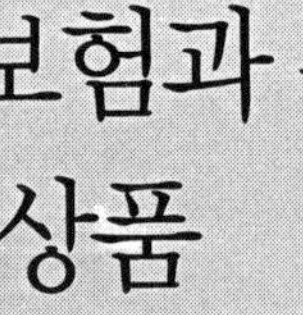
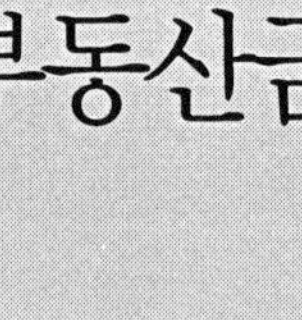
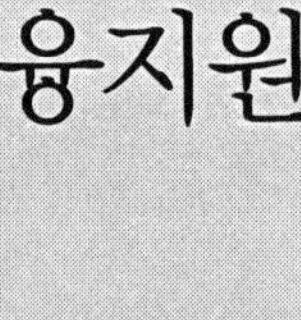

제13장

부동산보험

제1절 보험의 정의

1 위험

1) 위험의 정의

위험(Risk)이란 안전하지 못한 상태를 말하며, 측정이 가능한 불확실성(measurable uncertainty)이라고 할 수 있다.

위험은 객관적 위험(objective risk)과 주관적 위험(subjective risk)으로 구분된다.[1] 객관적 위험은 다수의 동질적인 위험을 결합해서 위험의 발생 가능성을 확률 계산으로 측정한다. 화재 위험의 측정을 그 사례로 생각해 보자. 먼저 다수의 동질적인 위험의 결합이 필요하다. 이 경우 어떤 지역에 유사한 100,000가구의 주택들을 대상으로 10년 동안 매년 100가구가 화재로 소실되는 것이 다수의 동질적 위험의 결합이다. 위험의 발생 가능성을 확률 계산으로 측정한다는 의미는 다음과 같다. 어떤 특정한 해에는 90가구가 화재로 소실되고 어떤 해에는 110가구가 소실되었을 경우 평균치 100가구로부터의 편차는 10가구가 되고 이러한 10%의 진폭을 위험이라고 한다.

반면 주관적 위험은 개개의 성격, 정신 상태, 감각 등 성격으로부터 파생되는 심리적인 불확실성을 말하며 객관적 측정이 곤란하다.

2) 위험의 분류

위험의 분류는 크게 네 가지로 생각할 수 있다. 인위적 위험과 순수 위험, 기본 위험과 특수 위험, 정태적 위험과 동태적 위험 그리고 실체 위험과 사회 위험 등이다. 다음에서는 이에 대해 자세히 살펴보기로 한다.

---

1) 방갑수, 「최신보험학」(서울 : 박영사, 1989), p. 3.

(1) 인위적 위험과 순수 위험

인위적 위험이란 본시 없던 위험을 인위적으로 만들어 냄으로써 존재하는 것이다. 인위적 위험은 이것이 미치는 영향이 일부 사람들에게만 그치는 경우가 많으며 사회 전반에 미치는 영향은 크지 않다. 그리고 인위적 위험은 계획적으로 포착해서 그 위험도를 측정하기가 불가능하므로 위험의 발생을 예측하기가 어렵다. 인위적 위험은 위험이 발생하는 정도와 발생으로 인해 당하게 되는 피해의 정도를 과학적으로 계산하기 곤란하므로 보험의 대상이 될 수 없다.

순수 위험은 없던 위험을 인위적으로 새로이 만들어 내는 것이 아니라 이미 존재하는 위험을 말한다. 화재 발생이나 지진 발생 그리고 자동차 사고 같은 경우가 이에 해당한다. 그리고 대부분의 순수 위험은 과거의 경험을 토대로 이의 발생을 예측하기는 쉽지 않지만 과학적으로 사전에 예측은 가능하다. 그리고 은행 파산과 같은 경우를 제외하면 대부분의 순수 위험은 측정이 가능하므로 보험의 대상이 된다.

(2) 기본 위험과 특수 위험

기본 위험이란 개인적인 원인으로 발생하는 것이 아니라 사회적 원인에 의해 발생하는 것이며 그 영향도 사회 전체로 파급된다. 일반적으로 기본 위험은 사회적 변동으로 발생하는 경우가 많으며 기술혁신으로 인한 실업, 정치혁명, 유행의 변화 등을 예로 들 수 있다. 경우에 따라서는 지진, 홍수 등과 같이 자연의 변화로 발생하는 위험까지 포함할 수 있다.

특수 위험은 개인적인 원인으로 발생하며 그 영향도 제한되어 개인과 그 주변에 구한된다. 특수 위험은 개인에 의해서 통제될 수 있으며, 대개 순수 위험으로 이루어져 있다. 특수 위험의 사례로는 가옥의 소실, 선박의 침몰, 은행 강도 등을 들 수 있다.

(3) 정태적 위험과 동태적 위험

정태적 위험은 자연력의 불규칙적인 작용이나 인간의 과오로 발생한다. 정태적 위험이 발생하면 사회적으로 손실을 가져오게 되고 미치는 영향은 일부 가계나 기업에 한정되는 경향이 있다. 정태적 위험은 장기적으로 관찰해서 일정한 기간에 그 손실이 규칙적으로 발생하는 경향이 있으며 항상 순수 위험의 양상을 띤다.

동태적 위험은 인간의 욕망이나 기호의 변화, 기술혁신 그리고 기업의 경영 방식의 변화에 의해 나타난다. 동태적 위험이 발생하면 그 결과가 항상 사회적 손실이란 형태로 나타나는 것이 아니고 좋은 영향을 미치기도 한다. 그리고 동태적 위험이 나타나면 그 영향이 국부적으로 한정되는 것이 아니라 사회 전반에 파급된다. 동태적 위험은 정태적 위험과는 달리 그 손실의 발생 형태가 규칙적으로 일어나지 않으며 순수 위험과 인위적 위험을 모두 포함한다. 정태적 위험의 사례로는 자동차 사고를 들 수 있고, 동태적 위험의 사례로는 기술혁신으로 인한 무인 자동차의 출현을 들 수 있다.

(4) 실체 위험과 사회 위험

실체 위험이란 재산에 대한 직접적인 손해 가능성을 말한다. 실체 위험의 원인으로는 홍수나 화재와 같은 자연의 실체 위험성이 있다. 그리고 생산 과정에 있어 원료의 결함이나 기술상의 하자 등으로 인한 재산 손해 가능성까지도 포함할 수 있다.

사회 위험이란 사회규범을 벗어난 개인행동과 사회집단의 행동에 대한 예측 불가능으로 인한 손실을 말한다. 그 사례로는 도난, 파업, 폭동, 전쟁 등을 들 수 있다.

2 보험의 정의

보험이란 위험을 결합하여 불확실성을 확실성으로 전환시키는 사회적 제도를 말한다. 즉, 보험은 위험 결합으로 다수의 동질적인 위험을 한 곳에 모으는 행위인 풀링(pooling)을 통해서 가계나 기업이 우연적인 사고 발생으로부터 당하게 되는 실제 손실을 다수 동질 위험의 결합으로 얻게 되는 평균 손실로 대체하게 된다.[2)]

2) 전게서, p. 24

보험을 좀 더 잘 이해하기 위해서 보험을 투기나 도박과 비교하여 검토해 보기로 하자. 도박은 그 동기가 부(富)의 획득에 있으며 이를 위해서 당사자들이 위험을 고의적으로 만들어 내며, 그 결과는 한쪽은 이득으로 다른 쪽은 손해로 나타난다. 그리고 그 동기나 결과는 모두 사회적으로 인정받지 못하고 부정적으로 취급된다. 투기의 경우 그 동기는 도박과 동일하게 부의 획득에 있으나, 그 결과는 도박과 달라 당사자 모두 손해일 수도 있고 이득일 수도 있다. 투기는 도박과 달리 그 동기나 결과는 모두 사회적으로 어느 정도 인정을 받고 있다. 그 이유는 투기라고 하는 일종의 위험 인수 행위가 건전한 경제사회를 이룩하는 데 필요하기 때문이다.

보험의 가입 동기는 도박이나 투기처럼 부의 획득에 있는 것이 아니라 장차 발생할 손해 가능성을 제거 내지 감소시키는 데 있다. 또한 도박이나 투기처럼 없던 위험을 새로이 만들어 내는 것이 아니라 이미 존재하고 있는 위험을 대상으로 한다. 보험은 그 동기나 결과에 대해서 사회적으로 인정을 받는다. 오히려 가계나 기업이 보험의 대상이 되는 화재나 자동차 사고와 같은 장래 위험에 대비하여 보험에 가입하지 않고 있으면 이는 도박에 가까운 행위가 될 수 있다.

3 보험의 필수 조건

보험은 순수 위험의 발생에 대비하는 방법 가운데 하나이다. 그러면 보험의 대상이 되는 위험은 원칙적으로 어떤 것이 있는지 살펴보기로 하자.[3]

첫째, '대수의 법칙(the law of large numbers)'[4]을 적용시켜 평균 손실을 과학적으로 정확하게 산출하기 위해서는 상당수의 동질적인 위험의 결합이 필요하다. 따라서 이질적인 위험이 다수 결합되었다고 해서 보험의 요건을 갖추었다고 할 수 없으며 동질적인 위험이 소수 결합했다고 해서 보험의 요건을 갖추었다고 볼 수 없다.

3) 전게서, p. 27.

4) 어떤 위험에 대해서 그 관찰대상을 늘리면 늘릴수록, 실제 일어나는 결과가 예상된 결과와 비슷해지는 것을 말한다.

둘째, 보험사고는 발생하는 시기와 장소가 뚜렷하고 명확해야 한다. 어떤 위험이 발생하는 시간이 명확하지 않거나 일어나는 장소를 정확히 파악할 수 없다면 객관적으로 보험사고의 발생 여부를 결정할 수 없음은 물론 보험료 산출의 기초가 되는 과학적인 자료를 얻을 수 없다.

셋째, 보험사고가 우연적으로 발생해야 하며 사고 발생을 사전에 미리 예측하고 시간이나 장소를 예견할 수 있어서는 안 된다. 이는 보험계약자가 고의로 보험사고를 일으키는 것을 방지하기 위함이고 발생한 보험사고를 확대 또는 과장시키는 것을 막기 위함이다. 이처럼 보험사고는 우연적으로 발생해야 하고 보험계약자는 가능한 보험사고의 발생을 피하도록 노력해야 한다.

넷째, 불경기로 인해 발생하는 대량 실업과 같이 한 번의 사고 발생으로 보험 집단 전체에 막대한 영향을 주는 위험은 보험 대상이 되기에는 부적당하다. 왜냐하면 이런 위험은 통계적으로 포착하기가 곤란하기 때문이다. 예를 들면 불경기로 인해 발생하는 대량 실업은 이를 미리 예측하고 측정하기가 어렵고 한번 일어나면 실업 현상이 전국적으로 퍼져나갈 수 있어 통계적으로 이를 사전에 파악해서 대비하는 것은 거의 불가능에 가깝다.

제2절 보험의 분류

보험은 크게 사회보험과 사보험(私保險)으로 양분된다.[5] 대체로 사회보험과 사보험과의 관계는 상호 보완적인 성격을 가지고 있다. 전자를 통해서 사회적으로 필요한 국민 최저 생활을 보장하고, 이 최저선 이상은 개인이 스스로의 노력으로 사보험을 통해서 해결하도록 한다.

일반적으로 국민의 최저 생활이란 그 사회나 국가에서 최저로 인정되는 생계유지 수준을 말한다. 따라서 그 이상의 경제적 준비는 필요하기 마련이고 그런 목적 때문에 사보험의 필요성이 있다.

5) 전게서, p. 56.

1 사회보험

사회보험은 대체로 노령보험 또는 노령연금 · 유가족보험 · 불구보험 · 건강보험 · 실업보험 등으로 분류할 수 있다. 사회보험의 대상이 되는 위험은 빈곤이 발생하는 요인들이다. 국가에서는 빈곤이 발생하는 요인을 가능한 한 제거하거나 완화시킬 목적으로 사회보험을 직접 관장해서 실시한다. 그러나 사회보험만으로는 완전한 빈곤 제거와 완화가 불가능하기 때문에 사회부조나 공적부조가 필요하다. 사회부조에서는 사회보장 대상에서 제외된 계층이나 사회보험 급여가 불충분한 계층을 대상으로 한다.

사회보험의 성격을 좀 더 자세히 살펴보기 위해 사보험과의 차이점을 열거하면 다음과 같다.

첫째, 사회보험은 사회에서 인정하는 최저선의 생활 보장을 그 목적으로 하나, 사보험은 개인의 경제적 능력이 허용하는 범위 내에서 현재 수준의 생활 유지를 그 목적으로 한다.

둘째, 사회보험은 보험료와 반대급부로서 보험 급여의 연관성이 정확하게 비례하지 않는다. 사회보험에 있어서 보험료는 일정한 금액에 도달하기까지 소득에 비례해서 갹출하나 보험 급여는 소득재분배를 통한 부의 이전 목적도 있어 보험 가입자가 납부한 보험료에 정확하게 비례하지 않는다. 반면 사보험은 보험계약자가 받는 보험 급여는 본인이 부담한 보험료와 비례한다.

셋째, 사회보험은 보험 가입이 강제적으로 이루어지나 사보험은 보험 가입이 보험계약자의 자유의사에 따른다. 그리고 사회보험은 정부나 고용주가 보험료의 일부를 부담하나, 사보험은 보험계약자가 보험료 전액을 부담하는 것이 원칙이다.

넷째, 사회보험은 보험계약자가 불가피한 사정이 있을 경우 보험료 납입이 연체되더라도 소정의 보험 급여를 받을 수 있으나 사보험은 이런 경우 보험 급여가 지급되지 않는다. 그리고 사회보험은 일반적으로 정부가 독점적으로 운영하나 사보험은 민간 보험회사들이 자유경쟁 체제로 운영한다.

2 사보험(私保險)

사보험 또는 민영보험은 생명보험·재산보험·재해보험·보증보험 그리고 부동산 소유권보험으로 구분한다.

첫째, 생명보험은 통상생명보험·단체생명보험·간이생명보험·신용생명보험 그리고 기업연금으로 분류할 수 있다. 통상생명보험은 자발적으로 각 개인이 자기 스스로나 가족을 위해서, 주로 사망이나 노령에 대비하기 위하여 가입하는 협의의 생명보험을 말한다. 단체생명보험이란 직장을 중심으로 하나의 보험계약을 통해서 여러 사람을 대상으로 하는 보험을 의미한다. 간이생명보험은 주로 저소득층을 대상으로 하는 종류의 보험이며, 근로자들에 대한 생명보험의 필요성에 비추어 그들의 편의를 위해서 마련된 생명보험이다. 신용생명보험은 채권, 채무관계에서 채무자의 사망 시 채권자가 입게 되는 손실을 대상으로 한다. 기업연금은 대체로 기업이 정년퇴직한 근로자들에게 지급하는 연금을 말한다.

둘째, 재산보험은 재산을 소유하거나 관리, 사용하는 데 있어서 어떤 우연한 사고의 발생으로 소유주나 관리자, 사용자가 경제적 손실을 입게 될 경우 이것을 보상해 주는 보험을 말한다. 재산에는 유형의 자산뿐만 아니라 특허권·저작권 등과 같은 무형의 자산도 포함된다. 재산보험에는 화재보험·해상보험·육상운송보험·자동차보험·항공보험 등이 있다.

셋째, 재해보험은 원래 재산보험에 포함된 분야를 보험 기술과 보험 이론이 발달하면서 법적 배상책임보험을 따로 분리시켜 다루게 됨으로써 나타난 분야이다. 재해보험은 배상책임보험·건강보험 등으로 분류된다.

배상책임보험은 보험계약자가 과실로 제3자에게 신체나 재산상의 피해를 주게 되어 금전적 손해를 법적으로 배상할 의무가 발생할 경우 이의 경제적 손실을 보상해 주는 보험을 말한다. 불의의 사고나 질병에 의해서 인체의 건강에 지장을 주게 되면 그 결과로 경제적 손실을 입게 된다. 이러한 경제적 손실을 보장해 주는 보험을 건강보험이라 한다.

넷째, 보증보험은 각종 거래에서 발생하는 신용위험을 감소시키기 위한 제도를 말한다.

다섯째, 부동산 매매 행위가 종료된 후 부동산 소유권에 관한 문서가 정당하고 유효한 것이 되지 못한다고 판명되었을 경우 부동산 매수자는 막대한 경제적 손실을 입게 된다. 이러한 경제적 손실을 보상해 주는 보험이 부동산 소유권보험이다. 부동산 소유권보험을 일본에서는 권원보험이라고 부른다.

제3절 부동산보험의 의의와 필요성

1 부동산보험의 의의

부동산보험의 연구는 부동산과 관련된 보험 현상을 연구하는 분야로, 우발적인 사고에 준비하는 방법과 그 관리 기술을 탐구하는 것을 말한다.

부동산의 취득과 같은 부동산 거래나 부동산의 이용이나 개발 등에 있어서 부동산 권리 취득자는 예기치 못한 경제적 손실을 입게 된다. 부동산보험은 부동산으로부터 발생하는 모든 위험을 담보하기 위하여 부동산의 매수자와 저당권자 등 피보험자의 손해를 미리 예방하고 그 손해를 보상해 줄 것을 목적으로 하는 제도이다.[6]

2 부동산보험의 필요성

부동산보험은 부동산으로부터 발생하는 모든 위험을 담보하기 위하여 마련되었다. 부동산보험의 필요성은 부동산 자본의 우발적 멸실, 부동산등기 제도상 권리관계의 불안전성, 부동산공시 제도상 권리관계의 불안정성 등이 있다.[7] 이에 대해 구체적 내용을 서술하면 다음과 같다.

---

6) 이창석, 「부동산학원론 전정판」(서울 : 형설출판사, 2008) p. 581.
7) 이창석, 「부동산업경영론 전정판」(서울 : 형설출판사, 2011) p. 354.

1) 부동산 자본의 우발적 멸실 가능성

부동산 자본은 광의로 부동산에 투입된 모든 투자액을 말하며, 개발지의 경우 원지(原地)와 개량 자본의 합계이다. 그리고 협의로는 개량 자본을 의미한다. 개량 자본은 인위적인 조형물이 대부분이므로 우발적인 멸실이 발생한다. 예측하지 못한 부동산 자본의 멸실은 막대한 자본적 손실이 초래되므로 이에 대한 보호 수단으로 보험이 필요하다.

2) 부동산등기 제도상 권리관계의 불안전성

우리나라는 부동산등기 제도가 형식적 심사주의를 취하고 있기 때문에 등기의 공신력이 인정되지 않아 권리관계의 진정성을 확보하기 어렵다. 그러므로 권리관계를 수반하는 부동산활동상에 거래사고가 발생할 가능성이 많다. 예를 들면 타인 명의의 부동산이 그 소유자도 모르는 사이에 은행에 담보로 저당 잡혀 있거나 타인 명의로 이전된 부동산이 제3자에 전매되어 이를 모르고 거래해서 취득한 사람이 큰 피해를 입는 경우이다.

이런 경우에 토지의 소유자와 선의의 피해자는 민사소송을 통하여 구제받을 수는 있으나 그에 소요되는 비용이나 시간 그리고 정신적 고통은 막대하다. 따라서 이를 미연에 방지하기 위해 부동산보험이 필요하다.

3) 부동산공시 제도상 권리관계의 불안전성

(1) 등기 제도 이원화의 문제점

우리나라의 현행 부동산공시 제도는 부동산등기와 지적에 관한 사항이 이원화되어 있고 취급기관이 서로 다르기 때문에 권리관계의 법적 내용과 물리적 내용이 서로 다를 수 있다. 즉 등기부와 지적공부상의 내용이 불일치할 경우에 공시의 정확성이 떨어져 권리관계의 하자를 유발시킬 수 있다.

(2) 담당 공무원의 전문성 결여 문제

부동산등기를 담당하는 등기공무원은 재판관련 업무에 종사하는 법원 공무원이기 때문에 부동산과 관련한 전문지식 결여로 등기부의 부실을 초래할 수 있고, 지적공무원은 측량기술자의 자격이 있는 기술자로만 구성되어 있어 부동산학에 대한 전문적 지식의 결여와 부동산과 관련한 법적 지식의 결여로 공부상의 부동산관리의 부실을 초래하고 있다.

(3) 민사소송 구제의 문제

우리나라의 민사소송 제도는 변호사 강제주의를 채택하고 있는 것이 아니라 당사자 변론주의를 채택하고 있기 때문에 충분한 권리 구제가 되지 못하고 있다.

법률적 식견이 부족하고 경제력이 취약한 선의의 피해자가 지능적으로 각종 변칙적인 수법을 사용하는 부동산 범죄집단과 민사소송을 할 경우 이를 통해 충분한 구제를 받는다는 것은 상당히 어렵다고 할 수 있다. 그리고 민사소송에 소요되는 시간과 비용 그리고 정신적 고통은 일반인들이 감내하기에는 힘들다고 할 수 있다.

제4절 부동산보험의 내용

1 손해보험

우리나라 상법에 규정하고 있는 손해보험의 종류로는 화재보험·운송보험·해상보험·책임보험·자동차보험 등의 다섯 유형이 있다. 이 중에서 부동산보험과 관계가 있는 것으로는 화재보험이 주종을 이루고 있으며, 준부동산보험으로는 운송보험과 해상보험이 일부 관련되어 있다.

화재보험은 화재의 발생으로 지상의 재산, 즉 건물 등이 소실되어 이런 재산을 소유하거나 사용 또는 보관하고 있는 사람이 받게 되는 경제적 손해를 보상하는 보험이다. 화재로 인해 발생하는 경제적 손실은 직접 손실, 간접 손실 그리고 순소득 상실로 구분된다. 직접 손실은 화재 발생으로 인해 피보험자가 직접적으로 입게 되는 손실을 말한다. 간접 손실은 화재 발생으로 일부 중요한 재산이 소실되거나 파괴되어 이로 인해 다른 많은 재산에 간접적으로 손해를 주는 것을 말한다. 예를 들어 발전설비나 변압 시설에 회재가 발생해서 냉동시설이나 냉장시설이 가동치 못함으로써 그 시설 안에 보관해 둔 각종 재산이 변형되어 입는 손실을 생각할 수 있다. 순소득 상실은 화재 발생으로 인해 사업이 중단되어 입게 되는 수입의 감소, 이미 생산된 판매 직전에 있는 완제품 파손에 의한 이윤 상실, 임대 소득 상실로 인한 수입 감소 등이 있다.

해상보험이나 운송보험은 준부동산인 선박, 항공기, 자동차 등과 같은 재산이 우발적인 사고로 인해 선박이나 운송 수단 등이 파괴되거나 기능을 상실할 경우 피보험자가 입게 되는 손실을 보상해 주는 보험을 말한다.

2 보증보험

1) 개요

보증보험은 각종 거래 행위에서 발생하는 신용위험을 감소시키기 위하여 보험에서 취급하는 보증제도로서, 보험자(보험회사)가 보험료를 받고 채무자인 보험계약자가 채권자인 피보험자에게 계약상의 채무불이행 또는 법령에 의한 의무 불이행으로 손해를 입힌 경우에 그 손해를 약정한 계약에 따라 보상하는 특수한 형태의 보험 상품이다.

보증보험은 보증기능을 보험의 방식으로 인수하여 채무자에게 신용을 공여함으로써 기업이나 개인의 경제활동에 필요한 인적이나 물적 담보(각종 보증금, 연대보증인 및 부동산담보 등)에 대신하여 이용할 수 있는 경제 제도이다.

2) 종류

부동산활동에 활용되고 있는 부동산 보증보험으로는 부동산 소유권보험과 신축 주택에 대한 보증보험이 있다.

(1) 부동산 소유권보험

부동산활동에 있어서 소유권이 소유자도 모르는 문서의 결함으로 인해 보험계약자가 손해를 입을 경우 이 피해를 보상해 주는 보험이다. 미국이나 일본 등 보험 선진국에서는 부동산 소유권보험이 널리 활용되고 있으며, 부동산 거래사고가 빈발하는 우리나라의 경우에도 부동산 소유권보험이 최근에 도입되어 있는 실정이다.

부동산 소유권보험을 일본에서는 권원보험이라고 한다. 매수인이 부동산을 구입할 때에는 부동산의 소유권과 기타 권리에 대해 법적으로 아무런 하자 없이 양도되기를 원한다. 그러나 소유권에 영향을 미치는 법률적 하자가 있으면 그 부동산은 시장성을 상실한다. 이러한 결함들에 대한 보장수단으로 부동산 거래 시 가입하는 것이 권원보험이다.

(2) 신축 주택에 대한 보증보험

신축 주택에서 발생하는 하자로 인해 지출되는 수리비를 보증하는 보험이다. 일본에서는 건축업자가 이 보험에 가입하도록 하고 있으며 보증기간과 보증한도에 대한 기준을 정하여 시행하고 있다.

3 우리나라의 부동산보험 제도

1) 건물보험

상법 제685조에 따르면 건물보험은 기성(旣成) 건물만이 아니고 건축 중의 건물도 보험의 목적으로 할 수 있다. 건물을 보험의 목적으로 할 때는 그 소재지, 구조와 용도를 보험 증권에 기재하여야 한다. 건물보험은 손해보험으로서 주로 화재보험에서 이용되고 있다.

2) 권리보험

권리보험은 피보험자(부동산의 소유자 또는 저당권자)가 대상 부동산의 소유권상에 알려지지 않은 하자에 의해 손실을 입을 때 이를 보장해 주는 것이다. 즉 매입한 부동산의 소유권 하자, 소유권 이전의 불가능성, 부동산에 대한 유치권 또는 채무 부담, 부동산 측량상의 착오, 권리증서의 오기 또는 날조 등에 의해 경제적 손실을 입게 되는 경우를 보장하는 것이다. 권리보험에는 소유자 권리보험과 대출자 권리보험이 있다.

3) 전세금보장 신용보험

주거용 주택 또는 상업용 점포의 전세 입주자가 전세 주택 또는 점포의 경매, 공매, 전세 계약의 해지 및 종료 후 전세금을 반환받지 못한 경우에 전세금 반환을 보장하는 보험이다.

제5절 모기지 보험

1 개요

1) 모기지 보험의 의의

모기지 보험(MI : Mortgage Insurance)이란 모기지론(mortgage loan)을 이용하고 있는 차입자가 실직, 사망, 질병 또는 이혼 등으로 인해 채무를 불이행할 경우 대출 금융기관이 입게 되는 손실을 보호해 주는 일종의 보증보험을 말한다.

모기지 보험은 부동산담보 인정 비율(LTV)의 확대를 가능하게 함으로써 주택 실수요자들의 내 집 마련을 촉진시킴과 동시에 차입자들의 채무불이행으로 인해 대출 금융기관이 부담하게 되는 신용위험을 경감시켜 준다. 따라서 모기지론을 취급하고 있는 금융기관들은 증가된 신용위험의 일부를 모기지 보험회사에 전가시킴으로써 대출금 회수의 안정성을 확보한다.

2) 제도 실시에 따른 기대 효과

모기지 보험(MI : Mortgage Insurance)을 실시함에 따른 기대 효과를 주택구입자, 정부, 대출 금융기관의 입장에서 서술하면 다음과 같다.[8)]

(1) 주택구입자

모기지 보험제도 실시에 따라 주택구입자가 얻는 기대 효과는 다음과 같다.

첫째, 주택구입자는 개인보증인 없이 대출이 가능하고 또한 신용 보완을 통한 추가 대출이 가능하므로 주택 구입에 대한 자금의 가용성 증대 효과가 있다. 또한 2차 저당 시장으로부터 추가적인 자금 유입과 대출 금융기관의 자본 효율성을 제고시켜 주택구입자가 자금을 금융기관으로부터 차입할 경우보다 낮은 대출 금리를 적용받게 된다.

둘째, 모기지 보험은 높은 비율의 LTV를 적용하여 금융기관이 대출할 경우 수반되는 높은 신용위험을 경감시키며, 또한 모기지 보험회사가 최우선적으로 손실을 부담함으로써 참여자들 간에 발생하는 위험을 적절히 분산시킨다.

셋째, 모기지 보험은 MBS의 신용등급을 상승시키고 모기지론 차입자의 채무불이행을 경감시켜 줌으로써 2차 모기지론 시장의 안정성 확보를 가능하게 한다. 안정적인 2차 모기지론 시장의 구축은 대출 금융기관에게는 풍부한 유동성을 부여하며, 투자자에게는 다양한 투자 기회를 제공한다.

---

8) 손재영 외, 「한국의 부동산금융」(서울 : 건국대학교 출판부, 2008), pp. 124～126.

(2) 정부

모기지 보험제도 실시에 따라 정부가 얻게 되는 기대 효과는 다음과 같다.

첫째, 모기지론과 관련된 신용위험이 모기지 보험으로 이관됨에 따라 대출 금융기관의 신용위험에 의한 도산이 최소화된다. 따라서 정부는 금융기관의 부실화에 따른 공적 자금 투입 등 재정 부담이 완화된다.

둘째, 모기지론에 대한 정부의 직접적인 감독 부담을 완화할 수 있다. 그 이유는 모기지보험이 모기지론에 대해 자체적인 조기 경보 체제, 효율적인 감정 및 개인의 신용평가 등을 통해 감독 기능을 수행하기 때문이다.

(3) 대출 금융기관

모기지 보험제도 실시에 따라 대출 금융기관이 얻게 되는 기대 효과는 다음과 같다.

첫째, 대출 금융기관들은 모기지 보험을 통해 모기지론에 대한 신용위험이 경감한다. 그리고 대출 채권의 회수에 따라 안정성이 커짐으로써 2차 모기지론 시장에서 거래의 확대 및 거래 조건의 향상이 가능하다.

둘째, 대출 금융기관들은 모기지 보험제도의 실시로 신용위험에 대한 추가적인 부담 없이 주택금융 대출에 대한 시장 저변을 확대할 수 있다. 그리고 모기지 보험회사가 모기지론에 대해 객관적인 2차 심사 기능을 함으로써 대출 금융기관들의 대손 위험을 경감시켜 준다.

셋째, 대출 금융기관들은 모기지 보험제도를 이용하여 운용 자본의 효율성을 제고시킬 수 있다.

3) 모기지 보험의 종류

모기지 보험은 운영 주체에 따라 공적 모기지 보험(Public mortgage insurance)과 민간 모기지 보험(Private mortgage insurance)으로 나누어진다. 그리고 보상 범위에 따라 전액 보험과 부분 보험으로 구분된다. 통상적으로 공적 모기지 보험은 전액 보험으로 운영되고, 민간 모기지 보험은 부분 보험의 형태로 운영된다.

정부의 신용으로 운영되는 공적 모기지 보험은 이를 필요로 하는 계층에 혜택이 집중되도록 하기 위해 보험의 가입 대상을 미리 설정해 놓고 운영한다. 그리고 민간 모기지 보험은 공적 모기지 보험에서 보장하지 않는 분야를 주로 담당한다.

2 우리나라의 모기지 보험

1) 도입 목적

모기지론을 취급하는 금융기관들의 원리금 회수에 대한 위험을 완화시켜 주기 위한 제도적 장치로서 모기지 보험은 필요하다. 모기지 보험의 도입으로 금융기관들의 위험 부담이 경감되면 모기지론 시장이 안정적으로 발전하게 된다.

모기지 제도가 발달한 선진국의 경우에서 모기지 보험은 주택 구입 자금이 충분하지 못한 서민이나 중산층의 주택 마련에 상당한 도움을 주었다. 따라서 모기지 보험은 서민이나 중산층의 주거 복지 차원에서도 그 필요성이 크다.

우리나라에서도 모기지론 시장을 안정적으로 정착시키기 위해 2007년에 모기지 보험제도를 도입하였다. 이 제도의 도입은 선진국과 마찬가지로 주택 구입 자금이 부족한 서민층에게 주택 마련을 용이하게 하는 긍정적 역할을 할 것으로 기대된다.

2) 모기지 보험제도의 연혁

우리나라에서 모기지론 시장을 안정시키기 위해 모기지 보험제도를 도입하였는데, 이 제도의 연혁을 살펴보면 다음과 같다.

① 2005년 8월 31일 : 정부는 모기지 보험제도를 도입하기로 결정하였다.

② 2007년 7월 26일 : 모기지 보험제도가 실시되었고, 정부는 은행을 비롯한 금융기관에 적용되는 '감독 규정' 및 시행세칙을 개정하여 모기지론을

이용하는 차입자가 모기지 보험에 가입하면 LTV 비율을 20% 확대 적용하도록 하였다.

③ 2007년 12월부터 서울보증보험과 젠워스 모기지 보험에서 모기지 보험 상품의 판매를 개시하였다.

④ 2008년 6월 30일 : 정부는 모기지 보험에 가입할 수 있는 가입자의 범위 확대 등 일부 제도를 변경하였다.

3) 모기지 보험의 가입 요건

모기지 보험은 모기지론 시장을 안정적으로 정착시켜 서민들의 주택 자금을 지원하는 것이 주목적이다. 따라서 모기지 보험에 가입할 수 있는 가입자 요건 등이 정하여져 있다.

모기지 보험에 가입할 수 있는 요건은 우선 무주택자이거나 1가구 1주택자여야 한다. 그리고 대출 용도는 거주 목적의 주택 구입이어야 하며 대상지역은 비투기 지역이어야 한다. 모기지 보험의 가입 요건에 대한 보다 상세한 내용은 다음 도표를 참고하기 바란다.

도표 13-1 모기지 보험의 가입 요건

구분	2007년 7월 26일	2008년 6월 30일
대출자격요건	무주택자, 1가구 1주택자	좌동
대출용도	거주목적의 주택 구입	좌동
대상지역	비투기지역	좌동
주택규모	국민주택규모 이하	제한없음
대출기간	10년 이상 분할상환방식	좌동
LTV 추가인정비율	20% 이내(최대 LTV 80%)	25% 이내(최대 LTV 85%)

주 : LTV 추가인정비율은 시장상황에 따라 다르게 적용된다.
자료 : 김병우 외, 「부동산 금융론」(서울 : 도서출판 두남, 2010), p. 99.

제14장

주택금융신용보증

제1절 주택금융신용보증 제도의 의의

1 신용보증 제도의 개념과 유형

1) 신용보증의 개념

신용보증 제도란 자금을 차입하고자 하는 차입자의 부족한 담보력을 대신하여 신용보증기관이 자금을 대출해 주는 금융기관에 신용을 제공해 주는 제도를 말한다.

민법 제428조 제1항은 주된 채무자(주(主) 채무자)가 그 의무를 이행하지 않은 경우에 이를 이행하여야 할 채무를 보증채무라고 규정하고 있다. 타인의 채무를 보증한 자는 타인이 그의 채무를 이행하지 않는 경우에 그 채무를 타인에 갈음하여 이행할 책임을 진다. 이 보증인에 의하여 보증된 타인의 채무를 주(主) 채무라 하고 보증인의 채무를 보증채무라고 한다.

2) 신용보증 제도의 유형

신용보증 제도의 유형은 상호보증 제도, 공공기관보증 제도, 융자보증 제도 등이 있다.[1)]

첫째, 상호보증 제도는 동일한 업종이나 지역에 소재하는 중소기업들이 상호부조 성격의 조합이나 단체를 설립하여 조합원이 대출을 받을 경우 조합이나 단체가 보증을 해주는 것을 말한다.

둘째, 공공기관보증 제도는 국가 등이 독자적 보증기관을 설립하여 운영하는 것을 말한다.

---

1) 김병우 외, 「부동산금융론」(서울 : 도서출판 두남, 2010), p. 145.

셋째, 융자보증 제도는 국가가 일정한 보증 요건을 정해 두고 업무를 위탁 받은 금융기관이 이 요건을 충족시키는 조건에서만 대출을 취급하며, 보증 손실이 발생할 경우 국가에서 보전하는 것을 말한다.

2 주택금융신용보증의 개념과 법률적 성격

1) 개념

주택금융신용보증이란 민법에 기초한 보증의 원리를 주택금융시장에 적용한 것을 말한다. 우리나라에서는 주택금융의 신용보증은 한국주택금융공사 내에 설치된 주택금융신용보증기금에서 하고 있다.[2)]

주택금융신용보증 제도는 담보물이 없거나 부족한 채무자의 신용을 보증하는 것이다. 주택구입자가 금융기관으로부터 주택의 구입자금을 대출시 대출자금의 융통을 원활히 하여 주택수요자의 주거안정과 주택공급자의 주택건설을 촉진하는 역할을 하고 있다. 보증계약 당사자는 피보증인(채무자), 보증인(한국주택금융공사) 그리고 채권자인 금융기관이 된다.

2) 법률적 성격

주택금융신용보증은 민법에 규정된 보증의 원리에 바탕을 두면서도 특별법에 의한 특수한 형태의 보증 성격을 동시에 보유하고 있다. 한국주택금융공사는 특별법에 의해 설립된 특수법인으로 그 공공적 목적에 비추어 일반 민법상의 보증인과는 다른 지위에 있다. 그 차이는 다음과 같다.

첫째, 민법상 보증채무의 범위보다 좁다. 주택금융신용보증은 주 채무의 원금(보증금액 범위 내)과 이자 그리고 채권자가 채권회수를 위하여 지출한 범위 내에서만 보증채무를 부담한다.

---

2) 손재영 외, 「한국의 부동산금융」(서울 : 건국대학교 출판부, 2008), pp. 462~463.

둘째, 피보증인으로부터 위탁을 받아 신용을 보증하고 이에 대한 대가로 보증료를 징수할 수 있다.

셋째, 보증서 발급일로부터 60일 이내에 대출을 실행하여야 하는 '조건'이 이루어지지 않으면 보증서는 실효된다.

넷째, 채권자인 금융기관은 채무자가 채무를 이행하지 아니한 때부터 최소한 3개월 이상이 경과해야만 한국주택금융공사에 보증채무 이행을 청구할 수 있다.

다섯째, 채권자는 한국주택금융공사의 구상권 확보 등을 위하여 일정한 사유가 발생한 경우 그 사유를 통지할 의무를 가진다.

따라서 한국주택금융공사에 의한 신용보증은 상기에 열거한 특별 규정들이 민법에 우선하여 적용되고 민법 관련 규정들은 보충적으로 적용된다.

제2절 주택금융신용보증기금의 설치 목적 및 연혁

1 설치 근거 및 목적

주택금융신용보증기금(이하 '주택신보'라 한다)은 한국주택금융공사법 제55조에 의거하여 한국주택금융공사 내에 설치되었으며 별도의 법인격은 부여되어 있지 않다.

주택신보는 한국주택금융공사법 제1조와 제22조에 의하면 주택금융 등의 장기적이고 안정적인 공급을 촉진하여 국민의 복지증진과 국민경제의 발전에 이바지함을 목적으로 하고 있다. 주택신보는 주택공급자의 주택건설 촉진과 서민층의 주택 구입 자금을 우선 지원함으로써 주택수요자의 구매 능력 향상을 위해 설립되었다고 볼 수 있다.[3)]

3) 전게서, p. 465.

2 연혁

주택신보는 1987년 5월 '근로자의 주거안정과 목돈마련 지원에 관한 법률' 제정으로 법적 근거가 마련되었으며, 1988년 1월 1일부터 업무를 개시하였다.

처음에는 국책은행인 한국주택은행이 주택신보를 관리하다가 민영화로 인하여 1999년 1월 1일부터 관리 기관이 신용보증기금으로 변경되었다.

주택신보는 제도의 선진화를 위하여 개인보증 신용평가시스템(CSS : Credit Scoring System)을 도입하고 금융기관들의 도덕적 해이를 방지하기 위하여 부분 보증제도 등을 시행하였다. 2004년 3월 1일 한국주택금융공사가 설립되면서 관리 기관이 재차 변경되었다.

주택신보의 연혁을 일자별로 서술하면 다음과 같다. 도표 14-1

도표 14-1 주택금융신용보증기금의 연혁

관리 기관	연혁
한국주택은행 (현 국민은행)	• 1987. 05. '근로자의 주거안정과 목돈마련 지원에 관한 법률'의 제정으로 설치근거마련 • 1988. 01. 주택금융신용보증기금의 업무개시
신용보증기금	• 1991. 01. 신용보증기금으로 관리 기관 변경 • 2001. 10. 개인 신용평가시스템 도입 • 2002. 06. 부분 보증제도의 도입
한국주택금융공사	• 2004. 03. 한국주택금융공사로 관리 기관 변경 • 2006. 02. 재정자립방안의 수립과 추진

제3절 주택금융신용보증기금의 상품

주택신보가 운용하는 보증대상과 자금의 종류는 한국주택금융공사법 제2조 제8호에 정의되어 있다. 이 규정에서는 보증대상을 개인과 주택사업자, 사업주로 구분한다.[4] 개인보증은 주택수요자가 주택을 건축, 구입, 임차 또는 개량하거나 이에 소요된 자금을 보전하기 위한 자금을 대상으로 하며, 외국법에 의해 외국에 영주할 수 있는 권리를 가진 자는 그 대상에서 제외한다.

주택사업자보증은 주택법에서 정한 주택건설사업자나 임대사업자 등이 주택수요자에게 분양 또는 임대의 목적으로 주택을 건설하거나 구입하기 위해 소요되는 자금을 대상으로 한다. 일반사업자보증은 근로자와 고용계약을 체결하고 이들에게 급여를 제공하는 사업자가 일정 금액 이하로 급여를 받는 근로자 등에게 분양 또는 무상 임대의 목적으로 주택을 건설 또는 구입하기 위하여 소요되는 자금을 대상으로 한다.

1 개인보증

개인보증 상품에는 전세자금보증, 중도금보증, 모기지(mortgage) 신용보증, 건축 및 개량자금보증과 임대보증금 반환자금보증이 있다.

1) 전세자금보증

전세자금보증에는 일반 전세자금보증, 집단 전세자금보증, 은행재원협약보증과 특례 조치 사항 등이 있다.

4) 전게서, p. 468.

(1) 일반 전세자금보증

일반 전세자금보증이란 은행에서 전세자금의 대출을 받고자 할 때 담보로 보증서가 필요한 경우 이용하는 상품이다.

신청대상자는 임차보증금 7억 원(지방 5억 원) 이하인 주택임대차계약을 체결하고 임차보증금의 5% 이상을 지급한 세대주이다. 그리고 본인과 배우자 합산 주택 보유수가 1주택 이내여야 한다.

보증대상자금은 임대차계약을 체결하고 임차보증금을 지급하는 데 소요되거나 소요된 자금을 말한다. 그리고 보증대상주택은 임차대상부분의 공부상 용도가 주택이거나 주거용 오피스텔, 노인복지 주택으로서 실제 주거용으로 이용하여야 한다. 복합 용도 건물을 임차하는 경우에는 총 임차 면적 중 주거전용면적이 1/2 이상이어야 한다.

(2) 집단 전세자금보증

집단 전세자금보증이란 임대아파트 계약 체결 후 중도금 및 잔금 등을 지급할 목적으로 은행에서 대출을 받을 때 필요한 보증으로, 사업시행자가 임대아파트 사업장 단위로 한국주택금융공사의 승인을 받은 집단 보증상품을 말한다. 보증대상자는 임대아파트에 입주하기 위하여 임차보증금 7억 원(지방 5억 원) 이하인 임대차계약을 체결하고 임차보증금의 5% 이상을 지급한 세대주이다. 그리고 본인과 배우자 합산 주택 보유수가 1주택 이내여야 한다.

보증대상주택은 한국주택금융공사가 지정한 요건을 충족하는 신규 입주 임대아파트여야 한다. 사업장이 공공택지개발지구 내에 소재하여야 하고, 사업시행자는 한국주택금융공사가 지정하는 일정 요건을 충족하여야 한다. 그리고 주택도시보증공사의 주택임대보증을 받은 아파트여야 한다. 다만 '주택공급에 관한 규칙' 제7조 제2항에 의한 사업장 및 사업시행자가 공공임대사업자일 경우에는 주택임대보증을 받은 것으로 간주한다.

보증대상자금은 이미 납입한 계약금을 제외한 임차보증금을 지급하는 데 소요되는 자금을 말한다.

(3) 은행재원협약보증

한국주택금융공사와 은행재원협약보증이 체결된 은행에서 전세자금을 대출받고자 하는 경우에 이용하는 보증을 말한다. 은행재원의 의미는 전세자금 대출금의 원천이 주택도시기금이 아니라 은행의 자체 재원에서 조달되는 것을 말한다. 보증대상자, 보증대상자금, 보증대상주택은 일반 전세자금보증과 동일하다.

(4) 특례 조치

신용회복지원자 중 신용회복지원기관에 채무 변제금을 24회 차 이상 납입한 자, 기초생활수급 등 사회적 배려 대상자, 장기전세주택(SHIFT) 입주자, 국민임대주택입주자, 재개발, 재건축 단지 이주세입자, 만34세 이하의 청년 등에 대하여는 일반 전세자금보증이나 은행재원협약보증을 준용하여 적용한다.

2) 중도금보증

중도금보증이란 주택을 분양받고 계약금, 중도금, 잔금의 대출이 필요한 경우에 이용하는 보증을 말한다. 중도금보증에는 일반 중도금보증, 연계 중도금보증, 집단 중도금보증 등이 있다.

(1) 일반 중도금보증

일반 중도금보증이란 주택을 분양받고 계약금, 중도금, 잔금의 대출이 필요한 경우에 이용하는 보증을 말한다.

보증대상자는 주택의 분양계약을 체결하고 분양대금의 10% 이상을 납부한 자로 한다. 보증대상자금은 분양대금 중 이미 납부한 분양대금을 제외한 계약금, 중도금 및 잔금이며 이주비 대출은 제외한다.

보증대상주택은 주택가격(분양계약서 상 분양가격) 9억 원 이하인 사업장별 건설 세대수가 30세대 이상인 주택을 대상으로 한다.

(2) 연계 중도금보증

연계 중도금보증이란 주택을 분양받고 계약금, 중도금, 잔금의 대출이 필요한 경우 이용하는 것으로, 소유권 이전등기 후 한국주택금융공사의 보금자리론으로 사전에 전환할 것을 특약하는 경우에 적용되는 상품이다.

보증대상자는 주택의 분양계약을 체결하고 분양대금의 10% 이상을 납부한 소득증빙이 가능한 자로서 소유권 이전등기 후 한국주택금융공사의 보금자리론으로 전환할 것을 특약한 사람으로 한다.

기타 보증대상자금과 보증대상주택은 일반 중도금보증과 동일하다.

(3) 집단 중도금보증

집단 중도금보증이란 집단 중도금대출 사업장에 대하여 중도금보증을 집단으로 취급할 수 있도록 사업시행자가 한국주택금융공사에서 사전에 집단취급을 받은 후, 분양계약자별로 중도금을 보증하는 제도를 말한다.

사업장 요건은 사업장별 건설 세대수가 30세대 이상이거나 주택도시보증공사의 분양(시공) 보증서 또는 건설공제조합의 시공보증서를 받은 사업장이어야 한다.

사업시행자는 한국주택금융공사의 보증사고 기업 또는 구상권 채무관계자가 아니어야 한다. 그리고 '채무자 회생 및 파산에 관한 법률'에 따른 회생절차, 파산 또는 청산절차가 진행 중(종료 포함)인 기업과 '기업 구조조정 촉진법' 제7조에 따른 관리가 진행 중인 기업이 아니어야 한다.

3) 모기지 신용보증

모기지 신용보증이란 주택구입자가 주택을 구입할 경우 해당 주택만으로 담보가 부족할 경우 이용하는 보증을 말하며, 일반 모기지 신용보증과 정책 모기지 신용보증이 있다. 정책 모기지 신용보증은 일반 모기지 신용보증의 조건을 모두 충족하고 보금자리론 또는 내집마련디딤돌대출을 신청하는 경우 해당한다.

보증대상자는 주택 또는 준주택(주거용 오피스텔, 노인복지 주택)을 구입하거나 이에 소요된 자금을 보전하기 위하여 금융기관으로부터 보증대상주택을 담보로 주택자금대출을 받고자 하는 자를 말한다.

보증대상자금은 기존주택 또는 준주택을 구입하는 데 소요되거나 소요된 자금을 말한다. 보증대상은 가격이 9억 원 이내의 주택 또는 준주택이어야 하고 투기지역 또는 투기과열지구에 속한 경우에는 국민주택 규모 이하여야 한다.

4) 건축 · 개량자금보증

건축·개량자금보증이란 주택을 신축하거나 개량할 경우, 기존 담보만으로 원하는 대출금액이 부족할 때 이용하는 보증을 말한다.

보증대상자는 주택을 건축하거나 개량할 경우 이에 소요된 자금을 보전하고자 하는 자이다. 보증대상자금은 주택을 신축하거나 개량하는 데 소요되거나 소요된 자금을 말한다. 그리고 보증대상주택은 신청인이 소유하고 있는 주택으로서 실제 주거용으로 이용하거나 이용할 계획이 있어야 한다.

5) 임대보증금 반환자금보증

임대보증금 반환자금보증이란 임대인이 임대차 보증금을 임차인에게 반환하기 위하여 은행에서 대출받을 때 이용하는 상품이다. 보증대상자는 주택에 대한 임대차계약의 임대인으로서 임대차계약의 기간 만료 등의 사유로 임차인에게 임대차 보증금을 반환하기 위하여 금융기관으로부터 대출을 받고자 하는 자이다. 보증대상자금은 임대보증금을 반환하는 데 소요되는 자금을 말한다.

보증대상주택은 공부상 용도가 주택으로서 신청인이 소유하고 있으면서 대상주택에 권리침해가 없어야 한다. 공부상 용도는 건축물 전부가 주택이어야 할 필요는 없고 일부가 주택이어도 상관이 없다. 복합 용도 건물의 경우, 총 임차 면적 중 주거전용면적이 1/2 이상이어야 하며 소득세법상 고가 주택(9억 원 초과 주택)이 아니어야 한다.

2 사업자보증

사업자보증이란 주택사업자나 사업주가 분양하거나 임대를 목적으로 주택을 건설하는 데 소요되는 건축비 등을 금융기관 등으로부터 대출받고자 하는 경우 지원되는 보증을 말하며 건설자금보증, PF보증, 매입임대 사업보증이 있다.

1) 건설자금보증

(1) 개요

건설자금보증은 기금계정과 은행계정으로 구분된다. 기금계정은 건설사업자 등이 분양 또는 임대를 위해 주택도시기금으로부터 공사비를 대출받고자 하는 경우 지원되는 보증이고, 은행계정은 건설사업자 등이 분양을 위해 은행으로부터 대지비 및 공사비를 대출받고자 하는 경우 지원되는 보증을 말한다.

(2) 보증지원 대상

보증지원 대상 사업자는 수요자에게 분양 또는 임대하기 위해 주택을 건설하려는 주택법에 의해 등록된 주택건설사업자이다. 그리고 사업주는 자사 소속 근로자에게 분양 또는 임대(무상대여 포함)하기 위해 주택을 건설하려는 사업주를 말한다. 마지막으로 수요자에게 분양 또는 임대하기 위해 주택을 건설하려는 자로서 주택법에 의한 주택사업자 등록을 하지 않고 연간 20세대 미만의 주택을 건설하는 미등록 업체도 보증지원 대상이 된다. 은행계정의 보증지원 대상은 기금계정과 동일하게 적용된다.

(3) 이용 절차

사업자보증의 이용 절차는 다음 그림과 같다. 기금계정은 건설사업자가 취급 은행과 대출상담 및 예비승인을 먼저 하고, 한국주택금융공사와 보증상담을 하나, 은행계정은 보증상담을 먼저 하고, 대출상담 및 예비승인을 나중에 하는 것만 차이가 있을 뿐, 이후 절차는 동일하다.

도표 14-2 기금계정 이용 절차

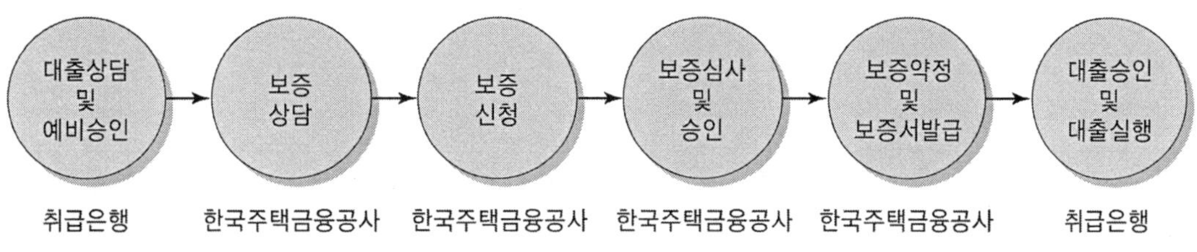

도표 14-3 은행계정 이용 절차

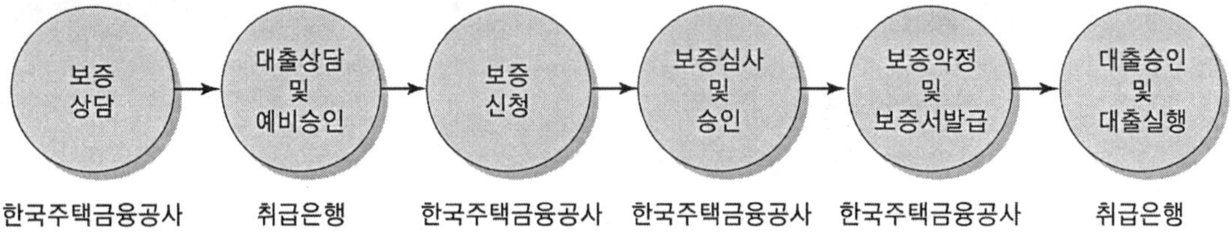

2) PF보증과 매입임대 사업보증

(1) PF보증

PF보증 또는 프로젝트 파이낸싱 보증이란 주택건설사업자가 분양을 목적으로 주택을 건설하는데 필요한 자금을 금융기관에서 PF 방식으로 받는 대출에 대하여 지원하는 보증을 말한다.

(2) 매입임대 사업보증

매입임대 사업보증이란 임대주택법 제6조의 규정에 의하여 주택임대사업을 하기 위하여 등록한 임대사업자로서 임대를 목적으로 주택을 매입하거나 매매계약(분양계약 포함)을 체결한 자가 주택금융기관으로부터 주택구입자금의 대출을 받는 경우 지원되는 보증을 말한다.

매입임대 사업보증은 매입 자금보증과 매입 중도금보증으로 구분된다. 매입 자금보증은 매입 임대사업자가 준공된 주택을 임대 목적으로 구입하기 위해 부족 자금을 대출받고자 하는 경우에 지원하는 보증이고, 매입 중도금보증은 매입 임대사업자가 건축 중인 주택을 임대 목적으로 분양받기 위해 부족 자금을 대출받고자 하는 경우에 지원받는 보증을 말한다.

제4절 주택금융신용보증 제도 실시에 따른 기대 효과

주택신보는 1987년 5월 '근로자의 주거안정과 목돈마련 지원에 관한 법률'의 제정으로 기금이 설치되고 운용되었다. 그동안 실시된 주택신보 제도의 운영에 따른 기대 효과를 주택금융 수요자, 주택금융기관, 정부 등으로 나누어 살펴보고자 한다.

1 주택금융 수요자

주택신보는 주택을 구입하고자 하는 저소득층에게 신용 보완을 해줌으로써 주택 구입 마련에 부족한 자금을 적기에 조달해 주는 기능을 가지고 있다. 다시 말하면 주택신보는 신용 보완을 통하여 신용도가 낮은 저소득계층의 금융 접근성과 주택 구매력을 제고해 준다. 또한 주택신보는 실수요자용 소형 주택 위주로 신용보증을 하고 있다. 상대적으로 가격이 저렴하고 투기 수요가 거의 없는 실수요자용 주택인 전용면적 60㎡ 이하 주택에 전체 보증금액의 70% 이상을 지원하였다. 그리고 투기 과열 지구 내에 위치하고 있는 주택 구입의 보증대상을 전용면적 85㎡ 이하로 제한하여 공적 보증이 투기 수단으로 활용되는 것을 원천적으로 방지하고 있다.

2 금융기관

1997년 IMF 외환 위기 이후 기업금융에 치중하던 일반은행들이 위험 분산과 수익성 제고를 위해 주택금융 등 가계 대출금액의 비중을 증가시켰다. 금융기관들의 주택금융 비중이 증대되면서 주택신보의 보증서 수요가 급증하였고, 이를 통한 다양한 주택금융 상품이 도입되는 등 주택금융시장이 활성화되었다.

금융기관들은 주택신보를 통해 자산의 건전성을 제고할 수 있다. 주택금융 대출에 대한 주택신보의 보증으로 금융기관의 대출 자산 위험도는 낮게 평가된다. 즉 보증서 담보부 대출에 대한 국제결제은행(BIS) 기준 위험 자산 가중치는 10%를 적용받게 되어, 금융기관들의 '자기자본비율'이 그만큼 상승한다. 또한 대출에 대한 원리금을 제때 상환하지 못한 대출자들이 발생하면 금융기관들은 주택신보로부터 이에 대한 대위변제[5]를 받게 됨으로써 현금흐름의 개선 효과가 발생한다.

3 정부

주택신보에 의한 사업자보증은 1989년부터 시작되었다. 1989년부터 2005년까지 주택신보의 지원을 받아 건설된 주택건설 호수는 약 223만 호에 이른다. 이는 이 기간 동안 우리나라 주택건설 호수의 약 23.8%, 민간 부문 주택건설 호수의 약 35%를 차지하는 규모다. 이는 주택의 공급 확대와 주택 보급률 증가에 사업자보증의 기여가 상당했음을 시사한다. 정부는 주택신보를 통해 주택 보급률 증대 정책을 실효성 있게 추진할 수 있었으며 향후에도 이런 경향이 지속될 것으로 기대된다.

주택산업은 타산업과의 연관 효과와 고용 효과가 크므로 정부 입장에서는 주택신보를 통해 국민경제의 경기 조절 기능을 수행할 수 있다. 경기가 너무 과열되었을 경우에는 사업자보증의 감축을 통해 경기 안정화를 유도하고, 경기가 너무 침체되었을 때는 사업자보증의 확대를 통해 주택건설 경기를 활성화 시켜 전반적인 경기 회복을 기대할 수 있다.

5) 대위변제란 채무자를 대신해서 대여금을 변제하는 것을 말한다. 금융기관으로부터 대출을 받은 채무자가 여러 사정으로 원리금을 상환하지 못하면 주택금융신용보증을 한 한국주택금융공사가 이를 대신해서 변제한다.

제15장

주택 및 건축물 분양보증

제1절 주택 및 건축물 분양보증의 개관

1 개념과 필요성

1) 개념

주택의 분양보증이란 선분양제로 인한 여러 가지 사업위험을 분양계약자에게서 제3의 보증기관으로 이전시키는 것을 말한다. 즉 건설업체가 파산 등의 사유로 분양계약을 이행할 수가 없게 되는 경우, 해당 주택의 분양 이행이나 또는 분양계약자가 납부한 계약금, 중도금의 환급을 이행하는 보증을 말한다.

공동주택의 사전 분양에만 적용해오던 분양보증 제도가 상가 등 건축물의 사전 분양에도 적용된 것이 건축물 분양보증이다. 건축물 분양보증은 상가 등 건축물 분양시장의 소비자를 보호하기 위하여 2005년 4월 '건축물 분양에 관한 법률'을 제정하면서 시행되었다.

건축물의 분양보증이란 건설업체가 파산 등의 사유로 분양계약을 이행할 수가 없게 되는 경우, 보증기관이 당해 건축물의 분양 이행 또는 납부한 분양대금을 분양계약자가 원하는 경우에 환급 이행을 책임지는 제도를 말한다.

2) 필요성

공동주택이나 상가 등 건축물의 분양 방법에는 선분양 제도와 후분양 제도가 있다. 우리나라는 공동주택이나 상가 등 건축물의 완공 전에 분양하는 선분양제를 허용하고 있다.

선분양제는 정부 입장에서는 주택 공급 확대 등 정책 목적을 달성하기 위하여, 건설업체 입장에서는 규모가 큰 건설 자금을 주택 소비자로부터 간편하게 조달하여 사업 위험을 축소하고 원활한 자금 조달을 위하여, 주택 소비자 입장에서는 일시적 분양대금 지급에 따른 자금 부담을 완화시켜 분양시장을 활성화하고 주택 공급을 확대시키는 역할을 하였다. 그러나 선분양제는 여러 가지 문제점도 가지고 있다.[1)]

첫째, 분양 이후 입주 시까지 시공 과정에서 발생할 수 있는 여러 가지 사업 위험을 최종 소비자인 분양계약자에게 전가시킬 수 있다.

둘째, 건설업체가 분양 후 부도가 나면 분양계약자 개인에게 주택이나 건물의 인수 불가와 계약금, 중도금 등을 회수하지 못하게 되는 재산상의 손실을 발생시킨다.

셋째, 공동주택의 경우 건설업체의 부도는 그로 인한 피해가 수백이나 수천 세대 이상이 될 수 있어 사회 혼란을 일으킬 수 있다.

따라서 선분양제에서는 분양계약자의 권리를 보호하기 위해 분양보증 등의 안전장치가 필요하다. 정부에서는 주택건설업체가 공동주택을 선분양하는 경우에는 분양보증을 받도록 하고 있고, 2005년부터는 상가 등 건축물의 선분양에도 분양보증을 받도록 하고 있다.

2 주택 및 건축물 분양보증의 개요

1) 연혁과 실시 배경

(1) 주택 분양보증

현재 주택에 대한 분양보증을 취급할 수 있는 기관은 '주택도시보증공사'이다. '주택도시보증공사'의 전신은 1993년 주택건설업체들이 출연하여 설립한 '주택사업공제조합'이다. 이 조합은 1997년 'IMF 외환 위기' 당시에 극심한 주택 경기 침체와 건설업체의 연쇄 부도라는 상황에서 나름의 역할을 하였다. 그러나 이러한 과정에서 주택사업공제조합은 금융기관의 건설업체에 대한 부실 대출을 떠안게 되어 국민주택기금(현재 주택도시기금)의 출자를 받게 되었다. 국민주택기금의 출자를 받은 주택사업공제조합은 1999년 대한

1) 손재영 외, 「한국의 부동산금융」(서울 : 건국대학교 출판부, 2008), p. 495.

주택보증(주)로 전환하게 되었다. 대한주택보증(주)의 출자 비율은 정부가 55%, 금융기관 18%, 주택업계 17% 등으로 구성되어 있었다. 대한주택보증(주)는 2015년 그 명칭이 '주택도시보증공사'로 변경되어 현재에 이르고 있다. 그런데 '주택도시보증공사'는 단순히 명칭만 변경된 것이 아니라 근거 법률과 기능도 종전의 대한주택보증(주)와는 매우 다르다. 그 배경은 제7장에서 자세하게 설명하였는데 이를 다시 요약하면 다음과 같다.

1972년 국민주택자금 계정으로 출발한 국민주택기금은 설치 이후 국민주택건설을 촉진하고, 무주택 서민층의 내집 마련 지원 및 주거비 완화에 기여해 왔으나 변화하는 주택시장 환경에 제대로 부응하지 못하였다. 이에 국민주택기금의 역할 및 기능을 개편하고자 '주택도시기금법'이 2014년 4월 30일에 발의되었고, 2014년 12월 9일 해당 법안이 국회 본회의를 통과하였다. 법안의 통과로 국민주택기금은 그 명칭이 주택도시기금으로 변경되었다.

국민주택기금이 주택도시기금으로 개편되면서 기금의 운용 방식이 변경되었다. 국민주택기금은 일반 금융기관에 기금을 위탁하여 운용하여 왔으나 수탁은행이 5년마다 교체됨에 따라 기금 운용의 전문성과 안전성이 저해되었다. 이런 문제점을 개선하기 위해 기금을 총괄하고 운용하는 수탁기관은 주택도시보증공사로 하되, 주택도시보증공사가 이를 은행에 재(再)위탁하는 방식으로 운용체계를 변경하였다.

(2) 건축물 분양보증

우리나라에서는 공동주택뿐만 아니라 일반 건축물도 선분양 방식으로 분양이 이루어졌다. 건축물의 선분양제는 공동주택의 선분양제와 마찬가지로 건설업체의 자금 조달을 원활하게 하여 건축물의 공급 확대 등에 기여하였다. 그러나 건설업체의 파산이나 부도 등에 따른 여러 사업 위험을 분양계약자에게 전가시켜 분양계약자에게 재산상의 피해를 주는 부작용도 초래하였다. 이러한 건축물의 선분양으로 인한 피해를 막고 분양계약자를 보호하기 위해 건축물 분양보증제도가 도입되었다.

건축물 분양보증제도는 2005년 '건축물의 분양에 관한 법률'의 제정으로 도입되었다. 주택 분양의 보증기관은 현재 주택도시보증공사에만 허용되고 있으나, 건축물의 분양보증은 보증을 취급할 수 있는 기관의 종류와 범위를 다양하게 규정하고 있다.

건축물 분양보증의 보증기관은 보증보험을 영위하는 보험회사, 은행법에 의한 금융기관, 건설 사업 기본법에 의하여 설립된 공제조합, 주택도시보증공사 등이 있다.

2) 주택 분양보증의 법적 성격

주택 분양에 대한 보증계약은 주택을 건설하는 사업 주체와 주택도시보증공사 간에 장래의 불특정 분양계약자를 위해 체결하며, 그 법적 성격은 다음과 같다.

첫째, '주택도시보증공사'가 건설업체의 분양계약상 의무인 건물의 완공 및 소유권 이전이라는 보증 책임을 부담하는 이행보증의 성격을 가진다.

둘째, 건설업체가 부도 등의 사유로 계약을 이행하지 못하는 경우에 분양계약자가 이미 납부한 계약금과 중도금 등에 대해 주택도시보증공사가 환급책임에 대한 의무를 부담하는 지급보증의 성격을 가진다.

셋째, 건설업체가 선분양을 하기 위하여 주택 분양보증에 반드시 가입해야 하는 의무보증의 성격을 가진다.

3) 주택 분양보증의 기능과 역할

주택 분양보증은 건설업체 파산 등의 위험으로부터 분양계약자를 보호하고, 주택건설업체의 신용을 보강하여 주택건설업체가 주택건설에 소요되는 자금을 직접 소비자로부터 용이하게 조달하도록 하는 공급자 금융의 역할을 수행한다.

다음에서는 주택 분양보증의 기능과 역할에 대해 살펴본다.[2)]

(1) 분양계약자의 보호

주택 분양보증은 분양계약자의 재산권 보호를 목적으로 한다. 주택은 고가

2) 김병우 외, 「부동산금융론」(서울 : 도서출판 두남, 2010), pp. 169~170.

의 상품으로 대부분의 가구에서 가장 큰 비중을 차지하는 자산이므로 분양계약자의 재산권 보호에 대한 필요성이 다른 어떤 재화보다 크다.

주택 분양보증은 건설업체의 부도 등으로 인해 발생할 수 있는 주택구입자의 재산상 손실을 방지하기 위하여 분양계약자가 이미 납부한 분양대금을 환급해 주거나 건설업체를 대신하여 분양한 주택을 준공시켜 분양을 이행하기도 한다. 주택 분양보증의 역할 중 분양계약자의 보호가 제일 중요하다고 볼 수 있다.

(2) 주택의 공급 확대

주택의 분양보증은 건설업체들의 신용을 보강시켜 주택 사업에 소요되는 자금 조달을 용이하게 하였다. 주택 사업에 소요되는 용이한 자금 조달로 인해 주택건설업체가 신규로 많이 설립되었고, 이러한 주택 공급자의 양적 팽창은 주택 공급의 지속적 확대를 가져왔다.

주택 분양보증은 신용도가 높은 대형 건설 회사뿐만 아니라 자체 신용만으로는 자금 조달이 어려운 중소형 건설 회사에게도 주택 사업을 가능하게 하였다. 사업성이 낮은 소규모 낙후지역에 대한 주택건설은 보통 해당 지역의 중소업체가 주택 공급을 담당한다. 그런데 중소업체가 수행하는 주택건설사업은 사업 수행에 수반되는 위험도가 높아 사업 진행이 원활하지 못하다. 그러나 주택 분양보증은 건설업체의 신용보강과 사업 수행에 대한 분양계약자의 신뢰를 제고시켜 신용도가 낮은 중소건설업체들도 원활하게 사업을 진행할 수 있게 해 주고 있다.

(3) 주택 시장의 안정에 기여

과거 우리나라는 만성적인 주택 공급의 부족으로 주택 가격 등 부동산 가격이 폭등하였다. 주택의 공급 부족으로 인한 문제점을 해결하기 위해서는 주택 공급의 확대가 필요하였고, 주택 공급의 확대를 위해 정부는 선분양제를 허용하였다.

주택 분양보증은 주택의 공급 확대를 위해 감내해야 했던 선분양 제도의 문제점을 최소화시킴으로써 주택 시장의 안정에 기여하였다. 한편 주택 분양보증은 전반적인 주택 시장의 안정뿐만 아니라 사회 안정에도 기여한다.

IMF 외환 위기 당시 연쇄 도산한 사업장의 수십만 가구를 주택 분양보증을 통해 무사하게 입주시켜 분양계약자의 주거안정과 재산권 보호에 기여함으로써 사회적 혼란을 방지할 수 있었다. 주택 분양보증은 선분양으로 인한 문제점을 최소화시킴으로써 주택 시장을 안정화시키고 나아가 사회 안정에도 기여하고 있다.

제2절 분양보증과 관련된 상품

1 주택 분양보증과 관련된 상품

주택 분양보증은 건설업체가 파산 등의 사유로 분양계약을 이행할 수 없게 되는 경우, 해당 주택의 분양 이행 또는 분양계약자가 이미 납부한 계약금 및 중도금의 환급을 이행하는 보증을 말한다. 이러한 주택 분양보증은 보증대상에 따라 주택 분양보증, 주상복합 주택 분양보증, 주택임대보증으로 나누어진다.

각 상품별 내용에 대해 살펴보면 다음과 같다.

1) 주택 분양보증

(1) 개념

주택 분양보증은 주택법의 규정에 의하여 사업 계획의 승인을 얻어 건설하는 주택(부대시설 및 복리시설 포함)사업에 있어 사업 주체가 파산 등의 사유로 분양계약을 이행할 수 없게 되는 경우, 해당 주택의 분양 이행 또는 분양계약자가 이미 납부한 계약금과 중도금의 환급을 책임지는 것을 말한다.

주택 분양보증의 대상이 되는 사업은 주택법의 규정에 의해 사업 계획의 승인을 얻어 건설하는 주택 사업으로서 일반에게 분양하는 주택이 20세대 이상인 사업이다. 다만, 지역 주택조합, 직장 주택조합, 주택 재건축 정비 조합 또는 주택 재개발 정비 조합의 조합원들에게 분양되는 주택은 제외한다.

(2) 보증금액과 보증기간

보증금액은 사업 주체가 당해 주택 사업의 분양계약자로부터 받게 될 계약금과 중도금의 합계액이며, 보증기간은 당해 주택 사업의 입주자 모집 공고 승인일로부터 소유권 보존등기일(사용 검사 포함)까지다.

(3) 보증심사

보증심사는 주택 사업 관련 법령과 주택도시보증공사 내부의 규정과 지침 등을 근거로 이루어지며, 업체 심사와 사업장 심사로 구분하여 실시된다.

업체 심사에서는 신용평가, 금융거래 연체 현황, 보증한도, 우수 거래 업체 등의 심사 항목이 있다. 이 중에서 신용평가는 업체의 신용도를 평가하는 과정으로 보증심사 이외에 보증료를 결정하는 데 사용된다.

'주택도시보증공사'는 신용등급[3])을 신용 평점 모형에 의한 신용 평점 등급과 부실 예측 모형에 의한 부실 예측 등급의 조항에 의해 15개로 구분한다. 신용평가 등급의 유효기간은 신용평가 등급 확정일로부터 1년을 원칙으로 한다.

한편 다음에서 열거되는 사유에 해당하는 업체는 신용평가에서 최하위 등급을 적용하고 보증이 금지된다.

첫째, 어음교환소로부터 거래정지처분을 받은 경우

둘째, 영업정지상 태에 있는 경우

셋째, 신용정보 조회 결과 대출금 또는 카드 대금을 연체한 경우, 특수채권업체로 분류된 경우, 금융 질서를 문란하게 한 경우, 법원의 판결에 따른 채무를 불이행하고 있는 경우

넷째, 회생절차 개시 신청을 한 경우

다섯째, 기업의 구조조정 촉진을 위해 기업과 금융기관들이 협약한 '기업개선작업'(work-out)[4]) 개시 결정이 부결된 경우

---

3) AAA는 초우량, AA, A+, A−는 우량 등으로 업체의 신용등급을 나눈다.

4) 워크아웃의 정식용어로 기업과 금융기관이 서로 협의해서 진행하는 일련의 구조조정 과정과 결과를 의미한다.

여섯째, '주택도시보증공사'에 대한 채무 미변제, 채무를 미완제한 업체의 대표자가 새로운 업체의 대표자로 있는 경우

사업장 심사에는 사업계획승인, 사업부지, 자금의 공동관리, 기타 담보 등의 항목을 검토하게 된다.

(4) 보증료

보증료는 일정 기간 주택도시보증공사가 보증 책임을 부담하는 대가로 징수하는 금액을 말한다. 주택도시보증공사는 보증료를 신용 등급에 따라 차등하여 적용하며, 신용등급별 보증료와 사업 특성별 할인과 할증을 통하여 산정한다.

신용등급별 보증료는 대지비 부분과 건축비 부분의 보증료를 각각 산정하여 합한 금액이며, 이 중 건축비 부분의 보증요율은 신용등급별 보증요율에서 기여 고객 할인율을 차감하여 산정한다.

2) 주상복합주택 분양보증

(1) 개념

주상복합주택 분양보증은 건축법의 규정에 의하여 건축 허가를 받은 주상복합건물 및 주택법의 규정에 의하여 사업 계획 승인을 얻은 주상복합건물 중 주택이외의 시설에 대하여 건축주가 파산 등의 이유로 분양 계획을 이행할 수 없게 되는 경우, 당해 주상복합 주택의 분양의 이행 또는 분양계약자가 납부한 계약금 및 중도금의 환급을 책임지는 것을 말한다.

(2) 기타

보증금액은 건축자가 분양계약서로부터 받게 될 계약금과 중도금을 합한

이 제도는 구제불능의 부실기업으로 전락할 수도 있는 기업을 구조조정을 통해 정상적인 기업으로 회생시키는 것이 목적이다. 워크아웃이란 용어는 제인 폰다를 비롯한 미국의 유명 연예인들이 체중을 줄이기 위해 단계별로 실천에 옮기는 계획된 훈련을 의미하는데, 1980년대 말 GE의 잭 웰치 회장이 기업의 구조조정 과정에서 이 용어를 사용한 이후 일반화되었다.

금액이며, 보증기간은 입주자 모집 공고 승인일로부터 소유권 보존등기일까지이다. 보증심사의 절차와 보증료는 주택 분양보증에 준하거나 동일하다.

3) 주택 임대보증

(1) 개념

주택 임대보증이란 주택법의 규정에 의하여 주택건설사업 계획 승인을 얻어 시행하는 주택 사업에 있어, 당해 주택에 대한 임대의 이행 또는 분양계약자가 납부한 계약금과 중도금의 환급을 책임지는 것을 말한다.

(2) 기타

보증금액은 사업 주체가 임대 분양계약자로부터 받게 될 계약금과 중도금을 합한 금액이다. 보증기간은 당해 주택 사업의 입주자 모집 공고 승인일로부터 소유권 보존등기일까지이다. 보증심사의 절차는 주택 분양보증에 준하여 진행되며, 보증료는 주택 분양보증의 보증료 징수 체계와 동일하다.

2 건축물 분양보증과 관련된 상품

건축물 분양보증 제도는 2005년 '건축물의 분양에 관한 법률'의 제정으로 도입되었다. 주택 분양의 보증기관은 주택법에 의하여 '주택도시보증공사'에만 허용되고 있으나, 건축물의 분양보증은 보증을 취급할 수 있는 기관의 종류와 범위를 다양하게 규정하고 있다.

건축물 분양보증의 보증기관은 보증보험을 영위하는 보험회사, 은행법에 의한 금융기관, 건설 산업 기본법에 의하여 설립된 공제조합, '주택도시보증공사' 등이 있다.

1) 개요

건축물의 분양보증이란 분양 사업자가 파산 등의 사유로 분양계약을 이행할 수 없게 되는 경우, 보증기관이 당해 건축물의 분양 이행 또는 분양계약자가 납부한 분양대금의 환급 이행을 책임지는 것을 말한다.

(1) 적용 대상

건축물 분양보증의 대상이 되는 건축물은 다음과 같다.

첫째, 분양하는 부분의 바닥 면적의 합계가 3,000㎡ 이상인 건축물
둘째, 일반 업무 시설 중 오피스텔로서 20실 이상인 건축물
셋째, 주택이외의 시설과 주택을 합해 동일한 건축물로 건축하는 건축물 중 주택이외의 용도로 사용하는 부분의 바닥 면적 합계가 3,000㎡ 이상인 건축물
넷째, 바닥 면적의 합계가 3,000㎡ 이상으로서 임대 후 분양 전환을 조건으로 임대하는 건축물

이상의 건축물들은 건축물 분양보증의 대상이 되는 건축물이다. 그런데, 주택법에 의한 주택 및 복리시설은 주택 분양보증이 있으므로 여기에 해당되지 않는다. 그리고 관련 법률에 따라 설립된 지식산업 센터, 관광 숙박 시설이나 노인복지 시설도 건축물 분양보증에 적용되지 않는 건축물이다.

(2) 사전 분양요건

건축물 분양보증 제도는 건축물의 사전 분양제 또는 선분양제 때문에 필요한 보증 상품이다. 그런데 모든 건축물들에 대해 선분양제를 허용하는 것이 아니라 다음의 조건을 충족하는 건축물에 한해 사전 분양을 허용하고 있다.[5)]

첫째, 분양 사업자는 건축물을 선분양하고자 할 경우, 해당 건축물을 건축할 대지에 대한 소유권을 확보하고 있어야 한다. 다만, 그 소유권이 국가 또는 지방자치단체 등에 있는 경우에는 그러하지 아니하다.

---

5) 김병우 외, 전게서, pp. 179～180.

둘째, 분양 사업자는 소유권을 확보한 대지에 저당권, 가등기 담보권, 전세권, 지상권 등 대지상에 설정된 제한물권을 말소하여야 한다. 다만, 분양 사업자가 지방자치단체, 지방공사, 정비사업 조합 등인 경우에는 그러하지 아니하다.

(3) 분양시기

분양 사업자가 해당 건축물에 대해 선분양을 할 경우, 그 분양시기도 사업자가 마음대로 하는 것이 아니라 다음에 따라야 한다.

첫째, 신탁업자와 신탁계약 및 대리 사무를 체결한 경우에는 건축물의 착공신고 후

둘째, 금융기관 등으로부터 해당 건축물에 대한 분양보증을 받는 경우에 건축물의 착공 신고 후

셋째, 당해 건축물의 사용 승인에 대하여 다른 건설업자 2인 이상의 연대보증을 받아 이를 공증을 받은 경우에는 골조 공사의 2/3 이상 완료 후

2) 건축물 분양보증 상품

건축물의 분양보증은 주택 분양보증과 달리 '주택도시보증공사'뿐만 아니라 이를 취급할 수 있는 기관이 다양하다.

상품을 취급하는 기관이 다양하나 건축물 분양보증의 주요 상품들은 대개 공사 이행이나 시공 그리고 하자 보수 등에 대해 보증하고 있다. 이들에 대해 살펴보면 다음과 같다.[6]

(1) 공사이행보증

공사이행보증은 건설 회사가 발주처로부터 도급받은 공사의 계약 체결과 관련하여 발주처에 대하여 부담하는 계약의 이행 의무 또는 일정 금액 납부 의무를 보증하는 것을 말한다.

보상하는 손해는 건설 회사가 계약상 의무를 이행하지 아니할 경우, 주

6) 상게서, pp. 181～184.

(主) 계약 또는 관계 법령에서 정한 계약상 의무를 대신 이행하거나 보증금을 지급한다.

보증기간은 계약 문서에서 정한 계약일로부터 계약 이행 기일까지이며, 보증금액은 계약 문서에서 정한 금액으로 한다. 보증수수료는 기본 수수요율에 건설 회사의 신용등급, 보증 상품의 위험 정도를 감안한 운용 요율을 가감하여 산출한다.

(2) 시공보증

시공보증은 주택 재개발 및 주택 재건축 사업의 시공자로서 선정된 건설 회사가 발주처와 체결한 공사의 계약 체결과 관련하여 발주처에 대하여 부담하는 계약의 이행 의무 또는 일정 금액의 납부 의무를 보증하는 것을 말한다.

보상하는 손해는 건설 회사가 부도나 파산 등으로 계약 문서에서 정한 시공 책임의 의무를 이행하지 아니할 경우, 건설 회사를 대신하여 시공 책임을 이행하거나 발주처에게 손해금을 지급한다.

보증기간, 보증금액, 보증수수료는 보증계약자와 보증기관이 체결한 계약서에 준용하여 적용한다.

(3) 하자보수보증

하자보수보증이란 건설 회사가 준공한 공사 중 설계도서나 기타 지시서에 위배하여 시공함으로써 발생한 하자의 보수를 위해 발주처에 부담하는 하자보수보증금의 납부 의무를 보증하는 것을 말한다.

보상하는 손해는 건설 회사가 시설물을 완공하고 사용 또는 검수를 받은 후 여러 이유로 하자보수보증금의 지급 사유가 발생하였을 경우, 발주처가 입게 되는 손해를 보상한다.

보증기간, 보증금액, 보증수수료는 보증계약자와 보증기관이 체결한 계약서에 준용하여 적용한다.

제3절 주택 및 건축물 분양보증의 향후 전망

주택 및 건축물 분양보증은 선분양 제도로 인한 문제점들을 해소하기 위해 도입된 제도이다. 그런데 정부는 앞으로 선분양제 대신 후분양제를 단계적으로 활성화시키기 위해 노력할 것으로 전망되고 있다.

아파트 등 공동주택에 대한 후분양제 활성화 방안은 2004년에 정부가 '아파트 후분양 활성화 방안'을 확정하여 발표한 바 있다. 이에 따르면 공공 부문에서 시범적으로 후분양 방식을 먼저 시행하고, 민간 부분은 국민주택기금을 지원받아 건설되는 중소 규모 주택에 한하여 점진적으로 도입하는 것으로 되어 있다.

한편, 1997년 'IMF 외환 위기' 이후 부동산시장에 다양한 금융 상품이 등장하고 있다. 프로젝트 파이낸싱, 부동산투자회사(REITs), 그리고 부동산펀드 등이 그것이다. 그리고 향후에는 부동산 관련 파생 상품도 도입될 것이다. 이외에도 금융시장의 개방과 관련한 보증시장의 개방 등 여러 환경 변화가 나타날 것으로 예견되고 있다. 이러한 환경 변화와 관련하여 주택 및 건축물 분양보증에 대한 향후 전망을 하면 다음과 같다.[7]

1 후분양제의 실시

선분양제는 정부 입장에서는 주택공급 확대 등 정책 목적을 달성하기 위하여, 건설업체 입장에서는 규모가 큰 건설 자금을 분양계약자로부터 간편하게 조달하여 사업 위험을 축소하고 원활한 자금 조달을 위해 도입되었다. 그리고 선분양제는 분양계약자 입장에서는 일시적 분양대금 지급에 따른 자금 부담을 완화시키는 순기능으로 분양시장을 활성화하고 주택공급을 확대시키는 역할을 하였다. 그러나 선분양제는 사업 과정에서 발생할 수 있는 여러 가지 사업 위

7) 손재영 외, 전게서, pp. 519～520.

험을 분양계약자에게 전가시키고, 아파트와 같은 공동주택은 건설업체의 부도로 인한 피해가 너무 광범위하여 사회 혼란을 초래하였다.

정부는 과거와 달리 주택 시장에서 주택 보급률이 어느 정도 달성되고, 선분양제에 따른 피해를 줄이기 위해 후분양제를 활성화시키려고 하고 있다. 후분양제의 도입은 현재의 분양보증제도의 필요성을 감소시킬 것이다. 왜냐하면 분양보증제도는 선분양제의 단점을 보완하면서 장점을 극대화시키기 위하여 도입된 상품이기 때문이다. 그러나 후분양제가 민간 부문까지 정착되려면 상당 기간이 소요될 것으로 예상되므로 분양보증제도가 단시일 내에 큰 폭으로 감소하지는 않을 것이다.

2 금융시장의 개방

우리나라는 1990년대 'OECD'에 가입하면서 국내 금융시장에 대한 진입장벽을 대폭 낮추어 해외 금융기관에게 개방의 폭을 확대시켰다. 금융시장의 갑작스러운 개방으로 부작용이 나타나기도 하였으나 이제 다시 정책 기조를 폐쇄나 억제 쪽으로 가기는 곤란하고 갈수록 그 폭은 확대될 것이다.

한편, 해외금융기관에 국내 금융시장을 대폭 개방한 이후 국내에서는 금융업의 대외 경쟁력을 강화하기 위한 여러 방안이 정부에 의해 계획되거나 실시 중에 있다. 은행의 보험 영업 허용 등 은행, 증권, 보험 등으로 구분된 금융기관의 업무 영역의 파괴, '자본시장과 금융 투자업에 관한 법률'의 시행으로 자본시장 내 금융 상품에 대한 정부의 규제 완화나 철폐 등으로 금융기관들 간의 상호 경쟁을 촉발시키고 있다.

이러한 정책 시행은 과거 우리나라의 금융업이 정부의 보호 때문에 경쟁력이 취약하여 그 역할을 제대로 하지 못해, 1990년대 금융시장의 개방으로 외국 금융기관에 시장을 잠식당하고 있기 때문이다. 정부의 의도대로 국내 금융기관들의 국제경쟁력이 제고되면 금융기관 중에서도 삼성전자와 같은 세계적인 회사가 출현할 수도 있을 것이다.

금융시장의 전반적 개방화 추세는 분양보증시장에서도 예외일 수가 없다. 그동안 주택도시보증공사의 독점 체제에서 일반 보증기관이나 기타 금융기관 등이 참여하는 경쟁 체제로 변화될 것으로 보인다. 보증시장 개방에는 장점과 단점이 있다.

보증시장 개방에 따른 장점은 다음과 같다.

첫째, 보증시장에서 새로운 경쟁자의 출현으로 새로운 상품이 개발되고 보상 측면에서 소비자에게 유리할 것이다. 그리고 경쟁 체제의 도입으로 보증료가 낮아지고, 고객 서비스가 향상될 것이다.

둘째, 선진형 상품 개발이 촉진되어 보증시장의 질적이나 양적 성장을 통해 산업의 경쟁력이 높아질 것이다.

반면, 보증시장 개방에 따른 단점도 여러 가지가 있다.

첫째, 시장 개방으로 보증기관은 사업성이 좋고 신용도가 우수한 사업장 위주로 상품을 운영할 가능성이 높다. 따라서 신용도가 상대적으로 낮은 사업장은 보증에서 아예 제외될 수 있어 주택공급의 지역별 편중 현상이 나타날 수도 있다.

둘째, 보증기관 입장에서는 규모가 협소한 보증시장에서 경쟁이 치열해지므로 기관의 부실화가 우려된다. 그렇게 되면 보증기관들은 보증료를 인하하면서 분양계약자에 대한 보호 범위와 서비스를 축소할 것으로 보여 분양계약자 보호에 소홀할 것으로 보인다.

분양보증시장의 개방은 소수의 대형 건설 회사들에게는 혜택이 돌아갈 것이나 다수의 영세한 건설 회사나 분양계약자들에게는 피해가 발생할 것으로 우려된다. 따라서 분양시장 개방에 따른 부작용을 최소화할 수 있도록 정부의 신중한 정책 결정이 요구된다.

제16장

신용평가 제도

제1절 신용평가 제도

1 신용평가 제도의 의의와 기능

1) 신용평가의 개념

신용평가는 기업이 발행하는 유가증권의 원리금과 이자가 정해진 조건으로 상환될 정도에 대하여 전문성을 가진 신용평가기관에서 유가증권 발행 기업의 요청을 받아 제반 여건을 분석, 평가하여 원리금과 이자의 적기 상환 능력을 일정 기호, 즉 신용등급으로 표시하여 투자자, 금융기관 및 이해관계자에게 공시하는 제도이다.

회사채의 신용평가는 신용평가기관이 특정 회사채에 대한 원금과 이자의 지급이 예정된 일정에 따라 이행될 상대적 확률을 평가하여 신용등급으로 표시하는 것을 말한다. 그러므로 신용평가의 목적은 채권의 원금과 이자가 약속대로 상환될 수 있는 정도를 측정·심사하여 투자자를 보호하는 데 있다.

또한, 신용등급 평가는 AAA, AA 등과 같은 간략하고 이해하기 쉬운 기호에 의하여 채권의 신용위험에 관한 질적 정보를 투자자에게 제공한다는 특징이 있다.[1] 여기서 주의해야 할 점은, 신용등급 평가란 단지 특정 채권의 채무불이행 위험 정도를 평가하여 그 정보를 간략하게 기호로서 투자자에게 전달하는 것이지, 특정한 채권을 투자 대상으로 추천하거나 이를 통해 미래의 채권 가격을 예측하려는 것은 아니다. 특히, 신용등급을 투자 목적에 이용할 경우에는 다음 사실을 염두에 두어야 한다.

첫째, 신용등급은 어디까지나 신용평가기관의 의견으로 간주되어야 한다. 따라서 신용등급은 특정 신용등급의 증권에 대한 매수·매도를 추천하거나 특정 등급 이상의 채권에 대하여 채무불이행이 일어나지 않는다는 것을 자동

---

1) 이창석, 「부동산학개론」(서울 : 형설출판사, 2011), p. 611.

으로 보증하거나 약속하는 것은 아니다.

둘째, 특정 채권에 부여된 신용등급은 그 증권의 신용위험을 측정하는 것이지 채권 투자와 관련된 유동성 위험, 금리 변동 위험 등 다른 위험 요소까지 측정하는 것은 아니다.

셋째, 신용등급은 증권의 잠재적 가격 상승 가능성을 예측하는 것은 아니다.

2) 신용평가 제도의 역할

(1) 사회비용 최소화

신용등급의 평가는 투자자들에게 종합적이고 객관적인 투자 정보를 제공함으로써 정보의 비대칭성을 해소해 주고 정보 비용을 절약할 수 있게 해준다. 투자자나 금융기관이 자체적으로 신용평가 능력을 갖추고 있다 하더라도 중복적으로 실시될 경우 시간적, 경제적 낭비로 인해 사회 전체적으로 막대한 비용이 발생하며 정보의 신뢰성이 저하된다. 이러한 측면에서 신용평가 전문기관은 정밀한 신용조사와 깊이 있는 신용분석을 통하여 기업의 신용도를 전문적으로 평가하여 이를 시장에 공시하여 누구나 저렴한 비용으로 시장에서 쉽게 이용할 수 있게 한다.

(2) 자원배분의 효율성 제고

신용평가기관은 신용평가 결과를 해설적 방식이나 평점 또는 통계적 방식으로 제시하지 않고 일정한 기호를 사용하여 제시한다. 증권에 부여된 신용등급은 곧 그 증권의 투자 품질을 나타내며, 이는 투자자들의 이해 가능성을 향상시킨다는 이점이 있다. 이와 같이 등급화가 이루어지면 그 신용등급의 정도에 따라 해당 유가증권에 대한 투자 선호도가 달라지고 이는 결국 그 기업의 자본 조달 비용 및 기타 발행 조건에도 영향을 미치게 되므로 유가증권의 발행 조건이 보다 객관적으로 결정되도록 조정해 줌으로써 자본의 효율적 배분에도 기여하게 된다. 즉, 보다 효율적인 기업 부문에 자금이 집중되도록 함으로써 자원배분의 효율성을 제고시킨다.

(3) 신용 경제사회 구축에 기여

진정한 의미의 신용 경제사회가 이룩되려면 신용평가 제도가 실물 및 금융거래에 정착되어야 한다. 신용정보에 대한 수요가 급증하는데 반해 이를 신속, 정확히 전달해 주는 기관이 없으면 정보 취득에 막대한 경제적 손실뿐만 아니라 불리한 선택을 할 가능성이 크다.

(4) 사회적 감시자 역할

신용도에 대한 평가 결과는 평가 기관 내부 정보로 보존되는 것이 아니라 금융시장 내의 시장 참여자에게 공시되어 신용질서에 대한 사회적 감시자로서의 역할을 수행한다. 신용평가기관은 기업 내부자적인 입장에서 공개된 정보 외에도 공개되지 않는 정보의 접근이 가능할 뿐만 아니라 산업 및 경제, 금융 동향 등에 대한 별도의 정보를 수집, 분석하여 종합적인 판단을 내릴 수 있는 전문 인력과 평가 기법을 보유함으로써 보다 신뢰성 있는 정보를 공개적으로 제공할 수 있다.

(5) 공정한 기업 가치 보장 및 발행 기업 보호

증권시장에서 기업의 투자가치를 판단할 때 보통은 기업의 지명도에 의존하기가 쉽다. 때로는 사업성, 수익성, 재무구조가 뛰어난 기업이 영업 특성상 낮은 지명도로 인해 공정한 투자가치 이하의 평가를 받을 수 있으며, 그 반대의 경우도 발생할 수도 있다. 따라서 재무구조가 우량한 기업들은 공정한 투자가치를 보장받기 위해 신용평가를 적극적으로 받으려고 할 것이다. 신용도가 낮은 기업은 경영 체질의 개선, 사업성 제고, 재무구조의 건전화를 위한 노력 등 원활한 증권 발행을 위해 자구책을 강구할 것이다.

신용평가 제도가 잘 정착되면 사회 전체적으로 볼 때 정보 비용이 절약되고 정보 공시에 의한 자본시장의 건전한 발전이 촉진될 것이다. 그뿐만 아니라 기업의 신용도에 따른 발행 조건의 차등화 등을 통하여 기업에게 건전한 경영을 유도하는 역할을 한다.

3) 신용평가 제도의 주요 기능

(1) 투자자를 위한 기능

① 신용위험의 기준 제공

신용평가는 채권의 매입·보유·처분 등의 결정에 필요한 정보를 투자자들에게 제공함으로써 투자자들이 투자자산을 배분하고 결정하는데 도움을 준다. 투자자들은 특정 채권이나 증권 등에 부여된 신용등급을 보고 투자의 판단 기준을 세울 수 있고, 금융기관의 자산 운용 담당자들도 본인의 판단 이외에 신용등급을 참고하여 채권이나 증권의 매입이나 매도 여부를 결정할 수 있다. 그리고 금융기관은 기업별 신용등급을 참고해 적절한 분산투자를 통하여 채권 투자의 위험을 효과적으로 관리할 수 있다.

② 위험 프리미엄 평가

선진국의 경우 신용등급은 채권의 가격 결정에 있어 핵심적인 역할을 한다. 신용등급은 투자자에게 채무불이행 가능성에 대한 보상으로 어느 정도의 위험 프리미엄(risk premium)[2)]을 제공하는 것이 적절한가를 보여 주는 평가 기능이 있다. 즉 신용등급이 높은 채권일수록 투자자가 요구하는 위험 프리미엄이 작아진다는 점이고, 이런 위험 프리미엄의 크기에는 금융시장 전반의 위험에 대한 투자자의 인식도 반영된다.

③ 포트폴리오 감시

신용등급은 채권 포트폴리오(portfolio)의 성과를 감시하는 데 이용되고 있다.

채권의 유통시장이 발달한 선진국에서는 신용등급이 채권 포트폴리오에 포함된 특정 채권의 현재가치를 평가하는 데 크게 활용되고 있다. 그리고 신용등급은 신용 경색기에 특정 채권이 유통시장에서 얼마나 용이하게 매각될 수 있는가를 보여 준다. 일반적으로 신용등급이 높은 채권일수록 유동성이 낮은 시장에서도 쉽게 유통될 수 있다. 그러나 채권 발행 기관의 신용도가 높다 하더라도 신용등급이 낮은 채권은 유통시장에서 매매되기가 어렵다.

---

2) 채권이나 금융 상품 등을 사고파는 과정에서 투자자들은 안전하면서도 수익성이 높은 상품을 원한다. 그러나 안전한 투자 상품은 대개 수익률이 낮고, 위험한 투자 상품은 수익률이 높다. 그 이유는 위험한 투자 상품에 투자하는 투자자들은 본인이 위험을 감수하는 대가로 보다 높은 수익률을 원하기 때문이다. 이와 같이 투자자는 위험한 상품에 투자하는 대가로 높은 수익률을 요구하는데, 이를 위험 프리미엄(risk premium)이라 한다.

④ 신용위험의 평가

은행 및 기타 금융기관들은 기업 대출의 여부를 심사하고 결정하는데 지원하는 수단으로 신용등급을 이용한다.

금융기관은 은행 간 대출, 무역금융 제공, 스왑 약정(swap agreements) 등의 거래를 할 경우, 신용등급을 활용하여 상대방의 신용위험을 평가한다. 그리고 기업의 재무 담당자도 신용등급을 활용하여 거래 은행, 증권회사 등 계약 상대방의 신용위험을 평가하고 있다.

보험 가입자는 보험회사의 신용등급을 보고 보험회사 및 보험 상품의 지급 위험을 평가할 수 있다. 그리고 국가신용등급은 일반적으로 각국의 정부뿐만 아니라 민간 기업들이 발행하는 채권에 부여될 수 있는 신용등급의 기준으로 간주된다.

⑤ 신용조사 지원

신용평가기관은 신용등급의 결정과 관련된 각종 연구 보고서 및 분석 자료를 발표하고 있다. 예를 들면, 증권 분석, 기업 분석, 산업 분석 분야의 각종 보고서가 있으며, 이들 자료는 신용평가기관의 각종 간행물, 세미나, 전용통신망, 인터넷 등을 통하여 전 세계에 발표된다. 이와 같은 분석 자료는 주요 기관투자자들의 자체 신용조사를 보완하는 기능이 있다.

(2) 채권 발행 기관을 위한 기능

① 자본 조달 기회의 확대와 안정화

신용평가는 자본 조달 기회를 확대시켜 주는 기능이 있다. 오늘날 전 세계의 주요 기관투자자들은 무디스(Moody's)사나 에스엔피(S&P)사 등 주요 신용평가기관이 발표하는 신용등급 정보를 중시하고 있다. 따라서 특정 채권 혹은 발행 기관에 부여된 신용등급은 일종의 신용여권(credit passport) 역할을 수행함으로써, 발행 기관의 금융시장에 대한 접근을 확대시켜 준다. 일부의 기관투자자들은 신용등급이 일정 수준 미만인 채권에는 투자하지 않는다.

신용등급의 평가는 안정적인 자본 조달의 기회를 제공한다. 채권의 발행 기관은 자사에게 부여된 신용등급을 보고 자사의 신용위험에 대한 투자자의 인식을 지속적으로 관리할 수 있으며, 신용등급이 높게 형성되면 신용 경색기에도 자본시장을 최대한 이용할 수 있게 된다.

② 자본 조달 비용의 절감

채권 투자를 하는 데 있어 신용등급의 활용이 정착되면 신용등급에 따라 채권 가격과 만기 수익률이 달라진다. 그러므로 기업이나 국가, 지방자치단체 등이 자신의 명의로 발행하는 채권의 신용등급을 높게 평가받으면 채권 발행에 수반되는 자금 조달 비용을 낮출 수 있다. 한편 신용등급은 채권 발행 기관의 신용위험에 대한 투자자의 불확실성을 줄여 줌으로써 투자자가 요구하는 위험 프리미엄을 낮추어 준다. 또한 채권 발행 기관이 투자자가 수용할 수 있을 정도의 신용등급을 받을 수만 있다면, 신용평가 수수료를 부담하더라도 더 저렴한 조달 비용으로 채권을 발행할 수 있는 경우가 많다.

③ 채권 발생의 효율성과 자금 조달의 탄력성 제고

신용등급별로 채권 수익률이 결정될 경우 객관적인 채권의 평가 기준이 마련된 것이므로 신규 채권의 발행이 용이하게 된다. 투자자도 발행 기관의 신용도를 이미 숙지하고 있으므로 신규 채권 투자의 결정이 신속하게 이루어진다.

높은 신용등급을 부여받아 지명도가 상승한 기업은 자신의 자금 조달 필요에 맞는 통화, 만기 구조 등을 갖춘 채권을 발행하기가 쉬워진다. 이러한 '여권 효과'(passport effect)로 인하여 신용등급이 높은 기업은 시장 여건의 영향을 덜 받으면서 많은 액수의 채권을 자주 발행할 수 있다.

(3) 시장의 투명성 제공

신용등급평가 제도는 신용등급 및 분석 정보의 제공을 통하여 채권시장의 투명성을 높여 준다. 시장의 투명성은 채권 발행 기관 또는 채권의 신용위험에 관한 불확실성을 감소시켜 민간 저축을 증권시장에 흡수시킴으로써 민간 부문의 효율적인 자금 조달에 도움을 주고 있다. 또한 이러한 투명성은 증권 가격을 시장의 변화에 즉각적, 효율적으로 조정되게 하여 차익 거래 기회를 줄여 준다. 신용등급의 활용이 일반화되고 등급 조정이 수시로 이루어지면, 채권 발행 기관의 신용도에 관한 소문이나 억측과 같은 부정적 효과를 차단하고 시장의 안정성을 강화할 수 있다.

신용등급평가 제도가 정착되면 주요 신용평가기관이 수행하는 신용등급 평가는 채권시장에서 자율 규제 기능을 담당할 수 있다. 자율 규제 기능에는 '문지기 기능'(gatekeeper function)과 '질서 있는 퇴출기능'(orderly function)이 있다.

문지기 기능은 채무불이행 사태의 발생을 극히 낮은 수준으로 억제하는 기능을 말한다. 질서 있는 퇴출기능은 신용도가 불량한 채권 발행 기관들이 시장에서 질서 있게 퇴출하는 기능을 의미한다. 그 결과 채무불이행 가능성이 아주 높은 기업들은 실제 채무불이행이 발생하기 전에 시장에서 퇴출당하는 게 보통이다.

(4) 금융중개기관을 위한 기능

신용등급의 평가는 채권시장에서 증권을 인수하거나 거래하는 금융기관이 고객을 대신하여 유가증권의 발행 계획을 수립하거나, 가격 결정을 하는 데 도움을 준다. 또한 신용등급은 금융기관이 유가증권의 관리 업무를 수행함에 있어 위험 노출에 대한 감시나 시장가치를 기준으로 가격을 결정하는 데 도움을 준다.

4) 신용등급의 체계 및 의미

신용등급은 금융 상품의 원리금이 약정대로 상환될 가능성을 표시하는 기호이다. 신용등급은 채무의 만기에 따라 1년 이상인 경우 장기신용등급으로, 1년 미만인 경우 단기신용등급으로 구분된다. 그리고 금융시장에서는 신용등급을 투자 등급과 투기 등급으로 구분하고 이를 차별적으로 취급하고 있다.[3)]

신용평가회사들은 회사별로 신용등급의 체계와 정의가 다소 상이하다. 국내와 국제 신용평가회사들이 사용하는 신용등급의 체계와 의미를 제시하면 다음과 같다. 도표 16-1

---

3) 상게서, p. 691.

도표 16-1 신용등급의 체계 및 의미

구분	국내	Moody's	S&P	의미	비고
	AAA	Aaa	AAA	원리금 지급 확실성이 최고 수준	
	AA	Aa	AA	원리금 지급 확실성이 매우 높음	투자 등급
	A	A	A	원리금 지급 확실성이 높음	
	BBB	Baa	BBB	원리금 지급 확실성이 인정됨	
	BB	Ba	BB	투기적인 요소가 내포됨	
장기	B	B	B	원리금 지급 확실성이 부족함	
	CCC	Caa	CCC	채무불이행 가능성을 내포함	투기 등급
	CC	Ca	CC	채무불이행 가능성이 높음	
	C	C	C	채무불이행 가능성이 매우 높음	
	D		D	현재 채무불이행 상태	
	A1	P1	A1	적기상환성이 최고 수준	
	A2	P2	A2	적기상환성이 우수	투자 등급
단기	A3	P3	A3	적기상환성이 양호	
	B		B	투기적 요소가 내포됨	투기 등급
	C	NP	C	적기상환성이 의문시됨	
	D		D	현재 채무불이행 상태	

주 : 일부등급은 상대적 우열에 따라 +, -부호를 첨부함.

2 우리나라의 신용평가 제도

1) 신용평가 제도의 도입 배경과 과정

1960~70년대 고도성장기에 우리나라 기업들은 주로 은행 대출 등 간접금융시장에서 자금을 조달하였으므로 신용평가의 필요성이나 중요성 등에 대한 인식이 부족하였다. 그리고 정책 금융의 영향으로 회사채의 90% 이상이 신용등급 평가가 필요 없는 보증사채나 담보부사채로 구성되어 있었고 회사채

의 발행 금리가 기업의 신용도나 특정 채권에 대한 원리금의 상환 가능성과는 무관하게 일률적으로 시장 금리보다 낮은 수준에 고정되어 있었다. 또한 투자 자금이 기업의 신용도나 사업 자체의 수익성 또는 위험에 따라 배분되지 않고 정책 당국에 의해서 특정 산업 및 기업에 집중 배분되었기 때문에 본격적인 채권 등급 평가 기관의 설립 및 신용등급평가제도의 도입이 늦어지게 되었다.

우리나라에서는 은행 내부에서 초보적인 신용평가 업무를 수행해 왔으며, 1976년 신용보증기금의 설립을 계기로 전문적인 신용평가기관이 탄생되었다.

1980년대에 들어 경제 운용 방식이 시장 기능을 중시하는 방향으로 전환되었고 제2 금융권[4]의 활성화 조치로 이를 통한 기업 자금 조달이 증대되었다. 제2 금융권의 높은 수익률은 투자자의 참여를 증가시켜 시장의 급성장을 유도하는 계기가 되었다. 일반 투자자에 의한 기업어음(CP : commercial paper) 시장 참여의 확대는 CP 발행 기업에 대한 신용정보의 제공과 이에 대한 공정한 평가의 필요성을 증대시켰다. 이와 같은 여건 하에서 1985년 2월에 투자금융회사, 종합금융사 등 제2 금융권이 출자하여 한국신용평가(주)를 설립하게 되었다.

한편 한국신용평가(주) 이외에 1986년 9월 제1 금융권이 중심이 되어 전국종합신용평가(현 한국신용정보(주))가 설립되어 신용평가 시장에 참여했고 1987년 11월 한국산업은행 및 일본 노무라 종합연구소가 출자하여 산업은행의 사업성 검토와 영업 업무를 수행하던 한국경영컨설팅(주)가 한국기업평가(주)로 상호를 변경하면서 신용평가 업무를 개시하였다.

2) 신용평가 시장의 현황

국내의 신용평가 제도는 미국과 같이 자발적으로 육성되지 않고 자본시장을 육성하고자 하는 정책적 필요성에 의해 1980년대에 도입되었다. 그리고 1997년 IMF 외환 위기 이후 기업의 주요 자금 조달 수단이 은행대출에서 무보증 회사채나 자산유동화증권의 발행으로 전환되면서 시장 규모가 점차

4) 제1금융권은 일반은행과 특수은행을 의미하며, 제2금융권은 비은행 예금취급기관과 보험회사, 증권회사 등을 지칭한다.

확대되었다.

현재 우리나라에서는 '신용정보의 이용 및 보호에 관한 법률'에 의하여 일정한 요건을 갖추고 금융위원회의 허가를 득하면 신용평가 업무를 수행할 수 있다. 국내 신용평가회사는 한국신용평가, 한신정평가, 한국기업평가, 서울신용평가정보 등이 있다. 한신정평가는 앞에서 언급한 한국신용정보의 신용평가 부문이 2007년 분할되어 별도로 설립한 법인이다.

3) 신용평가 제도의 문제점

(1) 평가 요소적인 측면

평가 요소적인 측면으로 볼 때 미국의 경우, 재무적인 요소뿐만 아니라 비재무적인 요소로 기업의 유동성과 자금 조달처의 다양화, 경영 전략, 핵심 경쟁 역량, 경영 계획과 통제 등의 기업 특성을 신용평가 시 반영하고 있다. 이 밖에도 그 기업이 속한 산업동향을 파악하기 위하여 미래의 창출 이익, 자산 가치, 자금 조달 방법, 부채에 대한 중요성 등을 지표로 사용하고 있으며, 국가 정책 및 규제 정도를 신용평가 시 고려하고 있다. 또한 경영진의 경영 능력을 파악하기 위하여 경쟁 전략, 부채 운영 능력, 규제 기관과의 관계 등을 조사하고 있다. 그리고 발생 원가를 절감함으로써 수익을 높일 수 있는 원가 통제 능력과 동종 산업에서의 지위 또는 시장점유율로 평가하는 시장 경쟁력, 모회사와의 업무 연관성과 자금 지원 정도를 평가하는 모회사의 지원 정도, 회사의 신용에 뜻하지 않게 갑자기 영향을 미치는 특별 사건의 위험 등을 신용평가 시 고려하고 있다.

우리나라와 신용평가 제도의 도입 배경이 유사한 일본의 경우, 미래를 예측할 수 있는 재무적인 요소를 바탕으로 비재무적인 요소로 산업 특성 중 시장 동향, 동종 산업의 진입 장벽 및 규제 정도, 제품 수명 주기 단계 등을 고려하고 있으며, 피평가 회사의 시장 경쟁력을 신용평가에 고려하기 위하여 해외시장의 비중, 가격경쟁력, 시장점유율, 제품의 다양성 등을 고려하고 있다. 이 밖에도 운영의 효율성과 경영자의 경영관리 능력을 평가하기 위하여 투자 효율성, 생산설비의 효율성, 생산원가 관리 능력, 재무 능력, 성장 계획, 자회사 경영관리 능력 등을 고려하여 신용평가 업무를 수행하고 있다.

우리나라의 경우에는 산업의 특성을 고려한 경기변동, 피평가 회사의 성장률(성장률이 둔화됨으로써 미회수 매출 채권의 증가, 유동성 악화 등의 위험 고려), 피평가 회사의 산업 내 위치와 진행 중인 투자안의 합리성, 경영 능력 분석, 계열관계, 시장환경 등의 비재무적인 요소 분석과 매출-수익성 분석, 유동성 및 현금흐름 분석, 재무적 탄력성과 회계 정책 등의 재무적인 요소 분석들을 기업의 상황과 특성에 맞게 탄력적으로 가중치를 두어 신용평가 업무를 수행한다. 이는 상대적으로 신용평가 제도가 발달한 미국에 비하여 기업의 경영전략이나 핵심 경쟁역량에 대한 분석, 즉 사후 처리 능력과 같은 시장 경쟁력 및 시장 지배력, 산업동향, 경영관리 능력[5]), 모회사와의 관계, 합병 가능성과 같은 소유 구조, 마케팅 능력, 우발적인 사건에 대한 위험[6]) 등과 같은 비재무적인 요소의 비중이 작은 것임을 알 수 있다. 동시에 우리나라 신용평가 제도가 선진국들의 신용평가에 비하여 재무 분석의 테두리를 벗어나지 못하고 있음을 보여 주는 근거라 할 수 있다.

(2) 제도적인 측면

신용평가는 정적이기보다는 동적이다. 따라서 이러한 신용평가의 성격을 제도적인 측면에서 뒷받침하기 위해서는 신용평가기관이 신용등급을 끊임없이 관찰하여야 한다. 만약 신용등급의 변화가 예고될 경우, 신용등급 결정 위원회에서는 충분한 분석과 논의 과정을 통하여 신용등급의 변동을 결정하고 이 결정을 자본시장에 적시에 공시하는 것을 제도적으로 확립해야 한다.

우리나라의 경우 CP 신용평가는 평가 대상 기업의 요청에 따라 최근 결산일로부터 통상 5~6개월 시점에 실시되는 본 평가, 반기 결산일을 기준으로 반기 실적 및 신용도 변화 요인을 반영하여 등급의 변경 여부를 결정하는 정기 평가 그리고 신용도에 영향을 미치는 환경 변화 요인이 발생할 때마다 수시로 등급의 변경 여부를 결정하는 수시 평가 등 크게 세 가지로 구분된다.[7])

---

5) 경영 관리 능력이란 경영진의 잦은 교체에 따른 기업안정성 저해 방지를 위한 경영의 일관성, 자금 조달능력, 규제기관과의 관계, 노동조합과의 관계 등을 말한다.

6) 우발적인 사건에 대한 위험이란 뜻하지 않게 회사의 신용에 갑자기 영향을 미치는 사건에 대한 미래의 불확실성을 말하는 것으로 갑자기 최고 경영자가 변경됨으로써 경영권의 공백이 발생한다거나, 노사 분쟁으로 인한 파업이 말하는 것 등을 말한다.

우리나라의 신용평가 산업은 정부 주도 방식으로 자유경쟁이 제한된 상태에서 양적 성장을 진행하였다. 1997년 IMF 경제 위기 이전에는 보증부채권 및 일반 회사채 위주로 채권시장이 형성됨으로써 신용평가에 대한 수요가 부족하였고, 신용평가 업계의 모범 기준이 관행화되지 못함으로써 신용평가회사의 핵심 요소인 신뢰성을 얻는 데 성공하지 못했다. 그리고 법적 규정에 의해 신용평가 수요가 강제적으로 창출됨으로써 신용평가로 인해 자금 조달 비용이 절감된다는 긍정적인 측면보다는 규정을 만족시키기 위한 비용의 발생으로 인식되는 경향이 강하여 시장 효율성 증진에 기여하지 못하고 형식적인 절차로 전락하였다. 이처럼 정부의 지나친 규제와 보호로 인해 신용평가 제도의 질적인 성장이 저해되었다.

제도적인 측면에서의 문제점을 한 가지 더 지적하면 신용평가기관이 신용평가 업무를 수행함에 있어서 공정성, 정확성, 전문성이 확보되어야 한다는 것이다. 우리나라의 경우, 1997년 말 투자 적격 등급을 받은 한보철강과 기아자동차가 도산함으로써 신용평가기관의 독립성, 객관성에 대한 문제가 제기되는 사건이 발생하였다.

이러한 사건은 신용평가기관이 피평가 회사나 그 밖의 이해관계자(특정기업, 투자자, 금융기관)로부터 독립성과 객관성이 결여됨으로써 발생했다고 판단한다. 그리고 신용평가 업무를 수행하면서 신용등급 결정에 중요한 영향을 미칠 수 있는 정보의 수집이나 분석에서 전문성이 미비된 점도 발생 원인의 하나로 볼 수 있다.

(3) 금융기관 대출 의사 결정 시스템의 문제점

우리나라의 금융기관들은 대출 여부 기준이나 대출 이자율의 결정 기준으로 신용평가를 제대로 활용하지 못하고 있다. 신용평가의 결과가 대출 의사 결정의 직접적인 근거가 되지 못하고 참조 자료에 머무는 경우가 많은데 이는 신용평가 결과에 대한 은행의 신뢰가 높지 못하기 때문이다.

우리나라 금융기관의 경우 신용위험 관련 자료(data)를 축적해 온 역사가 짧으며, 축적된 자료(data)도 시계열상의 연속성이 결여된 경우가 많다. 그리

7) 반기 결산일, 즉 반기 재무제표를 기준으로 반기 실적 및 신용도 변화요인을 반영하여 신용등급의 변경 여부를 결정하는 정기평가의 경우, 신용등급에 대한 신뢰성은 반기 재무제표의 신뢰성에 대한 문제가 따를 수 있다.

고 대출 의사 결정 시 고려한 사항, 지속적으로 모니터링 해야 할 부분, 경계해야 할 환경 변화 부분에 대한 데이터 베이스(data base)가 구축되지 못하고 있어 대출 의사 결정과 사후 관리 과정의 상호 유기적 연결이 미약하다.

4) 신용평가 제도의 개선 방안

(1) 평가 요소의 다양화

최근의 신용평가는 기업의 미래 성과에 중대한 영향을 미치는 경영 효율의 개선에 중대한 비중을 두고 있다. 경영 효율의 개선은 당면한 사업 구조 조정은 물론 지배 구조를 포함한 경영 체질 변화, 경쟁 및 고객 가치 관리 방식의 혁신을 포괄한다.

회사채 발행 기업의 경영진은 사업 범위, 재무구조, 자산 구성 등 사업 및 재무 위험을 결정하는 의사 결정 수행 주체이다. 따라서 경영진의 경영관리 능력은 회사채 발행 기업의 신용도에 큰 영향을 주게 된다. 따라서 신뢰성 있는 신용평가를 위해서는 가능한 경영진에 대한 정보가 신용평가 등급에 반영되어야 할 것이다.

그리고 앞의 재무적인 문제점에서도 언급한 기업의 사후 처리 능력과 같은 시장 경쟁력 및 시장 지배력, 산업동향, 경영관리 능력, 모회사와의 관계, 합병 가능성과 같은 소유 구조, 마케팅 능력, 우발적인 사건에 대한 위험 등 비재무적 요소들과 노사 관계 및 인적 자산 관리 등의 인사 제도 요소를 평가 요소에 반영해야 할 것이다.

(2) 신용등급의 신뢰성 제고

신용평가의 결과인 신용등급이 신뢰성을 얻기 위해서는 여러 신용평가회사 간 신용등급의 동질성과 더불어 신용등급과 파산 확률 간의 상관성이 전제되어야 한다. 이를 위해서 신용평가의 적정성을 판정하는 연간 부도율에 대한 적절한 표준을 설정하여 이에 적합한 신용등급 체계를 유지하도록 신용등급의 인정 요건을 정하고, 각 신용평가회사의 질적 평가 요인으로 이를 적용할 필요가 있다. 이 과정에서 외국 선진 신용평가회사의 산정 방식을 이용하여 우리나라 사정에 맞도록 변경하는 것도 고려해 볼 수 있는 방법이다.

이외에도 신용평가 정보의 신뢰성을 제고하기 위해서는 신용평가기관이 이해관계자의 압력으로부터 벗어나 중립적이고 객관적인 신용평가를 하여야 한다. 동시에 신용평가기관은 기업의 회계 자료, 즉 기업 내부자적인 입장에서 공개된 정보뿐만 아니라 공개되지 않은 정보, 산업 및 경제 금융 동향 등에 대한 별도의 정보를 수집하고 분석하여 종합적인 판단을 내릴 수 있는 전문위원을 구성하고, 하나의 피평가 회사를 2개 이상의 신용평가기관이 평가하는 복수 평가 제도를 활성화시켜야 한다.

(3) 신용평가기관에 대한 규제 완화

허가를 받은 신용평가회사만 신용평가를 할 수 있도록 권리를 부여하는 것은 시장경제의 원칙에 부합하지 않는다. 이는 자유로운 정보의 교환을 차단하여 더욱 정확한 신용평가를 할 수 있는 기회를 제한하게 된다.

이러한 규제를 완화하기 위해서는 신용평가회사의 허가 요건을 인적, 물적, 재무적 요건 및 내부 통제 등 필요한 최소한의 요건만으로 하여 자유경쟁을 유도해야 한다.

(4) 신용평가 데이터 베이스(data base)의 구축

정부와 민간단체들의 정보 공유 및 개방에 대한 인식 부족으로 인해 신용평가기관이 그 업무를 수행함에 있어 정보 수집이 매우 어려운 실정이다.

정보 획득에 따른 사회적 비용 절감 차원에서도 산업 관련 각종 통계자료에 관한 심도 깊은 정보의 집중이나 공공 데이터 베이스의 구축이 시급하다. 그리고 이를 뒷받침하는 회계감사 제도의 정비와 부실 감사를 방지하기 위한 안전 장치가 선행되어야 한다.

(5) 신용평가기관 지정제도 도입

회계감사인 선임 제도와 마찬가지로 현행 신용평가 제도하에서는 피평가 기업이 신용평가 의무 대상 채권, 회사채 또는 기업 어음 등을 발행하고자 할 경우 전문 신용평가기관을 선택하여 신용평가를 의뢰한다.

신용평가기관의 선택권이 피평가 기업에 있으므로 신용평가기관에 대하여 피평가 기업은 우월한 지위를 확보하게 되는데 이는 공정하고 객관적인 신용평가에 심각한 걸림돌이 되고 있다. 즉 피평가 기업의 불성실한 자료 제출 및 등급 상향의 압력에 대하여 신용평가기관은 어느 정도 부당함을 감수할 수밖에 없는 실정에 있다. 그러므로 신용평가기관의 독립성을 확보하기 위해서 자유계약 방식이 아닌 정부 관련 기관에서 신용평가기관을 지정하는 제도의 도입이 요구된다.

제2절 신용보강 제도

1 자산의 유동화

자산의 유동화란 관련 법률에 의거하여 유동화 전문 회사(SPC)가 자산의 보유자로부터 유동화 대상이 되는 자산을 양도받아 이를 기초로 유동화 증권(ABS)을 발행하고, 당해 유동화 자산의 관리 및 운용 처분에 의한 수익으로 유동화 증권의 원리금 또는 배당금을 지급하는 일련의 행위를 말한다. 그리고 자산유동화증권이란 카드 매출 채권, 임대료 수입, 주택 매출 채권 등 유동화 대상이 되는 자산을 기초로 자산의 유동화 계획에 따라 발행되는 출자증권 또는 수익증권을 의미한다.

자산유동화증권, 즉 ABS는 유동화되는 자산의 종류에 따라 다양하게 존재한다. 부동산개발 업체의 개발 사업에서 발생하는 수익 등을 기초 자산으로 하여 발행되는 PF ABS, 주택 대출 채권을 기초 자산으로 하여 발행되는 MBS, 상업용 부동산 저당채권을 기초 자산으로 하여 발행되는 CMBS 등이 있다.

2 신용보강의 개념

신용보강(credit enhancement)이란 발행하고자 하는 자산유동화증권의 신용등급이 목표로 하는 신용등급보다 낮을 경우, 자산유동화증권의 원리금 지급에 대한 확실성을 높이기 위해 발행 구조를 조정하거나 외부로부터 보증을 받는 행위를 말한다.

신용보강 수준은 기초 자산의 성격이나 기초 자산으로부터 발생하는 현금흐름에 따라 결정된다. 기초 자산의 성격상 이를 기초로 발행하는 자산유동화증권의 대손율이 적고 현금흐름이 안정적이면 다른 자산유동화증권에 비해 신용보강 비율이 낮다. 신용보강 수준을 높게 설정하면 자산유동화증권의 신용등급을 높게 받을 수 있으나 상대적으로 발행 비용이 많아진다. 따라서 발행 비용 등을 감안하여 적정한 신용보강 수준을 결정할 필요가 있다.

3 신용보강의 방법

신용보강의 방법은 내적 신용보강 방법과 외적 신용보강 방법으로 구분할 수 있다.[8)]

1) 내적 신용보강 방법

내적 신용보강 또는 내부적 신용보강은 자산유동화 과정에서 발행 구조를 조정하거나 초과 담보를 설정하는 방법 등으로 이루어진다. 내부적 신용보강 방법에는 우선 선순위 채권과 후순위 채권의 분리 방법이 있다. 이는 자산유동화증권을 발행할 때, 원리금 지급 순위를 달리하여 두 종류의 채권을 발행하며 후순위 채권보다 선순위 채권에 원리금을 우선적으로 지급하는 형태로 이루어진다.

두 번째로는 초과 수익의 조정 방법이 있다. 초과 수익의 조정 방법은 우선 자산유동화증권으로부터 발생하는 현금흐름이 원리금 지급액을 초과하도록 자산유동화증권의 현금흐름을 조정한다. 그리고 원리금을 초과하는 금액을 적립금 계정에 적립시켜 원리금의 상환 능력을 높인다.

세 번째로는 초과 담보의 설정을 통한 신용보강 방법이 있다. 이는 유동화하기 위하여 양도받은 자산의 가치를 자산유동화증권의 발행 금액보다 초과

8) 김범석·유한수, 「부동산금융론」(서울 : 청목출판사, 2006), pp. 251∼253.

하도록 설정하고, 그 초과 금액을 담보로 활용하여 원리금에 대한 상환 능력을 제고하는 방법이다.

2) 외적 신용보강 방법

외적 신용보강 또는 외부적 신용보강은 주로 은행이나 보험회사 등 외부기관에 의해 지급보증이나 신용공여를 받는 방법으로 이루어진다.

지급보증은 주택금융신용보증이나 주택의 분양보증과 같이 보증회사 등이 약정한 한도 내에서 자산유동화증권의 원리금 상환을 보증하는 것을 말한다.

신용공여(credit facility)는 은행과 같은 금융기관이 SPC와 신용공여 약정을 체결하는 것을 말한다. 이렇게 함으로써 일정 금액을 한도로 현금흐름의 부족분을 금융기관이 적기에 충당해 주어 유동화 자산의 손실을 흡수한다.

제3절 상품 유형별 신용평가 및 신용보강

1 부동산개발사업 자산유동화증권의 신용평가 및 신용보강

1) 부동산개발사업 자산유동화증권(PF ABS)의 의의

(1) 개요

부동산개발업체의 개발사업부지나 개발사업에서 발생하는 수익, 즉 분양대금 등을 기초 자산으로 하여 발생하는 증권을 말하며, 금융기관이 부동산개발업체에게 대출을 실행하고 이 대출채권을 SPC에게 매각하여 자산유동화증권을 발행한다.

신용도가 낮은 업체도 여기에서 자금 조달이 가능하며, 투자자 입장에서도 상대적으로 고금리 상품이기 때문에 선호한다. PF ABS 발행의 증가 원인은

IMF 외환 위기 이후 달라진 기업 환경, 부동산개발사업에서의 업무 분화 등이 있다.

(2) PF ABS의 발행 절차

PF ABS의 발행 절차는 다음과 같다.

첫째, 부동산개발을 시행하는 부동산개발업체는 사업부지에 필요한 토지의 소유자와 토지 매매계약을 체결한다.

둘째, 부동산개발업체는 사업부지 매입에 필요한 자금을 금융기관으로부터 대출을 받는다. 일반적으로 사업부지 매입에 필요한 자금은 제2 금융기관으로부터 대출을 받은 후 사업부지를 매입하고 이를 담보로 은행으로부터 대출을 받아 제2 금융기관에게 받은 대출금을 상환하는 방법이 사용된다.

셋째, 금융기관은 대출채권을 SPC에 매각한다.

넷째, SPC는 대출채권을 기초 자산으로 하여 ABS를 병행하여 투자자에게 판매한다. 최근에는 'PF ABS'를 ABCP 도관(conduit)을 이용하는 사례가 급증하고 있는데, 그 이유는 'ABCP'가 상법상의 회사로서 '자산 유동화에 관한 법률'에 근거한 특례 조항의 혜택을 받지 못하나 발행 절차의 간소화와 발행 일정을 단축할 수 있는 장점이 있기 때문이다.[9)]

2) PF ABS의 신용평가

PF ABS에 대한 신용평가는 부동산개발사업과 관련한 각종 위험 요소를 분석하고, 목표 등급 수준에 부합되도록 위험 요소를 통제하는 과정으로 이루어진다.

(1) 부동산개발의 위험

부동산개발은 부동산개발이 가지고 있는 불확실성 때문에 위험 요소가 포함된다. 부동산개발의 위험으로는 법률적 위험, 시장위험, 비용위험이 있다.

9) 권호근, 「부동산경제학」(서울 : 형설출판사, 2010), pp. 348∼349.

① 법률적 위험

부동산개발사업의 타당성 분석을 함에 있어서 부동산개발에 따르는 공법과 사법적 위험을 예방하기 위해서는 개발 사업의 법률적 타당성 분석을 하는 것이 매우 중요하다. 특히 이미 이용 계획이 확정된 토지를 구입하는 것이 법률적 위험 부담을 최소화하는 방안이다.

② 시장위험

부동산시장은 끊임없이 변화하므로 시장 내에서는 항상 불확실성이 존재한다. 이러한 부동산시장의 불확실성이 개발업자에게 주는 부담을 시장위험(market risk)이라 한다. 시장위험을 감소시키기 위하여 시장 연구와 시장성 연구가 행해진다.

시장 연구는 특정 부동산에 대한 시장의 수요와 공급 상황을 분석하는 것을 의미하며, 시장 연구의 방법 중 하나로 사용되는 것이 흡수율 분석(absorption rate analysis)이다.

흡수율 분석이란 특정 부동산의 수요와 공급을 조사하는 것으로 시장에 공급된 부동산이 일정 기간 동안 어느 정도의 비율로 흡수 되었는지를 파악하는 방법이다. 흡수율 분석은 과거 추세뿐만 아니라 그 원인이 무엇이었는지를 분석하는 데 목적이 있다. 시장 연구는 부동산개발사업에 대한 시장성 연구의 기초적인 단계이다.

시장성 연구는 부동산개발의 대상이 되는 부동산이 시장에서 임대되거나 분양될 가능성을 파악하는 것으로 개발 사업의 분양 실적을 극대화하기 위한 연구 작업이다. 시장성 연구는 시장 연구를 포함하는 개념이다.

③ 비용위험

부동산개발사업으로부터 적절한 수익을 획득할 수 있는가의 여부는 생산에 투입된 비용에 좌우되는 경우가 많다. 개발기간이 길면 길수록, 인플레이션이 심할수록 비용위험은 더 커진다. 비용위험을 줄이기 위해 개발업자는 일반 계약자(시공자)와 최대가격 보증계약을 맺기도 한다.

최대가격 보증계약이란 개발사업에 실제로 발생하는 비용이 계약 금액을 초과한다고 하더라도 개발업자는 추가적인 비용을 부담하지 않기로 계약을 맺는 것이다. 이러한 계약을 체결할 때 일반 계약자(시공자)는 위험을 감안하여 가능한 한 높은 금액으로 계약을 할 것이므로 개발업자 입장에서는 비용

위험은 최소화할 수 있으나 낮은 금액으로 개발사업을 수행하기는 어렵다고 할 수 있다.

(2) 부동산개발사업의 단계별 위험

부동산개발사업은 초기, 중기, 후기 단계로 나누어 볼 수 있고, 각 단계별로 위험이 존재한다. 초기 단계는 토지 취득에서 착공까지의 단계로 이 단계에서는 인·허가 위험이 존재한다. 중기 단계는 착공에서부터 준공까지의 단계로 선분양이 이루어지기도 한다. 이 단계에서는 시장위험과 완공 위험이 존재한다. 후기 단계는 준공 이후의 단계로 후분양 또는 미분양에 대한 처리가 이루어지는 단계이다. 이 단계에서는 시장위험이 존재한다.

(3) 신용평가 시 고려 사항

PF ABS의 특성상 신용평가 시 고려할 사항으로는 시행사의 신용위험, 사업위험, 시공사의 준공위험 등이 있다.[10] 시행사의 신용위험은 시행사의 부도 발생 가능성, 시행사의 대외적 신임도 등을 말한다.

사업위험에 영향을 주는 변수는 외생 변수와 내생 변수로 나눌 수 있다. 외생 변수로는 부동산정책의 변화나 부동산경기변동 등이 있고 내생 변수로는 해당 사업지의 입지조건, 사업 규모, 분양가 등이 있다.

시공사의 준공위험으로는 기술적 요인과 재무적 요인이 있다. 기술적 요인은 시공사의 기술력과 건설 경험 등이 있고 재무적 요인은 자금 조달과 관련한 사항 등이 있다. 한편 시공사는 부동산개발 PF에서 대부분 연대보증이나 채무인수를 약정하기 때문에 PF ABS의 신용등급은 시공사의 신용등급과 밀접한 관계가 있다고 할 수 있다.

3) PF ABS의 신용보강

부동산개발사업의 경우, 시행사의 채무 상환 능력이 미약하고 해당 부동산개발사업 자체의 사업성만을 고려하여 신용등급을 부여하기가 곤란하다. 따

10) 김범석 외, 전게서, p. 262.

라서 대부분 시공사를 비롯한 제3자의 신용보강이 불가피하다.11)

시공사가 주로 제공하는 신용보강 수단은 채무인수와 연대보증이 있다. 채무인수는 채무의 동일성을 유지하면서 그 채무를 인수인에게 이전할 것을 약정하는 계약이고, 연대보증은 보증인이 주(主) 채무자와 연대하여 채무를 부담하는 보증채무를 말한다.

한편 금융기관이 SPC와 신용공여 약정을 체결하여 신용공여를 제공하면 자산유동화증권의 신용등급이 상향조정될 수 있다.

2 주택저당증권의 신용평가 및 신용보강

1) 주택저당증권의 개요

(1) 주택저당증권의 개념

주택저당증권(MBS : Mortgage Backed Securities)은 자산 보유자인 금융기관, 즉 1차 대출자가 주택 저당채권을 2차 대출 기관인 유동화 전문 회사에 매각하고 유동화 전문 회사가 주택 저당채권을 기초로 발행하는 증권을 말한다.

'주택저당채권 유동화 회사법'에서는 주택의 구입 또는 건축에 소요되는 대출 자금과 동 자금의 상환을 위한 대출 자금에 대한 채권으로서 당해 주택에 설정된 저당권에 의하여 담보된 채권으로 정의한다.

주택저당 시장은 금융기관이 주택구입자에게 주택의 대출을 제공하는 제1차 저당 시장과 주택 대출을 기초 자산으로 증권이 발행되는 제2차 저당 시장으로 구분된다.

1차 저당 시장은 저당채권이 형성되는 시장이며, 1차 대출 기관은 저당채권을 직접 자신들이 포트폴리오로 구성하기도 하고 자금이 부족할 경우에는 2차 저당 시장에 매각해서 유동성을 확보한다. 2차 저당 시장의 존재로 저당채권이 유동화됨으로써 금융기관이 주택구입자에게 구입 자금으로 대출

11) 손재영 외, 전게서, p. 546.

해 줄 수 있는 자금이 충분히 확보될 수 있다.

(2) 주택저당증권의 경제적 효과

MBS 발행에 따른 경제적 효과는 대출 금융기관, MBS의 투자자, 주택구입자 그리고 금융시장에 미치는 것으로 살펴볼 수 있다.

① 대출 금융기관

대출 금융기관은 1차 저당 시장에서의 금융기관을 의미하며, 대출 금융기관에 미치는 경제적 효과는 다음과 같다.

첫째, 대출 금융기관은 주택 담보의 대출 채권을 MBS 투자자에게 이전함으로써 주택 담보대출로 인한 대출 위험을 경감할 수 있어 재무의 건전성을 제고시킬 수 있다.

둘째, 주택 대출 금융기관은 주택 담 대출 채권의 유동화를 통해 장기 대출에 따른 자금의 고정화 위험을 줄이고 자금 조달과 운용 간에 발생하는 만기 불일치에 따른 운용 위험을 경감할 수 있다.

셋째, 주택 대출 금융기관은 2차 저당 시장에 주택 담보대출 채권을 매각함으로써 자금을 조기에 회수할 수 있다. 그리고 조기에 회수된 자금을 다시 주택금융 자금으로 제공할 수 있어 자금의 회전율을 높일 수 있다.

② 기타

MBS 투자자들은 MBS가 투자 기관과 조건에 따라 다양하게 발행하므로 투자에 따른 선택 폭이 확대된다. 그리고 MBS는 급격한 주택 가격의 하락이 발생되지 않는 한 투자에 따른 안정성이 높고 동일한 신용등급의 회사채보다 수익률이 높아 MBS 투자자에게 매력적인 기회를 제공해 준다.

주택저당증권시장의 활성화는 주택 자금 공급의 확대, 대출금리의 하락, 대출 기간의 장기화 등 대출 조건이 주택구입자에게 유리하게 작용한다. 따라서 주택구입자는 주택 구입에 따른 원리금 상환 부담이 경감된다. 그리고 MBS는 국내 장기 채권에 대한 투자를 활성화시켜 우리나라의 채권시장을 발달시킬 수 있다.[12)]

12) 김범석·유한수, 전게서, pp. 270~272.

2) MBS의 신용평가와 신용위험 분석 방법

MBS의 신용평가에 있어서 고려하는 주요 위험 요소는 MBS의 신용위험, 조기 상환 위험, 이자율 변동 위험, 법률적 위험 등이 있다.[13] 그런데 MBS의 신용평가에서 중요한 부분은 MBS를 구성하고 있는 자산 포트폴리오의 신용위험을 분석하는 것이다. 신용위험을 분석하는 방법에는 유동화 풀 접근 방법(pool approach)과 건별 접근 방법(loan by loan approach)이 있다.

(1) 유동화 풀 접근 방법

MBS의 신용위험 분석은 '부도율'(FF : Foreclosure Frequency)과 '손실률'(LS : Loss Severity)을 분석한 후, 이들의 조합을 통해 '목표 등급별 예상 손실'(EL : Expected Loss)을 추정하는 과정이다. '유동화 풀 접근 방법'은 과거 유사한 특성을 가진 자산 집합들의 성과 자료와 현재 MBS 자산 집합들의 FF와 LS를 비교하고 분석하여 신용등급별로 EL을 산출하는 방법이다.

(2) 건별 접근 방법

건별 접근 방법은 표준 주택저당채권 집합(base mortgage pool)과 건별 유동화 대상 MBS를 비교하여 건별로 EL을 산정한다. 이후 건별 EL을 합산하여 총 EL을 산정함으로써 신용보강 수준을 결정하는 방법이다.

3) MBS의 신용보강

(1) 신용보강의 수준결정

MBS의 신용보강 수준은 MBS 자산 집합들의 특성을 고려하여 신용등급별로 MBS 자산 집합들의 FF와 LS를 추정하여 부도 발생 시 예상 손실의 정도, 즉 EL을 측정한다.

신용보강 수준을 결정할 때에는 일반적으로 목표 신용등급을 결정하고, 결

13) 상게서, pp. 301~305.

정된 신용등급에 맞추어 신용보강 수단을 강구한다.

(2) 신용보강 수준에 영향을 미치는 요인

MBS의 신용보강 수준에 영향을 미치는 요인으로 '주택담보인정비율'(LTV), 대출 기간, 대출금리의 구조, 대출의 지역적 분포 등이 있다.[14)]

'주택담보인정비율'(LTV)은 FF 추정에 가장 중요한 요소로서 LTV 비율이 높을수록 예상 부도율이 높아져 신용보강 수준이 높아지고 LTV 비율이 낮을수록 예상 부도율이 낮아져 신용보강 수준이 낮아진다.

한편, 주택저당 대출 기간은 짧을수록 예상 부도율이 낮아져 신용보강 수준이 낮아지고, 주택저당 대출 기간이 길수록 예상 부도율이 높아져 신용보강 수준이 높아진다. 또한 고정금리형 주택 담보대출은 변동금리형에 비해 현금흐름이 안정적이므로 신용보강 수준이 낮은 편이다. 그리고 주택저당 대출이 특정 지역에 집중되는 것보다 여러 지역에 분산된 경우가 예상 부도율이 낮아 신용보강 수준이 낮다.

14) 상게서, pp. 304~305.

··· 참고문헌

국내 서적

강해규 외. 「부동산감정평가론」. 형설출판사, 2002.
강병기 외. 「부동산중개론」. 형설출판사, 2000.
구동회. 「부동산조세론」. 형설출판사, 2011.
권호근. 「경제학 기본강의」. 도서출판 배움, 2021.
_____. 「부동산경제학」. 형설출판사, 2010.
______ 외. 「부동감정평가론」. 형설출판사, 2020.
______ 외. 「부동산투자론」. 형설출판사, 2010.
______ 외. 「부동산시장분석론」. 형설출판사, 2011.
김경환 외. 「도시경제론」. 홍문사, 1996.
김범수·유한수. 「부동산금융론」. 청목출판사, 2006.
김병우 외. 「부동산금융론」. 도서출판 두남, 2010.
김영곤. 「한국부동산투자회사의 문제점에 관한 연구」. 한국부동산학회보, 2001.
______ 외. 「부동산금융과 투자」. 부연사, 2000.
김영진. 「부동산학총론」. 경영문화원, 1980.
김영혜 외. 「부동산정보의 이론과 실무」. 형설출판사, 1999.
김용민 외. 「감정평가 및 보상법규」. 형설출판사, 1999.
김용희 외. 「부동산상담과 투자」. 신광문화사, 2002.
김종선 외. 「금융시장론」. 학연사, 2001.
김철교·백용호. 「금융론」. 형설출판사, 2004.
도시정책과학연구회 역. 「도시경제학」. 대명출판사, 1991.
류병찬 외. 「부동산공시제도의 이해」. 형설출판사, 2002.
박재윤. 「화폐금융론」. 박영사, 1981.
변중석. 「국제회계와 신용평가」. 조세통람사, 1998.
손재영 외. 「한국의 부동산금융」. 건국대학교 출판부, 2008.
송현부. 「일본의 금융위기와 부동산증권화 동향」. 부동산리서치, 1999.
신용학. 「현대 화폐금융론」. 형설출판사, 1995.
심상현. 「ABS 금융기관 유동성 확보의 대안」. 한국신용평가, 1998.
안정근. 「현대부동산학」. 법문사, 1993.
오준석 외. 「부동산업경영론」. 형설출판사, 2001.
________. 「부동산금융론」. 형설출판사, 2002.
________. 「부동산금융과 투자」. 신광문화사, 2001.

오창석 외. 「한국의 금융증권화 현황과 대응방향」. 한국증권경제연구원, 1997.
윤용만. 「국제금융론」. 형설출판사, 2000.
이말남. 「화폐금융론」. 형설출판사, 2006.
이성근. 「부동산금융론」. 주택문화사, 2000.
이소한. 「미국식 부동산투자신탁 도입방향」. 건설교통부, 1999.
이연원 외. 「부동산감정평가실무」. 형설출판사, 2002.
이중희. 「부동산 구조화 금융의 이해 제2판」. 부연사, 2015.
_____. 「주택경제론」. 박영사, 1997.
이창석. 「부동산학개론」. 형설출판사, 2011.
_____. 「부동산컨설팅 : 이론과 실제」. 형설출판사, 2010.
______ 외. 「부동산금융론」. 형설출판사, 2002.
임이택 외. 「부동산중개론」. 형설출판사, 2000.
전용수·이창석. 「부동산자산관리론」. 형설출판사, 2004.
정기영 외. 「부동산계약의 이론과 실무」. 형설출판사, 2000.
정상철 외. 「부동산경제론」. 형설출판사. 2002.
_________. 「부동산시장분석론」. 형설출판사, 2011.
주택산업연구원(역). 「주택비즈니스 원론」. 주택산업연구원, 1997.
최재선. 「지역경제론」. 법문사, 1997.
최차순 외. 「부동산시장분석론」. 형설출판사, 2011.
_________. 「부동산투자신탁」. 박영사, 2005.
하성규. 「주택정책론」. 박영사, 1996.
한만희·조만. 「부동산투자금융론」. 보성각, 2008.
한국토지신탁 금융사업팀 편. 「REITs」. 부연사, 2000.
허재완. 「도시경제학」. 법문사, 2000.
홍기용. 「지역경제론」. 박영사, 1997.

외국 서적

岩田規久男. 「土地と住宅の經濟學」. 日本經濟新聞社, 1977.
石原俊介·高迅秀興. 「不動産學概論」. 放送大學校育振興會, 1993.
伊豆宏. 「日本の不動産市場」. 東洋經濟新報社, 1999.
高皇秀夫. 「不動産 價值論」. 淸文社, 1997.
前川俊一. 「不動産經營論」. 淸文社, 1994.
________. 「土地市場論」. 淸文社, 1996.
________. 「不動産投資分析論」. 淸文社, 1999.
金田昌司. 「經濟立地と土地利用」. 新評論版, 1971.

川津昌作.「不動産投資マネージメントノ戰略」. 晃洋書房, 2000.
東洋經濟新報社 編.「變貌する住宅市場と住宅政策」. 1999.
川口有一郎.「不動産投資信託」. ダイヤモンド社, 2001.
岡內幸策.「不動産證券化と不動産ファンド」. 日本經濟新聞社, 2001.
山本清治.「不動産が値上がりする!－<不動産投信>が景氣回復の特效藥となる」. 主婦生活社, 2001.
小笠原耕司.「SPCによる不動産活用－SPC法の解釋と證券化の手法·實例」. 日本法令, 2000.
不動産ファンド研究會 編.「不動産投信賣い方買り方入門」. 不動産經濟研究所, 2000.
三井不動産 編.「これからの賃貸住宅ビジネス」. ダイヤモンド社, 2000.
不動産シンジケーション協議會 編.「2000不動産共同投資ハンドブック」. 2000.

Ball, m. *Housing Policy and Economic Power*. London: Methuem, 1983.
Balchin, Paul N. & Kiever, Jeffrey L. *Urban Land Economics*. The MacMiland Press Ltd., 1982.
Bartlett, W. W. *Mortgage-Backed Securities*. New Jersey, U.S.A. : Prentice-Hall, 1989.
Black, J. and Stafford, D. C. *Housing Policy and Finance*. London : Routlege, 1988.
Bruner, Dennis M. *Investing in Real Estate : How to Do it Right*. Lexington Book, 1984.
Chinloy, Peter. *Real Estate Investment and Financial Strategy*. Boston Kluwer Academic Publishers, 1988.
French, W. B. *Law of the Real Estate Business*. Richard D. Irwin Inc., 1988.
Friedman, John. *Life Space & Economics Space*. Transaction Book, 1988.
Grebier, Leo & Mitelbach, Frank, G. *The Inhlation of House Price*. Lexington Book, 1979.
Haffe, Austin J. & Sirmans, C. F. *Fundmentals of Real Estate Investment*. Englewood, 1986.
Institute of Real Estate Management. *Managing the office Building*. Chicago : IREM, 1981.
Kau, James B. and Sirmans, C. F. *Real Estate*. McGraw-Hill Book Company, 1985.
Mullaney, John A. *REITs : Building Proftits With Real Estate Investment Trusts*. John Wiley & Sons, 1997.
Kuhn, R. L.(ed). *Mortgage and Asset Securitization*. Illinois, U.S.A. : Dow-Jones Irwin, 1990.
Wofford, L. E. and Clauretie, T. M. *Real Estate*. John Wiley & Sons, Inc., 1992.
Lindeman, Bruco. *Real Estate Brokerage Management*. Reston Publishing Co., Inc., 1981.
MacLennan, D. *Housing Economice*. Longman, 1980.
Knox, Paul and Agnew, John. *The Geography of the World Economy*. Edward Aarnold, 1990.
Pozdena, Randall Johnston. *The Modern Economics Housing*. Gurun Book, 1988.
Smith, Halbert C. *Real Estate and Urban Development*. Richard D. IRWIN, Inc., 1981.
Unger, Maurice A. *How to Invest in Real Estate*. McGraw-Hill Book Company, 1984.
Urban Land Institute. *Shoping Center Development Handbook*. Washington, D. C. : ULI, 1997.
Wiedemer, John P. *Real Estate Investment*. Reston Publishing Company, 1989.
Wilkinson, John C. M. *Real Estate Tax Shelter Handbook*. Prentice-Hall, Inc., 1981.
Brueggeman, William B. and stone, Leo D. *Real Estate Finance*. Richard D. WIN, Inc., 1981.

••• 찾아보기

ㅇ

ㅈ

C

D

E

F

G

H

S

T

V

W

Z

부동산금융론

초　　판 1쇄 발행 / 2012년　2월 22일
개 정 판 1쇄 발행 / 2016년 12월 26일
개정 2판 1쇄 발행 / 2022년　8월 12일
개정 3판 1쇄 발행 / 2025년　8월　1일

저자　권호근
발행처　형설출판사
　　경기도 파주시 회동길 37-23 · 전화 (031) 955-2361～4 · 팩시밀리 (031) 955-2341
발행인　장진혁
등록　라-제9호 · 1962년 5월 1일
홈페이지　http://www.hyungseul.co.kr
e-mail　hs@hyungseul.co.kr

정가 28,000원

ISBN 978-89-472-8794-4 93320

* 이 저서는 2025학년도 국제사이버대학교 연구비에 의하여 연구된 것입니다.